教育部人文社会科学重点研究基地重大项目
"211工程"重点学科建设项目
湖北省学术著作出版专项资金资助项目

湖北方言研究丛书
顾问：邢福义　张振兴
主编：汪国胜

崇阳方言研究

祝　敏／著

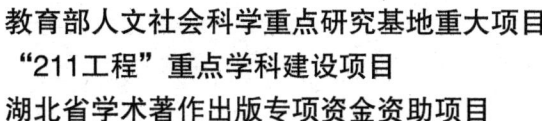
华中师范大学出版社

序　　言

汉语方言研究，意义重大。可以帮助我们追溯古代语音、语汇和语法之源流，更好地了解古代汉语，释读经典，研究中国文化，认识汉民族的发展；可以帮助我们全面了解"整体汉语"，有效地促进现代汉语共同语的发展，推进华语的全球化传播，加强全球华人的相互团结和寻根意识，提高华语在国际交往中的精确性和表述力。

湖北省有多种方言，包括西南官话、江淮官话、赣方言等，情况复杂多样，而且有相当大的代表性。多年来，学者们十分关注湖北方言。《湖北方言调查报告》，应是系统性很强的关于湖北方言的第一部重要著作。1936年，赵元任、丁声树、杨时逢、吴宗济等几位先生调查了当时湖北省的71个市县中的64个市县，于1948年由商务印书馆出版了《湖北方言调查报告》。序言中，作者们希望此书"成为方言调查报告的一个模型"，表达了老一辈著名语言学家对发展湖北方言研究的期盼。

湖北省智者众多，人才辈出。多位学者，从不同范围、不同角度，对湖北方言研究的推进作出了令人瞩目的贡献。在以往的研究基础上，由汪国胜教授领头，组织编写一套大型的"湖北方言研究丛书"，有二三十部。这是一个浩瀚的工程，将使湖北方言研究进入一个新的阶段。

这套丛书，由张振兴先生和我担任顾问。由于我比振兴先生大几岁，他一定要我来写序言。所知甚少，不敢多言。借用苏轼诗句，为这篇短序作结："山鸣谷应，风起水涌。"

邢福义
2014年9月16日

前　　言

　　湖北地处我国中部，处于汉语南北方言（官话和非官话）的交汇过渡地带，语言状况相当复杂。根据目前学界关于汉语方言的分区，湖北境内分布有赣语（鄂东南）和属于官话系统的江淮官话（鄂东北）及西南官话（其他地区）。就境内的赣语来说，相邻市县之间有的也难以通话，可见内部差异之大。研究湖北方言，无论是对方言史、汉语史和语言（方言）接触问题的研究，还是对湖北地域文化的开发，和谐语言生活的建构，都有着重要的意义。

　　1936年，赵元任等先生全面调查了湖北方言，并于1948年出版了划时代的不朽之作《湖北方言调查报告》；同时，赵先生还重点调查了湖北钟祥方言，于1939年出版了方言重点调查的样本《钟祥方言记》，为我们留下了宝贵的方言史料。时隔70多年，湖北方言发生了哪些变化？赵先生当年的调查，重点是在语音，湖北方言在词汇、语法方面具有哪些特点？随着普通话的推广，特别是改革开放以来，人际交往的频繁，语言生活的活跃，给方言带来了怎样的影响？这些既是语言学关注的问题，也是社会学研究的课题。尤其是经济快速发展的城镇区域，方言面貌也在快速变化，有的甚至处于濒危状态。记录方言事实，抢救方言资源，已经成为语言学界的当务之急。20世纪90年代以来，湖北的语言学者就拟对湖北方言展开全面深入的调查和研究，特别是周边省份方言调查研究成果的不断推出，更增添了我们的使命感和紧迫感。但限于人力和财力等方面条件，工作难以推进，直到2007年才开始启动。2007年12月1日，华中师范大学"语言与语言教育研究中心"召开"湖北方言研究"项目会议，正式提出研究计划，并邀请张振兴先生到会讲学，就方言调查研究的有关问题提出具体要求。我们的设想是，通过调查研究，弄清湖北语情，力求做到两个结合：一是"点""面"结合，以"点"见"面"，通过重点方言的调查，反映当今湖北方言的基本面貌；二是"语""文"结合，以"语"观"文"，透过方言现象，发掘方言背后的文化内涵，展示地方文化的自然生态。项目的实施拟分两个阶段：第一阶段，方言重点调查；第二阶段，综合比较研究。先期启动第一阶段工程，计划选择20~30个市县方言点，进行全面深入的调查，形成系列成果"湖北方言研究丛书"。

为了便于第二阶段的比较研究，"丛书"在内容和体例上做了统一的规定，并制定了详细的内容大纲和体例规范。特别是语法方面，要求具有相对的系统性，既能显示方言语法的基本格局，又能突出方言语法的主要特点。当然，统一是相对的，在保证基本内容的前提下，作者可以根据各地点方言的实际情况做出适当的变通。比如，"方言的现代发展"要求写成一章，但如果觉得可写内容不多，难以成章，也可放在"导言"部分来叙述。全部书稿，哪怕是后记，要求风格统一，力求朴实，体现良好的学风和文品，反映湖北语言学者一贯坚持的崇实主张。

项目的实施和"丛书"的出版得到了多方面的大力支持。邢福义先生和张振兴先生作为顾问，身体力行，自始至终关心项目和"丛书"的进展，给予具体全面的指导。邢先生还亲自为"丛书"作序，表明对本项工作的高度重视和积极回应。张先生认真审读了每一部书稿，提出了非常详细的修改意见。项目由华中师范大学"语言与语言教育研究中心"组织实施，武汉大学、华中科技大学、中南民族大学等湖北高校的一批方言学者参与合作，得到教育部人文社会科学重点研究基地重大项目和"211工程"重点学科建设项目的资助。"丛书"被列入华中师范大学出版社重点图书出版计划，并得到湖北省学术著作出版专项资金的资助。出版社社领导为"丛书"的出版花费了不少心血。对于各方面的支持，我们在此表示衷心的感谢。"丛书"力求客观反映方言事实，揭示方言特点，期望成为一部有价值的作品，能够得到学界的关注和肯定，但能否真正实现这一目标，还有待实践的检验。我们期盼着读者的批评和建议。

汪国胜
2014年10月6日

目　　录

第一章　导言 …………………………………………………………… (1)
　　一、崇阳概况 ………………………………………………………… (1)
　　　　(一) 地理人口 …………………………………………………… (1)
　　　　(二) 历史沿革 …………………………………………………… (2)
　　　　(三) 行政区划 …………………………………………………… (2)
　　　　(四) 地方文化 …………………………………………………… (2)
　　　　(五) 语言使用状况 ……………………………………………… (3)
　　二、崇阳方言的内部差异 …………………………………………… (4)
　　三、关于崇阳方言的研究 …………………………………………… (5)
　　　　(一) 语音研究 …………………………………………………… (5)
　　　　(二) 词汇研究 …………………………………………………… (7)
　　　　(三) 语法研究 …………………………………………………… (7)
　　　　(四) 小结 ………………………………………………………… (8)
　　四、音标符号 ………………………………………………………… (9)
　　　　(一) 辅音 ………………………………………………………… (9)
　　　　(二) 元音 ………………………………………………………… (9)
　　　　(三) 声调 ………………………………………………………… (10)
　　五、发音合作人 ……………………………………………………… (10)

第二章　崇阳方言语音 …………………………………………………… (12)
　　一、语音系统 ………………………………………………………… (12)
　　　　(一) 声韵调分析 ………………………………………………… (12)
　　　　(二) 声韵调配合关系 …………………………………………… (14)
　　　　(三) 音变 ………………………………………………………… (24)
　　二、语音特点 ………………………………………………………… (27)

（一）文白异读 …………………………………… (27)
　　（二）语音的现代变化 ……………………………… (33)
三、同音字汇 …………………………………………… (35)
四、崇阳方言音系与北京音系比较 …………………… (52)
　　（一）声母比较 ……………………………………… (52)
　　（二）韵母比较 ……………………………………… (58)
　　（三）声调比较 ……………………………………… (63)
　　（四）音系特点 ……………………………………… (65)
五、崇阳方言音系与中古音系比较 …………………… (68)
　　（一）声母比较 ……………………………………… (68)
　　（二）韵母比较 ……………………………………… (75)
　　（三）声调比较 ……………………………………… (88)

第三章　崇阳方言词汇 …………………………… (92)

一、词汇的特点 ………………………………………… (92)
　　（一）构词方式 ……………………………………… (92)
　　（二）词义差异 ……………………………………… (96)
　　（三）地方特色词 …………………………………… (98)
二、分类词语表 ………………………………………… (102)
　　（一）天文 …………………………………………… (102)
　　（二）地理 …………………………………………… (105)
　　（三）时令、时间 …………………………………… (107)
　　（四）农业 …………………………………………… (111)
　　（五）植物 …………………………………………… (113)
　　（六）动物 …………………………………………… (118)
　　（七）房舍 …………………………………………… (122)
　　（八）器具、用具 …………………………………… (123)
　　（九）称谓 …………………………………………… (129)
　　（十）亲属 …………………………………………… (131)
　　（十一）身体 ………………………………………… (133)
　　（十二）疾病、医疗 ………………………………… (137)
　　（十三）衣服、穿戴 ………………………………… (139)

（十四）饮食……………………………………………（141）
　　（十五）红白大事、婚姻、生育……………………（146）
　　（十六）日常生活……………………………………（150）
　　（十七）讼事…………………………………………（152）
　　（十八）交际…………………………………………（154）
　　（十九）商业、交通…………………………………（156）
　　（二十）文化教育……………………………………（159）
　　（二十一）文体活动…………………………………（161）
　　（二十二）动作………………………………………（163）
　　（二十三）位置………………………………………（169）
　　（二十四）代词等……………………………………（170）
　　（二十五）形容词……………………………………（172）
　　（二十六）副词、介词等……………………………（177）
　　（二十七）量词………………………………………（180）
　　（二十八）附加成分等………………………………（182）
　　（二十九）数字等……………………………………（183）

第四章　崇阳方言语法……………………………………（188）
　一、词法…………………………………………………（188）
　　（一）重叠……………………………………………（188）
　　（二）语缀……………………………………………（192）
　　（三）方所……………………………………………（200）
　　（四）时间……………………………………………（203）
　　（五）趋向……………………………………………（204）
　　（六）数量……………………………………………（205）
　　（七）指代……………………………………………（209）
　　（八）性状……………………………………………（215）
　　（九）程度……………………………………………（220）
　　（十）介引……………………………………………（228）
　　（十一）关联…………………………………………（236）
　　（十二）体貌…………………………………………（241）
　　（十三）助词…………………………………………（249）

　　　　(十四) 语气 …………………………………………… (253)
　　二、句法 ………………………………………………… (258)
　　　　(一) 处置句 …………………………………………… (258)
　　　　(二) 被动句 …………………………………………… (260)
　　　　(三) 致使句 …………………………………………… (267)
　　　　(四) 双宾句 …………………………………………… (268)
　　　　(五) 比较句 …………………………………………… (269)
　　　　(六) 疑问句 …………………………………………… (274)
　　　　(七) 祈使句 …………………………………………… (282)
　　　　(八) 否定句 …………………………………………… (283)
　　　　(九) 补语结构 ………………………………………… (285)
　　　　(十) 存现句 …………………………………………… (291)
　　　　(十一) 感叹句 ………………………………………… (292)
　　三、语法例句 …………………………………………… (292)
第五章　崇阳方言语料记音 …………………………………… (318)
　　一、传说　故事 ………………………………………… (318)
　　　　(一) 传说 ……………………………………………… (318)
　　　　(二) 故事 ……………………………………………… (320)
　　二、歌谣 ………………………………………………… (322)
　　三、谚语　歇后语 ……………………………………… (324)
　　　　(一) 谚语 ……………………………………………… (324)
　　　　(二) 歇后语 …………………………………………… (326)
附　录 ………………………………………………………… (327)
　　一、地图 ………………………………………………… (327)
　　二、崇阳地方器物 ……………………………………… (329)
　　三、崇阳民俗文化 ……………………………………… (331)
参考文献 ……………………………………………………… (336)
后　记 ………………………………………………………… (340)

第一章 导 言

一、崇阳概况

（一）地理人口

崇阳县地处湖北省东南部，幕阜山脉中段北麓，居湘、鄂、赣三省交界处，隶属咸宁市。地理坐标为北纬 29°12′~29°41′，东经 113°43′~114°21′。崇阳县东邻通山县，南靠通城县及江西省修水县，西界湖南省临湘市，北连赤壁市和咸宁市咸安区。县境东西最长 61 公里，南北最宽 52 公里，总面积约为 1968 平方公里。

崇阳县四周群山环绕，北面大幕山、南面大湖山、西面大药姑山，祖脉为幕阜山。山地、丘陵、平畈零星分布全境，其中山地较多，水田相对较少，素有"八山半水分半田"之说。崇阳县虽为山区，但地理环境优越，区位交通便利，北靠武汉，南临长沙，东至九江，西接岳阳，地处长江经济开发带，是湘鄂赣重要的交通、物流枢纽。崇阳不仅山清，而且水秀，境内有大小河流 50 余条、大中小型水库 90 多座。隽水河是崇阳的母亲河，自西而北贯穿全境，全长 58 公里；距县城 6 公里的青山水库水面达 3.8 万亩，蓄水量达 4.3 亿立方米，是崇阳最大的水利工程；崇阳还是鄂南有名的"百泉之乡"，现已查明境内有各种泉眼 147 口。

据 2010 年第六次全国人口普查，崇阳县常住总人口 410 623 人，其中，天城镇 129 117 人，沙坪镇 29 318 人，石城镇 35 841 人，桂花泉镇 7 331 人，白霓镇 46 663 人，路口镇 26 916 人，金塘镇 14 547 人，青山镇 45 718 人，肖岭乡 27 964 人，铜钟乡 16 174 人，港口乡 20 439 人，高枧乡 8 577 人，崇阳经济开发区 2 018 人。其中，少数民族人口仅占 0.07%，其他均为汉族。

(二)历史沿革

崇阳古属三苗国地,春秋时属楚国疆域,秦时隶荆州长沙郡。崇阳建县于汉高祖五年(公元前 202),时为下隽县,属荆州;唐天宝二年(743 年)置唐年县,属鄂州;五代吴顺义七年(927 年)改名宗阳县;北宋开宝八年(975 年)始名"崇阳",因其"诸山丛集"而得名,属湖北路;元属武昌路;明、清属武昌府,1914 年属江汉道;1949 年属大冶专区;1952 年属孝感专区;1959 年属武汉市;1961 年复属孝感专区;1965 年属咸宁专区;1970 年属咸宁地区;1998 年属咸宁市(地级)。

(三)行政区划

截至 2016 年,崇阳县辖 8 个镇、4 个乡、10 个社区居委会、186 个村民村委会。所辖 8 镇 4 乡分别为:天城镇、石城镇、桂花泉镇、白霓镇、青山镇、金塘镇、路口镇、沙坪镇、铜钟乡、高枧乡、港口乡、肖岭乡。县政府驻地天城镇,是全县的政治、经济、文化中心,城区面积 11.8 平方公里,总人口约 13 万人,卫生、文化、金融、交通等各项公共设施齐全。自古,天城镇就是兵家必争之要塞和商贾汇集之地。

(四)地方文化

崇阳历史悠久,20 世纪 70 年代当地出土的商代铜鼓,距今三千多年。崇阳县人文荟萃,且与湘鄂赣三省的多县毗邻,对各地文化兼收并蓄,并在汇聚交融中独得别具一格之特色:民间诗歌、故事,民间谚语、歌谣,民间舞蹈、灯调,民间号子、小调,民间戏曲如提琴戏、花鼓戏、汉剧等不一而足。还有古建筑文化、道佛教文化以及红色文化,其资源异彩纷呈。民间还盛行划龙舟、玩彩莲船等多种传统文化活动。2001 年,崇阳县被文化部命名为"中国民间艺术之乡"。

被誉为近代汉民族民间长篇叙事诗歌代表作的长篇叙事山歌《双合莲》《钟九闹漕》于 19 世纪中叶产生于崇阳县,2006 年被省政府列入为"湖北省第一批非物质文化遗产"名录,成为我国诗歌艺术宝库中的瑰宝。它们与汉乐府诗歌《孔雀东南飞》和《木兰辞》一道,代表着汉民族民间叙事诗的光辉成就。

提琴戏是崇阳县民间艺人将岳阳花鼓戏改编后独创的一个地方剧种,流传已近 200 年。时至今日,提琴戏已成为崇阳人民不可或缺的精神食粮。

其主奏乐器是大筒胡琴，因将琴筒放在腰间站着演奏而得名"提琴"。1999年，崇阳县被省文化厅命名为"湖北省民间艺术（提琴戏）之乡"；2000年，被文化部命名为"中国民间艺术（提琴戏）之乡"；2008年、2012年经复审，再次被文化部命名为"中国民间文化艺术之乡"。2008年，崇阳提琴戏被国务院列入为"国家级非物质文化遗产"名录，这也是咸宁市唯一一项国家级非物质文化遗产。

同时，崇阳还有众多文化名人与文化遗迹。宋代文豪黄庭坚少年时在白霓金城山刻苦攻书，洗笔染黑池水，留下《金城墨沼》的故事，激励着崇阳一代又一代的学子；京剧创始人之一的徽班名伶米应生，武汉大学第一任校长王世杰，九三学社主要发起人、国务院原参事吴藻溪等崇阳籍名流，都给崇阳这片土地留下了许多宝贵的文化遗产。

（五）语言使用状况

据《中国语言地图集·汉语方言卷》第2版（2012年），崇阳方言属于赣语大通片。湖北省内大部分地区方言属于官话区，鄂东南一角的赣语区与它们差异显著。崇阳县特殊的地理位置和历史人口迁移等原因，使得崇阳方言在彰显赣语特色的同时还兼具湘语、客家话甚至吴语的某些特点。崇阳县境内虽然均使用崇阳方言，但内部差异较大，主要体现在语音上，其次是词汇，语法部分虽然大体上与北京话无异，但仍具自身特色。

与北京话相比，崇阳方言呈现如下特点：

语音方面，崇阳方言的声母共有19个（含零声母），非常有特点。其一，有内爆音 ɓ 和 ɗ。其二，保留有全浊音，主要是浊擦音 v、z 和 ʑ。其三，塞音和塞擦音都没有送气音，北京话的送气双唇塞音 pʻ 和送气舌头塞音 tʻ 都读为内爆音；送气舌尖前塞擦音、舌面塞擦音分别读为 z 和 ʑ；北京话的 kʻ、x 声母字在崇阳方言中都读作 h。其四，ŋ 除作韵尾外，还可以充当声母。此外，崇阳方言还保留"古无舌上音"的音读现象，如"猪""竹"等声母都读为 t。

崇阳方言韵母共有28个，只有一个不太典型的撮口呼 yɛ，且不与其他声母相拼合，只拼零声母。崇阳方言甚至也没有严格意义上的合口呼，u 韵的实际发音都有唇齿轻微相碰的现象，近似于 ʋ。

崇阳方言声调共有6大类，古平去两声均依古声母清浊而在今方言中分阴阳，上声只有一个，仍然保留有入声。

词汇方面，崇阳方言词单音节较多，如北京话的"衣服""桌子""被褥"等词崇阳方言分别说为"衣""桌""被"；口语词非常丰富且有特色，如动词特别是表示动作行为的动词很多，有的甚至无法在北京话或其他方言中找到合适的对应词；形容词的程度表示法形象生动、极具特色，比如"铁紧""朗稀""沁甜"等；相当一批常用词或词素，其本字需加考证或者有音义而无适当汉字可记；保留了部分古语词，如"伊""娭家""莫""话事"等。

语法方面，崇阳方言也有自己的特色。例如，被动句只有"把得"一种被动标记，此标记还兼具"换作"义；体标记比较丰富，后置体助词"在"和"当"可分别表示进行体和先行体；崇阳方言表示短时或尝试性的动作时，不用普通话中常用的"VV"动词重叠式，而是用"V一下"或"V下子"表示，而形容词则有少量的重叠式；结果补语的否定式语序与北京话不同，比如崇阳方言的"不看见"意为北京话的"看不见"或"看不清"等。

近年来，随着经济的发展、普通话的推广和社会人员流动的加强，崇阳县会说普通话的人越来越多，尤其是党政机关、公共服务行业、新闻媒体、学校等单位特别强调讲普通话，在郑重场合中，如会议、电视新闻中等，一般都讲普通话。所以近些年崇阳方言受普通话的影响日趋明显。

二、崇阳方言的内部差异

大致来说，县内方言可分为四大片：

其一，中部片区，主要包括天城、白霓、青山、石城、大桥等乡镇。这一片区未受周边其他县市方言影响，为标准崇阳方言。

其二，东南片区，主要包括港口、金塘、高枧、大源等乡镇。这一片区因与江西修水接壤，其方言特点与修水方言相似。

其三，西南片区，主要包括肖岭、沙坪、泉湖、台山等乡镇。这一片区因与通城县和湖南临湘接壤，其方言特点也与通城和临湘方言相似。

其四，北部片区，主要包括路口、金沙、桂花泉、洪下等乡镇。这一片区因与通山县、赤壁市和咸宁市接壤，其方言特点也与这些县市方言相似。

本书的调查研究以中部片区天城镇所说的崇阳话为基础，同时也适当参考其他片区方言的某些特点。

三、关于崇阳方言的研究

湖北省内方言大部分属官话区，但东南角一带的咸宁市及其所辖的赤壁市、通山县、通城县、嘉鱼县、崇阳县的方言与之不同，再加大冶、阳新两地方言，常被称作鄂东南方言，其归属虽有争议，但目前被普遍认为属赣语大通片。赵元任先生早在1948年就称其为"第三区方言"，认为"第三区方言最特别，内部也最复杂，地域占东南一小角，大致可以归入赣语系统里"①。崇阳方言也因其特殊性吸引了不同时期的语言学家的关注。

（一）语音研究

相对于词汇和语法研究，崇阳方言的语音研究起步最早也最为充分。

1948年由商务印书馆出版的《湖北方言调查报告》记录了崇阳方言的语音系统（吴宗济记音），是最早研究崇阳音系的文献。该书系统描写了崇阳方言的声韵调，并详细论述了其声韵调的特点；整理了崇阳音系与中古音系对比的表格；制作了同音字表；记录了几段会话。这次调查为后人研究崇阳方言奠定了基础，尤其是有助于我们了解20世纪三四十年代崇阳方言的面貌，以及在将近一个世纪里崇阳方言的变化。但是，受历史条件所限，当时无法深入崇阳县内寻找合适的发音人，两位年轻的发音人均是生活在汉口的白霓镇人，受武汉话的影响非常大，对调查结果的精确性有一定的影响。

1991年由武汉大学出版社出版的《崇阳县志》卷三十一之方言（何秀华执笔）较全面展示了崇阳方言的语音、词汇和语法面貌，其中语音系统的描绘最为细致，不仅有声韵调系统的描述还提供了同音字表；语词部分按词性分类收集了近千语词和一百多条民间谚语；语法部分则简要说明了

---

① 赵元任等：《湖北方言调查报告》，商务印书馆，1948年版，第1569页。

崇阳方言的几个语法特点并提供了相应的例句。该县志的方言记载虽然较《湖北方言调查报告》全面，尤其是提供了一些宝贵的民俗方言语料，但对语音部分的研究不够深入，其音系的处理尤其是韵母系统的分析还有待商榷，另外缺少古今音的对比；词汇、语法也仅限于提供资料、总结大致特点的层面。

2002年华中师范大学出版社出版的《鄂东南方言音汇》（黄群建主编）也记录了崇阳方言的声韵调系统，并详述了其语音特点，含古今音的对比，同时制定了同音字表。该书认为崇阳方言仍保留了全浊声母，这一点与《湖北方言调查报告》中崇阳音系的声母记载有出入（后者的音值说明里虽然也提及了这一点，但两者仍存在出入）。

2002年中国地质大学出版社出版的《鄂东南方音辨证》（陈有恒、尤翠云主编）以表格的形式呈现鄂东南8市县方音与普通话语音的对应关系，崇阳方言为其中一部分。这本手册主要从推广普通话的角度记录崇阳语音，可作为集中识字正音的辅助教材，为方言研究提供语料，但研究性不够。

1991年咸宁地区地方志办公室主持编印的《鄂南方言志略》（陈有恒著，鄂咸地图内字第29号，1991年8月第1版）系统介绍了鄂南8县市的语音、词汇、语法等方面的特点，并对鄂南方言进行了纵向和横向对比，但研究比较宏观，还有待深入。

除了论著，还有几篇论文也探讨了崇阳方言的语音特点。

刘宝俊的《湖北崇阳方言音系及特点》，刊于《中南民族学院学报》（哲学社会科学版）1988年第5期。该文整理了崇阳县天城音系，并通过与《湖北方言调查报告·崇阳卷》的音系进行对比，得到一些新发现。

张道俊的《崇阳方言声系的几个上古音特征》，刊于《湖北师范学院学报》（哲学社会科学版）2009年第2期。该文探讨了诸如"古无舌上音"等上古汉语语音在崇阳方言中的残留现象。

张道俊的《崇阳方言文白异读分析》，刊于《遵义师范学院学报》2011年第2期。该文通过考察崇阳方言的文白异读现象，认为其文白主要体现在韵母和声母的六类异读上。

此外，陈有恒的《鄂东南方言的特征》（刊于《咸宁师专学报》1979年第2期）从整体上论述了鄂东南方言在语音、词汇和语法诸方言的特征。

陈有恒、刘兴策的《鄂东南方言的内部分歧与外部联系》（刊于《咸宁师专学报》1986年第3期）论述了鄂东南方言在语音、词汇和语法诸方面的主要特征和内部差异，并与邻近的湘语、赣语及省内其他方言作了对比研究。郑妞的《湖北方言中日母字的几类特殊读音》（刊于《长江学术》2015年第2期）也特别提到了日母字在崇阳方言中的历史层次。

（二）词汇研究

崇阳方言的词汇研究目前所见成果甚少，除了上述《崇阳县志》中整理的一些方言词汇外，仅有少数几篇文章涉及崇阳方言的词汇研究：

陈有恒的《鄂南方言的词汇特点》（刊于《咸宁师专学报》，1989年第1期）从词形、词义和词源三个方面论述了鄂南方言在词汇上的一些突出特点。

刘宝俊的《崇阳方言本字考》（刊于《语言研究》，1993年第1期）论及了崇阳方言的词汇用字现象。

万献初的《鄂南地名志中的地名俗字评议》（刊于《咸宁师专学报》1994年第3期）对鄂南7县（市）1982—1984年先后出版的《地名志》中出现的方言地名俗字进行了一番考察和评议，揭示了方言俗字的产生规律和文化含义。

（三）语法研究

崇阳方言的语法研究虽晚于语音研究，但明显地有从零星到系统的发展趋势。

20世纪崇阳方言的语法研究多零散见于鄂东南地区的语法研究当中，比较宏观。主要的研究者为当年咸宁师专的陈有恒教授，其研究成果也多见于20世纪八九十年代的《咸宁师专学报》。如无特殊说明，本部分列举的成果均为陈有恒发表于《咸宁师专学报》的论文：

（1）《鄂南方言里的"AA甚"》（1982年第1期）从形态结构、意义特征和语法功能三个方面论述了流行于嘉鱼、赤壁、崇阳、通城等县市的"AA甚"结构，并与流行于大冶、阳新、通山、咸宁等县市的"炽个A"进行了比较分析。

（2）《鄂南方言里的"把""到""在"》（1982年第3期）论述了"把"

"到""在"三个词在鄂南方言中与北京话不同的意义和用法。

(3)《鄂东南的活古话》(1986年第1期)介绍了鄂东南方言词汇中保留的"何""个""着""话""至"等几个古语词。

(4)《鄂南方言的几个语法现象》(1990年第1期)从词的形态变化、词的组合特例、语序和句式共四个方面论述了鄂南方言一些较突出的语法现象。

进入21世纪后,随着方言学界对方言语法研究的重视,崇阳方言的语法现象也进一步得到关注,成果虽然不算多,但系统性增强,主要体现在《崇阳方言语法研究》(祝敏著,东北师范大学出版社,2017年版)这本专著的出版上。该书从代词系统、时体系统、程度表达系统、否定表达系统、疑问表达系统、被动系统、语气表达系统等几个语法—语义系统对崇阳方言进行了研究,是第一部比较全面展示崇阳方言语法系统的专著。

另外,祝敏还先后发表数篇有关崇阳方言语法研究的论文:《湖北崇阳话中的"点子"和"点把"》(刊于《咸宁学院学报》,2009年第2期)横向对比了崇阳方言和普通话、武汉话中的"点子"和"点把"的语义语用特征;《"把得"在崇阳方言中的语法化动因和演变机制》(刊于《湖北科技学报》,2017年第1期)从历时演变的角度阐释了崇阳方言被动标记"把得"一词的演变机制;《崇阳方言的"把得"被动句》(刊于《华中学术》,第21辑)不仅静态描写了崇阳方言被动句的句法、语义语用特征,而且还分析了"把得"这一被动标记的动态演变。此外,还有徐琦的《湖北崇阳方言语法札记》(刊于《科教文汇》,2008年第1期)同样着眼于崇阳方言的语法现象研究。

(四) 小结

总的来说,前人的研究为我们提供了十分宝贵的思路和语料,但崇阳方言的研究还存在以下几个问题:

1. 研究不平衡。语音研究起步最早也最为充分,语法研究从零星逐渐趋于系统,词汇部分的研究最为滞后。

2. 研究不系统。早期成果多散见于对鄂东南方言的研究中,时至今日,鄂东南其他很多县市已出版了方言志或研究专著,如通山、阳新、通城、赤壁都已出版其方言志,咸宁也出版有《咸宁方言研究》等专著,但崇阳方言至今仍没有如此系统的研究成果。

3. 研究不深入。一方面，过去人们总认为方言语音的差异最明显，最值得研究，导致对词汇语法的研究不受重视，即便有，也只是点缀性地描写个大概，更谈不上深入分析句法特征、演变机制等历时研究；另一方面，即便是语音研究，受时代背景和研究方法的限制，现有的语音研究成果未必适用于目前的方言面貌。再加上语言的发展变化，当下的我们很有必要对崇阳方言再做一次深入的调查、整理和分析。

四、音标符号

本书所用音标为国际音标，为方便起见，一般不用方括号。

（一）辅音

本书所用辅音符号如下表所示。

辅音符号表

方法 部位	塞音（清）		内爆音	塞擦音（清）		擦音		鼻音	边音
	不送气	送气		不送气	送气	清	浊		
双唇	p	pʻ	ɓ					m	
唇齿						f	v		
舌尖前				ts	tsʻ	s	z		
舌尖中	t	tʻ	ɗ					n	l
舌尖后				tʂ	tʂʻ	ʂ	ʐ		
舌面				tɕ	tɕʻ	ɕ	ʑ	ȵ	
舌根	k	kʻ				x		ŋ	
喉音						h			

（二）元音

本书所用主要舌面单元音如下图所示。

除下图中的元音外，崇阳方言中还有舌尖前元音 ɿ。

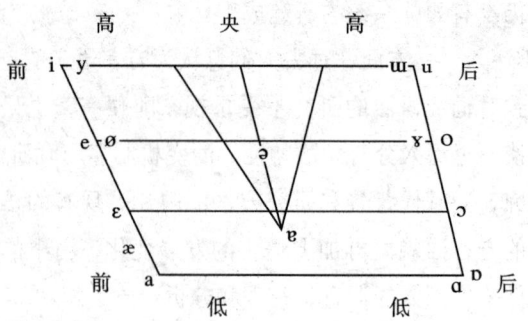

图 1-1 舌面单元音图

(三) 声调

本书采用五度制声调符号标注崇阳方言声调,即把字调的相对音高分为"低、半低、中、半高、高"五度,分别用"1、2、3、4、5"表示,调值符号的竖线为比较线,竖线左边的线条表示声调高低升降的变化。调号如下:

˩22 阴平调　　˩21 阳平调　　˥53 上声调

˩214 阴去调　　˦44 阳去调　　˥55 入声调

˩轻声

考虑到排版的方便,本书一般直接用调值符号表示,如,知 tsʅ˦。变调表示方法是: 在原调值后加短横再标出变调后调值,如在崇阳方言"妈妈"一词中,前一个"妈"读本调阳平,后一个要读成入声调: 妈妈 mɑ-mɑ。

五、发音合作人

本书主要发音合作人情况如下:

(1) 汪南海,男,1953 年 10 月生,湖北省咸宁市崇阳县天城镇人,高中文化。家庭语言环境单纯,父母妻儿均为崇阳县天城镇人,未在别处长期居住,只会说崇阳话。现为宏大公司退休职工。

(2) 叶桂珍,女,1961 年 3 月生,湖北省咸宁市崇阳县天城镇人,初中文化。家庭语言环境单纯,父母配偶子女均为崇阳县天城镇人,未在别处长期居住，日常基本说崇阳话，也能说一点不标准的普通话。现为退休工人。

（3）丁和英，女，1958年5月生，湖北省咸宁市崇阳县路口镇人，初中文化。父母均为路口镇人，成年后到天城镇工作生活至今，现为崇阳县医疗卫生用品厂退休职工。

（4）黄亮，男，1981年5月生，湖北省咸宁市崇阳县天城镇人，大学本科。出生成长在崇阳县天城镇，但外出读大学后回来工作，会说崇阳话和普通话。现为崇阳县中健医疗卫生用品厂职员。

（5）庞俊，男，1987年6月生，湖北省咸宁市崇阳县天城镇人，大专文化。出生成长在崇阳县天城镇，家庭语言环境单纯，父母妻儿均为崇阳人，日常交流基本说崇阳话，会普通话但不标准，也不常用。现为桃溪社区职员。

（6）汪丽，女，1985年1月出生，湖北省咸宁市崇阳县天城镇人，大学本科。除在武汉进修本科两年外，其他时间均在崇阳县城生活，语言环境相对单纯，会说崇阳话和普通话，但日常交流基本说崇阳话。现为自由职业者。

第二章　崇阳方言语音

一、语音系统

（一）声韵调分析

1. 声母

包括零声母在内，崇阳方言有 19 个声母。

p 布八兵拜　　ɓ 派片爬病　　m 麦明　　　　f 飞副饭血红　v 味围云
t 多东张竹　　ɗ 讨天甜毒连　n 脑南老蓝路
ts 资早租争装纸　　　　　　　　　　　　　　s 丝事双手　　z 字坐抄初床
tɕ 九酒经俊　　　　　　　　ȵ 年牛热　　　　ɕ 想响县洗　　ʑ 贼谢轻全
k 高乖街介　　　　　　　　ŋ 泥鱼月软安　　h 开共下客好
ø 问活温王用药

说明：

（1）内爆音 ɓ 和 ɗ 有时内爆成分比较弱，尤其读单字时偶有近似 b 和 d 的现象，似乎表明 ɓ、ɗ 是 b、d 浊音清化的一种过渡状态。但这种现象不稳定、不成系统，在词汇、句子等语流中，内爆音特征更为典型，故统一记为内爆音 ɓ、ɗ。

（2）z 声母字有时读为 dz，ʑ 和 dʑ 也有混读现象。

（3）v 声母不太浊，但与细音相拼时有明显的唇齿相碰，故记作 v。

（4）喉音 h 介于 x、h 之间，但多数时候比 x 靠后，故记作 h。

（5）古来母字拼细音时在崇阳话中读为 ɗ，如"李 ɗi˩""连 ɗiɛ˩"等，拼洪音时读为 n，如"来 næ˩"等。

2. 韵母

崇阳方言韵母共 28 个（包括自成音节的 n），按顺序排列如下：

ɿ 师丝试直　　　i 戏赔对飞急一　　　u 苦谷步付
æ 排山塔鸭　　　　　　　　　　　　　uæ 快关弯袜
ɛ 根肯客黑耕　　iɛ 年靴热灯接色　　ɜe 国卷决　　yɛ 茄权远跪
ə 二南短盒十出　　　　　　　　　　uə 官活骨物
ɑ 茶牙白白尺　　iɑ 写夜借吃壁白　　uɑ 瓦刮瓜话
o 歌托壳学白　　io 笑桥走药学文
ɑu 宝桃帽抄
əu 猪路叔够　　　iəu 秋修酒六
　　　　　　　　　　　　　　　　　ui 鬼橘雨贵
ən 寸懂升春　　　　　　　　　　　uən 滚困温问
in 心星文用熏日　　　　　　　　　uin 军均云裙
ɑŋ 糖双硬讲白　　iɑŋ 响病白兄白钉　uɑŋ 旺黄白光狂
n̩ 五白尔嗯

说明：

（1）韵母 u 自成音节时实际有一个唇齿相碰的过程，类似浊擦音 v，但是又不够浊；在唇齿清擦音 f 后摩擦也较重；与其他辅音相拼时实际音值为 ʋ。

（2）ɛ 组开口度稍小，介于 e 和 ɛ 之间，但比较接近 ɛ。

（3）ɑ、iɑ、uɑ 稍有圆唇现象；ɑŋ、iɑŋ、uɑŋ 的 ɑ 位置稍靠前。

（4）n̩ 自成音节，仅有三个代表字，即"五、尔、嗯"。

（5）yɛ 是崇阳方言中唯一的撮口呼，但实际舌位比 y 靠后一点。

（6）ɑu 的开口度偏小，有些字如"宝"的韵母实际音值为 ou。

（7）əu 收音时有时 u 开口度都偏大，实际音值为 əo。

（8）单元音 i 与双唇塞音相拼时会偏 ɪ，in 则偏 ien，但实则不区分意义，故统一记作 i 和 in。

（9）io 韵母有时会开口度稍大，接近 iɔ。

3. 声调

单字调 6 个，不包括轻声。

阴平˧˧　东该灯风通开天春

阳平˨　门龙铜皮牛油糖红

上声˦˥　懂古鬼九统苦讨草买老五有

阴去˧˥ 冻怪半四痛快寸去

阳去˥ 动罪近后前~卖路硬乱洞地饭树

入声˥ 谷稻~百搭节急哭拍塔切刻六麦叶树~月毒白盒罚

说明：

（1）舒声 4 个调类中 2 个平调、2 个降调，分别为低平调（阴平˩）、高平调（阳去˥）和低降调（阳平˧˩）、高降调（上声˥˩），均能明显区分。

（2）阳平的起调有时稍高，类似于˧˩。

（3）阴去是个曲折调，有时实际音值为˨˦；另外在语流中，先降后升不明显，可能直接读为˦或˧˥。

（4）入声˥调比阳去˥调略高，并且也略显短促，听感上的区别是明显的。

（二）声韵调配合关系

1. 声韵配合关系

	开口呼	齐齿呼	合口呼	撮口呼
p ɓ m f	把抱门红发怀	笔别米飞血	布步谱目妇壶	
v		味云群玉		
t ɗ	刀大春张	对店头天		
n	拉老乱龙			
n̠		年肉牛日		
ŋ	牙安硬鹅	鱼软业月		
ts z s	抓床手坐知子直丝			
tɕ ʑ ɕ		见吃急修		
k	改刚个夹		古关国军	
h	开好看盒			
ø	二如耳儿	衣样育烟	哭玩快问	原权远跪

崇阳方言与北京话的声韵拼合规律有很大不同。

（1）f 与 p、ɓ、m 一样，均可以和开口呼、齐齿呼相拼，与合口呼相拼时都仅限于 u。

（2）t、ɗ 可以和开口呼、齐齿呼相拼，但不与合口呼和撮口呼相拼。

（3）n 与 ȵ 形成互补，前者只与开口呼相拼，后者只与齐齿呼相拼，两者都不与合口呼、撮口呼相拼。

（4）ŋ 可以与开口呼和齐齿呼相拼，但都不与合口呼、撮口呼相拼。

（5）tɕ、ʑ、ɕ 只和齐齿呼相拼，不和开口呼、合口呼、撮口呼相拼。

（6）k 与 h 不同，前者和开口呼、合口呼相拼，后者只与开口呼相拼，两者都不和齐齿呼、撮口呼相拼。

（7）零声母可以和开、齐、合、撮四呼相拼。

（8）ɿ 韵母只和声母 ts、z、s 相拼。

（9）纵观四呼，撮口呼受限制最大，仅有 yɛ 一个韵母且仅与零声母相拼；其次是合口呼，与 p、ɓ、m、f、k 和零声母相拼，而且与 p、ɓ、m、f 相拼时仅限单韵母 u。

2. 声韵调配合表

表中同一竖行表示韵母和声调相同，同一横行表示声母相同。对于一些新老派异读的字，此声韵配合表皆以老派读音为主。对于文白异读的字，皆以白读音为主，有些需要取文读音的字，都在表下加注。若无特殊说明，没有标注的均为白读音。某音节有音无字的或本字暂无考的，皆用 □ 替代，并在表下加以注解。对于一些方言特色词或多音字，也用黑体加以标识并分别在表下加以注解。

崇阳方言单字音表之一

	ɿ				i				u			
	阴平	阳平	上声	阴去	阳去	入声	阴平	阳平	上声	阴去	阳去	入声
p						碑	比		闭			笔	补	布		□³		
ɓ						批	皮	□²	屁	被	鼻	**铺** 蒲	普	**铺**	步	扑
m						眯	煤	米		妹	密		母		墓	木
f						飞	回	水	费	会		夫	壶	虎	付	负	福
v						区	围	雨		味	玉					
t							低	底	对		滴					
ɗ						梯	梨	腿	退	弟	笛					
n																

续表

	ɿ				i				u			
	阴平	阳平	上声	阴去	阳去	入声	阴平	阳平	上声	阴去	阳去	入声
ts tsʰ s	资 初 迟 私 时		纸 此 死	志 刺 四	子 字 市 □¹	直						
tɕ tɕʰ ɕ ȵ							鸡 欺 齐 西 随		嘴 起 洗	记 气 细	罪 系	急 七 席
k kʰ h ŋ												
∅							衣 移		椅	意		益	乌 吴		武	裤	雾	哭

□¹ sɿ˧，冇下~：形容没轻没重。

□² ɕi˧，动词，~人：表示用刻薄的言语挖苦人。

被 ɕi˧，~子，~单。

随 ɕi˧，~便。

□³ pu˧，肩~：肩膀。

铺 ɓu˧，动词，~床；

ɓu˧，名词，~子。

崇阳方言单字音表之二

	æ					uæ					ə					uə				
	阴平	阳平	上声	阴去	阳去	入声	阴平	阳平	上声	阴去	阳去	入声	阴平	阳平	上声	阴去	阳去	入声	阴平	阳平	上声	阴去	阳去	入声
p pʰ m f v	班 攀 排 翻 凡		摆 反	拜 派 埋 买 贩 饭	八 败 卖 法								般 盘 瞒满 欢			半 判 伴 末		拨 泼 佛						
t tʰ n	丹 胎 台 难 奶		胆 毯 □¹	带 太 大 烂	搭 达 腊								端 贪 坛 难		短 染 暖	占 串 断 乱		汁 脱 捋						

续表

	æ					uæ					ə					uə				
	阴平	阳平	上声	阴去	阳去	阴平	阳平	上声	阴去	阳去	阴平	阳平	上声	阴去	阳去	阴平	阳平	上声	阴去	阳去
ts ʦ s	栽猜山	崽才伞	债采赛	扎菜杀	在擦						簪蚕酸	□²赚船	钻撒闪算	蛰善	十					
tɕ ʑ ɕ ȵ																				
k h ŋ	该开挨	改鞋挨	盖凯矮	甲概爱	害外	乖		拐	怪	刮	甘酐安	敢寒	干汗按	鸽喝岸		官		馆	冠	骨
ø						歪	顽	晚	快万	袜		儿	耳	二		宽	完	碗	换	活

□¹næ˩, 动词：舔。

挨 ŋæ˧，～近；

ŋæ˩，～打。

占 təɣ˩，～领。

□²tsʌɣ，发～：动词：撒娇。

干 kəɣ˩：文读，～活：崇阳方言中一般用"制事"表达该意。

冠 kuəɣ˩，～军。

儿 ɭə˧，～子：在崇阳方言中不常用，一般表达该意时说"崽"，但受普通话影响或文读中，该字也会出现在"～子，～媳妇"等词语中。

崇阳方言单字音表之三

	ɛ					iɛ					uɛ					yɛ				
	阴平	阳平	上声	阴去	阳去	阴平	阳平	上声	阴去	阳去	阴平	阳平	上声	阴去	阳去	阴平	阳平	上声	阴去	阳去
p						边篇		扁便	变片	便别										
ɓ																				
m								棉免		面灭										
f						靴				血										
v																				

续表

	ε					iε					uε					yε				
	阴平	阳平	上声	阴去	阳去	入声	阴平	阳平	上声	阴去	阳去	入声	阴平	阳平	上声	阴去	阳去	入声		
t tʰ n							灯 天	田	点 舔	店	电	德 铁								
ts z s																				
tɕ ʑ ɕ ɲ							尖 千 先 拈	前 嫌 年	剪 浅 险	见 欠 线 念	件 县	节 贼 雪 热								
k h ŋ	跟 恩	哽 痕	更 很	格 恨 黑				严	软	验		月	捐		卷	卷		国		
∅	窝	鹅	我	饿	恶		烟	盐	演	厌	艳	页				圈	原 远	劝 院 越		

更 kɛ˧，~加。　　　　　　　　面 miɛ˧，~子。
便 ᵇiɛ˧，~宜；
　　ᵇiɛ˧，方~。　　　　　　　　卷 kuɛ˧，动词，~起；
　　　　　　　　　　　　　　　kuɛ˧，名词，试~。

崇阳方言单字音表之四

	a						ia						ua					
	阴平	阳平	上声	阴去	阳去	入声	阴平	阳平	上声	阴去	阳去	入声	阴平	阳平	上声	阴去	阳去	入声
p ᵇ m f v	巴 爬 妈 花	麻 划	把 怕 马 化	把 耙 骂 画	爸 白 麦 划											壁 劈		

续表

	a					ia					ua				
	阴平	阳平	上声	阴去	阳去	入声	阴平	阳平	上声	阴去	阳去	入声	阴平	阳平	上声	阴去	阳去	入声

	a 阴平 阳平 上声 阴去 阳去 入声	ia 阴平 阳平 上声 阴去 阳去 入声	ua 阴平 阳平 上声 阴去 阳去 入声
t d̥ n	遮　打　蔗　只 车　扯　　　尺 拉　　哪　拿	爹 　　　　　踢	
ts z s	渣　　榨　摘 差　茶　岔　杂 沙　蛇　洒　晒　社　刷		
tɕ ʑ ɕ ɲ		加　　姐　借　甲 　　斜　　谢　吃 些　霞　写　夏　峡 　　　　　　□³	
k h ŋ	家　　　　隔 虾　□¹　下　客 □²牙　哑　　额		瓜　　寡　挂　□⁴
∅	阿　　阿	鸦　涯　野　亚　夜　压	蛙　　瓦　跨　话

把 paˀ，量词，一~米；动词，~得尔。

paˀ，名词，刀~。

划 faˀ，~船；

faˀ，计~。

只 taˀ，一~鸡。

□¹ haˀ，傻，笨，~巴。

□² ŋaˀ，~屋·dæ：外婆家。

阿 a˧，~姨；

a˧，~个：那个，远指。

□³ niaˀ，~白：撒谎。

□⁴ kuaˀ：很，特别，~热（非常热）；~烂（很烂）。

压 iaˀ：此处为文读音，白读音为 ŋaˀ，意思都相同。

话 uaˀ：说，~事（说话）。

崇阳方言单字音表之五

	o					io					n				
	阴平	阳平	上声	阴去	阳去	入声	阴平	阳平	上声	阴去	阳去	入声	阴平	阳平	上声	阴去	阳去	入声
p b m f v	波 坡 摸	跛 婆 磨	簸 剖	剥 破 磨	薄 莫													
t d n	多 拖 啰	驮 锣	朵 妥 裸	剁 唾	舵	着 托 糯 落	雕 挑	抖 条	钓 篓	跳	挑	略						
ts z s	搓		左 错 锁	坐	桌 昨 索													
tɕ ʑ ɕ ȵ							交 敲 肖 抠	桥 尧	走 口 小 藕	叫 扣 笑 怄	后 尿	脚 却 削 弱						
k h ŋ	哥 河 鹅		个 火 我	果 货 饿	过 祸 鄂	郭 鹤												
∅	棵	禾				握	腰 摇		舀	要	耀	药					五	

磨：moˇ，动词，～面； 这样。
　　moˊ，名词，石～。 削 ɕioˉ，剥～，～皮。
个 koˇ，～际，现在；～样。

崇阳方言单字音表之六

	əu				iəu				ɑu				ui			
	阴平	阳平	上声	阴去	阳去	入声	阴平	阳平	上声	阴去	阳去	入声	阴平	阳平	上声	阴去	阳去	入声
p													包		饱	报		
b													抛	跑		炮	抱	
m														毛	卯		帽	
f																		
v																		
t	都		赌	**昼**	**昼**	竹	丢						刀		岛	倒		
d	吹	图	土	臭	度	读	**溜**	流	柳		**溜**	六	涛	桃	讨	套	道	
n	搂	炉	努		路	鹿							捞	劳	老		闹	
ts	租		祖	奏									遭		早	灶		
z	粗	愁文	楚	醋	助	族							操	曹	草	糙	皂	
s	书	苔	手	素	树	熟							烧	韶	嫂	**扫**	绍	
tɕ							□[1]		九	救		菊						
ʑ							秋	球		旧		局						
ɕ							休		朽	秀		俗						
ɲ								牛	扭		肉							
k	勾		够										高		搞	告		
h													薅	豪	**好**	**好**	号	
ŋ	殴												熬	袄	奥	傲			规		鬼	桂		橘
∅							优	油	有	幼	又	育						

昼 təu˥,~边：中午；吃~饭：吃中饭。

昼 təu˩,上~：上午；下~：下午。

勾 kəu˩,~结，文读。

殴 ŋəu˩,~打，文读。

溜 diəu˩：动词或形容词，滑，~冰（滑冰），鳝鱼~滑个（鳝鱼很滑，抓不住）；

diəu˩：形容词，形容做事或说话很在行、很利落。例如，伊制事蛮~。

□[1] tɕiəu˩,~酸，很酸。

扫 sɑu˥,~地。

好 hɑu˥,~坏；

hɑu˩,喜~。

崇阳方言单字音表之七

	ən 阴平 阳平 上声 阴去 阳去 入声	uən 阴平 阳平 上声 阴去 阳去 入声	in 阴平 阳平 上声 阴去 阳去 入声	uin 阴平 阳平 上声 阴去 阳去 入声
p ɓ m f v	奔　本奔笨 烹盆捧喷 　门猛梦□¹ 分红粉奋份		兵　丙殡 拼ᵡ贫品并 　民敏命 熏　　训 晕云永　运	
t ɗ n	针　枕顿 春陈统秤动 聋轮拢嫩		顶 厅停挺定	
ts z s	宗　总粽 村崇□²寸 身神沈送剩			
tɕ ʑ ɕ ȵ			今　紧进 亲勤寝亲近 心熊笋信杏 　人忍　认日	
k h ŋ	公　拱贡 空孔空共	滚棍		军　　郡
∅		温文稳困问	音　容引印用	

奔 pən˧, ～跑;

pən˨, ～头: 表示努力奋斗。

喷 ɓən˨, ～水。

□¹ mən˥, ～好: 程度副词, 非常, 特别。

□² zən˨, 动词, 推, 按压。例如, 我把书～倒, 尔来钉（我把书按住, 你来钉）。

空 hən˧, ～洞;

hən˨, ～闲。

命 min˧, 文读。

亲 ʑin˧, ～戚;

ʑin˨, ～家。

日 ȵin˥, ～头, ～子。

崇阳方言单字音表之八

	aŋ				iaŋ				uaŋ			
	阴平	阳平	上声	阴去	阳去	入声	阴平	阳平	上声	阴去	阳去	入声
p b m f v	帮 □¹ 蒙 方	旁 忙 防	绑 猛 访	胖 放	蚌 晃		平 名 兄	拼		柄 病 命			
t d n	当 昌	堂 郎	党 躺 冷	当 烫	荡 浪		钉 良		两	钉 听	亮		
ts z s	装 窗 丧	床 常	壮 嗓	创 丧	撞 上								
tɕ ʑ ɕ ȵ							江 枪 香 □⁴	强 娘	桨 想 仰	酱 抢 向 让	匠 象		
k h ŋ	刚 康 □³	杭 昂	岗 □²	抗	杠 巷 硬							光	广	逛	□⁶
ø							央	羊	痒	□⁵	样	汪	亡	网	望

□¹ ɓaŋ˧: 动词，追赶。例如，紧伊走，莫～伊！（让他走，别追他！）

蒙 maŋ˧，～件衣: 动词，在棉袄等冬衣上再加上一件罩衣。

晃 faŋ˧，～眼: 形容太亮了，闪眼睛。

当 taŋ˧，～然；
taŋ˩，～铺。

丧 saŋ˧，办～事；
saŋ˩，～失。

上 saŋ˧，～面，～去。

□² haŋ˥: 粮食、调料等物品表面上生出的白色的霉，或食物霉变后发出的气味。例如，个米有～气，生了～（这个米有霉味，生霉了）。

□³ ŋaŋ˧: 大声喊叫。例如，莫～了，伊不在屋里（别喊了，他不在家）。

钉 tiaŋ˧，名词，～子；
tiaŋ˩，动词，～东西。

两 ȵiaŋ˥，～个，斤～。

降 ɕiaŋ˧，投～。

□⁴ ȵiaŋ˧，～软：很软，崇阳方言中专门用来修饰"软"的程度副词。

□⁵ iaŋ˧: 形容吃某种东西吃多了，导致生理上的不舒服，不想再继续吃了。例如，中午吃个肥肉好～人，再也不想吃了。

□⁶ kuaŋ˧，～绿：程度副词，一般用来形容绿色的程度高，绿得纯。

(三) 音变

音节在连续的语流中，受音素之间的相互影响而产生一些语音上的变化，称为音变，也称语流音变。音变现象可能体现在音段音位上，也可能体现在声调上，北京话的儿化、轻声就分别是这两种音变的体现。崇阳方言中的音变现象并不繁复，下面介绍几类。

1. 连读变调

(1) 叠字变调

崇阳方言重叠式数量比较少，发生叠字变调的情况主要是名词。

其一，有些名词重叠时，声调有时要发生变化，一般是前一个音节声调不变，后一个常读为轻声。例如，

①舅舅：ziəu˧ ziəu˧ → ziəu˧ ·ziəu

②家家户户：ka˨ ka˨ fu˧ fu˧ → ka˨ ·ka fu˧ ·fu

③宝宝：pau˥ pau˥ → pau˥ ·pau

被叠字一般是名词性成分，如果不是也不发生变调，如，摸摸瞎瞎、嘻嘻哈哈、蹦蹦跳跳、密密麻麻……

其二，一般来说，崇阳方言中对直系亲属的称谓很少用叠音词，基本都用单音词或其他说法，比如分别用"爷"（或者"爸"）、"老娘"（或者"妈"）、"哥""姐""老妹""老弟"来称呼"爸爸""妈妈""哥哥""姐姐""妹妹""弟弟"。但有一种情况除外，就是成人需要与儿童对话时，往往受北京话影响，并模拟婴幼儿语言，使用叠音词，此时第二个音节声调也会发生变化，但不是轻声，而是常读为入声调。例如，

④妈妈：ma˨ ma˨ → ma˨ ma˦

⑤哥哥：ko˨ ko˨ → ko˨ ko˦

⑥爷爷：iɛ˧ iɛ˧ → iɛ˧ iɛ˦

⑦奶奶：næ˥ næ˥ → næ˥ næ˦

但这也不是绝对的，比如"姐姐""舅舅"就是两个例外，无论哪种情况，都是第二个音节读为轻声，分别为 tɕia˥ ·tɕia、ziəu˧ ·ziəu，不会变读为 tɕia˥ tɕia˦ 和 ziəu˧ ziəu˦。

此外，当称呼某人时，崇阳人也惯用名字中的某个字叠字称呼，此时第二个音节也读为轻声。每个声调各举一例：

⑧思思：sɿ˨ sɿ˨ → sɿ˨ ·sɿ

⑨媛媛：yɛ˧ yɛ˧ → yɛ˧ ·yɛ

⑩伟伟：vi˧ vi˧ → vi˧ ·vi

⑪俊俊：tɕin˧ tɕin˧ → tɕin˧ ·tɕin

⑫亮亮：ɖiaŋ˧ ɖiaŋ˧ → ɖiaŋ˧ ·ɖiaŋ

（2）代词的变调

崇阳方言代词也存在变调情况，常见的有以下两种：

其一，表方所指示代词的变调。崇阳方言的指示代词是三分的，基本形式分别为"个 ko˧"（近指）、"伊 i˧"（中远指）和"阿 æ˧"（远指），声调同为阴去，非常一致。但是在指示方所时，往往有三种说法，意思基本相同，但其中一种声调会发生变化，如下表。

	近指（这里）	中远指（那里）	远指（那里）
˧调	个子呐 ko˧ ·tsæ ·æn 个边 ko˧ piɛ˧	伊子呐 i˧ ·tsæ ·æn 伊边 i˧ piɛ˧	阿子呐 æ˧ ·tsæ ·æn 阿边 æ˧ piɛ˧
˧调	个呐 ko˥ ·æn	伊呐 i˥ ·æn	阿呐 æ˥ ·æn

崇阳方言指示代词的声调，有两个非常有趣的现象。

一方面，崇阳方言里中远指的指示代词"伊"同时也能做第三人称代词，这种现象在汉语方言里（林素娥，2006）①、整个汉藏语系里（张惠英，2001）② 和阿尔泰语系里（唐正大，2005）③ 都比较普遍（吕叔湘、江蓝生，1985）④，此处不再赘述。但是，在崇阳方言中，"伊"的不同代词用法有不同声调，做第三人称代词时读作 i˥，而表中远指指示代词时大多数情况下读作 i˧。这种现象既是为了区分两者的用法，也可能是为了保持与其他两个指示代词声调一致性而做出的改变，这种现象在其他语言里也普遍存在，例如，"景颇语（戴庆厦，1992）表示距说话双方都远的基本指示代词有三个，一个是 woʔ˧ ræ˧，表示事物的位置与说话人平行；另一个是 htoʔ˧ ræ˧，表示事物的位置比说话人高；再一个是 ɖeʔ˧ ræ˧，表示事物的位置

---

① 林素娥：《汉语人称代词与指示代词同形类型及其动因初探》，《语言科学》，2006年第5期，第97页。

② 张惠英：《汉语方言代词研究》，语文出版社，第123页。

③ 唐正大：《关中方言第三人称指称形式的类型学研究》，《方言》，2005年第2期，第116页。

④ 吕叔湘著，江蓝生补：《近代汉语指代词》，学林出版社，1985年。

比说话人低"（储泽祥、邓云华，2003）①。

另一方面，如上表所示，在口语中，若用"X 呐"（此处 X 统指"个、伊、阿"）形式，三个指示代词统一由˧˩调变调读作˥˩调。这种形式往往是说话人需要强调方所，由曲折调变为高降调，这种语音形式虽然不区别意义，但明显是配合语用表达做出的变调。

其二，疑问代词"哪"也有这种变调现象。问人、问事都可以用"哪个 nɑ˧˩ ko˥"，问"哪一天"可用"哪日 nɑ˧˩ ȵin˥"，问方所时与上文方所指示代词一样有三种形式，分别为"哪子呐 nɑ˧˩ ·tsæ ·næ""哪边 nɑ˧˩ pie˧˩"和"哪呐 nɑ˥˩ ·næ"。所以上表整理为代词的变调情况如下表。

	近指（这里）	中远指（那里）	远指（那里）	疑问形式（哪里）
˧˩调	个子 ko˧˩ ·tsæ ·næ 个边 ko˧˩ pie˧˩	伊子呐 i˧˩ ·tsæ ·næ 伊边 i˧˩ pie˧˩	阿子 æ˧˩ ·tsæ ·næ 阿边 æ˧˩ pie˧˩	哪子 nɑ˧˩ ·tsæ ·næ 哪边 nɑ˧˩ pie˧˩
˥˩调	个呐 ko˥ ·næ	伊呐 i˥ ·næ	阿呐 æ˥ ·næ	哪呐 nɑ˥ ·næ

由此可见，虽然指示代词和疑问代词都存在变调现象，但是有个共同点就是同为方所代词，并且声调非常一致。关于这一点的研究，将会在语法部分里论述。

（3）语流中阴去调调型的变化

北京话两个上声连读时，第一个上声变为阳平。崇阳方言的阴去也是个曲折调，两个阴去调的音节连读时，也会发生调型变化的现象，即第一个曲折调变为上扬调（崇阳方言里并没有这类调型），具体调值为˦；第二个一般是明显的曲折调。

①再见 tsæ˧˩ tɕie˧˩→tsæ˦ tɕie˧˩

②进去 tɕin˧˩ ʑie˧˩→tɕin˦ ʑie˧˩

③尿片 ȵio˧˩ ɓie˧˩→ȵio˦ ɓie˧˩

另外，阴去调与其他几个调型的音节连读时，曲折调有时也会直接变为调值为˦的上扬调，这种变调现象比较容易理解，在语流中由于语速要求，人们往往删繁就简，去掉曲折的过程，直接读作上扬调。但这个不是必需的，也不成系统，偶然性比较大，与说话人的语速或习惯有关。如

---

① 储泽祥、邓云华：《指示代词的类型和共性》，《当代语言学》，2003 年第 4 期，第 304 页。

"剃头"可以读作 diɤ˩ ɫoi˦˥，也有人读作 diɤ˥ ɫoi˦˥；"戒指"可以读作 kæɹ tsŋˤ，也可读作 kæɹ tsŋˤ；"裤脚"读作 uɹ tɕioˤ 和 uɹ tɕioˤ 也是两可，但在第二个音节为入声调时，更多人倾向于第二种读法，即变调读法。

2. 轻声儿化

相对于北京话，崇阳方言的轻声音节非常少，主要有以下几类：

（1）助词读轻声

例如，结构助词"个"（相对于北京话的"的"）、"倒"（相对于北京话的"着"）、"得"（如"把得"，意思为"被"）等；语气助词"吵""呢""吧"等。

（2）叠音词的第二个音节读轻声

如，爸爸、妈妈、舅舅、爷爷、奶奶等。需要注意的是，这些亲属称谓的使用条件比较有限，详见上文叠字变调论述。

（3）部分词尾，如"～子""～呐"读轻声

例如，兔子 dɑɹ ·tsæ、李呐 ɫiˤ ·næ（李子）、我家呐 ŋoɤ ·kæ ·næ（我们）等。还有部分方位词半虚化为词尾的，"～底""～上""～下"也读轻声，如，下底 haɹ ·ti（下面）、里底 ɫiˤ ·ti（里面）、外底 ŋæɹ ·ti（外面）、桌上 tsoɹ ·saŋ、手上 ɕuɤ ·saŋ；床底下 zaŋɹ ɫiˤ ·haɹ、桌底下 tsoɹ tiˤ ·haɹ 等。

（4）部分名词

例如，石榴 sɑɹ ·dio、锁匙 soɤ ·ʐŋ（钥匙）、耳朵 oɹ ·ɫe、师傅 sŋˤ ·fu 等。崇阳方言基本没有儿尾词，也没有儿化韵。

二、语音特点

（一）文白异读

崇阳方言文白异读现象比较突出，有的成系统性地表现在声母或韵母的不同上，还有少数的表现为声韵调三方面均不同，不成系统。这些异读或与语音演变有关，或与普通话的影响有关，本书姑且暂时统称为文白异读。下面将文白异读字分类列表示例，例字排序为：先列例字，次列文读音，后列白读音。每一类文白异读都在表下加入说明文字。

1. 与声母有关的文白异读

一般而言，与声母有关的文白异读多半伴随着韵母四呼的变化，因此，

这方面的文白异读很多都涉及声母和韵母两方面的改变。

崇阳方言与声母有关的文白异读示例表

序号	声母	例字
①	tɕ / k	假 tɕiaˇ / kaˇ、嫁 tɕiaˇ / kaˇ、夹 tɕiaˉ / kaˉ、甲 tɕiaˉ / kaˉ、家 tɕiaˉ / kaˉ、间 tɕiɛˉ / kæˉ、跤 tɕioˉ / kauˉ、讲 tɕiaŋˇ / kaŋˇ
②	ʑ / h	敲 ʑioˉ / hauˉ、掐 ʑiaˉ / hæˉ、卡 ʑiaˇ / haˇ、筐 ʑiaŋˉ / haŋˉ
③	ɕ / h	咸 ɕiɛˊ / hæˊ、闲 ɕiɛˊ / hæˊ、巷 ɕiaŋˊ / haŋˊ、项 ɕiaŋˊ / haŋˊ、下 ɕiaˊ / haˊ、虾 ɕiaˉ / haˉ、学 ɕioˊ / hoˊ
④	清擦音/浊擦音	像 ɕiaŋˊ / ʑiaŋˊ、袖 ɕioˊ / ʑioˊ、随 ɕiˊ / ʑiˊ、寻 ɕinˊ / ʑinˊ；寺 sɿˊ / zɿˊ、柿 sɿˊ / zɿˊ
⑤	∅ / ŋ	样 iaŋˊ / ŋiaŋˊ、严 iɛˊ / ŋiɛˊ、研 iɛˉ / ŋiɛˉ、易 iˊ / ŋiˊ、艺 iˊ / ŋiˊ、外 uæˊ / ŋæˊ、牙 iaˊ / ŋaˊ、恶 ~oˉ / ŋoˉ、鄂 oˊ / ŋoˊ
	∅ / ȵ	银 inˊ / ȵinˊ、验 iɛˊ / ȵiɛˊ、弱 ioˊ / ȵioˊ、业 iɛˊ / ȵiɛˊ
	∅ / v	永 inˇ / vinˇ、咏 inˇ / vinˇ、荣 inˊ / vinˊ
	∅ / h	况 uaŋˋ / haŋˋ、旷 uaŋˋ / haŋˋ、矿 uaŋˋ / haŋˋ
	∅ / ʑ	筐 uaŋˉ / ʑiaŋˉ、框 uaŋˉ / ʑiaŋˉ、眶 uaŋˉ / ʑiaŋˉ
⑥	非零声母 / 零声母	黄 faŋˊ / uaŋˊ、话 faˊ / uaˊ、坏 fæˊ / uæˊ
⑦	ɖ / ȵ	日 ɖəˊ / ȵiˊ、认 ɖəˊ / ȵinˊ、让 ɖaŋˊ / ȵiaŋˊ

说明：

①、②、③这三个部分的文白异读现象多是牙喉音拼中古开口二等韵的音节，白读为舌根音 k 或喉擦音 h，不腭化，文读为腭化后的舌面音 tɕ、ɕ 或 ʑ，韵母白读为开口呼，文读为齐齿呼。

④这部分文白异读现象只是单纯的声母发生改变，没有影响到韵母和声调的变化。

⑤这部分文白异读现象比较复杂，主要是零声母字和非零声母字的差异，存在于古疑母字、日母字、泥母字甚至见母字中，文读时为零声母，

白读时有 ŋ、n̠、h、v、z 等不同情况。

⑥这部分文白异读的差别主要体现在唇齿音的清浊上。白读为零声母，虽然唇齿也有轻微碰擦，但没有 v 那么浊，文读为清唇齿音 f。其中"黄"的文白在目前崇阳方言中，基本可以混读，如"黄瓜""黄色"中的"黄"两个读音皮可；但"话"在表示动词"说"的意思时只能用白读 ua˧，如"话事 ua˧ s˨˩˧（说话）"，名词基本读作文读音 fa˧，如"尔几多话哟 n˥ tɕi˧ to˧ fa˧ ·io"。

⑦一部分日母字与臻开三拼合时产生文白异读现象，声母部分白读为 n̠，文读为 ɖ，韵母部分也有相应的变化。

2. 与韵母有关的文白异读

一般而言，崇阳方言中与韵母有关的文白异读，很少涉及声母和声调发生改变的。

崇阳方言与声母有关的文白异读示例表

序号	韵母	例字
①	in / iaŋ	青 ʑin˧ / ʑiaŋ˧、清 ʑin˧ / ʑiaŋ˧、晴 ʑin˨ / ʑiaŋ˨、请 ʑin˥ / ʑiaŋ˥、轻 ʑin˧ / ʑiaŋ˧、醒 ɕin˥ / ɕiaŋ˥、星 ɕin˧ / ɕiaŋ˧、听 ɖin˧ / ɖiaŋ˧、钉 ɖin˧ / ɖiaŋ˧、病 pin˧ / piaŋ˧、命 min˧ / miaŋ˧、井 tɕin˥ / tɕiaŋ˥、平 bin˨ / biaŋ˨、坪 bin˨ / biaŋ˨、岭 ɖin˥ / ɖiaŋ˥、零 ɖin˨ / ɖiaŋ˨、领 ɖin˥ / ɖiaŋ˥、擎 ʑin˨ / ʑiaŋ˨
②	ən / iɛ	吞 ɖən˧ / ɖiɛ˧、能 nən˨ / n̠iɛ˨、森 sən˧ / ɕiɛ˧、参 sən˧ / ɕiɛ˧、曾姓~ tsən˧ / tɕiɛ˧、腾 ɖən˨ / ɖiɛ˨、藤 ɖən˨ / ɖiɛ˨
③	ən / ɤ	很 hən˥ / hɤ˥、狠 hən˥ / hɤ˥、根 kən˧ / kɤ˧、肯 hən˥ / hɤ˥、更~加 kən˧ / kɤ˧、耕 kən˧ / kɤ˧、埂 kən˥ / kɤ˥、更~改 kən˥ / kɤ˥、梗 kən˥ / kɤ˥、哽 kən˥ / kɤ˥
④	əu / ne	初 zəu˧ / z̩˧、锄 zəu˨ / z̩˨、梳 səu˧ / s̩˧、醋 zəu˧ / z̩˧
⑤	i / ia	壁 pi˧ / pia˧、劈 bi˧ / bia˧、踢 ɖi˧ / ɖia˧、提 ɖi˨ / ɖia˨、锡 ɕi˧ / ɕia˧
⑥	iɛ / ia	姐 tɕiɛ˥ / tɕia˥、借 tɕiɛ˧ / tɕia˧、爷 ia˨ / iaŋ˨
⑦	ə / a	社 sə˧ / sa˧、善 sə˧ / sa˧
⑧	ən / aŋ	争 tsən˧ / tsaŋ˧、生 sən˧ / saŋ˧、冷 nən˥ / naŋ˥、剩 sən˧ / saŋ˧、盛 sən˨ / saŋ˨、横 fən˨ / uaŋ˨

续表

序号	韵母	例字
⑨	ʅ / ə	十 sʅ˧ / səʅ˧、职 tsʅ˧ / təʅ˧、质 tsʅ˧ / təʅ˧、食 sʅ˧ / səʅ˧、蚀 sʅ˧ / səʅ˧、识 sʅ˧ / səʅ˧、饰 sʅ˧ / səʅ˧、实 sʅ˧ / səʅ˧、失 sʅ˧ / səʅ˧、室 sʅ˧ / səʅ˧、蛰 tsʅ˧ / təʅ˧、执 tsʅ˧ / təʅ˧、汁 tsʅ˧ / təʅ˧、湿 sʅ˧ / səʅ˧、拾 sʅ˧ / səʅ˧
⑩	ɛ / iɛ	北 pɛ˧ / piɛ˧、墨 mɛ˧ / miɛ˧、默 mɛ˧ / miɛ˧

说明：

①这部分文白异读在崇阳方言中数量比较多，主要是梗摄开口拼细音舒声字，声母和声调一般没有变化，变化都在韵母上，而且很明显文读音是受北京话 iŋ 韵母的影响。虽然这类文白异读平时可以混用，但一般新生事物或特别明显的书面语都用文读音，比如"影子"，崇阳方言一般说"影呐 iɑŋ˧ ·næ"，但是"电影"（新生事物）、"影响"（书面语）则分别读作 ɕie˧ iŋ˧ 和 iŋ˧ ɕiɑŋ˧。

②、③这两部分文白异读主要体现在流臻曾摄开口一等字及梗摄开口二等字上，白读齐齿呼，文读开口呼。

④这部分文白异读是鱼韵庄组、模韵精组字，文读作 əu，白读作 ʅ，其数量较少，尤其需要说明的是"醋"这个日常生活中的常用字，其白读音 zʅ˧ 目前几乎无人使用，只有年纪很大的崇阳人还承认这个读音的存在，一般崇阳人都读作 zəu˧。

⑤这部分文白异读梗摄开口三等拼帮系端系部分字，主要是入声字，文读作 i，白读作 iɑ，其数量不多。

⑥这部分文白异读是麻韵三等拼精组字，文读作 iɛ，白读作 iɑ。需要特别说明的是，"爷"在崇阳方言中主要用于两处，其一表示叙称的"父亲"之意，例如，"个是我个爷 koʌ sʅ˧ ŋoʌ ·kɑ iɑʌ（这是我的爸爸）"；其二是用于"叔爷""姨爷"等词中，也读作 iɑʌ，表示与父辈同辈的男性。后来受普通话影响，"爷"也进入崇阳方言中表示"爷爷"，读音也发生变化，读作 iɛʌ，与原有的"爹 tiɑʌ"共同表示"爷爷"之意。因此，这个词的两读算不上典型的文白异读现象，还是有区分意思的功能，特此说明。

⑦少量章组字白读作 ɑ，文读作 ə。

⑧这部分文白异读反映的是梗摄舒声字的异读情况，文读作 ən，白读

作 ɑŋ 或 uɑŋ。

⑨这部分文白异读反映的是一些臻曾两摄开口三等入声字拼照组的异读情况，白读作 ə，文读作 ɿ。词类异读现象中，大部分只有韵母发生变化，声母不变，个别字受"古无舌上"的残留影响，声母随之发生变化，如蛰 tsɿ˥ / təʔ˥。

⑩这部分文白异读数量不多，差异也不明显，主要是曾摄开口一等入声字拼帮组的异读，文读为开口呼 ɛ，白读为齐齿呼 iɛ。

3. 与声调有关的文白异读

上述文白异读中，主要是声韵两方面的变化。崇阳方言中单纯涉及声调变化的文白异读比较少，除了几个古入声字文读音为非入声字外，其他的无系统性可言。具体如下：

① 忆：ŋi˧ 或 i˧ / ŋi˥
② 挖：uæ˧ / uæ˥
③ 墩：tən˧ / təi˥
④ 吨：tən˧ / təi˥
⑤ 偿：sɑŋ˧ / sɑŋ˥
⑥ 造：zau˧ / zau˥

其中，①、②两者都是白读为入声，文读为非入声，文读还涉及零声母的问题，很明显也是受北京话的影响。③、④、⑤、⑥的文白读声调规律不明，但比较明显的是，文读音的声调都是受北京话声调的影响而发生对应的改变的。例如"挖"北京话为阴平调，对应的崇阳方言阴平调调值为˧，因此该字的文读音在声韵不变的情况下，声调由入声变成阴平。其他字的文读音均为类似情况。

4. 非系统性异读

崇阳方言的文白异读大多为系统性的，但仍存在少量不成系统的文白异读。例如，

① "白"读作 biɛ˧ 或 bɑ˥，后者的白读音使用更为频繁，前者的文读音一般被认为是比较矫情的读书音。

② "五"读作 u˩ 或 ŋ˩，口语中两者均有使用，但很明显受北京话影响比较大的年轻人或城关人更倾向于读前者的文读音，后者的白读音一般是老年人或崇阳县乡镇当地人使用。

③"晨"读作 zən˧ 或 sən˧，后者的白读音在口语中使用得更多，而在读"早晨""晨读"等词语时则更多使用前者，即 zən˧。

④"格"读作 kə˥ 或 kɜ˥，前者的文读音明显是受北京话影响而改变韵母部分，老年人一般用后者的白读音。

⑤"锯"读作 kui˨ 或 kɛ˨，在一些新词如"电锯"中，一般用前者的文读音，而在表示"锯"这个动作或者"锯子"这个词时，白读音 kɛ˨ 则比较常用。

⑥"生"有三种读法，分别为 sən˧、saŋ˧ 和 ɕiɜ˧。组词上看，在"生日""生产""生活"等几个词中，三种读法均可。但很明显，sən˧ 与 saŋ˧ 的韵母区别是，前者受北京话影响而发生的文读改变，这符合上表中 ne/aŋ 类的文白异读规律。但是在"生意"一词中，ɕiɜ˧ 的读法明显使用频率更高。

⑦"吹"读作 ɖou˧ 或 vi˧。

⑧"愁"读作 ɖou˧ 或 zio˧。

⑨"倾、顷"均读作 zin˧ 或 vin˧。

很明显，⑦、⑧、⑨三类的文读音是受北京话影响，声母类化为送气浊塞音或浊塞擦音。

⑩"愿"读作 vie˧ 或 ŋie˧。

⑪"猛"读作 mən˥ 或 maŋ˥。该词的文读音是韵母受北京话影响发生的类化现象。

⑫"澄"ɖən˧ 或 tən˧。该词的白读音是"古无舌上音"的语音残留，当今的崇阳方言中使用这个读音时往往将其当作动词使用，表示把浑浊的液体放置一段时间，使之清亮一些。而其文读音则明显是受北京话声韵调的影响类化而来的，多用于"澄清"一词。

总的来说，崇阳方言的文白异读特点鲜明，虽然多数文读音和白读音可以任意变读，但文读音还是明显带有书面语色彩，或者说受北京话影响较为明显。比如"姐"的文白读在日常都可以自由变读，例如呼称"姐姐"时可以说 tɕia˥·tɕia，也可以说 tɕie˥·tɕie，目前来看，其文读音 tɕie˥ 甚至更多见。例如在句子"个是我个姐 ko˨ sɨ˧ ŋo˥ ka tɕie˥（这是我姐姐）"中，更倾向于选择文读音。

文白异读反映了语音演变的历史层次，是动态变化的过程。刘宝俊

(1988)认为,崇阳方言的文白异读有的是白读音为上位层次而文读音为下位层次,有的是文读音为上位层次而白读音为下位层次。前者如"与韵母有关的文白异读示例表"中的第⑧种类型,反映了四个音层:æ→ə→i→ɿ;后者如"与声母有关的文白异读示例表"中的第⑧种类型,即日母字文读为ɖ而白读为ȵ的情况①。

崇阳方言的文白异读现象是系统的、规律的,其变化既有新生事物、新词新语的外部推动,也有语音演变的内部发展原因。受地域和经济条件制约,相对于咸宁其他县市,崇阳方言受共同语的影响不算特别突出,但近些年明显也能感到其白读音的使用范围有逐渐缩小的趋势,年轻人对某些白读音越来越生疏了。

(二)语音的现代变化

现代社会区域间的交流日益密切和频繁,加之方言自身的发展演变,崇阳方言的语音面貌也随之发生了变化。从历时层面上看,从20世纪30年代的《湖北方言调查报告》(以下简称《报告》)崇阳部分的记录,到今天我们的调查,时隔80多年,崇阳方言在这近一个世纪的时间里,语音发生了很大的变化②。从共时层面上看,当下崇阳方言中新老派异读的现象也同样反映出语音的现代变化。一般而言,新老派异读和文白异读有着一定的内在联系,新派读法往往跟文读音相关,而老派读法往往与白读音相关。

1. 声调变化

崇阳方言新老派的声调变化不算太明显,但是入声的发音有舒长的趋势。虽然崇阳方言的入声调没有明显的闭塞成分,但老派入声调明显高且短促,新派入声调高则高矣,收音却明显没那么急促了,比较舒长。所以调类、调值虽无变化,但长短还是有些许差异。

2. 韵母变化

崇阳方言新派读法往往采用上文文白异读现象中的文读读法,因此韵

---

① 刘宝俊:《湖北崇阳方言音系及特点》,《中南民族学院学报》,1988年第5期,第111页。

② 刘宝俊在其《湖北崇阳方言音系及特点》中记录并总结了1936—1986年半个世纪间崇阳方言的语音发展变化。

母变化与文读韵母变化基本相似，例如 in / iaŋ、ən / iɛ、ne / aŋ 等几组文白异读的韵母，新派读法都明显会选择前者即文读音，而老派读法会用后者即白读音，比较有规律性。另有几点需要特别说明的是：

①《报告》里记载崇阳方言有四个鼻化韵 ã、uã、iɛ̃、yɛ̃，现已都变为纯阴声韵。但老派读法中仍有部分保留了鼻化韵，例如"山"，老派读法为 sã˧，新派读法为 sæ˧，不过这部分读法偶然性比较大，故未做系统性记录。

②《报告》中还记录了 yɛ、yin、yɛ̃、yĩ 四个撮口呼韵母，刘宝俊在其《湖北崇阳方言音系及特点》中表示，1986 年调查的时候天城镇已经完全没有撮口呼了。可是我们这次调查，发现 yin、yɛ̃、yĩ 三个撮口呼确实已经没有了，但 yɛ 韵母还是存在的，只不过反映在新老派的读法里。老派读法 yɛ 韵母的发音偏唇齿化，接近 viɛ 音节；新派发音唇齿触碰几乎没有，虽然也没有达到很标准的圆唇，但相比老派发音，新派的圆唇度稍高，更接近 yɛ。例如"原"，老派读作 viɛ˧，新派则为 yɛ˧；"远"，老、新派的读法分别为 viɛ˥ 和 yɛ˥。这说明，撮口呼在崇阳方言中的发展比较纠结。20 世纪，崇阳方言的发展与客方言撮口呼消失相一致，但是到今天，随着共同语对崇阳方言的影响，撮口呼又有卷土重来之势。至于为什么其他三个没有同 yɛ 一道进入新派读法，这不难解释：上文提到，新派 yɛ 的圆唇度还不够北京话里 y 的程度，说明这个撮口呼韵母是在经历 y—v—y 的发展过程，而相对于韵腹 ɛ 来说，i 的开口度更小，v 与之相拼时更不容易圆唇，于是，yɛ 先一步圆唇也是情理之中的了。

3. 声母变化

除了上文文白异读中提到的声母规律性变化外，崇阳方言中新老派读法中反映出的声母变化趋势还反映在以下几种情况：

①ŋ 和 ȵ 与齐齿呼韵母相拼时的混读。崇阳方言中古疑母字拼细音时大部分读作 ŋ，泥母字一部分读作 ŋ，一部分读作 ȵ，日母字大部分读作 ȵ，例如，严 ŋiɛ˧（疑母）≠ 年 ȵiɛ˧（泥母），语 ŋiỹ（疑母）= 女 ȵiỹ（泥母）。由于 ŋ 和 ȵ 的发音部位比较靠近，新派崇阳方言有混读现象，例如"严"，有些新派读法就没有严格区分到底是 ȵiɛ˧ 还是 ŋiɛ˧，认为均可；"验"，也有 ŋiɛ˧ 和 ȵiɛ˧ 两读的情况。但老派发音人则认为有明显区分，认为"严"和"验"两字的声母都是 ŋ，不能与 ȵ 声母混读。

②零声母拼合口呼韵母时唇齿碰擦程度的差异。前文音系说明里提到

过，崇阳方言的 v 声母其实不太浊，在拼齐齿呼 i、in 和合口呼韵母的时候都有唇齿相碰的现象，只是拼齐齿呼时更为明显，v 的特征较为突出，因此记为 v；而拼合口呼单韵母 u 时，唇齿时有轻微擦碰，时而又没有触碰，因此此时未记作 v，而是记为零声母。就这一发音现象而言，在调查过程中，我们发现老派崇阳方言更多倾向于擦碰，而以年轻人为代表的新派崇阳方言则无所谓唇齿相碰甚至更倾向于无擦碰。另外，崇阳方言的合口呼本来也不是严格意义上的合口呼，u 的发音圆唇度也不够，这也是导致发音时唇齿可能相碰的原因，但现在有些崇阳年轻人的崇阳方言，受北京话的影响，u 的圆唇度明显高于老派崇阳方言，发音时唇齿就几乎不会有擦碰了。

③h 声母发音部位靠前。无论是 80 多年前的《报告》音系记录，还是现代其他学者的调查研究，无一不认为崇阳方言的喉擦音是 h 而非 x，说明在崇阳方言中这个发音部位比较靠后。但我们在调查中发现，新派崇阳方言的喉擦音已经不是典型的 h 了，有逐渐向北京话的 x 靠拢的趋势。

从语音史的发展来看，语音的发展总是趋向简化的，更何况是在当下人们越来越崇尚精简的社会环境下。崇阳方言的语音变化中，声韵调各方面都呈现出这样的特点，入声不再急促，韵母圆唇度更高，浊音逐渐不浊，这些既是崇阳人在发音选择上偏向选取轻松的发音方式的结果，也是共同语对崇阳方言的影响和冲击所致。

三、同音字汇

凡 例

(1) 字表所收的字，大都是崇阳方言的常用字。主要包括：①《方言调查字表（修订本）》（中国社会科学院语言研究所编，商务印书馆出版，1981 年）中崇阳方言使用的常用字。②崇阳方言口语里常用，但《方言调查字表》未收的字。

(2) 本"字汇"先按韵母分部，同韵的字按声母排列，声、韵相同的字按声调排列。

①韵母的次序：

ŋ̍	i	u	
æ		uæ	
ɛ	iɛ	uɛ	yɛ
ə		əu	
ɑ	iɑ	uɑ	
o	io		
au			
əu	iəu		
		ui	
ən		uən	
in		uin	
ɑŋ	iɑŋ	uɑŋ	
n̩			

②声母的次序：

p	ɓ	m	f
t	ɗ	n	v
ts	z		s
tɕ	ʑ	ȵ	ɕ
k	ŋ		h

③声调的次序：

阴平 ˩，阳平 ˨，上声 ˦，阴去 ˧˩，阳去 ˥，入声 ˥˧，轻声

（3）有的字在后面用次一号字加注。加注有两个目的：一是解释意义；二是提示多音字读某个音的场合。注文中用代替号"～"代替本字。

（4）本同音字汇收录了部分字的文白两种读音以及新老派异读的两种读音；有些字有多个读音，分别列出，例如，"爷"有 iɑ˨ 和 iɛ˨ 两种读音，分别在 iɑ 韵和 iɛ 韵下列出。

（5）字下加浪线表示写的是同音字；有音无字的，用方框"□"表示，并加注释；字下加双线"="表示读书音，加单线"_"表示口语音。

（6）有少数字与历史音韵演变规律不合，今从实从俗，不强本字。

	ɿ		pi˥	屁庇包~沛佩配辔譬匹一~马
tsɿ˧	知支枝肢蜘栀资姿咨兹滋之芝挚淄缁辎脂胭~		pi˥	敝弊毙币陛被~子背~书倍备
tsɿ˦	紫纸姊旨指脂~肪子籽梓滓止趾址		pi˥	鼻篦~子辟避僻臂~开
			mi˧	眯眯
tsɿ˥	制智致至志痣秩窒炙帜置		mi˧	迷弥靡煤梅枚媒眉楣
zɿ˧	痴嗤差参~疵初雌		mi˦	米每美尾~巴
zɿ˧	瓷糍迟慈磁辞词祠持锄池驰		mi˦	谜妹昧媚寐
zɿ˦	此侈耻齿		mi˥	秘泌密蜜觅幂□扎~拱（闭上眼睛屏住呼吸后潜到水底）
zɿ˥	刺赐次翅			
zɿ˥	自字痔治寺柿巳		fi˧	非绯扉飞妃灰恢诙盔挥辉晖虚嘘吹~
zɿ˥	稚执汁质职织侄斥值殖植直秩掷□~人（寒冷刺激）		fi˧	肥回茴谁
			fi˦	水许翡匪贿悔毁暑放~假
sɿ˧	斯嘶撕施私师狮尸司丝思诗匙锁~梳		fi˥	痱费废肺晦税
			fi˥	会绘惠慧汇睡瞌~瑞讳忌~
sɿ˧	时		vi˧	吹炊亏窥魁煨偎威区驱迂
sɿ˦	死矢屎使史驶始		vi˧	垂锤陲葵遂违围桅维唯惟微为作~余于盂俞姓~喻姓~瑜渝榆逾愉臾庾萸胰
sɿ˥	四世势逝氏肆试式轼弑拭饰驷			
sɿ˥	事示视嗜似祀谥誓是寺士市恃侍饲豉豆~嗣厕茅~		vi˦	巨距拒炬苣伟苇纬委尾伪与雨宇禹羽渠
	i		vi˥	喂~食愧
pi˧	悲卑碑婢蓖屄		vi˥	位卫慰胃谓味具惧俱淤芋誉预豫锐柜
pi˦	比彼			
pi˥	辈闭蔽庇痹背后~		vi˥	屈玉域疫役喻比~驭
pi˥	璧壁碧笔弼毕必逼贝滗~米汤		ti˧	低堆
pi˧	批披胚坯劈天打雷~		ti˦	底诋~毁抵~账抵挡住：~门
pi˧	皮疲脾琵枇陂啤陪赔培裴		ti˥	帝兑队对碓
pi˦	痞~子鄙□~人（动词，用刻薄的语言讽刺挖苦别人）		ti˥	的目~滴嘀□~dɔ~（啰嗦）
			di˧	梯推
			di˧	题提堤河~蹄啼梨犁黎离篱

	璃鹂藜~蒿厘驴雷尼~姑呢~子大衣	ɕiˋ	洗玺徙喜髓
		ɕiˊ	细戏絮岁
diˇ	体腿李礼里理鲤吕旅缕屡履垒拟澧	ɕi˥	系联~序叙绪遂隧穗
		ɕi˩	悉蟋析晰皙昔惜席夕息熄媳习袭吸膝婿戌恤
diˊ	替剃屈退蜕剔挑~		
diˋ	地弟递利痢例厉励砺丽隶吏虑滤类泪累内	ŋiˋ	尼泥倪疑宜仪谊鱼渔愚隅娱危桅
di˥	笛踢剔敌狄立粒笠力荔历栗律涕鼻~率效~□~nuen (形容人聪明伶俐)	ŋiˇ	拟女语伪
		ŋiˊ	忆毅艺易容~义议蚁遇寓魏
		ŋi˥	匿逆日忆溺腻
niˋ	逆溺匿~名信	i˩	医衣依
tɕiˋ	鸡稽饥~饿肌几茶~基机讥箕姬	iˋ	移夷姨胰痍疑遗怡饴贻颐
tɕiˇ	挤己纪年~几~个嘴	iˇ	伊倚椅矣已以
tɕiˊ	祭际济剂一~药计继系~鞋带寄冀骥记既季忌髻寄最醉	iˊ	肄意臆毅逸亿易交~
		i˥	异
tɕi˥	屐木~缉通~辑编~急级及吉即鲫积迹脊绩击激汲~取□猫~（猫）	i˩	乙一益揖作~抑翼亦译
			u
		pu˩	补
ziˋ	妻期~待凄欺溪趋蛆崔姓~催摧	puˊ	布怖
		pu˩	□肩~（肩膀）
		ɦu˩	铺~盖
ziˇ	齐脐~带其棋旗其麒蕲奇骑歧鳍歧徐随	ɦuˋ	菩浦蒲脯胸~葡匍
		ɦuˇ	谱普哺
ziˊ	启起杞岂乞取娶	ɦuˊ	铺店~哺捕埔部簿步埠商~
ziˊ	砌契~约器弃气汽趣脆翠粹缀	ɦu˥	扑仆~倒仆~人朴简~卜姓~卜萝~瀑~布
zi˥	徛（站立）技妓伎聚罪企	mu˩	母亩
zi˩	七寂集疾极及籍藉狼~泣戚	muˊ	沐暮慕墓募幕
ɕi˩	西犀奚兮羲曦牺嬉熙希稀锡需须虽	mu˥	木目穆牧睦
		fu˩	夫肤敷麸麦~子乎
ɕiˋ	随绥	fuˋ	湖胡狐浒水~壶瓠~芦符扶芙

	服~装俘~虏和~牌	fæ˧	反返
fu˧	虎府腑俯甫辅斧釜抚腐妇	fæ˨	泛贩畈
fu˨	富副讣付赋负~数	fæ˥	范犯饭坏幻患宦豢
fu˩	父附瓠~子负~担阜户沪护互	fæ˦	乏法发~生发头~伐筏罚阀
fu˩	缚复~习,重~福幅蝠蝙~复	tæ˩	耽眈担~任丹单~独呆~子
	腹覆~盖服~气伏斛	tæ˧	胆
ku˩	姑孤箍	tæ˨	带戴担~子旦
ku˧	古估股鼓	tæ˦	跢答搭指~甲
ku˨	故固锢雇顾	dæ˩	摊滩瘫坍胎
ku˦	谷	dæ˨	台抬苔谭谈檀弹~琴
u˩	乌污巫诬枯	dæ˧	毯坦袒
u˨	无吴蜈吾梧跍（蹲）	dæ˥	太态泰炭碳叹
u˧	武鹉舞侮午伍苦	dæ˩	蛋代贷袋大待怠殆淡诞但惮
u˨	库裤酷		弹子~
u˩	误悟务雾戊勿	dæ˦	达沓一~纸踏塔榻塌獭
u˦	屋哭	næ˩	来蓝篮兰栏拦难困~ 囗~记
	æ	næ˧	乃奶懒揽览缆榄
pæ˩	班斑瘢颁扳	næ˨	囗（动词,舔）
pæ˧	摆板版	næ˥	难灾~耐奈赖癞滥烂
pæ˦	拜扮	næ˦	腊蜡辣囗~眼睛（动词,眨眼睛）
pæ˦	八不		燫~poɿ sæ˧（动词,闪电）
6æ˩	攀	·næ	呐常用作词缀,用在名词、代词后
6æ˨	排牌		面。例如"桃~（桃子）""我 kæ˩
6æ˧	派盼绊		~（我们）"了常用在动词、形容词
6æ˥	败瓣办		后面,与北京话"了"用法基本一
6æ˦	拔		致。例如,"病~""走~""小~"。
mæ˩	埋蛮	tsæ˩	灾栽斋
mæ˧	买	tsæ˧	崽宰载（年）攒斩盏
mæ˥	慢漫蔓~草幔缦卖迈	tsæ˨	再载~人,车~债寨赞站车~
fæ˩	翻番藩		蘸栈
fæ˨	烦凡矾帆繁樊梵怀槐环	tsæ˦	扎~实,~东西札窄

zæ˧	餐猜钗差出~搀	hæ˦	掐瞎□打~zio˦（打喷嚏）
zæ˨	才材财裁柴豺残惭馋谗□痰	æ˨	阿~个（那个，最远指）
zæ˥	采彩睬产铲踩		uæ
zæ˩	菜蔡灿	kuæ˧	乖关
zæ˧	在暂绽	kuæ˥	拐□~脚（跛子）□（形容人很坏）
zæ˦	擦~桌呐（~桌子），~雨（淋雨）察插	kuæ˩	怪惯
sæ˧	山三腮鳃筛~子衰~落杉衫珊删	kuæ˦	刮鸹□表完结，吃~了（吃完了）
		uæ˧	歪弯湾
sæ˥	伞撒散松~	uæ˨	还~钱玩顽~皮
sæ˩	散~步赛帅率~领疝汕讪	uæ˥	晚~上挽块一~~钱
sæ˦	萨杀	uæ˩	快块一~砖筷会~计
kæ˧	该赅街皆阶间一~房，中~	uæ˦	外坏万
kæ˥	改解~释，~开减~肥	uæ˨	袜挖
kæ˩	界丐钙盖介芥疥届戒械间~开（隔开）		ɛ
		kɛ˧	跟根更三~耕庚羹肩
kæ˦	夹~子袂~衣挟~菜甲指~□老~（癞蛤蟆）	kɛ˥	梗哽埂耿整~个，~数
		kɛ˩	更~加锯~子，~开
ŋæ˧	哀娭~家（妻子，老太婆）挨~近埃尘~	kɛ˦	格革
		ŋɛ˨	恩
ŋæ˨	挨~打岩崖呆（木讷，不灵活）	ŋɛ˦	愿
ŋæ˥	矮蔼眼		iɛ
ŋæ˩	爱晏晚	piɛ˧	边鞭编
ŋæ˦	外艾碍隘雁	piɛ˥	扁匾蝙贬瘪
ŋæ˦	鸭押轧把得车~了（被车轧了）□（动词，咬）压	piɛ˩	变遍
		piɛ˦	北憋
hæ˧	开揩酣憨	ɓiɛ˧	篇偏翩
hæ˨	孩还~是鞋咸~淡闲空~衔蟹	ɓiɛ˨	便~宜骈
hæ˥	恺凯楷锴海喊蟹	ɓiɛ˩	片骗
hæ˩	概溉慨嵌	ɓiɛ˦	辨辩瓣便方~
hæ˦	害亥骇	ɓiɛ˦	撇别区~别离~

miɛ˩	棉绵眠		(去年)
miɛˇ	免勉娩冕缅沔	ziɛ˥	件俭渐健腱践贱饯舰
miɛ˥	麵~条面~子面里~	ziɛ˥	策册侧测厕泽宅贼切怯妾捷杰揭截绝
miɛ˥	灭篾蔑磨石~墨默陌脉		
fiɛ˩	靴喧~闹	ɲiɛ˩	拈~菜（夹菜）
fiɛ˩	悬玄	ɲiɛ˩	年铅~笔言鲇黏
fiɛ˥	血穴或惑获	ɲiɛˇ	碾撵捻
tiɛ˩	灯巅登筝	ɲiɛ˥	念砚
tiɛˇ	等点典	ɲiɛ˥	捏聂镊孽热
tiɛˇ	凳店	ɲiɛ˩	严
tiɛ˥	掂	ɲiɛˇ	俨软
tiɛ˥	得德	ɲiɛ˥	验
dɕiɛ˩	天添吞	ɲiɛ˥	业
dɕiɛ˩	田填甜恬莲连联廉镰帘藤腾能	ɕiɛ˩	先生仙鲜新~掀轩喧宣森参僧甥
dɕiɛˇ	舔殄	ɕiɛ˩	嫌咸~宁(地名)闲贤弦旋舷边~(边沿)悬
dɕiɛˇ	□~命 (拼命)		
dɕiɛ˥	电垫佃奠甸练炼恋累劳~邓臀	ɕiɛˇ	显险选藓癣
		ɕiɛ˥	线羡宪献
dɕiɛ˥	特叠贴帖铁碟蝶谍牒列裂烈猎劣肋	ɕiɛ˥	现县陷馅炫限
		ɕiɛ˥	歇蝎协胁屑木~薛雪色塞虱涩啬吝~膝~头拱（膝盖）
tɕiɛ˩	尖奸兼间房~煎奸肩笺坚□~tɕio˩·dæ(知了)	iɛ˩	烟燕~京淹腌蔫焉
tɕiɛˇ	姐简检捡剪拣	iɛ˩	盐炎阎颜延爷爷爷沿
tɕiɛˇ	毽鉴剑间~断溅涧建荐见监键	iɛˇ	演掩
		iɛ˥	厌燕~子咽~气宴堰
tɕiɛ˥	接劫节结洁则责	iɛ˥	艳焰谚
ziɛ˩	千迁签谦牵	iɛ˥	叶页□~谷（秕谷）
ziɛ˩	前钱钳潜~能乾~坤全虔泉层		ue
ziɛˇ	且浅潜~水遣谴	kuɛ˩	捐绢
ziɛ˥	欠倩歉去~回（回去），~年	kuɛˇ	卷~起

| kueˈ | 眷卷试~券 | | ~叠浙哲蜇帜 |
| kueˋ | 国决诀厥倔掘 | tɤˊ | 得助词，把~（给，被），话~戏（开玩笑） |

yɛ

yɛˉ	圈圆~冤~枉渊	tɤˉ	贪川
yɛˊ	拳权茄圆员元园原源缘媛援袁猿	tɤˊ	潭坛昙团缠传~达然燃
		tɤˇ	喘染冉
yɛˇ	犬远跪□~断（折断）	tɤˇ	探窜串篡
yɛˋ	劝怨	tɤˋ	断~开锻段缎煅撰传~记
yɛ˺	倦圈猪~院愿	tɤ˺	夺脱日星期~出入突
yɛ˺	缺悦阅越曰粤	nənˉ	南男楠岚嵝

ə

		nənˇ	暖卵
pəˉ	搬般	nənˋ	乱
pəˋ	半	nənˋ	捋
pə˺	钵拨	tsəˋ	钻~眼钻木工工具
pəˉ	潘	tsəˇ	者
pəˉ	盘瘢	tsə˺	卒~子
pəˋ	判叛~变，~徒眸泮	zəˉ	参~观伞~汤
pəˉ	伴拌畔	zəˉ	蚕
pə˺	泼勃渤	zəˇ	惨
məˉ	瞒	zəˋ	篡
məˇ	满	zəˋ	赚
mə˺	末沫没沉~	zə˺	撤辙□表擦、蹭的动作，~破了皮（擦破了皮），~手（擦手）
fəˉ	欢□轻点，慢点的动作，如，~点子搁（轻点放）。		
		səˉ	酸门拴栓
fəˋ	焕唤涣	səˊ	船
fəˇ	缓	səˇ	陕闪
fə˺	佛拜~佛仿~□舒服	səˋ	算蒜涮扇风~扇——门煽
təˉ	端簪沾粘~东西詹瞻专砖	sə˺	善鳝单姓~
təˇ	短展转~眼	sə˺	十实失舌设摄涉室湿食识饰术~艺~适释
təˋ	战转~圈颤占~领，~卜		
tə˺	只~有织职执汁质指~甲折	kəˉ	甘柑尴干~湿干~预肝竿

kə˧	赶敢感橄擀杆	pa˧	爸百伯柏
kə˥	干~事（公职人员）	ba˩	趴扒~开
kə˥	鸽割葛格	ba˩	爬琶杷扒~手
ŋə˩	安鞍氨庵	ba˩	怕
ŋə˥	按案~桌暗	ba˧	耙~地罢
ŋə˥	岸	ba˥	白帛魄帕拍
ŋə˧	朷~凳	ma˩	妈
hə˩	鼾酣憨蚶看~守刊勘堪龛	ma˩	麻蟆蛤~
hə˩	寒韩含函□~tɕin˩(蚯蚓)	ma˩	马码□假~（假惺惺的样子）□
hə˧	坎砍罕~见		~uaŋ˩（彩虹）□蝇~（苍蝇）
hə˧	汉看~见悍		□~za˥（裂缝）□kɛ˥ɓə˥~dæ⁰
hə˥	汗旱焊捍翰瀚撼憾苋		（蜘蛛）
hə˥	喝合盒磕渴	ma˥	骂
ə˩	而儿如儒	ma˥	抹~布抹~桌子麦
ə˧	尔耳饵洱钼	fa˩	花
ə˥	二贰	fa˩	华中~划~船滑猾
	uə	fa˥	化
kuə˩	官棺观参~冠鸡~	fa˧	画话名词，话语
kuə˥	管馆	fa˧	划计~
kuə˥	灌罐惯贯观道~冠~军盥	ta˩	遮
kuə˥	骨	ta˥	蔗
uə˩	宽豌	ta˧	打
uə˩	完丸	ta˧	只一~鸡搭~火（烤火取暖）
uə˧	皖碗腕款婉	ɖa˩	车汽~
uə˥	换	ɖa˥	扯惹
uə˥	活阔物	ɖa˧	尺
	a	na˩	拉
pa˩	巴芭疤笆	na˥	哪~个
pa˥	把量词，一~米把介词，~得	na˩	拿纳捺
	（给，被）	tsa˩	渣楂抓
pa˥	把名词，刀~霸坝	tsa˥	□辣椒~（当地用辣椒制作的一种

菜肴)

tsaˇ	诈榨炸~弹，油~
tsaˊ	闸摘铡
dzaˇ	叉差~别
dzaˊ	茶搽茬查检~
dzaˋ	岔
dzaˊ	杂择拆□ɣɤˇ~（裂缝）
saˉ	沙纱砂鲨奢赊
saˊ	蛇佘姓~
saˇ	洒耍~赖舍~得
saˋ	赦晒
saˊ	社射麝□斜
saˊ	刷□~西瓜（切西瓜）□~蜡烛（点亮蜡烛）
kaˉ	家加个结构助词，相当于北京话的"的"。例如，我~（我的），学校~（学校的）
kaˊ	隔
ŋaˉ	桠□外婆
ŋaˊ	牙芽伢
ŋaˇ	哑
ŋaˊ	额扼轭
haˉ	虾
haˊ	□动词，跨，~过去（跨过去）
haˇ	傻~巴（傻子）
haˋ	下
haˊ	吓~一跳客
aˉ	阿~姨

ia

piaˊ	壁
biaˊ	劈
tiaˉ	爹爷爷，奶奶
diaˉ	提
diaˊ	踢□程度副词，~苦（非常苦）
tɕiaˉ	家加嘉佳
tɕiaˇ	姐假放~
tɕiaˋ	借
tɕiaˊ	甲~方夹~子
ziaˉ	斜邪
ziaˋ	谢
ziaˊ	恰洽吃
n̠iaˊ	□~白（撒谎）
ɕiaˇ	些
ɕiaˉ	霞瑕遐暇
ɕiaˇ	写
ɕiaˋ	卸懈
ɕiaˋ	下夏厦~门
ɕiaˊ	峡狭锡瞎
iaˉ	鸦丫~头
iaˊ	衙涯崖爷父亲
iaˇ	也雅野冶
iaˋ	亚
iaˋ	夜
iaˊ	压

ua

kuaˉ	瓜
kuaˇ	寡刮
kuaˋ	挂卦
kuaˊ	括□程度副词，~烂（一般指食物被烹煮得很烂），~热（很烫）
uaˉ	蛙洼哇~~叫挖夸
uaˊ	瓦垮胯

kua˧	跨挎
ua˥	话常用动词，说，~事（说话）

o

po˧	波菠玻
po˥	跛
po˧	簸
po˦	博剥驳
p'o˧	坡颇
p'o˩	婆
p'o˩	颇
p'o˧	破
p'o˦	薄泊停~
mo˩	摸
mo˩	魔磨~刀摩蘑模摹馍膜
mo˥	磨石~
mo˩	莫漠寞
to˧	多
to˥	朵躲
to˧	剁
to˦	着~衣（穿衣）
t'o˧	拖
t'o˩	驮驼坨陀沱鸵
t'o˥	妥椭
t'o˧	唾拓
t'o˩	舵惰
t'o˦	托着瞌~了（睡着了）斫~树（砍树）□糟~了（浪费了）
no˩	啰~嗦
no˩	挪骡螺罗锣萝箩
no˥	裸□~ die手（脏话，无理取闹）
no˦	糯诺儒擙
lo˩	落洛骆络乐~趣烙
tso˥	左佐
tso˦	作捉桌卓啄琢
zo˧	搓
zo˥	挫矬锉措错厝
zo˦	坐座
zo˩	浊灼镯昨凿拙
so˧	蓑梭嗦唆
so˥	所索~取锁琐唢
so˦	索~子（绳子）嗍塑溯朔缩芍
ko˧	锅哥歌戈
ko˦	个~际（现在）
ko˥	果裹
ko˦	过个□~个（这个）
ko˦	各郭廓阁搁角墙~
ŋo˩	鹅蛾俄峨娥
ŋo˥	我
ŋo˧	卧饿
ŋo˦	鄂恶善~
ho˩	河荷何和~气
ho˥	火伙可
ho˧	货课
ho˩	祸贺
ho˦	鹤喝吃~霍藿壳指甲~扩学
o˧	倭窝莴蜗涡科颗棵屙
o˩	禾
o˧	握沃龌~龊

io

pio˧	彪膘标镖飙
pio˥	表~演表手~婊裱
p'io˩	飘漂~浮

pioˉ	瓢嫖	nioˉ	欧抠鸥殴
pioˇ	漂~白剖瞟剽	nioˇ	尧姓~
pioˋ	漂~亮票鳔	nioˇ	藕鸟呕偶
mioˉ	猫喵	nioˇ	怄沤
mioˇ	苗描瞄谋	nioˋ	尿
mioˇ	藐渺秒某亩牡	nioˋ	弱虐疟
mioˋ	庙妙贸茂	ɕioˉ	消肖宵销霄硝枭嚣箫萧搜馊
tioˉ	刁貂雕凋兜□~祸（小孩子调皮惹事）		嗖艘
		ɕioˇ	小晓
tioˇ	斗——米抖陡	ɕioˋ	笑孝瘦酵
tioˋ	钓吊掉调声~斗战~	ɕioˋ	校学~校上~效
thioˉ	挑~东西偷	ɕioˊ	学削
thioˇ	条调~整嘹缭燎撩疗辽聊头投楼	ioˉ	妖邀腰要~求吆~喝幺
		ioˇ	遥瑶摇谣窑姚肴
thioˇ	挑~战了~解篓	ioˇ	舀杳
thioˇ	跳眺透	ioˋ	要想~
thioˋ	料廖寥豆逗痘漏	ioˋ	耀
thioˊ	略掠	ioˊ	约药钥跃岳乐音~若
tɕioˉ	交郊胶焦蕉教~书骄娇浇勾对~（表示正确的符合）沟钩邹□□瓢~（汤勺）	**au**	
		pauˉ	包苞胞褒煲
		pauˇ	饱保堡宝
tɕioˇ	绞狡佼搅剿缴侥走狗枸苟	pauˋ	报豹
tɕioˋ	教~室校~对觉睏~（睡觉）叫	phauˉ	抛泡灯~
tɕioˊ	雀麻~觉自~觉~醒角——钱嚼爵脚老~（丈夫，老头子）	phauˇ	刨袍
		phauˇ	跑
		phauˋ	爆炮泡~水
ɕioˉ	敲锹悄缲~边	phauˋ	抱菢孵小鸡、小鸭鲍暴
ɕioˇ	桥乔侨荞樵瞧侯喉猴愁	mauˉ	毛矛茅
ɕioˇ	撬巧口	mauˇ	铆形容用狠劲做事情，~起来制事（鼓足劲做事）
ɕioˇ	俏窍扣寇		
ɕioˋ	轿后厚候嚼		
ɕioˋ	确却鹊绰	mauˋ	冒帽貌

tauˉ	刀叨唠~昭召号~招朝~夕	ŋauˊ	傲鳌烙饼用具
tauˇ	岛捣祷倒~下去	hauˉ	蒿薅
tauˋ	到倒~水照诏□~伢崽（女孩子）	hauˊ	豪壕毫号叫喊，如，莫伊样~起来（别那样叫起来）
dauˉ	涛滔掏超		
dauˊ	桃逃陶萄淘朝~代潮	hauˇ	好~坏考烤拷郝姓~
dauˇ	讨扰绕导	hauˋ	好喜~耗靠犒铐
dauˋ	套	hauˋ	浩皓号~码
dauˋ	稻盗道赵兆肇		
			əu
nauˉ	□偷唠~叨	tǝuˉ	都首~周舟州洲朱株珠诛蛛侏猪嘟~嘴
nauˊ	劳捞牢		
nauˇ	脑恼老瑙佬	tǝuˇ	煮赌堵肚~子肚猪~主帚扫~□~帘（晒谷用的农具）
nauˋ	闹孬涝		
tsauˉ	遭糟	tǝuˋ	斗~地主咒昼吃~饭（吃中饭）
tsauˇ	早枣蚤澡找藻爪沼		
tsauˋ	灶燥噪躁罩	tǝuˋ	注~射注~解驻蛀铸著~作著显~
zauˉ	操抄钞	tǝuˉ	妒昼上~（上午），下~（下午）
zauˊ	巢曹槽	tǝuˋ	督竹祝筑粥烛嘱笃
zauˇ	草吵炒蚤	dǝuˉ	抽吹炊
zauˋ	造	dǝuˊ	徒屠途涂图稠绸筹酬柔厨除锤陲槌垂雏杵
zauˋ	皂造糙		
sauˉ	骚臊艄稍捎梢筲烧	dǝuˇ	土吐~痰储处~理丑
sauˊ	韶苕红~(红薯)勺□~货(傻子)	dǝuˋ	吐~出来臭兔处到~
sauˇ	嫂少多~扫~地	dǝuˋ	杜住柱度渡镀宙纣
sauˋ	扫~帚少~年哨潲	dǝuˋ	秃独读犊渎毒牍逐轴畜~牲触束辱
sauˋ	绍邵姓~		
kauˉ	高膏篙羔糕睾	nǝuˉ	搂抱
kauˇ	搞稿缟槁	nǝuˊ	奴庐炉芦农卢
kauˋ	告教~书窖	nǝuˇ	努鲁撸卤拷虏
ŋauˊ	熬	nǝuˋ	怒路赂露璐鹭
ŋauˇ	袄	nǝuˋ	录陆大~鹿禄戮麓□动词,从水里捞，~起来（捞起来）
ŋauˋ	奥懊坳		

tsəu˩	租
tsəu˥	祖组阻
tsəu˥	奏皱绉揍
zəu˩	初粗
zəu˥	愁锄雏
zəu˥	楚础
zəu˥	醋凑
zəu˥	骤助
zəu˥	促族猝
səu˩	苏酥收舒疏~远书蔬输~入输运~梳~妆打扮
səu˥	薯殊
səu˥	手首守数动词,~东西暑署曙鼠黍
səu˥	兽瘦数名词,~字漱恕素诉
səu˥	受寿授售树竖
səu˥	叔熟煮~熟~悉淑赎属速
kəu˩	勾~结
kəu˥	够构购诟垢
ŋəu˩	殴

iəu

miəu˩	苗
miəu˥	谬
fiəu˩	浮
fiəu˥	否
tiəu˩	丢
diəu˩	溜馏
diəu˥	流硫琉刘浏留瘤榴
ɣiəu˥	柳绺
diəu˥	溜形容处理事情很在行,很熟练。例如,伊制得点把~（他做得非常熟练）
diəu˥	六绿
tɕiəu˩	鸠阄纠□程度副词,~酸（非常酸）
tɕiəu˥	酒九韭久玖灸
tɕiəu˥	救究□动词,拧,~螺丝（拧螺丝）
tɕiəu˥	菊鞠掬足~够
ziəu˩	秋丘邱蚯
ziəu˥	球求裘仇姓~囚泅
ziəu˥	袖就旧柩臼舅咎
ziəu˥	局曲歌~
niəu˩	牛
niəu˥	纽扭钮
niəu˥	肉狱
ɕiəu˩	修休羞
ɕiəu˥	朽
ɕiəu˥	秀绣锈
ɕiəu˥	肃宿粟俗续畜~牧蓄~头发
iəu˩	幽优忧悠
iəu˩	由邮油游尤犹鱿
iəu˥	有友酉莠
iəu˥	幼诱
iəu˥	又右祐柚鼬釉囿
iəu˥	育教~郁欲裕浴

ui

kui˩	龟归规圭闺居车~马炮（象棋棋子）拘驹追
kui˥	鬼轨诡举距
kui˥	贵桂鳜溃~烂句剧~烈剧戏~据

kui˧ 橘

ən

pən˧	奔~跑崩绷		诚呈橙澄承丞同铜桐筒虫仁~慈童瞳重~复程方~式
pən˦	本	dən˦	蠢惩逞桶捅统宠纫缝~
pən˩	奔投~蹦迸	dən˧	趁秤痛铳
pən˥	笨	dən˩	阵任~务闰润郑洞动仲重轻~
pəŋ˧	烹抨	nən˧	聋□~子（一种可以油炸着吃的小鱼）
pəŋ˩	盆朋棚鹏彭膨蓬篷	nən˩	能仑伦沦轮浓脓龙隆笼珑
pəŋ˥	捧	nən˥	拢垅
pəŋ˧	碰喷~泉喷~嚏	nən˩	嫩论议~弄
mən˧	门蚊蒙	tsən˧	尊遵争~斗~宗综棕鬃踪
mən˦	猛	tsən˦	总
mən˩	闷孟梦	tsən˩	棕纵~横纵放~赠□褶皱
mən˥	□程度副词，~好（很好），~多（很多）	zən˩	村聪葱匆囪淙
		zən˩	存从跟~从~容丛崇
fən˧	分~开芬纷荤婚昏风疯枫丰烽蜂峰锋封□~皮（头皮屑）	zən˥	□动词，按，推，例如，~倒，莫动（按住，别动）！
fən˩	焚坟魂浑缝~纫逢冯酚红洪鸿宏弘虹横	zən˩	寸衬蹭
fən˥	粉混弄~了讽哄~骗	sən˧	森参人~深身申伸娠孙升声松嵩~山
fən˩	粪奋	sən˩	神辰晨绳唇纯醇淳鹑□挨，~打（挨打）
fən˧	份忿愤凤奉俸缝~裤~	sən˥	沈审婶损省~长省~钱怂~恿耸
tən˧	墩敦吨真针斟珍贞蒸筝征中~间衷忠终冬东盅杯子	sən˩	舜胜~利圣送宋诵颂
tən˦	墩诊疹枕名词枕动词准董懂拯整~齐种~类	sən˩	甚慎肾渗顺剩盛兴~讼
tən˩	顿盾钝澄~水（把水澄清）镇振震冻栋正~副政证症众中看~种~树吨炖	kən˧	公蚣工功攻弓躬宫恭供~给更耕
tən˥		kən˦	拱巩汞埂梗
dən˧	春椿称~重通充冲春吞	kən˩	贡
dən˩	陈尘沉岑姓臣豚誊腾藤成城	hən˧	亨哼坑烘轰空~间

həŋ˧	孔恐	ɖiŋ˥	厅
həŋ˨	空~格控	ɖiŋ˩	停婷亭庭廷蜓林淋鳞琳霖临檩磷陵凌菱玲铃邻零灵宁
həŋ˥	哄起~共		
	uəŋ	ɖiŋ˧	挺艇领岭
kuəŋ˧	滚	ɖiŋ˨	定赁另令□~角（冰凌）
kuəŋ˨	棍	tɕiŋ˨	斤巾今金筋津精经梗京惊鲸茎晶荆□~椒（辣椒）
uəŋ˩	温瘟翁坤昆		
uəŋ˩	文纹闻	tɕiŋ˧	紧仅尽锦谨瑾境景警迥颈
uəŋ˧	稳吻刎捆	tɕiŋ˨	劲用~进晋禁浸俊竣敬竟镜竞径
uəŋ˧	睏困		
uəŋ˨	问瓮	ʑiŋ˩	侵亲~人钦蜻青清顷倾轻
	in	ʑiŋ˩	勤芹琴禽擒秦情擎穷琼穹寻
piŋ˩	宾彬槟兵冰斌缤濒	ʑiŋ˧	寝
piŋ˧	禀丙柄秉饼	ʑiŋ˨	亲~家庆沁~甜（很甜）
piŋ˨	殡鬓	ʑiŋ˥	近尽~量噤打~（打寒颤）静净
ɕiŋ˩	拼	ɕiŋ˨	心新辛薪欣星兴~旺馨猩腥
ɕiŋ˩	贫频平坪评苹瓶屏~风凭萍	ɕiŋ˩	兄匈胸凶~恶凶~兆
ɕiŋ˧	品	ɕiŋ˩	行~动行品~行不~形刑型寻询
ɕiŋ˨	并聘	ɕiŋ˩	旬巡循熊雄~黄（鲜亮的黄色）
miŋ˩	民铭鸣名明瞑	ɕiŋ˧	笋榫省反~撙
miŋ˥	命	ɕiŋ˨	信衅讯迅性兴□嗅
miŋ˧	敏闽抿悯皿	ɕiŋ˨	殉杏幸
fiŋ˨	熏薰勋	ȵiŋ˩	人银吟迎凝
fiŋ˨	训	ȵiŋ˧	忍
viŋ˩	晕倾顷	ȵiŋ˥	认
viŋ˩	云匀耘陨郧群裙荣	ȵiŋ˨	日~子
viŋ˧	允永咏	iŋ˨	音阴因姻殷英鹰婴樱鹦缨莺拥雍臃庸
viŋ˧	熨		
viŋ˥	孕运韵蕴	iŋ˩	蝇寅淫营盈仍荣容蓉溶熔融绒戎茸萤迎
tiŋ˧	顶鼎		
tiŋ˨	□~巴多（很多）	iŋ˧	引隐饮尹影咏永泳勇涌恿

	俑甬	dɑŋ˧	躺敞淌厂场闯壤
inˉ	印应~该应~用	dɑŋ˥	烫趟去一~唱倡畅
in˥	用	dɑŋ˧˥	丈荡让
	uin	nɑŋˉ	瓢囊饢郎廊狼螂
kuinˉ	军均君菌钧	nɑŋ˥	朗冷
kuin˧˥	郡	nɑŋ˧	浪
	ɑŋ	tsɑŋˉ	争庄装妆桩
pɑŋˉ	帮邦梆汗~（背心）	tsɑŋ˧˥	葬壮
pɑŋ˥	绑榜	zɑŋˉ	仓苍疮沧舱窗睁撑脏不干净
pɑŋ˧˥	棒谤	zɑŋ˥	床藏~东西
pɑŋ˧	□程度副词，~硬（很硬）	zɑŋ˧˥	创□搀扶
bɑŋˉ	滂跰追赶，如，莫~我（别追我）!	zɑŋ˧	藏宝~脏内~状撞
bɑŋ˥	旁螃庞	sɑŋˉ	桑丧~事商伤双霜孀生牲声
bɑŋ˧˥	胖	sɑŋ˥	常尝偿裳盛~饭
bɑŋ˧	蚌傍	sɑŋ˧˥	嗓赏偿爽省~钱
mɑŋˉ	□在一件衣服上再罩件衣服。例如，~块衣（罩件衣服）	sɑŋ˧	丧~失
mɑŋ˥	忙芒茫氓虻盲~目	sɑŋˉ	上~面上~去尚
mɑŋ˧˥	蟒莽猛	kɑŋˉ	刚钢纲冈肛缸豇
fɑŋˉ	方芳慌荒	kɑŋ˥	讲岗港
fɑŋ˥	房防妨肪黄簧璜磺皇煌蝗凰惶隍	kɑŋ˧˥	杠
		ŋɑŋˉ	嚷
		ŋɑŋ˥	昂
fɑŋ˧˥	访仿~佛仿~写纺谎	ŋɑŋ˧˥	硬
fɑŋ˧	放	hɑŋˉ	康糠慷坑
fɑŋˉ	晃~眼	hɑŋ˥	行~列行银~航杭扛
tɑŋˉ	当~然张蟑章樟彰正~月	hɑŋˉ	□咳嗽□食物霉变。例如，米生了~，有~气（米生了霉，有霉味）
tɑŋ˥	党挡长生~涨掌诊~病	hɑŋ˧˥	抗炕况矿旷囥把东西藏起来
tɑŋ˧˥	当~铺仗杖账胀障瘴	hɑŋ˧	项巷
dɑŋˉ	汤昌猖娼菖~节（端午节）		iɑŋ
dɑŋ˥	堂螳棠膛糖塘唐搪长~短肠程姓~	piɑŋ˥	饼柄

biaŋ˩	骈平	ɕiaŋ˦	相~貌向腥姓
biaŋ˥	聘	ɕiaŋ˥	象大~像画~橡项
biaŋ˦	病	n̠iaŋ˦	□程度副词，~软（很软）
miaŋ˩	名明	n̠iaŋ˩	娘
miaŋ˥	命	n̠iaŋ˧	仰
fiaŋ˩	兄	n̠iaŋ˥	让样伊~（那样）
tiaŋ˩	丁钉~子	iaŋ˧	央秧殃□蔫头耷脑
tiaŋ˧	钉动词，~东西	iaŋ˩	羊阳杨洋扬疡赢
diaŋ˩	凉良量动词，~东西粮梁樑	iaŋ˧	养痒影
diaŋ˧	两一个两~斤辆一~车领岭	iaŋ˥	映~牛（放牛）映□~人（吃东西吃得反胃不想吃了）
diaŋ˥	听	iaŋ˦	样漾恙
diaŋ˦	酿亮靓谅晾量数~		uaŋ
tɕiaŋ˩	江将~来姜浆豆~疆缰僵晴□~肉（精瘦肉）	kuaŋ˧	光胱
tɕiaŋ˧	讲蒋奖桨井颈	kuaŋ˩	广
tɕiaŋ˥	酱将~领强倔~下~镜	kuaŋ˦	逛
ziaŋ˧	枪羌腔青清轻~重轻年~筐眶框	uaŋ˧	汪筐框眶
ziaŋ˩	强~大墙详祥翔擎晴	uaŋ˩	亡忘王横黄狂枉冤~□mɑŋ~（彩虹）
ziaŋ˧	抢强勉~请	uaŋ˥	网往枉~然
ziaŋ˧	匠像	uaŋ˧	况旷矿
ɕiaŋ˧	香乡相~互箱湘厢襄镶星	uaŋ˦	妄望旺兴~
ɕiaŋ˩	降~伏		n
ɕiaŋ˥	想享响饷醒	n˥	尔第二人称代词，你五

四、崇阳方言音系与北京音系比较

（一）声母比较

崇阳方言的声韵调配合关系与北京话不同，具体配合情况可以参看第二章第一节（声韵调配合关系）。崇阳方言与北京话每个声母所包含的字更是不同。下面列表比较每个声母所包含字的大致情况，从表中可以看出崇阳方言声母与北京话声母的对应关系。

崇阳方言音系与北京音系声母比较表

崇阳方言	北京话	例字	例外及说明
p	p	布北憋巴芭疤爸百包苞伯摆板版补怖边鞭编扁贬瘪变遍柏波菠玻跛剥驳彪膘标表胞饱保	
ɓ	pʻ	皮佩僻普盆朋碰怕拍趴爬劈抛泡跑批攀盼潘盘偏片骗平菩谱普扑仆婆飘票坡拼评苹贫	pʻ类的全部为阳去或入声调类字
	p	敝弊毙币陛倍备部簿步埠败瓣办拔辨辩伴拌畔浡勃渤白帛罢薄泊停~抱暴爆并	
m	m	灭麻蛮马骂麦抹猫毛冒摸亩某秒买米密妈慢命棉忙闷明	
	v	尾	
f	f	夫符服付附浮否飞非肥匪诽肺废番凡反泛范犯饭芳分芬风蜂冯奉凤方房放	
	x	胡湖狐乎虎浒互户怀槐坏灰挥回毁悔贿讳会汇惠患幻宦昏魂横混红虹宏弘鸿洪花话欢滑猾换	
	ɕ	血熏兄靴喧穴虚嘘	
v	v	偎威迁愉臾羽雨宇誉预豫晕云匀允熨孕运	"吹、炊"两字今在崇阳方言中多读为 tɕʰueɹ，老派有 viɹ 的读法
	tʂʻ	吹炊垂锤	
	kʻ	亏窥盔魁葵逵愧	
	tɕ	巨距拒炬	
	tɕʻ	区驱群裙	
t	t	低耽胆带底帝灯等凳得端短打多朵剁刀岛到赌堵都斗董教顿顶鼎当党丁	
	tʂ	猪竹朱筝沾粘展转只质指专占遮蔗召照周煮主注真针诊准振震张掌账	
	ts	簪	

续表

崇阳方言	北京话	例字	例外及说明
t'	t'	铁贴踏踢滔涛掏绦桃讨套偷投土图途贪摊汤唐通同	
d̥	t	达挞导道盗稻舵惰夺豆痘窦大代贷袋待笛杜毒独读犊蛋但淡电佃垫奠荡钝定淀动洞地堤	
	tʂ'	喘超朝~代潮趁秤蠢惩逞汤昌厂场唱畅	
	tʂ	赵兆阵重仲郑	
	ʂ	束	
	ts'	窜串篡岑姓	
	l	略掠漏聊楼料廖流柳溜六绿凉良量粮梁粱林淋临陵凌灵玲铃莲	
	ʐ	染冉入然燃扰绕任闰润壤辱	
n	n	乃奶耐奈哪拿纳捺挪糯诺懦脑恼闹奴农努掳怒聋仑伦拢	
	l	来蓝兰懒赖癞腊蜡拉螺罗锣裸落洛骆劳捞老涝搂庐努鲁卤露路录鹿囊郎狼朗浪冷	
	ʐ	瓤	
k	k	姑古故瓜挂谷固刮高膏哥个锅果过勾够盖格公功攻宫弓供贡乖革跟更官管灌骨刚港杠	
	k'	括	
	tɕ	街皆解减届介夹甲捐卷眷决居举句橘军均讲	
	tɕ'	券	
	ɕ	械	
	tʂ	整追	
h	k'	开凯慨看刊坎渴可课壳扩考靠铐犒坑孔空控扛抗况康	
	k	概溉共公工功拱汞垾贡	
	x	酣孩海害鼾寒韩罕汉喝旱汗合盒河火货祸鹤豪好浩烘亨航杭	
	tɕ'	掐敲嵌	
	ɕ	鞋咸衔蟹瞎蟹下虾苋学项巷	

续表

崇阳方言	北京话	例字	例外及说明
ŋ	n	尼泥拟女	
	∅	疑鱼语毅艺遇哀挨矮眼爱艾鸭押严验业安暗岸牙哑额熬袄奥傲昂硬	
	ʐ	软嚷日	
tɕ	tɕ	鸡挤祭急级计尖检剑建见接节家加姐借甲交郊绞狡教脚酒九救菊斤巾京惊紧仅景警进晋江姜蒋桨酱	
	ts	嘴最醉则责走邹足	
	tɕʻ	雀	
	k	勾狗沟钩苟	
tɕʻ	tɕʻ	妻期蛆齐奇启砌趣聚七千前且浅欠切怯恰悄桥撬巧俏窍轿确鹊秋球旧囚侵青芹穷寝庆枪青强墙抢请	
	tɕ	技寂集件俭渐践杰揭截绝就舅局近尽静	
	ɕ	随斜谢袖徐	
	ts	罪侧泽宅贼	
	tsʻ	催摧脆翠层策册	
	tʂʻ	辍吃愁绰	
	s	随	
	x	侯猴后厚候	
	kʻ	扣口寇筐框眶	
ɕ	ɕ	西洗喜细戏序叙悉析夕婿先轩嫌显线些霞写卸夏峡消肖小笑效削修朽秀续心新匈形旬信讯殉杏香湘星想姓橡	"瘦"在崇阳方言中也读作ɕ;"生"也有ɕ声母的读法,音同"先"
	s	虽随绥髓岁穗遂参僧搜艘肃宿粟俗笋	
ȵ	n	年黏碾念捏聂鸟牛纽凝娘	
	ʐ	肉人忍认日	
	kʻ	抠	
	∅	砚欧藕怄银吟迎仰样	

续表

崇阳方言	北京话	例字	例外及说明
ts	ts	栀资兹子紫灾宰再栽钻卒左作遭早灶租祖奏尊总宗粽赠葬	
	tʂ	知支纸旨制智斩盏站栈扎者抓诈闸捉桌找罩沼争庄装妆壮	
tsʻ	tsʻ	雌糍瓷此刺次才裁采菜察蚕惨搓挫抄曹草糙粗醋凑促猝村聪存寸蹭仓苍藏	
	tʂʻ	痴初持锄耻齿翅治痔斥柴惭产灿插撤叉茶岔拆抄巢吵雏楚础衬疮窗床创	
z	ts	自字在暂杂择坐昨凿蚤造皂骤族脏	
	tʂ	稚致至治执汁直绽赚浊灼镯助	
	ʂ	柿	
	s	寺巳	
s	s	斯私死四世三伞撒散萨酸算蒜洒蓑梭所索骚臊嫂苏素速	
	ʂ	师狮时屎使试饰事示山珊帅杀闩拴陕闪涮扇善十实沙奢蛇耍晒社刷勺艄韶少哨绍收殊手兽受叔	
	tʂʻ	豉辰晨唇纯醇常尝	
∅	∅	医移伊意异一益乌无武雾屋歪晚万烟盐演厌叶儿尔二完碗物窝握妖腰遥耀约优由有幼又温文稳问音阴引蝇印用央羊养影圆员元园原源缘远怨越阅	
	k	跪	
	kʻ	枯库裤酷哭块宽款阔垮跨块科颗坤困昆捆	
	tɕʻ	渠权茄犬劝倦圈缺	
	x	换还坏禾	
	ʐ	儒若容融绒茸仍	
	n	蔫	

通过上表的比较，我们可以看出：就声母而言，崇阳方言与北京话有共性也有个性。共性让我们看到两者相连的底层血脉，个性让我们注意到各自的发展特色。上表中两者有着较为严整的对应规律，下面具体分析崇阳方言与北京话在声母方面的差异。

(1) 崇阳方言声母数目少于北京话。北京话有 22 个声母（包括零声母），崇阳方言有 19 个声母（包括零声母），声母数量比北京话少 3 个。

(2) 崇阳方言有 ɓ 和 ɗ 这两个内爆音声母，北京话没有；崇阳方言有浊擦音 z、ʑ 和 v，北京话都没有，具体对应关系详见下条。但北京话有浊擦音 ʐ 声母，这个在崇阳话里是没有的。

(3) 与北京话塞音、塞擦音有送气、不送气之分不同的是，崇阳方言的塞音和塞擦音都没有送气音。崇阳方言没有送气清音，却有两个内爆音 ɓ、ɗ 和浊擦音声母 z 和 ʑ。一方面，北京话中今读不送气音 p、t、k、tɕ、ts 的字，若中古为全浊声母，崇阳方言一般读为浊音 ɓ、ɗ、ʑ、z。另一方面，北京话中今读送气音 pʻ、tʻ、kʻ、tɕʻ、tsʻ、tʂʻ 的字，除 kʻ 外，北京话的 pʻ、tʻ 分别对应崇阳方言的 ɓ、ɗ；tɕʻ 在崇阳方言中是舌面不送气浊擦音 ʑ；tsʻ、tʂʻ 在崇阳方言中合并为舌尖前不送气浊擦音 z；北京话的 kʻ 类声母字有相当一部分混到崇阳方言 h 中去了，还有一部分读为零声母字或 v 声母字（主要是齐齿呼），另有少量齐齿呼读为舌面浊塞擦音 ʑ。而北京话的 x 声母，大部分在崇阳方言中读为 h 或者 f，少量读为 ʑ 或 ø。

(4) 崇阳方言有一套相对系统的鼻音声母 n、ȵ、ŋ。北京话区分鼻边音，而这两者在崇阳方言中混读为 n。虽然有 n 无 l，但并不是简单的两者混读。北京话 n 与齐齿呼相拼时，在崇阳方言中读为 ȵ 或 ŋ，拼开口呼时读为 n。北京话 l 拼齐齿呼时，在崇阳方言中读为 ɗ，拼开口呼时读为 n。崇阳方言的 ŋ 大部分来自北京话的零声母，少数来自 n 和 ʑ 声母。

(5) 崇阳方言完全没有翘舌音。北京话中一套 tʂ、tʂʻ、ʂ、ʐ 在崇阳方言中均没有。北京话 tʂ 声母字分化到崇阳方言 ts、z、tɕ、z、t、ɗ 中去了；北京话 tʂʻ 声母字分化到崇阳方言 ts、s、z、ʑ、ɗ 中去了；北京话 ʂ 声母字分化到崇阳方言 z、s、ɕ 中去了；北京话 ʐ 声母字分化到崇阳方言 ø、ȵ、ŋ 中去了。

(6) 北京话零声母字派入崇阳方言的 n、ȵ、ŋ、v、ø。主要对应关系是：源于中古影疑两母开口一等韵的崇阳方言读 ŋ；源于中古影疑两母开口二等韵的崇阳方言读 ∅ 或者 ŋ；源于中古影疑两母开口三四等韵的影母崇阳方言大部分读 ∅，疑母崇阳方言读 n 或 ŋ；源于中古合口韵影母字崇阳方言读 ∅ 或 v，疑母字则读为 n、ŋ 或 v。

（二）韵母比较

从整体上讲，崇阳方言韵母数量明显比北京话韵母少，所以与北京话韵母的对应关系稍显复杂。具体来说，崇阳方言与北京话每个韵母所包含的字也不同。下面列表比较每个韵母所包含字的大致情况，表后分析崇阳方言韵母跟北京话韵母之间的对应关系，详见下表。

崇阳方言音系与北京话音系韵母比较表

崇阳方言	北京话	例字	例外字及说明
ɿ	ɿ	滋紫瓷雌此刺自斯死四	
	ʅ	知纸制痴迟齿治执施时始试事	
i	i	比闭笔批皮鄙屁币鼻眯迷米密低底帝梯滴题体李替立逆鸡挤寄急妻齐起砌西洗细昔尼艺医移伊意异益	
	ei	悲辈陪配被美妹非肥费	
	uei	挥回水晦会亏围委喂卫堆对推腿催缀虽岁	
	y	区于巨具虑吕玉趋取聚需絮序遇女娱	
u	u	补普扑墓木夫虎壶付户姑鼓故乌吴午库哭	
æ	æ	八乏法答杀罚察扎达大腊	
	æn	班扮盼办蛮慢翻凡反丹伞摊蛋叹蓝懒山胆	
	uæ	环幻患宦	
	æi	摆排派买台太代来奶奈灾崽猜才采该改哀矮爱开孩害恺	"麦"，北京话韵母为 æi
	uæi	怀槐坏帅衰	
	iæ	夹鸭押压甲崖掐瞎	
	iæn	间减咸衔	
	iɛ	皆阶解界介届械	
	u	不	

续表

崇阳方言	北京话	例字	例外字及说明
uæ	uæi	乖拐惯歪块筷坏袜挖	北京话"uæ"韵母在崇阳方言中读为uæ的只有例字中的两个字,且都是入声字
	uæn	关怪弯玩顽晚挽万	
	uæ	鹘□表完结,吃~了（吃完了）	
ɛ	ən	跟根恩	崇阳方言"肩、锯、愿"三个字的白读音也是韵母ɛ
	əŋ	更耕庚羹梗哽埂耿整	
	ɤ	格革	
iɛ	iæn	边扁变篇片棉免电田天检前浅欠年碾念严验先嫌显线烟	"去、软、宅",北京话韵母分别为y、uæn和æi,崇阳方言也读为iɛ
	yæn	炫喧悬冤旋选泉	
	iɛ	业撇叠接结捷杰碾捏聂歇协妾切	
	yɛ	靴雪	
	əŋ	腾能灯登等凳僧邓层	
	uən	吞臀	
	ei	累肋贼北	
	ɤ	则责得德虱涩色热	
	o	默陌脉	
	uo	或获惑	
uɛ	yæn	捐绢卷眷	"国",北京话韵母为uo
	yɛ	决诀厥倔掘	
yɛ	yæn	冤渊拳权元园员犬远劝怨倦	"跪",北京话韵母为uei
	yɛ	缺悦阅越曰粤	
ə	æn	搬半潘盘判瞒满贪潭探南蚕惨闪甘赶敢寒坎汉旱	
	uæn	欢缓唤端短专川团蒜串断暖乱钻赚酸喘	
	ɿ	日十实失释职执	
	o	泼末沫勃渤钵拨	
	uo	夺脱	
	ɤ	者鸽割葛格喝合盒磕渴	
	ɚ	而儿尔耳二贰	
	u	如儒术出入突卒	

续表

崇阳方言	北京话	例字	例外字及说明
uə	uæn	官棺观管馆灌罐惯贯宽豌完碗款换	
	uo	活阔	
	u	骨物	
a	æ	巴把爸趴爬怕妈洒马骂打拉拿纳渣诈闸叉茶岔杂沙麻	"只"在崇阳方言中作量词用法时，读为tɑʔ，其北京话韵母为ʅ
	uæ	抓刷画话划花化滑华	
	iæ	加牙芽哑下虾	
	æi	百白晒麦摘拆拍	
	ɤ	遮蔗扯惹蛇奢客社射隔	
	o	伯帛魄	
iɑ	iæ	佳斜恰霞瑕夏峡鸦衙雅亚压	"壁、劈、提、踢"四字的崇阳方言白读音为iɑ，文读音则为i。"吃"的北京话韵母为ʅ
	iɛ	借邪谢些写卸也野夜	
	i	壁劈提踢	
uɑ	uæ	瓜寡挂蛙瓦跨话	
o	o	波跛博坡莫破薄摸魔婆	"学"的北京话韵母为yɛ
	uo	多朵剁拖驮妥拓舵托挪裸糯落左捉搓措坐浊梭所哥果过郭卧火货祸窝扩	
	ɤ	戈各个可课河何鹅阁鄂	
io	iɑu	标表飘漂苗秒庙貂掉条疗跳料交绞叫悄桥巧俏轿鸟尿小肖笑要药谣	
	ɑu	茂贸猫	
	əu	剖谋牡兜抖偷头投篓透豆沟走狗愁口扣后欧藕搜瘦	
	yɛ	略掠确却鹊虐疟削约药钥跃岳	
	uo	若绰弱	
ɑu	ɑu	包饱报抛跑爆毛抱冒刀岛到涛桃讨套稻劳脑闹遭早灶操曹草皂骚韶嫂绍高搞告熬袄奥傲豪考耗	"爪"的北京话韵母为uæ

续表

崇阳方言	北京话	例字	例外字及说明
əu	ou	周抽丑奏凑骤勾够殴	"农"的北京话韵母为 oŋ
	u	朱肚竹徒土兔住度独逐奴努路速粗楚醋助苏书殊租	
	uei	吹炊锤陲槌垂	
iəu	iou	谬丢溜流柳六纠酒救秋球袖牛纽修朽秀又由有幼幽	
	ou	否肉	
	y	绿菊狱局续育欲	
	u	浮足肃粟俗宿	
ui	uei	鬼轨归规贵桂龟追	
	y	居橘拘举距句剧	
ən	ən	奔本笨盆喷门闷分焚粉奋份真诊陈趁阵仑嫩身神	
	əŋ	绷蹦烹朋捧碰蒙梦丰逢讽奉拯成承惩赠升绳亨剩胜	
	oŋ	终众充同桶重洞龙宗弄总粽匆崇松孔送拱贡空公	
	uən	昏混炖春蠢尊村存寸孙纯损舜	
uən	uən	滚棍温坤文稳捆困问	
	uəŋ	瓮翁	
in	in	宾鬓拼贫品民敏林赁巾仅禁侵琴寝心信银音引印	"仍"的北京话韵母为 əŋ
	iŋ	冰丙评鸣顶停灵挺定京竞蜻情庆兴形性杏迎凝英蝇	
	yn	勋训俊晕云熨运旬	
	uŋ	容蓉溶熔融绒戎茸	
	ioŋ	永穷迥胸熊拥勇用	
	ən	人忍认	
uin	yn	军均君菌钧郡	

续表

崇阳方言	北京话	例字	例外字及说明
ɑŋ	ɑŋ	帮绑棒旁胖傍忙蟒方房访放张党杖昌堂厂烫丈郎朗浪葬仓藏商丧上刚岗嚷昂康杭抗	
	uɑŋ	荒皇谎闯装窗创状双况矿	
	iɑŋ	项巷硬	
	əŋ	冷生盛省~钱牲氓	
iɑŋ	iŋ	柄平病名<u>命</u>兄丁领听井镜青晴请星<u>赢影</u>	北京话中很多读为iŋ韵母字在崇阳方言里白读为iɑŋ韵。"聘"的北京话韵母为in，在崇阳方言中的白读音韵母为iɑŋ
	iɑŋ	良粮梁两亮量江奖酱枪墙祥抢匠香想向象娘仰样央阳养漾	
uɑŋ	uɑŋ	光广逛汪王网况妄望	
n̩		尔_{第二人称代词，你}嗯五	崇阳方言这个自成音节的只有三个字，且没有与北京话韵母对应的规律

通过上表我们可以看出，崇阳方言与北京话在韵母上的差异主要表现在以下几个方面：

(1) 崇阳方言韵母数量明显少于北京话。北京话有韵母39个（不含儿化韵），而崇阳方言只有28个（其中自成音节的韵母1个，单韵母9个，复韵母18个），少了11个。

(2) 比较规则的对应（崇阳方言韵母单向对应北京话韵）有：崇阳方言中读为u韵、au韵、uɑŋ韵的字在北京话中也分别读为u韵、au韵、uɑŋ韵；崇阳方言中读为uɑ韵的字在北京话中读为uæ韵；崇阳方言中读为uin韵的字在北京话中读为yn韵。另外，稍微规则的对应有：崇阳方言中读为ɿ韵的字在北京话中读为ɿ韵或ʅ韵；崇阳方言中读为iɑŋ韵的字在北京话中读为 iaŋ 韵或 iŋ 韵，这也是崇阳方言中文白异读最为突出的一类。

（3）对应规则最为复杂的是崇阳方言中的 i、æ、ɑ、ə、iɛ、in、ən 等几个韵。因为崇阳方言鼻尾韵母数量明显少于北京话，并且合口呼和撮口呼数量也不多，导致这些韵母往往对应北京话中的多个韵母，最终也直接导致崇阳方言中这些韵母的同音字数量大量增加，例如"大、蛋、太"三个字北京话韵母完全不同，但在崇阳方言中却是同音字。

（4）崇阳方言的撮口呼韵母只有一个 yɛ，而且发音还不够典型，又只能组成零声母音节，因此北京话里的撮口呼韵母在崇阳方言中的对应关系非常复杂，例如，北京话的 y 韵母字对应崇阳方言中的 i、ui、iəu 三个韵母；北京话 yæn 则对应崇阳方言 iɛ、uɛ、yɛ；北京话 yɛ 对应崇阳方言 iɛ、uɛ、yɛ 和 io；北京话 yn 则对应崇阳方言 uin。

（5）合口呼与声母的组合能力也不及北京话，比如不能像北京话一样与 t、l、n、ts 等声母相拼。

（6）崇阳方言的鼻尾韵母非常少，仅有 ən、uən、in、uin、ɑŋ、iɑŋ、uɑŋ 几个，而北京话其他的鼻音韵母 æn、iæn、uæn、yæn、yn、iŋ、uŋ、yŋ，崇阳方言都没有。北京话的前鼻韵与后鼻韵大部分与崇阳方言的前鼻韵或阴声韵对应，崇阳方言仅有的后鼻韵是 ɑŋ、uɑŋ、iɑŋ。

（7）崇阳话没有儿化韵。

（三）声调比较

崇阳方言音系与北京话音系调类及调值比较如下表所示。

崇阳方言音系与北京话音系调类及调值比较表

崇阳方言	北京话	例字
阴平˩	阴平˥	东该心风通开天春拉沙加摸瓜科交
	阳平˧˥	雌
	去声˥˩	自
阳平˩	阳平˧˥	铜皮糖红容逢文情门龙牛油年恒
	去声˥˩	蟹
上声˧˥	上声˨˩˦	懂古鬼九统苦讨草美捆景冷手品粉
	去声˥˩	跪

续表

崇阳方言	北京话	例字
阴去˧˥	去声˥˩	志试记据付配贡控冻众送奋吨胜向见
阳去˧	去声˥˩	字义务父备系部具距罢下道幕饿坐贸
	阴平˥˥	拥
	上声˨˩˦	企
入声˥	阴平˥˥	屋一八七激接积剥喝拍黑鞠缺漆昔
	阳平˧˥	十实织迭急局绩核菊决媳敌折责得
	上声˨˩˦	甲乙百尺铁撤法葛笔辱蜀
	去声˥˩	六麦月立力泣复密鹤握脉设育

通过上表可以看出崇阳方言与北京话声调方面的差异主要体现在以下几个方面：

(1) 调类数目不同。北京话有4个调类，而崇阳方言有6个，平声和去声都分阴阳，还多了一个入声调类，即阴平、阳平、上声、阴去、阳去和入声。

(2) 从调值来看，崇阳方言与北京话相同的调类，调值也不一样。崇阳方言的阴平调值为˧˩，而北京话为˥˥。崇阳方言阳平是降调，调值为˧˩，北京话阳平为高升调，调值为˧˥。崇阳方言上声为高降调，调值为˥˧，北京话上声为低降升调，调值为˨˩˦。崇阳方言阴去调为曲折调，调值为˧˥，阳去调为中高平调，调值为˧，北京话只有一个去声，调值为˥˩。崇阳方言还有一个入声，是个高升而且短促调，调值为˥，与北京话的阴平˥˥（高平且舒长）不一样。

(3) 字调归并不同。具体字在崇阳方言和北京话中的调类归属是不一致的，但对应关系比较整齐，详见上表。

整体上来看，崇阳方言声调与北京话声调的对应关系比较齐整。阴平、阳平和上声基本都是对应的，偶有个别字例外；北京话的去声对应崇阳方言里的阴去和阳去两个声调，极个别例外字除外；崇阳方言入声字来源较广，北京话四声都有字对应崇阳方言的入声字，其中阴平、阳平和去声字对应的入声字较多，对应的上声字较少。

（四）音系特点

从古今音对比来看，崇阳方言在声韵调诸方面呈现如下特点。

1. 声母

（1）古全浊声母字（並定澄从群崇等）与次清声母字（古见组字除外）相混，具体为：①古全浊塞音与次清塞音声母字（古见组字除外）今都读为内爆音 ɓ、ɗ，如，步＝铺店~ɓuˇ｜白＝拍 ɓaˋ｜导＝套 ɗauˇ｜碟＝贴 ɗieˋ等。②古全浊塞擦音与次清塞擦音相混，今读为浊擦音 ʑ、ʐ，如，字 ʐʅˇ｜次 ʐʅˋ｜桥 ʑioˋ｜轿 ʑioˇ｜集＝七 ʑiˋ｜择＝拆 ʐaˋ等。

（2）古溪晓匣群母拼开口洪音时，除流摄一等字外，今读作 h，如，开 hæˋ｜好~坏 hauˇ｜鞋 hæˋ｜豪 hauˋ｜共 hənˋ等。

（3）古见母精母字拼开口三四等时今读合流，如，酒＝九 tɕiəˇ｜尖＝肩 tɕiɛˋ｜精＝经 tɕinˋ｜清＝轻 ʑiaɲ。见母字拼合口三四等时仍读 k，如，举 kuiˇ｜橘 kuiˋ｜鬼 kuiˇ等。

（4）晓匣合口洪音在果摄、宕摄前读 h；在其他各摄前皆读 f，与非敷奉不分，如，虎＝府 fuˇ｜灰＝飞 fiˋ｜昏＝分 fənˋ等。

（5）仍部分保留有"古无舌上音"的特点。①古知组三等字，崇阳方言大部分今读 t、ɗ，如，陈 ɗənˋ｜赵 ɗauˋ｜春 ɗənˋ｜展 ʈɛˇ｜主 ʈuˇ等；但知组二等字及止摄三等字今读 ts、ʐ，如，作~业 tsoˋ｜资 tsʅˋ｜茶 ʐaˋ｜耻 ʐʅˇ等。②古章昌二母字今多读为 t、ɗ，如，真 tənˋ｜州 təuˋ｜吹 ɗəˋ｜浙 ʈɛˋ｜扯 ʈaˇ｜照 tauˋ等，但与蟹止二摄相拼时例外，读 ts、ʐ，如，枝 tsʅˋ｜痣 tsʅˋ｜纸 tsʅˇ｜齿 ʐʅˇ等。

（6）崇阳方言还个别保留有"古无轻唇音"的特点。古奉微母字今与明母字同音的现象仍遗留在个别常用字中，如，"尾"在"尾巴""尾棒（同为'尾巴'意）"两词中分别读 miˇ paˋ 和 miˇ paŋˋ，但在其他词中读 viˇ，如，年尾 ȵiɛˋ viˇ。

（7）古泥母洪音字今读 n，如，脑 nauˇ｜难 næˋ｜耐 næˋ等；拼细音时多读 ȵ，如，能白 ȵiɛˋ｜扭 ȵioˇ｜娘 ȵiaŋˋ等；但与止蟹摄开口细音和遇摄合口细音相拼时读 ŋ，如，女 ŋyˇ｜泥 ŋiˋ等。

（8）来母拼洪音混入泥母洪音，今声母皆读作 n，如，南＝蓝 næˋ｜农＝隆 nənˋ｜年＝连 ȵiɛˋ。但来母拼细音字今读 ɗ，如，立 ɗiˋ｜林 ɗinˋ｜

六 ɖiəu˩ 等。

（9）影疑两母在开口一等韵前今读 ŋ，如，爱 ŋæ˩｜安 ŋen˩｜岸 ŋan˩；在开口二等韵前大部分今读 ŋ，如，牙白 ŋa˩｜哑 ŋa˥，一小部分今读 ∅，如，亚 ia˩｜握 o˥；在开口三四等韵前，影母今读 ∅，疑母今读 ȵ 或 ŋ，如，叶 i˥｜业 ȵie˥｜约 io˥｜虐 ȵio˥｜烟 iɛ˩｜研 ȵie˩ 等。

（10）古微溪群影喻五母拼合口细音时，唇齿稍有擦碰，记为 v，但实际又不太浊，如，味 vi˩｜裙 vin˩｜云 vin˩｜伟 vi˥ 等。

（11）日母字今分化为三套 ɖ、ȵ、∅，无明显规律，如，热 ȵie˥｜让白 ȵiaŋ˩文 ɖaŋ˩｜染 ȵe˥｜儿 ⱬe˩｜绒 in˩｜等。

（12）古影母字拼开口一二等的今读 ŋ，如，挨～近 ŋæ˩｜奥 ŋau˥｜案 ŋan˩等；拼开口三四等或合口一二等时，今读或 v，或零声母 ∅，如，煨 vi˩｜椅 i˥｜腰 io˩｜腌 iɛ˩ 等。

（13）古喻（云、以）母与开口相拼今读为 ∅，如，王 uaŋ˩｜用 in˩｜药 io˥ 等；与合口相拼今读 v，如，云 vin˩｜余 vi˩｜匀 vin˩ 等。

2. 韵母

（1）假摄开口三等字今读 a、ia，如，车汽～ ɖa˩｜蛇 sa˩｜扯 ɖa˥｜些 ɕia˩｜借 tɕia˩｜谢白 zia˩ 等。

（2）遇摄合口一等与端组相拼，合口三等与知组相拼时，今读 ue，如，图 ɖue˩｜路 nue˩｜猪 tɕue˩｜除 ɖue˩｜醋 tsʰue˩ 等。

（3）蟹摄止摄于见母相拼时今读 ui 韵，如，贵 kui˩｜鬼 kui˥｜桂 kui˩ 等；与非见母字相拼时则读 i 韵，如，梅 mi˩｜推 tʰi˩｜雷 li˩｜飞 fi˩｜水 fi˥｜卫 vi˩｜罪 zi˩ 等。

（4）效摄一二等今读 au、io 韵，如，饱 pau˥｜桃 ɖau˩｜炒 zau˥｜巧 zio˥｜交 tɕio˩｜孝 ɕio˩ 等；三四等今读 io 韵，如，骄 tɕio˩｜桥 zio˩｜表 pio˥｜鸟 ȵio˥｜消 ɕio˩｜跳 ɖio˩。

（5）流摄开口一等与端精组以及来母相拼、开口三等与庄组相拼，今读 io 韵，与效摄四等字相混，如，狗＝走 tɕio˥｜头＝条 ɖio˩｜漏＝料 ɖio˩。

（6）咸山两摄舒声开口一等端系字和开口二等见系字今读 æ 韵，如，南 næ˩｜懒 næ˥｜眼 ŋæ˥｜咸 hæ˩｜减 kæ˥ 等。山摄开口一等与见系相拼，合口与端系相拼，今均读 ə 韵，如，干 kə˩ ｜汗 hə˥ ｜割 kə˥ ｜看~见 hə˥ ｜短 tə˥ ｜乱 nə˥ 等。另外，咸摄开口一等端精组与泥来母字相拼，与覃谈二韵保持对立，不相混，如，贪 dˀə˩ ≠ 坍 dæ˩ ｜坛 dˀə˩ ≠ 谈 dæ˩ ｜蚕 zə˩ ≠ 惭 zæ˩ ｜婪 nə˩ ≠ 篮 næ˩ 等。

（7）臻摄一等开口今读 ɛ 韵，如，跟 kɜ˩ ｜肯白 kˀɜ˥ ｜恩 ŋɜ˩ 等；合口一等与端系、晓组相拼，合口三等与知系来母相拼，今大多读 nɛ 韵，少数读 uən 韵，如，墩 tən˩ ｜孙 sən˩ ｜寸 tsˀən˥ ｜昆 hən˩ ｜捆 kuən˥ ｜滚 kuən˥ ｜轮 nən˩ ｜准 tən˥ ｜唇 sən˩ 等。

（8）深臻曾梗摄舒声开口三四等知系今韵尾相混，皆读 ən 韵，如，镇 tən˥ ｜升 sən˩ ｜贞 tən˩ ｜沉 dˀən˩ ｜成 dˀən˩ ｜任 dˀən˥；帮端见系及日母今读 in 韵，-ŋ 尾也多变成 -n 尾，如，贫 bin˩ ｜瓶 bin˩ ｜侵 zin˩ ｜今 tɕin˩ ｜林 dˀin˩ ｜邻 dˀin˩ ｜陵 dˀin˩ ｜灵 dˀin˩ ｜巾 tɕin˩ ｜精 tɕin˩ ｜经 tɕin˩ ｜人 ȵin˩ ｜日 ȵin˥。梗摄开口细音舒声字有些有文白两读，文读为 in 韵，白读为 iaŋ 韵，常见的文白异读字有"清晴请轻醒星听钉病命井平坪岭零领"等。

（9）山摄入声合口一等见系字今读 uə 韵，如，阔 uə˥ ｜活 uə˥，曾摄入声合口一等见系字今读 iɛ 韵或 uɛ 韵，如，或 fiɛ˩ ｜国 kuɛ˥。

（10）深臻曾梗摄入声三四等帮端系今皆读 i 韵，如，笔 pi˥ ｜逼 pi˥ ｜碧 pi˥ ｜立 dˀi˥ ｜栗 dˀi˥ ｜律 dˀi˥ ｜力 dˀi˥ ｜滴 ti˥。另有梗摄入声开口三四等拼帮系端系的几个字有文白异读现象，白读为 ia 韵，劈 bia˥ ｜壁 pia˥ ｜锡 ɕia˥ ｜踢 dˀia˥ 等，文读仍为 i 韵，读作劈 bi˥ ｜壁 pi˥ ｜锡 ɕi˥ ｜踢 dˀi˥。

（11）宕摄开口三等拼庄组和江摄开口二等拼知庄章组舒声字，今均读 aŋ 韵，如，庄 tsaŋ˩ ｜疮 zaŋ˩ ｜壮 tsaŋ˥ ｜创 zaŋ˥ ｜霜 saŋ˩ ｜窗 zaŋ˩ ｜双 saŋ˩ 等。

（12）通摄舒声字崇阳方言也多读 ən 韵，而无北京话后鼻韵尾的 əŋ、uŋ 韵，如，冬 tən˩ ｜统 tˀən˥ ｜农 nən˩ ｜综 tsən˩ ｜松 sən˩ ｜风 fən˩ ｜梦 mən˥ ｜中~间 tən˩ ｜宫 kən˩ ｜捧 bən˥ ｜龙 nən˩ ｜重 dˀən˩轻~ ｜种耕~ dˀən˥。

（13）通摄入声拼端知系及日母今读 əu、iəu 韵，如，读 dˀəu˥ ｜鹿

ⵜnəu⌝｜六 dʲiəu⌝｜绿 dʲiəu⌝｜足 tɕiəu⌝｜竹 təu⌝｜肉 n̟iəu⌝ 等。

3. 声调

（1）崇阳方言的平声分阴阳，分化的条件是古音声母的清浊（含次浊）：古清声母平声字，今读阴平；古浊声母平声字，今读阳平。有少数例外字，如"跑"，古为全浊声母平声字，今读上声。

（2）崇阳方言去声也分阴阳，分化的条件是古音声母的清浊（含次浊）：古清声母去声字今读阴去；古浊声母去声字今读阳去。古全浊声母去声字有少数例外，如"召、逗"，今读阴平；"驮"，今读阳平。古次浊声母去声字也有极少数例外字，如"溜"有两读，"滑～""～圆"时读为阴平，形容做事很顺手、很熟练时读为阴去，如"伊制事蛮～（他做事非常熟练）"；"饵"，今读上声。

（3）古全浊声母上声字今读阳去，也有少数例外字，如"诞、键"，今读阴去；"苎"，今读阳平。

（4）崇阳方言入声调无明显闭塞现象，比较高促，但有时也不是很短急。保留入声的主要是古清声母入声字、次浊声母入声字，清入有一小部分归阴去，全浊入声有部分转归其他调类，其中转阳去者居多，其次是阳平。这些例外字是：清声母入声字今归阴去的有"窒、试、拭、闭、错、忆、亿"；归阴平的只有"腌"字。浊声母入声字转阳平的有"滑、猾、斛"；转阴去的有"炸、剧、式"。

五、崇阳方言音系与中古音系比较

崇阳方言音系是指现代崇阳方言的语音系统，中古音是指以《切韵》《广韵》为代表的语音系统。比较时我们以《方言调查字表（修订本）》（中国社会科学院语言研究所编，商务印书馆出版，2016年）作为中古音的依据，探索崇阳方言音系从古到今的语音演变。

（一）声母比较

崇阳方言声母与中古音声母的对应情况如下表所示。

崇阳方言与中古音声母对应情况

		清	全浊		次浊	清	全浊	
			平	仄			平	仄
帮组		帮 p	滂 6	并 6	并 6	明 m		
非组					微 ∅,v	非 敷 f	奉 f	
端泥组		端 t	透 ɗ	定 ɗ	定 ɗ	泥 来 n,ȵ n,d		
精组	今洪	精 ts	清 ts	从 z	从 z		心 s	邪 s z,ɕ	邪 s ɕ
	今细	精 tɕ							
庄组		庄 ts,t	初 z,ɗ	崇 z,ɗ	崇 z,s		生 s,ɕ		
知组		知 ts,t	彻 z,ɗ	澄 z,ɗ	澄 z,ɗ				
章组		章 ts	昌 ɗ	船 s	船 s		书 s,ɗ	禅 z,s	禅 s
日母	开 止（附麻薛质）		∅,ɗ,ȵ			日	∅ ɗ ȵ		
	开 其他								
	合								
见晓组	今洪	见 k	溪 h,∅	群 ∅ z,∅	群 k,h z	疑 ∅,ŋ ȵ,ŋ,v	晓 h,f ɕ,f	匣 h,f ɕ,f	
	今细	见 tɕ							
影组		影 ∅,ŋ ȵ,v				云 以 ∅,v ∅,v	∅		

从上表大体可以看出中古各母在崇阳方言中的读音，并且据此可以得出崇阳方言中声母的来源。下文列举出崇阳方言中声母的来源，同时列出不规则的崇阳方言读音。这些不规则的读音字有的属于例外，有的属于很多方言的共有特字，姑且总称为例外。

p 帮母：波跛簸巴疤把霸爸补拜摆闭辈比保包饱标表班变边百半奔奔饼壁
　　例外：谱 6u˨，迫 6ɛ˧，别 6iɛ˧，秘 mi˧，泌 mi˧

6　滂母：坡破怕铺派批坯配披屁抛炮泡品飘漂票骗片潘判匹胖拍拼
　　例外：玻 po˨，扳 pæ˨

　并母：（古平声）婆爬蒲菩排牌培陪赔皮疲跑刨嫖盘贫盆旁朋凭棚评瓶屏篷

　　　　（古仄声）部步捕埠稗败币倍焙被避备鼻抱暴办伴拌笨傍雹白病并

例外：拨 pəɤ，笨 pənɤ

m 明母：磨麻妈马码模埋买卖迷米梅煤妹眉密蜜门忙闷摸麦
例外：戊 uɤ

f 非母：夫肤府俯斧付废非飞匪富法反发分粉方放风福疯幅蝠复封
敷母：敷孵抚赴肺妃费副翻番芬纷佛芳妨纺仿访丰覆蜂锋
例外：捧 6əɤ
奉母：（无论平仄皆为 f）符扶芙肥浮凡烦矾繁坟房防冯逢缝父腐辅附翡妇负复范犯饭伐筏罚份佛凤服伏复奉
晓母：靴虚许血训兄白呼灰悔挥辉欢婚荤荒慌谎虎浒忽花化
例外：歪 uæɤ，况 ᵏuɑŋɤ
匣母：（古平声）华回怀环魂馄浑胡湖狐壶乎瓠胡黄白簧白皇白蝗白横白弦玄悬
（古仄声）汇绘坏画话户沪互护缓晃获划
例外：换 uəɤ

t 端母：多朵躲剁堵肚带低底帝堆对刀岛到丢答担店丹端短灯打冻冬
例外：鸟 nioɤ，堤 ᴸiㄆ
知母：猪著蛛株注展转珍张涨账胀桩中忠竹
庄母：斩蘸筝睁
例外：责 ziɛㄱ，侧 ziɛㄱ
章母：遮蔗煮朱主注招周照舟州洲占针枕整正政只祝粥钟种肿烛

d̥ 透母：拖椭土吐兔胎台态太泰梯体替剃屉推腿退讨套挑跳天铁脱汤听踢桶
定母：（古平声）驮徒途图抬台题提桃条跳头投谈淘甜弹田填堂糖塘疼停庭蜓同桐童
（古仄声）大肚度渡镀待代袋弟第递队道稻掉豆逗断段盾邓定敌动洞读毒
例外：队 tiㄨ，饨 tənㄱ

来母：（今细音）旅礼丽雷累离璃梨李零铃另历六绿
彻母：褚姓超抽丑趁椿畅撑畜
澄母：（古平声）除厨锤绸潮沉缠传陈尘长肠场橙程虫重重复
（古仄声）柱住赵兆召宙阵瞪丈仗杖重逐轴

昌母：车扯处吹炊醜臭穿喘串蠢出昌厂唱称秤尺充触
　　　例外：枢 ⌐səu⌐
禅母：（古平声）仇承丞成城诚
日母：染冉任壬仁纫入燃忍刃仍扔扰然绕柔壤

n　泥母：（今洪音）挪哪那糯拿奴努乃耐脑闹奶南男难能农浓
　　来母：（今洪音）罗锣箩啰卢炉芦鲁路庐来冷弄龙录
k　见母：（今洪音）歌哥个过锅果裹痂嫁白瓜寡姑箍古估股鼓故雇顾该改
　　　　盖丐阶介界届戒街解；乖怪拐挂卦规龟归鬼贵高糕稿告甘柑敢挟
　　　　肝官棺冠管馆革隔公工谷弓宫恭拱居举据锯拘均军
　　　例外：会～计 uæ⌐，愧 vi↲，昆 ⌐uən⌐，讲白 kaŋ↲
　　群母：（古仄声今细音）倦掘巨拒具惧菌倔剧
　　匣母：（古仄声）械解汞溃

h　见母：合扛矿
　　　例外：虹 fən⌐
　　溪母：（今洪音）开凯慨揩可科课开考烤靠看渴康糠筐壳肯刻克坑客孔
　　　　空恐
　　晓母：（今洪音）虾瞎荷火货吓海好耗吼喝憨喊鼾汉黑烘
　　匣母：（古平声今洪音）河荷和禾孩鞋槐含函咸寒韩还～要痕航杭黄文簧
　　　　文皇文蝗文横文宏红洪虹
　　　　（古仄声今洪音）贺祸和面下底下华亥害合盒旱汗蟹滑猾恨混项
　　　　白巷白
　　　例外：活 uə⌐

ŋ　日母：软嚷
　　疑母：蛾鹅俄我饿卧牙白鱼渔语遇寓艺外白宜岩业岸眼月鄂硬
　　影母：爱矮呕鸭安按案

tɕ　精母：（今细音）姐借际挤焦蕉椒揪酒尖接煎剪箭节尽进奖鲫精睛井脊
　　　　绩最醉则
　　见母：（今细音）家文加假文，放～架驾稼价叫纠九久救减监检剑兼今金
　　　　急级奸巾紧吉斤疆僵姜脚江讲文降～落觉饺京
　　　例外：脸 ⌐dieŋ↲，懈 ⌐ɕie↲
　　匣母：（古仄声今细音）系～鞋带校～对迥

ʑ 清母：（今细音）蛆取娶趣妻砌悄秋签寝浅千切亲七漆枪抢鹊清请青蜻
例外：缉 tɕi˧

从母：（古平声今细音）齐脐潜樵瞧钱前全泉秦墙情晴
（古仄声今细音）藉聚剂就渐捷集辑践贱尽截绝匠疾嚼贼静靖净藉寂
例外：业 ŋiɛ˧

邪母：（古平声今细音）邪斜徐囚泗寻详祥
例外：涎 ɕiɛ˨, 旋 ɕiɛ˨, 旬 ɕin˨, 循 ɕin˨, 巡 ɕin˨

溪母：（今细音）启企器弃欺岂去溪契起气汽巧窍口叩扣寇欠谦遣牵却腔确庆轻吃倾曲圈劝缺

群母：（古平声今细音）奇骑其棋期旗祈侨桥求球钳俭琴禽擒乾虔勤芹强擎鲸琼穹
（古仄声今细音）技轿臼舅旧柩俭及件杰键健仅窘近强_{倔强}极竞局

匣母：（古平声今细音）喉猴
（古仄声今细音）厚后候舰

ɕ 心母：（今细音）些写泻卸絮须需西锈心仙鲜线泄先宣选雪新信想相熄媳姓惜星腥醒析
例外：鞘 ziɔ˩

邪母：（古仄声今细音）谢序叙绪隋遂隧穗殉像象习袭羡象橡席夕俗续
例外：袖 ziəu˧

晓母：（今细音）牺戏喜希稀孝晓休朽险吸宪献歇显香乡享响向兴胸凶

匣母：（古平声今细音）霞瑕携嫌闲贤降_{投降}行走形型刑
例外：苓 tɕi˧
（古仄声今细音）夏下_{下面}系关~效校陷峡限现县穴学_文杏行幸
例外：洽 zi˩

ȵ 泥母：（今细音）内尿黏聂念碾年捏娘酿匿溺
例外：女 ŋiɤ, 尼 ŋi˨

日母：人认日_白让_白弱肉若
例外：瓤 naŋ˨

疑母：藕牛言研银倪虐疟凝逆仰

ts 精母：（今洪音）左佐租祖组做灾栽宰再紫资姿姊子早枣澡躁赞灶走作

　　　　　　　　　增总粽宗
　　　知母：知蜘智置追罩站扎桌
　　　庄母：查渣诈榨炸斋债簪淬抓爪找皱眨盏庄装壮捉窄争
　　　章母：者诸制支枝纸只指至之芝止址志痣众
z　　清母：(今洪音) 搓锉粗醋错猜彩菜催脆次操草惨餐擦村寸仓聪匆葱囱从
　　　从母：(今洪音) 坐座载在蔡罪自字皂杂暂藏西藏脏凿赠昨族才材财裁疵
　　　　　　瓷糙磁曹槽蚕惭残存藏隐藏层曾丛从
　　　邪母：(之韵平声) 辞词祠
　　　彻母：痴耻彻撤戳拆逞宠
　　　澄母：(古平声) 茶池驰持迟筹惩
　　　　　　(古仄声) 滞稚痔治赚站蛰篆绽侄秩撞直值择
　　　初母：叉权差岔初楚础抄钞炒吵插参参加铲察疮闯创窗
　　　　　　例外：策 zieꜛ，测 zieꜛ，册 zieꜛ，瞅 ziəuꜗ
　　　崇母：(古平声) 茌查锄豺柴巢岑馋崇
　　　　　　(古仄声) 助寨闸柿炸栈铡撰状镯
　　　昌母：齿绰赤
s　　心母：(今洪音) 蓑梭锁苏酥素诉赛岁撕私死四司思嫂扫三伞散酸算
　　　　　　蒜孙损笋丧送速宋肃宿
　　　　　　例外：赐 zɿꜘ，伺 sɿꜘ，粹 ziꜘ
　　　邪母：(古平声今洪音) 松
　　　　　　例外：随 ɕiꜗ / ziꜗ
　　　　　　(古仄声今洪音) 诵颂讼似巳嗣饲隧诵颂讼俗饲
　　　　　　例外：寺 zɿꜛ
　　　崇母：士仕事
　　　　　　例外：愁 zioꜗ
　　　生母：沙纱洒傻耍梳蔬所数筛晒师狮使帅稍潲搜瘦漱杉森涩山杀拴涮刷
　　　　　　霜爽双
　　　　　　例外：色 ɕieꜛ，生白，~意 ɕieꜘ，虱 ɕieꜛ，牲 ɕieꜘ，产 zæꜘ
　　　船母：(古平声) 船唇乘蛇神绳
　　　　　　(古仄声) 射麝示舌实顺述剩食蚀射赎
　　　　　　例外：盾 tənꜗ

书母：赊舍书舒暑输世势施尸屎诗始收手守闪审婶湿扇身申伸失室商伤赏胜式声释叔

例外：翅 tsʅ↗，水 fiɥ↗，税 fi↙，束 ɖəu↙

禅母：（古平声）禅晨醇常偿佘殊匙时韶尝裳盛~饭

（古仄声）社薯竖树誓是氏豉视市侍邵受寿售涉十拾善肾上尚石熟属

例外：睡 fi↙，殖 zʅ↗，植 tsʅ↗，瑞 vi↙

Ø 微母：无巫武舞务鹉未晚万袜文纹闻问网忘妄望

例外：芒 maŋ↙，尾白 mi↗文 vi↗，味 vi↙

日母：如而儿二贰尔饵耳揉绒戎辱褥茸冗

溪母：（今洪音）跨垮块快筷宽棵颗苦枯库裤款困阔坤哭

例外：恢 fi↙

群母：（古平声今细音）拳茄瘸颧权

（古平声今洪音）狂

疑母：芽衙瓦吴五午误呆涯傲咬颜雁玩元原愿岳迎

匣母：（古平声）还归~肴完丸萤

影母：窝鸦丫哑亚蛙乌污椅医意衣袄妖邀腰要欧压音阴饮烟燕温稳秧殃约汪枉忆莺英影益翁屋握沃

云母：尤邮有友又右佑圆员院袁园远越粤王往旺

以母：爷也野夜移易姨已以异油游悠诱柚盐阎艳焰叶引羊洋杨阳扬养痒样药钥跃赢译营融育容蓉勇用

v 溪母：（今细音）亏盔魁傀奎窥区屈墟

例外：抠 ȵio↙

群母：（古平声今细音）群裙逵葵

疑母：玉危狱

影母：委白威煨萎喂畏

例外：秽 fi↙

云母：雨宇羽芋位围伟苇胃韵运荣永泳

例外：熊 ɕin↙，雄 ɕin↙，汇 fi↙

以母：余誉预愉喻匀允锐

例外：铅 ziɛ↙，捐 kuɛ↙，窖 kau↙

（二）韵母比较

崇阳方言音系与古音系的韵母比较详见下表。下表从古韵母出发，看古韵母和今崇阳方言韵母的对应关系。表的左右两端以摄为序，再分舒声、入声、开口、合口；表的上端先分等，再分声母的系和组；表中先举例字，其后的标音为今崇阳方言音的韵母。

韵母比较表之一

摄\声母\等	开 一等			二等				三、四等						
	帮系	端组	见系	帮系	泥组	知庄	见系	帮系	端组	泥组	精组	庄组	知章组	日组	见系
果		o,æ	o												yɛ
假				ɑ	ɑ	ɑ	ɑ,iɑ				iɑ,iɛ文		ɑ,iɑ		iɑ
蟹	i	æ	æ	æ	æ	æ	æ	i	i	i	i		ɿ		i
止								i	i	ɿ	ɿ	ɿ	ɿ	ə	i
效	au	au	au	au	au	au	au,io	io	io	io	io		au	au	io
流	iəu	əu	əu,io					u,iəu	əu	iəu	iəu	əu,uei	əu	iəu	iəu
咸平	æ,ə	æ,ə		æ	æ,iɛ			iɛ	iɛ	iɛ	iɛ	æ,ə			iɛ
咸入	ɑ	ə		æ	ɑ,iɑ			iɛ	iɛ	iɛ		ə			iɛ
深平								in	in	ən	ne		ən		in
深入								i	i	ə	ə				i
山平	æ	ə		æ	æ	iɛ	iɛ	iɛ	iɛ	iɛ	iɛ		æ	ə	iɛ
山入	æ	ə		æ	æ	iɛ	iɛ	iɛ	iɛ	iɛ	ə	iɛ	iɛ		iɛ
臻平	iɛ	ɛ						in	in	in	in	ən	ən	ən	in
臻入								i	i	i	i		ə	ə	i
宕平	aŋ	aŋ	aŋ							iaŋ	iaŋ	aŋ	aŋ		iaŋ
宕入	o	o	o							io	io	o	io		io
江平				aŋ		aŋ	aŋ,iaŋ								
江入				o		o	io,o								
曾平	ən	ən	ɛ					in		in			ən	ən	in
曾入	iɛ	iɛ	iɛ					i	i	i	iɛ		ɿ,ə		i
梗平				ən,aŋ	aŋ	ne	ɛ,in	in,iaŋ	in	in	in,iaŋ		ən		in,iaŋ
梗入				ɑ	ɑ	ɛ	iɑ	i,iɑ	i	i			ɿ,ə		i

韵母比较表之二

等声母摄	开 一等			二等				三、四等							
	帮系	端组	见系	帮系	泥组	知莊	见系	帮系	端组	泥组	精组	庄组	知章组	日组	见系
果	o	o	o												ue
假合					a,ua										
遇合	u	əu	u					u	u,i	i	əu,ɿ,o	əu	u		i,ui,ie
蟹合	i	i	i,æ,uæ		uæ,æ,a		i		i		i		i		i,ui
止合						i		i		i	æ		i,əu		i,ui
咸平合						æ									
咸入合						æ									
山平合	ə	ə	uə,ə	æ,uæ	æ,uæ	æ					iɛ		ə		ye,uɛ,iɛ
山入合	ə	ə	uə	a	ua	æ,uæ				iɛ	iɛ		o		ye,uɛ,iɛ
臻平合	ən	ən	ən,uen						ən,uen	ən	ən,in		ən		in,uin
臻入合	æ,ə	uə	uə,ə			u		i	i	æ	ə				ui,uɛ
宕平合			uaŋ						aŋ,uaŋ						uaŋ
宕入合			o			u									o
曾平合		ən													
曾入合			o												
梗平合						ən,uaŋ									in,iaŋ
梗入合						o									i
通平合	ən	ən	ən					ən	ən	ən	ən	ən	ən		ən,in
通入合	u	əu	u					u	əu,uei	uɛ,uei	o	əu	əu		i,ieu

下面具体举例来说明崇阳方言韵母的中古音来源。依照表格的排列顺序，加竖线将不同组的字隔开，与表中韵母不同的，用"例外"的情况标出。

崇阳方言	中古音	例　字
(1) ɿ	遇合三（鱼）	初ɿ锄ɿ梳ɿ
	蟹开三（祭）	滞制世势誓
	止开三（支）	紫此刺撕赐｜知蜘池支枝纸翅匙是氏｜差参~
		例外：只 taɿ 一~鸡
	止开三（脂）	资姿姊次瓷糍自私死四肆｜致迟稚脂旨指至示尸屎视｜师狮
	止开三（之）	子磁字司丝思词祠巳｜痴耻痔治芝趾址志痣齿诗始试时市侍｜淬士柿事使史驶　例外：筛 sæɿ
	曾开三（職）	稙直值织职食蚀识式饰殖植
	梗开三（昔）	赤斥适　例外：尺 dɑɿ 石 sɑɿ 释 sɤɿ
(2) æ	果开一（歌）	他大｜阿
	假开三（麻）	蔗
	蟹开一（哈）	呆戴胎台态贷苔抬待怠殆代袋｜该改概溉开凯慨呆（呆板）碍涯崖海孩亥哀埃爱　例外：咳 hɑŋ 佳 tɕiaɿ
	蟹开一（泰）	带太泰大（大夫）｜盖丐艾害蔼
	蟹开二（皆）	拜排埋｜斋豺｜皆阶介界芥疥届戒揩楷骇械挨街解挨　例外：尥 kaɿ 谐 ɕieɿ 懈 ɕiaɿ
	蟹开二（佳）	摆派牌排稗买卖｜奶｜债钗差柴筛晒｜鞋蟹矮隘　例外：洒 saɿ 罢 pɑɿ
	蟹开二（夬）	败迈｜寨
	止开三（支）	筛
	咸开一（覃）	耽贪潭｜堪龛含函庵　例外：潭 dəɿ
	咸开一（谈）	担坍谈痰
	咸开一（合）	答搭踏沓
	咸开一（盍）	塔榻塌溻
	咸开二（洽）	扎眨插闸炸｜掐夹
	咸开二（衔）	岩｜挢衫
	咸开二（咸）	馋㺯｜尴咸
	咸开三（监）	沾粘瞻蟾　例外：占 dəɿ

咸开四（帖）	挟	
咸合三（凡）	凡帆	
深开三（侵）	簪	
山开一（曷）	獭 例外：达 daʔ	
山开一（寒）	丹单滩摊檀弹 例外：坛 dɑ˩	
山开二（黠）	八拔抹札扎察杀	
山开二（鎋）	铡	
山开二（删）	班斑颁扳攀蛮｜删	
山开二（山）	山	
山开三（仙）	毡膻扇蝉禅	
山合一（末）	抹	
山合二（删）	还	
山合三（元）	藩翻番烦矾繁	
山合三（月）	发头~发~财伐筏罚	
臻合三（术）	率蟀	
(3) a 假开二（麻）	巴芭疤把霸坝爸怕爬琶杷耙麻蟆妈马码骂｜拿｜茶查渣诈榨炸叉权差岔茬乍沙纱洒厦大~｜痂嫁牙伢下底~丫哑	
假开三（麻）	遮者车扯蛇射奢赊舍赦佘社｜惹	
假合二（麻）	耍｜花化划华铧桦	
蟹开二（皆）	尬	
蟹开二（佳）	罢｜洒 例外：蟹 hæ˩	
效开二（肴）	抓	
山合二（黠）	滑猾	
山开二（鎋）	瞎	
梗开二（麦）	栅｜麦脉	
梗开二（陌）	百柏伯迫拍魄白｜拆窄宅｜客额赫吓 例外：泽 ziɛ˧ 择 ziɛ˧ 格 kɛ˧	
梗开三（昔）	射麝	
梗合二（麦）	划	
(4) o 果开一（歌）	多拖驼驮舵｜歌哥个可蛾鹅俄我饿荷河何贺	

例外：他 ᶁa˨˩ 大 ᶁa˥˧ 阿 a˨˩

果合一（戈） 朵躲剁妥椭唾惰垛｜过锅戈果裹科棵颗课卧火伙货和禾祸讹倭窝果｜波菠跛簸颇坡玻破婆薄魔磨摩馍

假合二（麻） 蜗

遇合一（模） 恶｜模摹暮慕墓募

遇合三（鱼） 所

山合一（末） 括阔豁｜例外：活

山合三（薛） 拙

臻合一（没） 勃饽

宕开一（铎） 托铎踱｜郭廓扩霍藿｜各阁搁胳鄂鹤恶｜泊

宕合一（铎） 博泊莫膜寞摸

宕开三（药） 着酌

江开二（觉） 桌卓琢啄戳浊捉镯朔｜剥驳｜角壳

梗合二（麦） 获

梗开二（陌） 帛陌

通合一（沃） 沃

(5) ɔ 遇合三（鱼） 如汝

遇合三（虞） 儒乳

止开三（之） 耳饵而

止开三（支） 尔

止开三（支） 儿

止开三（脂） 二贰

咸开一（谈） 甘柑泔憨酣

咸开一（合） 合鸽喝盒

咸开一（盍） 磕

深开三（缉） 蛰执汁湿十拾涩｜入

山开一（曷） 割葛喝 例外：渴

山开一（寒） 干肝竿干看刊鼾寒韩安鞍

山开三（薛） 哲蜇彻撤折浙舌设折

山开三（仙） 然燃｜缠

		山合一（末）	掇脱夺｜钵拨泼末沫
		山合一（桓）	般搬潘盘瞒馒｜端团
		山合三（仙）	传椽专砖川穿船
		臻开三（质）	侄秩质实失室
		臻开三（质）	日
		臻合一（没）	突
		臻合三（物）	佛
		臻合三（术）	术出述秫
(6)	ɛ	臻开一（痕）	吞跟根恩｜痕｜很｜恨
		曾开一（德）	刻克黑
		梗开二（庚）	更｜哽梗
		梗开二（陌）	格　例外：客 haˀ 额 ŋaˀ
		梗开二（耕）	耕｜耿
		梗开二（麦）	革隔
(7)	i	遇合三（鱼）	女驴吕旅虑滤｜蛆絮徐序叙绪｜鱼渔语御虚嘘许於淤余与誉预豫｜墟渠
		遇合三（虞）	缕屡｜趋取娶趣聚须需续｜愚虞娱遇寓吁迂于盂雨宇禹羽芋榆愉愈喻裕
		蟹开一（泰）	贝沛
		蟹开三（祭）	蔽敝弊毙币批｜例厉励｜祭际｜艺
		蟹开四（齐）	闭算蓖批陛迷米谜｜低堤底抵帝梯体替涕剃屉题提蹄啼弟第递｜泥犁黎礼丽隶｜挤际济妻砌齐脐荠剂西栖犀洗细婿｜鸡稽计继系髻溪启契倪奚兮系继
		蟹合一（灰）	杯辈背胚坯配培陪赔裴倍佩焙梅枚媒煤每妹昧｜盔魁恢灰傀桅贿悔晦回茴汇会绘溃煨｜堆对碓推腿退队
		蟹合一（泰）	刽会绘｜蜕兑
		蟹合三（废）	废肺吠｜秽
		蟹合三（祭）	鳜卫锐｜缀赘税｜脆岁｜芮
		蟹合四（齐）	惠慧

	止开三（支）	彼譬皮疲脾弥靡｜离篱璃荔｜玺徙｜寄企奇骑岐技妓宜仪蚁谊义议牺戏倚移易｜碑卑臂披被婢避
	止开三（之）	厘狸李里理鲤吏｜基己纪记欺起杞其棋期旗忌疑拟嬉熙喜医意矣饴已以异｜例外：尔第二人称代词，你 nʏ
	止开三（脂）	悲辔丕备眉楣霉美媚寐｜鄙比秘泌庇痹屁琵枇鼻篦秕｜地｜尼腻梨利痢履｜垒类泪履｜季遗饥肌几冀器弃祁鳍伊夷姨肄｜醉翠虽粹绥遂随穗｜龟轨癸愧逵葵柜位维惟唯｜锥追锤水　例外：槌 tɕʰueʰ
	止开三（微）	非飞匪榧痱妃费肥翡｜微尾未味｜归鬼贵魏挥辉徽讳威畏慰违围伟苇纬胃谓猥｜几几个机讥饥几荠~既岂气汽祈毅希稀衣依
	止合三（支）	累｜嘴髓随｜规诡亏窥跪危伪麾毁萎委喂为｜垂吹炊睡瑞蕊
	深开三（缉）	立笠粒｜集辑习袭｜急级泣及吸揖
	臻开三（质）	笔毕必匹弼密蜜｜栗｜七漆疾悉膝｜吉乙一逸
	臻开三（迄）	讫乞
	臻合三（术）	律率｜焌鹬戌恤
	臻合三（物）	屈
	曾开三（职）	逼｜匿力｜即鲫息熄媳｜极忆亿抑翼｜域
	梗开三（陌）	碧｜戟屐逆
	梗开三（昔）	僻辟｜积迹脊籍藉惜昔席夕｜益亦译易　例外：璧 piaʔ
	梗合三（昔）	役疫
	梗开四（锡）	觅｜的滴嫡踢剔笛敌狄籴｜溺历｜绩戚寂锡析｜击激　例外：壁白 piaʔ 吃 ziaʔ
	通合三（烛）	玉狱
(8) u	遇合一（模）	补谱布铺普浦怖蒲菩脯部簿步捕埠｜姑孤箍古估牯股鼓故固锢雇顾枯苦库裤吴蜈吾梧五伍午误悟呼虎浒戽胡湖狐壶瓠乎胡户互护乌污坞
	遇合三（虞）	夫肤府腑俯甫脯斧付赋傅敷俘孵麸抚赴讣符扶芙

			父釜腐辅附无巫诬武舞侮鹉务雾
		流开一（侯）	母拇戊 例外：牡 miou
		臻合一（没）	窟忽 例外：骨 kuən
		臻合三（物）	物勿
		宕开一（铎）	幕
		宕合三（药）	缚
		通合一（屋）	卜扑仆瀑木｜谷哭屋
		通合一（沃）	酷
		通合三（屋）	福幅蝠复腹覆服伏目穆牧
		通合三（烛）	辱褥
		江开二（觉）	朴
		流开三（尤）	富副浮负附
(9)	au	效开一（豪）	褒保堡宝报袍抱雹暴毛冒帽｜刀叨祷岛倒到滔掏讨套桃逃淘陶萄涛道稻盗导｜高膏篙羔糕稿告膏考烤靠犒熬傲鳌蒿薅好耗豪壕毫号袄懊奥
		效开二（肴）	包胞饱豹爆泡抛炮跑刨鲍茅猫锚卯貌｜铙挠闹｜罩爪笊找抄钞炒吵巢梢捎稍潲｜搞敲白咬坳
		效开三（宵）	饶扰绕｜朝超朝潮赵兆召昭招沼照诏烧少韶绍邵 例外：猫 mioɹ
		流开一（侯）	茂贸
		流开三（尤）	矛
		宕开一（铎）	郝
		宕开三（药）	焯勺芍
		江开二（觉）	雹
		通合一（屋）	曝
(10)	əu	流开三（尤）	邹皱绉｜肘昼抽丑绸稠筹纣宙周舟州洲咒丑臭收手首守兽仇酬受寿授售｜漱｜帚
		遇合一（模）	堵赌｜都肚妒土吐兔徒屠途涂图杜肚度渡镀
		遇合三（虞）	诛蛛株拄驻注厨柱住朱珠主蛀铸枢输运～殊竖树｜雏数
		遇合三（鱼）	庐｜猪著除储苎诸箸煮处杵书舒暑鼠黍庶恕署

		薯｜阻楚础助疏
	通合三（烛）	录
	通合一（屋）	秃独读犊
	通合一（沃）	督毒
	通合三（屋）	陆｜肃宿｜竹筑畜逐祝粥熟　例外：缩soʔ
	通合三（烛）	烛嘱触赎束蜀属
(11) ən	深开三（侵）	岑森参人参｜壬任｜沉针斟深
	臻合一（魂）	奔锛喷盆门｜敦墩屯豚饨臀
	臻合三（文）	分芬纷焚坟獖
	臻合三（谆）	遵皴｜伦沦轮｜椿春唇纯莼醇
	臻开三（真）	臻榛｜人仁｜珍陈尘真神身申伸娠辰晨臣
	曾开一（登）	疼｜恒｜崩朋
	曾开三（蒸）	仍扔｜征澄惩橙蒸称乘绳升胜承丞
	曾合一（登）	弘
	梗开二（庚）	烹彭膨棚萌虻｜撑澄生牲笙甥｜更庚羹坑亨衡
	梗开二（耕）	橙争等睁｜耕
	梗开三（清）	贞侦呈程正征声成城诚盛
	梗开三（庚）	盟
	梗合二（耕）	轰宏
	通合一（东）	篷蓬蒙｜东通同铜桐筒童瞳｜公蚣工功攻空烘红洪鸿虹翁
	通合一（冬）	冬
	通合三（东）	风枫疯丰冯｜隆｜嵩｜崇｜中忠虫终充｜弓躬宫
	通合三（钟）	封峰蜂锋逢缝｜浓龙｜踪纵从松｜重钟盅冲舂｜恭供
(12) aŋ	宕开一（唐）	帮滂旁螃忙芒茫｜当汤堂棠螳唐糖塘冈岗刚纲钢缸康糠行航杭
	宕合三（阳）	方肪芳妨房防芒
	宕开三（阳）	张长肠场章樟昌商伤常尝裳偿｜瓤｜庄装疮床霜孀
	江开二（江）	邦庞｜扛豇夯｜桩窗双

	梗开二（庚）	盲｜铛
(13) ia	假开二（麻）	家文加文嘉傢假文贾架驾嫁文稼价芽衙雅砑虾霞瑕遐夏厦下文，~面鸦亚
	蟹开二（佳）	佳涯崖
	咸开二（洽）	夹文恰狭峡洽
	咸开二（狎）	甲文胛匣鸭押压文
	山开二（黠）	轧
	山开二（鎋）	瞎辖文
	梗开四（锡）	劈
(14) iɛ	果合三（戈）	靴
	假开三（麻）	姐借且藉些写泻卸邪斜谢｜耶爷也野夜
	遇合三（鱼）	去
	蟹开二（皆）	谐
	蟹开二（佳）	懈解文
	蟹合四（齐）	携
	咸开二（咸）	咸~宁
	咸开二（衔）	监衔
	咸开三（叶）	聂镊蹑猎｜接妾捷｜叶页｜摺褶摄涉
	咸开三（业）	劫怯业胁｜腌
	咸开三（盐）	黏廉镰帘｜尖歼签潜｜钳淹阉炎盐阎檐
	咸开三（严）	严腌｜钦
	咸开四（帖）	跌帖贴叠碟牒蝶谍｜协
	咸开四（添）	掂添甜｜鲇拈｜兼搛谦嫌
	山开二（山）	艰间闲
	山开二（删）	奸颜
	山开三（薛）	别鳖灭｜列烈裂｜泄｜杰孽曳｜薛｜热
	山开三（月）	揭歇蝎
	山开三（仙）	鞭编篇偏便绵棉｜连联｜煎迁钱仙鲜涎｜乾虔掮焉延筵
	山开三（元）	言｜轩掀
	山开四（屑）	憋撇篾｜铁｜捏｜节截｜结洁｜噎

	山开四（先）	边蝙眠｜颠天田填｜年怜莲｜笺千前先弦｜肩坚牵研贤烟燕	
	山合三（仙）	铅	
	山合三（薛）	劣｜绝雪｜悦阅	
	山合三（月）	厥掘月橛越曰粤	
	山合四（屑）	决诀缺血穴｜切屑	
	山合四（先）	玄悬渊	
	曾开一（德）	北墨默｜得德特	
	曾开一（登）	登灯腾誊藤疼｜恒｜崩朋	
	曾开三（职）	侧测色啬	
	曾合一（德）	或惑	
	臻开三（质）	瑟虱	
	梗开二（麦）	责策册｜革隔核扼轭　例外：摘 tsɑ˧	
	梗开三（昔）	液腋	
(15) iəu	流开一（侯）	兜斗抖陡偷透头投豆逗｜某亩　例外：剖 ɕioɨ	
	流开三（幽）	谬｜丢｜纠幽幼	
	流开三（尤）	纽扭流刘留榴硫琉柳溜馏｜揪酒秋就修羞秀绣宿星宿锈囚泅袖｜鸠阄纠九久韭灸救究丘糗求球仇臼舅咎旧牛休朽嗅忧优尤邮有友又右佑由油游犹悠酉莠诱柚釉｜否谋｜邹皱绉瞅愁搜飕馊瘦｜柔揉　例外：馊 ɕioɨ 瘦 ɕioɨ	
	通合三（屋）	六｜轴｜肉｜菊掬曲畜蓄郁育	
	通合三（烛）	足促粟俗续｜绿｜局欲浴	
(16) io	效开二（肴）	交郊胶教绞狡铰搅校较酵窖觉巧孝看洧效	
	效开三（宵）	膘标表飘漂票瓢嫖苗描藐渺秒庙妙｜燎疗｜焦蕉椒剿锹悄俏樵瞧消宵霄硝销小笑鞘｜骄娇矫乔侨桥荞轿嚣妖邀腰要摇窑姚舀耀	
	效开四（萧）	尿聊辽撩寥了瞭料｜刁貂雕鸟钓吊挑跳粜条调掉｜浇缴侥叫窍尧晓幺吆杳｜萧箫	
	流开三（幽）	彪	
	流开三（尤）	廖	

		流开一（侯）	勾钩沟狗苟够构购抠呕口叩扣寇藕偶吼侯喉猴瘊后厚候欧呕殴沤怄
		宕开三（药）	嚼
		江开二（觉）	饺
		江开二（觉）	觉角确岳乐学
		宕开三（药）	爵雀鹊削｜脚却虐疟约药钥跃｜弱绰｜若
(17) in		深开三（侵）	林淋临｜侵心｜今金禁襟钦琴禽擒吟音阴淫
		山合一（桓）	拼
		臻开三（真）	彬宾槟贫频闽民｜邻鳞磷｜津亲秦辛新薪｜巾银因姻寅
		臻开三（殷）	斤筋勤芹欣殷
		曾开三（蒸）	冰凭｜陵凌菱｜凝兴应鹰蝇
		梗开二（庚）	行粳
		梗开二（耕）	茎莺鹦樱
		梗开三（庚）	兵｜京荆惊卿擎鲸迎英｜兄荣
		梗开三（清）	婴缨｜琼
		梗开四（青）	妍拼瓶屏萍铭｜厅汀亭停廷庭蜓｜经馨形型刑陉
		梗合三（清）	茔
		梗合四（青）	萤荥
		通合三（东）	穷熊雄融｜戎绒
		通合三（钟）	胸凶雍容蓉熔庸｜茸
		深开三（侵）	寻
		臻合三（谆）	荀｜匀｜旬循巡｜肫 例外：均 kuin˧ 钧 kuin˧
		臻合三（文）	群裙熏勋薰云 例外：军 kuin˧
		梗合三（清）	倾营
(18) iaŋ		江开二（江）	江腔降
		宕开三（阳）	娘良凉量粮梁粱｜将浆枪墙相箱厢湘襄镶详祥｜疆僵姜疆缰羌强香乡央秧殃羊洋杨阳扬疡
		梗开三（庚）	平坪评鸣明
		梗开三（清）	名｜精晶睛清情晴｜轻赢
		梗开四（青）	妍拼瓶屏萍铭｜丁钉听｜宁灵零铃伶翎｜青蜻

　　　　　　　　　　　　星腥

(19) uɑ　假合二（麻）　瓜寡剐夸垮跨瓦蛙洼　例外：傻 haɣ 白／ɕiaɣ 文
　　　　　蟹合二（佳）　挂卦蛙　例外：画 fa˧
　　　　　蟹合二（夬）　话
　　　　　山合一（末）　聒
　　　　　山合一（桓）　剜
　　　　　山合二（鎋）　刷｜刮
　　　　　山合二（黠）　挖
　　　　　山合三（月）　袜

(20) uæ　蟹合一（灰）　块
　　　　　蟹合一（泰）　会~计外文
　　　　　蟹合二（皆）　乖怪块怀槐淮坏｜拽
　　　　　蟹合二（佳）　拐歪
　　　　　蟹合二（夬）　快筷
　　　　　止合三（支）　揣
　　　　　止合三（脂）　衰摔帅
　　　　　山合二（删）　关还环弯湾
　　　　　山合二（山）　鳏顽

(21) uə　山合一（桓）　官棺观冠宽桓完丸豌　例外：欢 fə˧
　　　　　山合一（换）　贯灌罐观玩腕
　　　　　山合一（末）　活

(22) uɛ　山合三（仙）　捐｜绢
　　　　　山合四（屑）　决诀
　　　　　臻合三（物）　掘倔
　　　　　曾合一（德）　国

(23) ui　遇合三（鱼）　居举据巨拒距　例外：庐去车锯
　　　　　遇合三（虞）　拘驹俱矩句瞿具惧　例外：驱 vi˧ 区 vi˧
　　　　　止合三（支）　规｜诡
　　　　　止合三（脂）　龟｜轨
　　　　　止合三（微）　归｜鬼｜贵
　　　　　臻合三（术）　橘

　　　　　　梗开三（陌）　　剧

　　　　　　蟹合四（齐）　　桂奎

(24) uin　臻合三（谆）　　均钧

　　　　　　臻合三（文）　　军

(25) uən　臻合一（魂）　　昆坤昏婚魂馄浑温瘟

　　　　　　臻合三（文）　　文纹蚊闻｜荤

(26) uaŋ　宕合一（唐）　　光荒慌黄簧皇蝗汪

　　　　　　宕合三（阳）　　亡｜匡筐眶狂王

　　　　　　梗合二（庚）　　横白

(27) yɛ　　果开三（戈）　　茄

　　　　　　山合三（仙）　　全泉宣旋｜圈拳权颧圆员缘　例外：捐 kuɛ˧ 鲜 çiɛ˧

　　　　　　山合三（元）　　元原源喧冤袁辕园援

（三）声调比较

崇阳方言的声调与中古音声调的对应关系列表如下。下表中例字合乎常例的用大字体，不合乎常例的用小字体。

崇阳方言的声调与中古音声调的对应关系

中古调类		今调类 阴平	阳平	上声	阴去	阳去	入声
平声	清	哥锅加瓜刀沙花梳书灰拖推亏敲挑	堤台从妨奎荀		几萎	过供占监错	
	次浊	妈巫捞猫捐聋	锣挪麻拿牙炉鱼驴眉梨毛林栏园云南男忙龙容		糇闽		
	全浊	殊期松	河和爬茶霞图湖扶排皮池完尝穷从		跑场	跳	

续表

中古调类	今调类	阴平	阳平	上声	阴去	阳去	入声
上声	清	悄慷纠殴拥		左朵果姐斧保找粉等打饼引土吐苦虎火水扫小	斗境矿叩贿		
	次浊声母	嚷	唯	我马惹野瓦五伍午女旅雨买米尔李养痒网勇冷	绕诱瞭		
	全浊声母	咎	囤	辅腐很挺俭艇跪		坐夏部户竖在弟罪汇市抱道厚后近笨项动重	
去声	清声母	双膏经输思稍	虹	假枕柄访统	去个过坝爸架嫁布故带闭破库怕课气跳化世笑姓扫	秘泌	
	次浊声母	溜晕	谜离疗玩	瓦偶纬泳辆敛		励饿夜路外右漏又面岸慢乱恋问让忘望另弄梦用	裕
	全浊声母	逗枢	耙刨行横	捕署薯翡导		大贺夏谢步护袋第递画话字掉豆站汗饭恨病共	复鼻

续表

中古调类 \ 今调类		阴平	阳平	上声	阴去	阳去	入声
入声	清声母	腌	察	眨错饺匹郝	式适饰泄忆亿栅		答鸽鸭压跌法八发骨各塔插脱壳确刻尺哭湿杀雪血失室叔
	次浊声母	拉没（~去）摸	膜		译逸		腊蜡聂猎叶页业如辣热抹月越密物乐力脉麦木六目肉绿录
	全浊声母		射		秩剧曝		叠集习达折瀑实特俗局突笛敌获赎杂峡十夺活滑猾罚学白石独读毒熟蜀倔

根据上表可知古四声与今调类的对应情况如下：

①平分阴阳：古平声按古声母的清浊分阴平和阳平两类：古清音，今读阴平；古浊音，今读阳平。

②浊上归去：古上声按古声母的清浊分为上声和去声两类：古清音，今读上声；古次浊，今读上声；古全浊，今读阳去。

③去分阴阳：古去声按古声母的清浊分阴去和阳去两类：古清音，今读阴去；古浊音，今读阳去。

④古入声仍为入声：古入声无论清浊，今皆为入声。

崇阳方言今调类的主要来源如下：

(1) 阴平：主要来源于中古清声母的平声字。

(2) 阳平：主要来源于中古浊声母的平声字。

(3) 上声：主要来源于中古清声母和次浊声母的上声字。

(4) 阴去：主要来源于中古清声母的去声字和次浊声母的去声字。

(5) 阳去：主要来源于中古全浊声母的上声字和次浊、全浊声母的去声字。

(6) 入声：主要来源于中古入声字。

第三章　崇阳方言词汇

一、词汇的特点

本节所说的词汇特点，无特殊说明，均是将崇阳方言词汇与北京话词汇相比较而言的，偶有与周边方言词汇的比较。本节将主要从构词方式、特殊词汇等方面进行论述。

（一）构词方式

与北京话词汇相比，崇阳方言的构词方式表现出如下特点。

1. 单音节词较多

许多北京话的复音词，在崇阳方言中仍为单音节词，名词中这种现象尤为明显，很多北京话带"子"尾的名词在崇阳方言里不带"子"尾。例如，

北京话：衣服　裤子　儿子　女儿　想念　桌子　椅子　筷子　杯子　被子　客人　扇子

崇阳方言：衣　裤　崽　女　饮　桌　椅　筷　杯　被　客　扇

由此可见，在汉语词汇双音节化的进程中，一些与人们生活密切相关的名词（少量动词、形容词）依然在崇阳方言口语词汇中保留着古汉语色彩。但是，崇阳方言中有些名词可以带语气词尾"呐"，如上述一些单音节名词，"衣呐｜裤呐｜桌呐｜椅呐｜盅呐｜颈呐"等，但也可以不带。

2. 构词语素及排列顺序差异较大

崇阳方言的某些词与北京话词意义相同，但词形不同，有的是构词语素不同，有的虽然构词语素相同，但排列顺序不同。

（1）构词语素相同，但排列顺序不同。例如，

北京话：公鸡 公狗 喜欢 力气
崇阳方言：鸡公 狗公 欢喜 气力

(2) 构词语素一部分相同，另一部分不同。例如，
北京话：刮风 下雨 明天 轮子 认识 闪电 围巾 想头 回去
崇阳方言：起风 落雨 明日 滚子 认得 薄闪 围颈 想首 去归
北京话：裤腿 用力 烤火 棉絮 床单 被面 彩虹 故意 行（表应答）
崇阳方言：裤脚 着力 搭火 被絮 被单 包被 马虹 有意 行得

(3) 构词语素完全不同，这部分词数量比较多。例如，
北京话：太阳 青蛙 瘸子 知道 中午 开始 丈夫 妻子 怀孕
崇阳方言：日头 蛤蟆 拐脚 晓得 昼边 驾驷 老脚 娭家 驮肚
北京话：倒霉 害羞 小心 窟窿 肮脏 可怜 追 脖子 裂缝
崇阳方言：背时 怕吃人 过细 眼 龌龊 作孽 趷 颈筋 抹坼
北京话：没/没有 丢 墙 睡 蝴蝶 蜻蜓 女孩子 背心 卧室
崇阳方言：冇/冇得 落 壁 睏 飞薄呐 钢脚呐 倒伢崽 汗邦 歇房

3. 名词性重叠式比较少

崇阳方言的形容词有些重叠现象（详见语法部分重叠一节的论述），但名词性重叠式只有寥寥数几，很多北京话中常用的名词性重叠式在崇阳方言中都是单音节词或其他表达方式，尤其是亲属称谓方面。例如，

北京话：哥哥 弟弟 爸爸 姐姐 妹妹 星星
崇阳方言：哥 老弟 爷 姐 老妹 星

4. 派生词较具特色

有一批体现崇阳方言个性的词缀，比如名词后缀"×呐"，如"桃～桃子""椅～椅子"等，形容词后缀"×煞"，如"冷～非常冷，恶～非常凶狠"等（详见语法部分词缀一节内容）。

5. 一些常用词保留古语词的说法

崇阳方言保留了部分古语词，尤以人们生活中最常用、口耳相传下来的名词、动词类古语词最为多见。崇阳方言的古语词特色体现在两个方面：其一是很多现代汉语的双音节词仍作为单音节词保留在崇阳方言中；其二

是有些单音节古语词仍作为语素部分或全部保留在崇阳方言词语中。

(1) 名词、代词举例

北京话：脸　墙　毛巾　杯子　媒人　太阳　妻子　水坑

崇阳方言：面　壁　袱　盅　月老　日头　娭家　水凼

北京话：上午　下午　衣服　绳子　他　爸爸　学校　小伙子

崇阳方言：上昼　下昼　衣　索　伊　爷　学堂　后生

　　崇阳方言中有的古语词使用源流久远。例如，"面"在甲骨文里字形就是人脸形；《说文解字》中表述："面，颜前也。像人面形。"而现代汉语的"脸"是魏晋时期才出现，而且只指两颊的上部，唐宋口语中才开始用同"面"。可是，崇阳方言至今都大量使用"面"而非"脸"，如"洗面（洗脸）""洗面袱（洗脸毛巾）""洗面水（洗脸水）""面盆（脸盆）""刮面（刮脸）""伊个面点把红（他的脸很红）"等。

　　古语词"盅"本指没有把子的茶杯或酒杯，在崇阳方言中泛指所有杯子，可以说崇阳方言中就没有"杯子"这个词，全部用"盅"，如"酒盅""把我个盅拿来（把我的杯子拿过来）"等。

　　"娭家"本为古时妇女贱称，《集韵》中："於开切，音哀。婢也。"崇阳方言中该词广泛用于指称中老年妇女或指称妻子（无论年纪大小）。其指称中老年妇女时，可以是"职业＋娭家"的模式，如"卖肉个娭家（卖肉的妇女）""剃头个娭家（理发的妇女）""喜娭家（接生婆）"等；还可以是"姓＋娭家"，如"王娭家（王太婆）""李娭家（李太婆）"；也可以是其他定语，如"隔壁个娭家（邻居家的女主人）"等。其指称妻子时则无论年纪大小，无论面称背称，都可以用"娭家"，如"伊个娭家（他老婆）""我屋个娭家（我家的老婆）"等。

　　"爷"本义即为"父亲"，读为ia1。《乐府诗集·横吹典辞五·木兰诗》中："军书十二卷，卷卷有爷名。阿爷无大儿，木兰无长兄。愿为市鞍马，从此替爷征。""爷"也写作"耶"。杜甫《兵车行》中："耶娘妻子走相送，尘埃不见咸阳桥。"崇阳方言表示"父亲"含义的"爷"一般用于背称，面称时可以说"老爷"。另外，崇阳人称呼父亲的兄弟即伯伯和叔叔时，也用"爷"，按照排行，分别叫作"大爷、二爷、三爷……细爷"。但近年受北京话影响，新派崇阳方言中也用"爸"大伯""叔叔"来分别称呼父亲、伯伯和叔叔。

　　"伊"在诗经中就广泛使用为远指代词，名句有"所谓伊人，在水一方"。在崇阳方言中,"伊"可指第三人称代词"他/她/它",也可用于中远指的指示代词,如"伊呐(那里)",还由指示代词延伸出表方式、表程度的"伊样(那样)""伊么(那么)"等副词。

(2) 动词举例

北京话:穿 做 站 砍 抱 说 蹲 看

崇阳方言:着 制 徛 斫 搂 话 跍 相

北京话:喂(猪) 看望 找 捉迷藏 聊天 玩 闻 淹

崇阳方言:饲(猪) 目 寻 寻躲 讲古 戏 嗅 浸

"话"在《尚书》中就有"乃话民之弗率"的动词用法,在孟浩然的名句"把酒话桑麻"中同样为动词用法。崇阳方言中的"话"也作动词用,表示"说",如"话么嘀(说什么)""话两句(说几句)"。而表示"言语"的名词"话"在崇阳方言中为"事",如"我不会话崇阳事(我不会说崇阳话)"。但近年来一些年轻人受普通话影响,也会说"话普通话(说普通话)",但此时两个"话"读音不同,为音变构词,分别为"ua˥(动词,说)"和"fa˥(名词,言语,即说的内容)"。

《诗经·鄘风·相鼠》中:"相鼠有皮,人而无仪。"《诗经·大雅·公刘》中:"相其阴阳,观其流泉。"这两句中的"相"都有"看"之义,这在崇阳方言中被完整保留:"尔在相么嘀啊?(你在看什么?)""看望"之意则用"目"来表示:"听到话伊住院了,我去目下伊(听说他住院了,我去看望一下他)。""我想去目下我个老师(我想去看望/拜访我的老师)。"

"着"的本义即为动词"穿着、附着",崇阳方言表示"穿"这个动作的词读作 to˥,其本字即为"着/著"。崇阳方言表示"砍"的动词也读作 to˥,其本字为"斫",晚唐杜荀鹤诗《山中寡妇》中就有"时挑野菜和根煮,旋斫生柴带叶烧"句。两者读音均为"古无舌上"的残留。

除了上表列举的名词、动词中的古语词外,崇阳方言口语中还保留有一些其他类型的古语词。例如,把东西(尤其是食物)给别人时常会说"嗟",有种居高临下不太尊重对方的意味。而这个"嗟"在先秦作品中就很常见:"嗟,来食!"有骨气的人虽然饥饿也不吃"嗟来之食",终于不食而死(见于《礼记·檀弓》)。崇阳方言中"嗟"也有类似用法,如"嗟,把得尔吃(给你吃)""嗟,把个东西拿去(来,把这个东西拿去)"等。使用时一般是平等或者以上对下,如果要表示对对方的尊重,是不能用

"嗟"的。

"个"在崇阳方言中也是常用的词,除量词用法外,还能用作指示代词,相当于"这",如"个样"就是"这样","个多"就是"这么多","个长"就是"这么长",类似于李白诗"白发三千丈,缘愁似个长"的"个"。

崇阳方言中用"驾驷"表示"开始"义。《说文》中:"驾,马在轭中。"《玉篇》中:"驷,四马一乘也。"要出行,先得套好车马,引而申之,凡做一切事情都有一个开始,因此,崇阳方言的"驾驷"就有了"开始"义。这种用法在湖北省内多处方言中均有体现,如西南官话的武汉话、赣语区的咸宁话等,都有这个方言词。

6. 音变构词现象

音变构词是语言增强其自身表达能力的一种重要手段。崇阳方言也有一些音变构词现象。如,生 saŋ˧ 米——生 saŋ˦ 蛋下蛋;承 dəp˧ 认——承 sən˦ 起来垫起;射 sa˧ 射出——射 sa˦ 传染;等等。

(二) 词义差异

崇阳方言的某些词与北京话的词形相同,但意义有差异。主要有以下几种情况。

1. 二者意义完全不同

这种情况还是比较少的,常见的如下表所示。

崇阳方言与北京话词义项比较表之一

例词	北京话	崇阳方言
爷	爷爷	爸爸／叔叔
对手	竞赛或斗争的对方	帮手,如,找一个人来制~找个人来帮忙
看 hə˦	看护	饲养、抚养、生育,如,~崽生养儿子
袱	包头巾	毛巾
点把	很,非常,如,~喜欢非常喜欢	一点

2. 不完全相同

这种情况比较常见。其中又主要分两种,即某些词在崇阳方言中义项比北京话多,或某些词的义项在北京话中比在崇阳方言中多,分别如下面二表所示。

崇阳方言与北京话词义项比较表之二

例词	崇阳方言	北京话
瀺	①呼吸道分泌而由口、鼻腔排出的黏液 ②涎水、口水，如，伊睏瞌睡喜欢流～	有①无②
肉	①名词，动物等的肌肉 ②形容词，肥，如，～猪 ③形容词，胖，如，伢崽长得几～哦	有①无②、③
清	①水清 ②动词，清洗 ③稀，不稠，与酽相对，如，粥太～了	有①、②无③
落	①掉下来，往下降 ②下，如，～雨、～雪 ③遗留在后面 ④丢失，如，伊把我个书搞～了	有①、③无②、④
舅舅	①母亲的兄弟 ②母亲的姐妹	有①无②
姊妹	①姐妹 ②兄弟姐妹，包括男性	有①无②
脚	①小腿以下部分 ②小腿 ③大腿 ④整条腿	有①无②、③、④
手	①手腕到指尖的部分 ②小手臂 ③胳膊 ④整个手臂	有①无②、③、④
把	①介词，表处置 ②动词，给，如，把几块钱得我用	有①无②
谷	①水稻 ②稻谷	有①无②

例词	崇阳方言	北京话
爷	①父亲 ②叔叔、伯伯 ②爷爷、祖父	有③无①、②
气色	①一个人的精神和皮肤色调 ②气味，如，伊嘴壳里制～（他嘴巴里有气味）	有①无②

崇阳方言与北京话词义项比较表之三

例词	北京话	崇阳方言
折	①折叠、打折 ②使断成两截	有①无②
糠	①稻麦等子实的皮或壳（多指脱下来的） ②萝卜因失掉水分而中空	有①无②
房	①单间 ②整栋的房屋	有①无②
晏	①迟、晚 ②天清无云 ③鲜艳	有①无②、③
炭	有①无②	①木炭 ②煤

（三）地方特色词

崇阳方言中有一批极具地方特色的词。下面举例进行说明（上文比较过的词语下文不再重复列举）。说明：本字不明的，用以下两种方法记录：①用同音字代替，下加波浪线"～"。②没有合适的同音字可写的就用方框号"□"代替。

(1) 名词

姑崽 ku˧ tsæ˨   丫头、姑娘

袱呐 fu˧ ȵæ˨   毛巾、手帕

喜娭家 ɕiɤ ŋæ tɕiɤ   接生婆

落霸呐 no꜓ pa꜔·næ 最小的儿子

宵夜 ɕio꜔ ia꜔ 晚饭

抱裙 ɓau꜔ vin꜔ 小孩围屁股的围裙

港 kaŋ꜓ 河

杀兜 sæ꜓ təu꜓ 最后

屁底 ɓi꜔·ti 后面

顶带 tin꜓ tæ꜓ 辫子

捶子 ɗəu꜔·tsʅ 拳头

汲 tɕi꜓ 乳房

膝头拱 ɕi꜓ ɗio꜔ kən꜓ 膝盖

猫唧 mio꜔ tɕi꜓ 猫

牛牯 nɪəu꜔ ku꜓ 公牛

芷眉 zʅ꜓ mi꜔ 荸荠

坨呐 ɗo꜔·æn （虫子叮咬的）包

哈巴呐 ha꜓ pa꜔·næ 傻子

拐脚呐 kuæ꜓ tɕio꜓·næ 瘸子

拐子呐 kuæ꜓·tsʅ næ 坏人

闷姑坨呐 mən꜓ ku꜔ ɗo꜔·æn 少言少语的人

千年屋 ziɛ꜔ ɲiɛ꜔ u꜓ 棺材

亮 ɗiaŋ꜓ ①灯。如，把～点倒（把灯点燃）。②光线。如，外面冇得～，要看倒（外面没有光线，要看仔细点）。

(2) 动词

话事 ua꜓ sʅ꜔ 说话

造 zau꜔ 乱动（东西）。如，莫～（别乱动）!

欢喜 fə꜓ ɕi꜓ 喜欢

笋 ɕin꜓ 骗。如，不～尔，个是真个（不骗你，这是真的）。

跍 u꜔ 蹲

徛 tɕi꜓ 站。如，伊～倒门口在。

搂 nəu꜔ 抱

戏 ɕi꜔ 玩

抖狠 ɗio꜔ he꜓ 要横、讲狠。如，～冇得用，要讲道理。

驾驷 kaʌ sʅ　开始

打皮祥 taʌ ɓiʌ ɓæʌ　婚外情

寻躲 zinʌ toʌ　躲迷藏

跶 tæ˥　摔倒、跌倒

摛 zʅʌ　伸出。如，把手～出来。

着 to˥　穿

作力 tso˥ ɖiʌ　用力。如，要～按才能按得进去。

来哉 næʌ tsæʌ　来往。如，我不跟伊～。

上烟 saŋ˥ iɛ˥　敬烟

惹 ɘʌ　理会、理睬

制嘴 tsʅʌ tɕiʌ　亲嘴

搭火 tæ˥ hoʌ　烤火

讲古 kaŋʌ kuʌ　①讲故事。如，我个妈蛮会～。②聊天。如，伊吃了饭就出去～。

打炸雷 taʌ tsaʌ ɖiʌ　打呼噜

拔姑崽 pa˥ ku˩ tsæʌ　谈恋爱

(3) 形容词

现 ɕiɛ˥　剩下来的。如，～饭；～菜。

焐 o˥　烫。如，个汤点把～，莫烫倒了（这汤很烫，别烫着了）！

焐人 o˥ ȵinʌ　烫。如，个汤点把～，莫烫倒了（这汤很烫，别烫着了）！

斥人 zʅ˥ ȵinʌ　很冰。如，冬天个水闷～（冬天的水特别冰）。

激冷 tɕi˥ naŋʌ　非常冷

铁紧 ɖiɛ˥ tɕiŋʌ　很紧

尖 tɕiɛʌ　小气

嘞壮 nɘʌ tsaŋʌ　非常胖

□光 fiaŋʌ kuaŋʌ　精光。如，伊把饭吃得～。

墨迹古呐黑 miɛ˥ tɕiʌ kuʌ næ˥ hɘ˥　非常黑。如，屋呐冇得亮，～，要过细点子（房里没有灯，特别黑，要小心）。

夹死滴绿 kæ˥ sʅʌ tiʌ ɖieuʌ　非常绿

通里呐红 dəŋ˥ ɭiʌ ·næ ɭŋʌ　通红的

雄几里黄 ɕinʌ tɕiʌ ·ɖi faŋʌ　非常黄的

怕吃人 ɓaˋ ʐaiˋ n̠inˉ　害羞

吃不得亏子 ʑiaˉ ɡɛˋ tɛˋ viˋ ·tsæ　嫉妒

拐 kuæˇ　坏

背时 piˋ sɿˇ　倒霉

差火 zaˋ hoˇ　不道德

恶 ŋoˉ　凶。如，几～个像哦！

溜 diəuˉ　很熟练、很内行。如，伊戏电脑戏倒点把～啊！

乱煞 nəˉ sæˇ　调皮

（4）短语

话得水晶点得亮燃 uaˉ tɛˉ fiˇ t͡ɕinˉ tieˇ tɛˉ diaŋˉ dəˋ　形容说话说得天花乱坠

蛤蟆打绿拳 haˋ ·ma ɣaˋ diəuˇ yɛˋ　三脚猫功夫

看到伊眼睛子压绿了 həˋ tauˋ iˇ ŋæˇ t͡ɕinˉ ·tsæ ɣaiˋ diəuˉ ·næ　看他不顺眼

老鼠呐尾棒上打忙槌 nauˇ səuˇ ·næ miˇ paŋˋ saŋˉ taˇ maŋˋ dəˋ　临时抱佛脚

窝屎捡来个 oˋ sɿˉ t͡ɕiˇ næˋ ɣoˉ　轻易得到的（不珍惜）

盲槌钻牛皮 maŋˋ dəˋ tsəˉ niəuˇ ɓiˋ　读书不认真

卵都不信 næˇ təˋ pæˉ ɕinˇ　根本不信

拉天跶瓦 naˋ diɛˋ taˇ uaˇ　吹牛撒谎

见绊 t͡ɕiɛˋ ɓæˇ　见鬼

不清白 pæˉ ʑinˉ ɓaˋ　不明事理，头脑不清醒

（5）其他类

丁点子 tiaŋˉ tieˇ ·tsæ　副词，一点点。如，～难；～好；～热

将 t͡ɕiaŋˉ　副词，刚刚

将才 t͡ɕiaŋˉ zæˋ　刚才

硬 ŋaŋˉ　副词，一定、非……不可。如，伊～要去。

卵起来 mauˇ ɣiˇ næˋ　副词，一个劲儿地。如，我个妈～骂我。

越节 yɛˉ t͡ɕiˇ　副词，更、更加、越发。如，尔还顺着伊，伊～不得了了（你还顺着他，他更加不得了）。

压 iaˉ　副词，都，全部。如，学堂个学生～去搞活动了。

二、分类词语表

凡 例

(1) 本词表所收录的词语是根据中国社会科学院语言研究所方言组所编《方言调查词汇表》整理所得。这些词语按意义分为二十九类。为反映方言特色，某些范围在《方言调查词汇表》的基础上有所扩充。

(2) 每条词语先写汉字，然后用国际音标注音，用五度制调号标调。若有两种或两种以上读音的，分别标上国际音标。一般较难理解的，就在标音后加以注释，并举一定的例子。不只一个义项的，注释时分别用圆圈数码表示，并分别举例。释文中"~"代表所注的字。

(3) 同义或近义词语排列在一起，第一条顶格排列，其他各条降格另行排列。

(4) 本字不明的，用以下三种方法记录：①用同音字代替，下加波浪线" "。②用训读字，下加黑点。③没有合适的同音字可写的就用方框号"□"代替。

(5) 分类词表目录

(一) 天文；(二) 地理；(三) 时令、时间；(四) 农业；(五) 植物；(六) 动物；(七) 房舍；(八) 器具、用品；(九) 称谓；(十) 亲属；(十一) 身体；(十二) 疾病、医疗；(十三) 衣服、穿戴；(十四) 饮食；(十五) 红白大事、婚姻、生育；(十六) 日常生活；(十七) 讼事；(十八) 交际；(十九) 商业、交通；(二十) 文化教育；(二十一) 文体活动；(二十二) 动作；(二十三) 位置；(二十四) 代词等；(二十五) 形容词；(二十六) 副词、介词等；(二十七) 量词；(二十八) 附加成分等；(二十九) 数字等。

(一) 天文

1. 日、月、星

日头 ȵin˧ dio˨ 太阳

日头下山了 ȵin˧ dio˨ ha˨ sæ˧ ·næ
　太阳落山了

日头下面 ȵin˧ dio˨ ha˨ miɛm˨ 阳光下

阴处 in˧ ɿəp˨ 阳光照射不到的地方

阴底下 in˧ ti˧ ·ha

向阳 ɕiaŋ˧ iaŋ˧ 面向太阳的一面
背阴 pi˧ in˧ 背向太阳的一面
日头把得狗吃了 ŋin˧ ɖioɤ˥ paɤ˩ et˩ tɕioɤ ziai˧ ·æ 日蚀
月亮 ŋie˧ ɖiaŋ˧
月亮巴巴 ŋie˧ ɖiaŋ˧ pa˩ pa˩ 孩童对圆月的称呼
月亮下底 ŋie˧ ɖiaŋ˧ ha˧ ·ti 月亮照射到的地方
月亮长毛 ŋie˧ ɖiaŋ˧ taŋɤ mauɤ 月晕
天狗吃月 ɖie˩ tɕioɤ ziai˧ ŋie˩ 月食
半天云里 pə˩ ɖie˧ vin˩ ·æ 半空中
天河 ɖie˧ hoɤ 银河
星 ɕiaŋ˧
扫把星 sau˩ paɤ ɕiaŋ˧ ①慧星；②比喻带来不幸与灾难的人
扫帚星 sau˩ tɕu˩ ɕiaŋ˧
北斗星 pie˧ tiəɤ ɕin˧
启明星 ziɤ miaŋ˩ ɕin˧ 天亮前后，东方地平线上特别明亮的一颗星
牛郎织女星 ŋiəu˧ naŋ˩ tə˧ ŋiɤ ɕin˧

2. 风、云、雷、雨

风 fən˧
大风 ɖæ˩ fən˧
闷大个风 mən˧ ɖæ˧ ·ka fən˧
台风 ɖæ˩ fən˧
龙卷风 nən˩ kuəɤ fən˧
小风仔 ɕioɤ fən˩ ·tsæ 风力不大的风
点把小个风 tie˧ paɤ ɕioɤ kæ˧ fən˧ 微风
顺风 sən˩ fən˧
逆风 ŋi˩ fən˧
起风 ziɤ fən˧ 刮风
发风 fæ˧ fən˧
风息了 fən˧ ɕi˧ ·æ 风停了
东风 tən˧ fən˧
南风 nə˩ fən˧
西风 ɕi˧ fən˧
北风 pie˧ fən˧
云 vin˩
乌云 u˧ vin˩
黑云 he˧ vin˩
白云 ɓa˧ vin˩
霞 ɕia˩
朝霞 tau˩ ɕia˩
晚霞 uæ˧ ɕia˩
雷 ɖi˩
打雷 ta˧ ɖi˩
　拉金边 na˩ tɕin˧ pie˧
雷公 ɖi˩ kən˧ 雷神
劈了 ɓia˧ ·æ 被雷打了
把得雷打了 paɤ tə˧ ɖi˩ ta˧ ·æ
薄闪 ɓo˧ sə˧ 闪电（名词）
拉薄闪 na˩ ɓo˧ sə˧ 闪电（动词）
雨 vi˧
落雨 no˧ vi˧ 下雨
落小雨 no˧ ɕio˧ vi˧ 下小雨

小雨 ɕioɤ viɤ

小雨子 ɕioɤ viɤ ·tsæ 很小的雨

毛喷雨 mauɤ fənɤ viɤ 毛毛雨

喷雨 fənɤ viɤ 下毛毛雨（动宾结构）

大雨 dæɤ viɤ

闷大个雨 mənɤ dæɤ kæɤ viɤ 暴雨

雨停了 viɤ ɖinɤ ·æn

擦雨 zæɤ viɤ

　淋雨 ɖinɤ viɤ

马□ mauɤ uaŋɤ

　彩虹 zæɤ fənɤ

3. 冰、雪、霜、露

冰 pinɤ

冰坨呐 pinɤ ɖoɤ ·næ 冰块

令冰呐 ɖinɤ pinɤ ·næ 挂在屋檐下的冰凌

结冰 tɕieɤ pinɤ

　结令 tɕieɤ ɖinɤ

化冰 faɤ pinɤ

　解令 kæɤ ɖinɤ

龙雹子 nənɤ ɓauɤ ·tsɿ 冰雹

雪 ɕieɤ

落雪 noɤ ɕieɤ

雪籽 ɕieɤ tsɿɤ 雪珠子（米粒状的雪）

雨加雪 viɤ tɕiaɤ ɕieɤ

小雪 ɕioɤ ɕieɤ

中雪 tənɤ ɕieɤ

鹅毛大雪 ŋoɤ mauɤ dæɤ ɕieɤ

化雪 faɤ ɕieɤ

霜 saŋɤ

打霜 taɤ saŋɤ

雾 uɤ

起雾 ziɤ uɤ

　打雾 taɤ uɤ

露 nəuɤ

露水 nəuɤ fiɤ

下露水 haɤ nəuɤ fiɤ

落露水 noɤ nəuɤ fiɤ

4. 气候

天气 ɖieɤ ziɤ

作天色 tsoɤ ɖieɤ ɕieɤ

晴天 ziaŋɤ ɖieɤ

阴天 inɤ ɖieɤ

热天 nieɤ ɖieɤ

冷天 naŋɤ ɖieɤ

好天道 hauɤ ɖieɤ ·ɖau 好天气

伏天 fuɤ ɖieɤ

进伏 tɕinɤ fuɤ 入伏

出伏 ɖəɤ fuɤ

头伏 ɖiouɤ fuɤ 初伏

二伏 əɤ fuɤ 中伏

三伏 sæɤ fuɤ 末伏

闷热 mənɤ nieɤ

秋老虎 ziəuɤ nauɤ fuɤ

倒春寒 tauɤ ʨʰənɤ həɤ

三伏天 sæɤ fuɤ ɖieɤ

三九天 sæɤ tɕiəuɤ ɖieɤ

进九 tɕinɤ tɕiəuɤ

一九 iɤ tɕiəuɤ

二九 əɤ tɕiəuɤ

三九 sæ˧ tɕiɤ˩
出九 ʨʰə˥ tɕiɤ˩
天干 ȡieʅ kə˧ 天旱
涝 nau˩

淹水 iɛʅ fiɣ 遭遇水灾、水患
发大水 fæ˥ ȡæʅ fiɣ
浸 tɕin˩ 淹

（二）地理

1. 地

平原 ɓin˩ yɤ˩
平地 ɓiaŋ˩ ȡi˧
陡地 tiəuɣ ȡi˧ 坡地
干地 kə˧ ȡi˧ 旱地
沙地 sa˩ ȡi˧
沙土地 sa˩ ȶʰəuɣ ȡi˧ 土质疏松的土地
菜地 zæʅ ȡi˧
荒地 faŋ˧ ȡi˧
开荒 hæ˧ faŋ˧
田 ȡie˩
水田 fiɣ ȡie˩
果园 koɣ yɤ˩
田塍 ȡie˩ sə˩ 田埂

2. 山

山 sæ˧
半山腰 pəʅ sæ˧ io˧
山脚 sæ˧ tɕio˧
山顶 sæ˧ tiaŋɣ
　山尖 sæ˧ tɕie˧
山窝 sæ˧ o˧ 山坳（山间的平地）
山坡 sæ˧ ɓo˧
山谷 sæ˧ kuɣ 两山之间低凹的地方

山下底 sæ˧ ɦa˧ ·ti
山沟呐 sæ˧ tɕio˧ ·æn 山涧（两山夹水）
岭上 ȡiaŋɣ saŋ˩ 地势稍高的地方
崖上 ŋaʅ saŋ˧ 山崖

3. 江、河、湖、水

江 tɕiaŋ˧
江水 tɕiaŋ˧ fiɣ
长江 zaŋ˩ tɕiaŋ˧
河 ho˩
港 kaŋɣ
河水 ho˩ fiɣ
港里 kaŋɣ ·æn 河里
大河 tæʅ ho˩
河对面 ho˩ tiʅ mie˧ 对岸
河岸 ho˩ ŋeʅ
河滩 ho˩ tæ˧
堤 ȡi˩
坝 pa˧
洲 tɕiəu˧ 水中陆地
水沟仔 fiɣ tɕio˧ ·tsa
凼沟呐 təŋ˧ tɕio˧ ·æn
水凼呐 fiɣ təŋ˧ ·æn 小水坑
湖 fu˩
湖水 fu˩ fiɣ

水塘 fiˇ daŋˋ 面积不太大的水坑
鱼塘 ŋiˋ daŋˋ
海 hæˇ
海水 hæˋ fiˇ
清水 ʑiaŋˋ fiˇ
浊水 zɔˋ fiˇ 浑浊的水
雨水 viˇ fiˇ
洪水 fəŋˋ fiˇ
　　大水 dæˋ fiˇ
泉水 ʑiɛˋ fiˇ
井水 tɕiaŋˇ fiˇ
地下水 diˋ haˋ fiˇ
水退了 fiˇ iˋ ·æ
热水 ȵiɛˋ fiˇ
冷水 naŋˇ fiˇ
冰水 pinˋ fiˇ
温水 uənˋ fiˇ
开水 hæˋ fiˇ
冷开水 naŋˇ hæˋ fiˇ 凉白开
潲水 sauˋ fiˇ
淘米水 dauˋ miˇ fiˇ

4. 石沙、土块、矿物

石头 saˋ dioˋ
大石头 dæˋ saˋ dioˋ
石头子 saˋ dioˋ tsɿˇ
　　小石头 ɕioˇ saˋ dioˋ
鹅卵石 ŋoˋ ʮɛˋ saˋ
石灰 saˋ fiˋ
石板 saˋ pæˇ
水泥 fiˇ ŋiˋ 调制或未调制的水泥
　　的总称

水泥灰 fiˇ ŋiˋ fiˋ 未调制的粉末
　　状的水泥
沙 saˋ
沙土 saˋ ʮeˋ 含有很多沙的土
细沙 ɕiˋ saˋ
粗沙 zueˋ saˋ
黄沙 uaŋˋ saˋ
沙子 saˋ tsɿˇ 沙颗粒
沙滩 saˋ æˋ
砖 tɕˋ
　　砖头 tɕˋ dioˋ
红砖 fəŋˋ tɕˋ
青砖 ʑiaŋˋ tɕˋ 青色的砖
半口砖 pəˋ tɕioˇ tɕˋ 半块砖头
砖头渣子 tɕˋ dioˋ tsaˋ ·tsɿ 砖头的
　　碎末
瓷砖 zɿˋ tɕˋ 铺地板或墙面等用的
　　薄瓷片
瓦 uaˇ
瓦片 uaˇ biɛˋ 片状的瓦
烂瓦 næˋ uaˇ 碎了的瓦片
破瓦 boˋ uaˇ
红瓦 fəŋˋ uaˇ
制砖 tsɿˋ tɕˋ
　　烧砖 sauˋ tɕˋ
泥巴 ŋiˋ paˋ
　　泥 ŋiˋ
干泥巴 kəˋ ŋiˋ paˋ 泥土（干的）
烂泥巴 næˋ ŋiˋ paˋ 烂泥
灰 fiˋ
灰尘 fiˋ dənˋ

金子 tɕin˧ tsʅˠ
银子 in˧ tsʅˠ
铜 dən˧
铁 ɖieˠ
锡 ɕiˠ
铝 ɖiˠ
钢 kaŋ˧
钢筋 kaŋ˧ tɕin˧
玉 viˠ
煤 mi˧
煤油 mi˧ iəu˧
　洋油 iaŋ˧ iəu˧
煤油灯 mi˧ iəu˧ tie˧
汽油 ziˠ iəu˧
机油 tɕi˧ iəu˧
柴油 zæ˧ iəu˧
炭 dæˠ　用来取暖或烘烤东西的燃料
木炭 muˠ dæˠ　木材或木质原料经过不完全燃烧，或者在隔绝空气的条件下热解，所残留的深褐色或黑色多孔固体燃料
黑炭 heˠ dæˠ
吸铁 ɕiˠ ɖieˠ　磁铁

5. 城乡处所

地方 ɖiˠ faŋ˧
村 dənˠ　村庄
　屋场 uˠ dɑŋˠ

城里 dənˠ næ˧　特指县城里
　县里 ɕieˠ næ˧
乡下 ɕiaŋ˧ haˠ　相对城市而言
　农村 nəu˧ zənˠ
山角落旮旯 sæ˧ koˠ noˠ hæˠ ræˠ　偏僻、贫穷的山村
山旮旯 sæ˧ hæˠ ræˠ
巷子 haŋˠ tsʅˠ　胡同
老屋呐 nauˠ uˠ næ˧　家乡
　老家 nauˠ tɕiaˠ
上街 saŋˠ kæ˧
街上 kæ˧ saŋˠ
街道 kæ˧ dauˠ
路 nəuˠ
大路 ɖæˠ nəuˠ
走大路 tɕioˠ ɖæˠ nəuˠ
小路 ɕioˠ nəuˠ
走小路 tɕioˠ ɕioˠ nəuˠ
泥巴路 ɲi pa˧ nəuˠ
石子路 saˠ tsʅ˧ nəuˠ
公路 kən˧ nəuˠ
近路 zinˠ nəuˠ　捷径
走近路 tɕioˠ zinˠ nəuˠ
远路 yɤˠ nəuˠ
走远路 tɕioˠ yɤˠ nəuˠ
岔路 zaˠ nəuˠ
码头 maˠ diˠ

（三）时令、时间

1. 季节

四季 sʅˠ tɕiˠ

一年四季 iˠ niˠ sʅˠ tɕiˠ
春 dənˠ

春天 ɕən˧ ɕiə˧
夏 ɕia˧
　夏天 ɕia˧ ɕiə˧
　热天 ȵie˧ ɕiə˧
秋 ziəu˧
　秋天 ziəu˧ ɕiə˧
冬 tən˧
　冬天 tən˧ ɕiə˧
　冷天 naŋˇ ɕiə˧
立春 di˧ ɕən˧
雨水 viˇ fiˇ
惊蛰 tɕi˧ ɻət˧
春分 ɕən˧ fən˧
清明 tɕin˧ min˧
谷雨 ku˧ viˇ
立夏 di˧ ɕia˧
小满 ɕioˇ mæ˧
芒种 maŋ˧ tən˧
夏至 ɕia˧ zʅ˧
小暑 ɕioˇ səu˧
大暑 dæ˧ səu˧
立秋 di˧ ziəu˧
处暑 ʈʂəu˧ səu˧
白露 ɓa˧ nəu˧
秋分 ziəu˧ fən˧
寒露 hæ˧ nəu˧
霜降 saŋ˧ tɕiaŋ˧
立冬 di˧ tən˧
小雪 ɕioˇ ɕie˧
大雪 dæ˧ ɕie˧
冬至 tən˧ zʅˇ

小寒 ɕioˇ hə˧
大寒 dæ˧ hə˧
黄历 uaŋ˧ di˧
历书 di˧ səu˧
阴历 in˧ di˧
农历 nən˧ di˧
老历 nauˇ di˧
阳历 iaŋˇ di˧
公历 kən˧ di˧

2. 节日

年 ȵie˧　春节
过年 ko˧ ȵie˧
大年三十 dæ˧ ȵie˧ sæ˧ sə˧　除夕
　（农历一年的最后一天）
　三十夜呐 sæ˧ ɻə˧ iɑ˧ ·næ
三十个火，月半个灯 sæ˧ sə˧ kæ˧
　hoˇ, ȵie˧ pə˧ kæ˧ tie˧　指三
　十晚上火要旺，正月十五晚上
　灯要亮
大年初一 dæ˧ ȵie˧ zʅ˧ i˧　一年开
　头的第一天
过新年 ko˧ ɕin˧ ȵie˧
拜年 pæ˧ ȵie˧
十五 sə˧ uˇ　元宵节，农历正月
　十五
　月半 ȵie˧ pəˇ
三月三 sæ˧ ȵie˧ sæ˧
小菖节 ɖaŋ˧ tɕie˧　端午节，农历
　五月初五
端阳 tə˧ iaŋ˧
端午 tə˧ uˇ

大菖节 dæ˧ dɑŋ˧ tɕie˥　大端午，农历五月十五

中秋 tən˧ ziəu˧　中秋节，农历八月十五

八月十五 pæ˧ ŋie˧ sə˥ u˥

七月七 zi˥ ŋie˥ zi˥　农历七月初七的晚上

七月半 zi˥ ŋie˥ pə˩　中元节，农历七月十五

鬼节 kui˩ tɕie˥

重阳节 zən˩ iɑŋ˩ tɕie˥　农历九月初九

清明节 tɕin˧ min˩ tɕie˥

元旦 ye˩ dæ˩

妇女节 fu˩ ŋi˩ tɕie˥

劳动节 nau˩ dən˩ tɕie˥

儿童节 ə˩ nə̃˩ tɕie˥

国庆节 kue˧ zin˩ tɕie˥

3. 年

今年 tɕin˧ nie˩

去年 zie˩ nie˩

明年 miɑŋ˩ nie˩

前年 zie˩ nie˩

献前年 ɕie˩ zie˩ nie˩　前年的头一年

大前年 dæ˩ zie˩ nie˩

往年 uɑŋ˩ nie˩　以往的年头

后年 zio˧ nie˩

外后年 ŋæ˩ zio˧ nie˩　后年的下一年

每年 mi˩ nie˩

年头 nie˩ dio˩

年初 nie˩ zəu˧

年中 nie˩ tən˧

年底 nie˩ ti˩　每年的最后几天

年兜 nie˩ təu˧

年尾 nie˩ vi˩

上半年 sɑŋ˧ pə˩ nie˩

下半年 ha˩ pə˩ nie˩

一艮年 i˥ kɤ˩ nie˩　一整年

一年到头 i˥ nie˩ tau˩ dio˩

十几年 sə˥ tɕi˩ nie˩

几十年 tɕi˩ sə˥ nie˩

蛮多年 mən˧ to˧ nie˩

4. 月

正月 tən˧ ŋie˩

腊月 næ˥ ŋie˩

寒冬腊月 hə˩ tən˧ næ˥ ŋie˩

闰月 dən˧ ŋie˩

月头 ŋie˩ dio˩　月初的几天

月初 ŋie˩ zəu˧

月中 ŋie˩ tən˧

月底 ŋie˩ ti˩　每月的最后几天

月尾 ŋie˩ vi˩

一个月 i˥ ko˩ ŋie˩

上个月 sɑŋ˧ ko˧ ŋie˩

个个月 ko˩ ko˩ ŋie˩

下个月 ha˩ ko˩ ŋie˩

每个月 mi˩ ko˩ ŋie˩

大月 dæ˩ ŋie˩　指有31天的月份

小月 ɕio˩ ŋie˩　指少于31天的月份

上旬 saŋ˧ ɕin˩
中旬 tən˧ ɕin˩
下旬 ha˥ ɕin˩

5. 日、时

今哒 tɕin˧ ·ta   今天
　今日 tɕin˧ n̩in˩
昨日 zo˥ n̩in˩   昨天
前日 ziɛ˩ n̩in˩   前天
献前日 ɕiɛ˥ ziɛ˩ n̩in˩   前天的前
　一天
头几日 dio˩ tɕi˥ n̩in˩   前几天
明日 miaŋ˩ n̩in˩   明天
后日 zio˥ n̩in˩   后天
外后日 ŋæ˥ zio˥ n̩in˩   后天的下
　一天
　大后日 dæ˥ zio˥ n̩in˩
第二日 ti˥ ə˥ n̩in˩   某天的下一天
　下一日 ha˥ i˥ n̩in˩
前几日 ziɛ˩ tɕi˥ n̩in˩
星期日 ɕin˧ zi˩ n̩in˩
一个星期 i˥ ko˥ ɕin˧ zi˩
艮日 kɛ˩ n̩in˩   一整天
　整日 tən˥ n̩in˩
一日到夜 i˥ n̩in˩ tau˥ ia˥   一天到晚
　一日到黑 i˥ n̩in˩ tau˥ hɤ˥
每日 mi˥ n̩in˩   每天
十几日 sə˩ tɕi˥ n̩in˩   十几天
上十日 saŋ˥ sə˩ n̩in˩   十天左右
上昼 saŋ˥ tuɛ˥   上午
昼边 tuɛ˥ piɛ˧   中午

中时 tən˧ sʅ˩
下昼 ha˥ tuɛ˥   下午
半日 pɔ˥ n̩in˩
大半日 dæ˥ pɔ˥ n̩in˩   超过半天的
　时间，比半天长，比一天短
早晨 tsau˩ sən˩
　早上 tsau˩ saŋ˥
大清早 dæ˥ zin˧ tsau˩
天光 diɛ˧ kuaŋ˧   天亮
白日 ɓa˥ n̩in˩
夜呐 ia˥ næ˥   夜晚
　夜边 ia˥ piɛ˧
天黑呐 diɛ˧ hɤ˩ ·næ   傍晚；天
　黑了
黢黑个 zi˥ hɤ˧ ·kæ   天很黑了
乌黢麻黑个 u˧ zi˥ ma˩ hɤ˧ ·kæ
　天色很黑很黑的样子
半夜 pɔ˥ ia˥
上半夜 saŋ˥ pɔ˥ ia˥
下半夜 ha˥ pɔ˥ ia˥
大半夜 dæ˥ pɔ˥ ia˥
半夜三更 pɔ˥ ia˥ sæ˧ kɛ˧
艮夜 kɛ˩ ia˥   整夜
一夜到天光 i˥ ia˥ tau˥ diɛ˧ kuaŋ˧
　我～都没有睡。

6. 其他时间概念

年份 niɛ˩ fən˥   指某一年
月份 ŋiɛ˩ fən˥   指某一月
日子 n̩in˩ tsʅ˥   ①指日期：尔办酒
　个～定了冇？②节日：今天是
　么～啊，个些结婚个？③时

间：伊蛮多～冇上学了。 回来)。
时际 sɿ˩ tɕi˧ 时候
小时际 ɕioˬ sɿ˩ tɕi˧ 小时候
么时际 moˬ sɿ˩ tɕi˧ 什么时候
几时 tɕiˬ sɿ˩ 什么时候：伊～去？
下回 ha˧ fi˩ 下一次
一下子 i˧ ha˧ ·tsæ 一会儿：尔等
　　我～。
将 tɕiaŋ˧ 刚刚：伊～归（他刚刚

才将 zæ˩ tɕiaŋ˧ 刚才：伊～走个
　　（他刚刚走的）。
后来 zio˧ næ˩
以后 i˩ zio˧
以前 i˩ ziɛ˩
原先 yɛ˩ ɕiɛ˧
个际 ko˩ tɕi˧ 现在
个□暂 ko˩ mæˬ tsæ˩

（四）农业

1. 农事

种地 tən˨ di˧ 耕田
春耕 dən˧ kɛ˧
夏收 ɕia˨ səu˧
秋收 ziəuˬ səu˧
收成 səu˧ dən˩
年成 niɛ˩ dən˩
挖地 uæ˧ di˧ ①整地；②松土
　　翻地 fæ˧ di˧
下种 ha˧ tən˨
　　下窖 ha˧ kau˨
栽禾 tsæ˧ o˩ 插秧
谷草 ku˧ zau˨ 稻草（脱粒后的）
薅草 hau˧ zau˨ 用锄头除草
　　锄草 zɿ˩ zau˨
麦穗 ma˧ ɕi˨ 稻穗
割谷 kɔ˧ ku˧ 割稻子
割麦 kɔ˧ ma˧
挖苕 uæ˧ səu˩ 收获红薯
挖土豆 uæ˧ diəuˬ diəu˧ 收获土豆

下肥 ha˧ fi˩ 施肥
泼粪 6ɔ˧ fən˨ 浇粪
打药 ta˧ io˧ 打农药
打谷 ta˧ ku˧
晒谷 sa˨ ku˧
脱谷 tɛ˧ ku˧
粪窖 fən˨ kau˨ 粪坑
烂肥 næ˧ fi˩ 积肥
捡粪 tɕiɛ˧ fən˨ 拾粪
粪 fən˨
牛粪 niəu˩ fən˨
鸡粪 tɕi˧ fən˨
猪粪 tən˧ fən˨
大粪 dæ˧ fən˨
尿粪 nio˧ fən˨
屙 pa˧ 大便
化肥 fa˨ fi˩
尿素 nio˧ səu˨
复合肥 fu˧ ɦɛ˧ fi˩
饼肥 piŋ˧ fi˩

磷肥 ɖinˋ fiˋ

点水 tieˊ fiˋ 浇水

放水 faŋˋ fiˋ ①灌水；②排水

抽水 ɖəuˋ fiˋ 从井里取水

担水 tæˋ fiˋ 从河里取水

车水 ɖaˋ fiˋ 用水车将低处的水送到高处

水井 fiˋ tɕiaŋˋ

凼 taŋˋ 水坑

2. 农具

水车 fiˋ ɖaˋ

　龙车 nənˋ ɖaˋ

大车 dæˋ ɖaˋ

滚脚呐 kuənˋ tɕioˋ ·næ 车轮

水桶 fiˋ ɖəŋˋ

牛轭 niəuˋ ŋaˋ 耕地时套在牛颈上的曲木，是牛犁地时的重要农具

　牛盘 niəuˋ bəŋˋ

拖拉机 doˋ naˋ tɕiˋ

犁 ɖiˋ

犁弓 ɖiˋ kənˋ 犁身

铧犁 faˋ ɖiˋ 犁铧

犁把 ɖiˋ paˋ

耙呐 baˋ ·næ 钉齿多的耙子

　钉耙 tiaŋˋ baˋ

谷柜 kuˋ viˋ 存放粮食的器具

碓 tiˋ 木石做成的脱去稻谷外皮的农具，也可用来将粮食之类的东西捣碎

碓棍呐 tiˋ kuənˋ ·næ 碓的杵

碓锄呐 tiˋ ɖəuˋ ·næ

石磨 saˋ moˋ

磨盘 moˋ bəŋˋ

磨把 moˋ paˋ

磨脐眼 moˋ ziˋ ŋæŋˋ 磨脐儿

筛呐 sæˋ ·næ 筛子（筛稻米用的）

箩筛 noˋ sæˋ 筛粉末状细物用的器具

连枷呐 ɖieˋ kæˋ ·næ 连枷

镐 kauˋ 刨硬地用的一头尖形一头扁小的农具

磙 kuənˋ

锄头 zɿˋ ɖoiˋ

铡刀 tsæˋ tauˋ

镰刀 ɖieˋ tauˋ

柴刀 zæˋ tauˋ 砍刀

风车 fənˋ ɖaˋ 使饱满的谷与秕粒、渣草、灰尘等分离的农具

抽水机 ɖəuˋ fiˋ tɕiˋ

石磙 saˋ kuənˋ 圆柱形，用来脱粒谷物，平场地

撮箕 zəˋ tɕiˋ 撮垃圾用的

地撮呐 ɖiˋ zəˋ ·næ 铲地面垃圾的撮箕

齷齪 oˋ ɢoˋ ①名词，垃圾；②形容词，肮脏的

木锹 muˋ zioˋ 木锨

铁锹 ɖieˋ zioˋ 铁锨（口是平的）

扁担 pieˋ tæˋ

挑担子 dioˋ tæˋ tsɿˋ

扁担钩 pieˋ tæˋ tɕioˋ 扁担两头栓

上绳子，绳子下端栓有钩子，把要挑的东西钩住

扫帚 sauˍ ueɹ 笤帚，用高粱穗、黍子穗等绑成的扫地用具

扫把 sauɹ paɤ

叉扫帚 dɑɹ sauɹ ·təu 用竹枝扎成，比笤帚大

筐 ziaŋɹ

箩 noɹ

索 soɹ 绳子

（五）植物

1. 农作物

粮食 diaŋɹ səɹ

谷 kuˤ ①水稻；②未经舂碾的米

早谷 tsauɤ kuˤ 早稻米

晚谷 uæɤ kuˤ 晚稻米

中谷 tənɹ kuˤ 中稻米

水稻 fiɤ dauˤ

早稻 tsauɤ dauɹ

晚稻 uæɤ dauɹ

杂交稻 tsæɹ tɕiɔɹ dauɹ

秕呐 ieˤ ·næ 秕子

荞米 ziɔɤ miɤ 荞麦

麦兜 maɹ tioɹ 麦茬儿

包芦 pauɹ nəuɹ 玉米

包芦葭 pauɹ nəuɹ keɤ 玉米秆

芦 nəuɹ 高粱

麦 mɑɹ 麦子

大麦 dæɹ mɑɹ

小麦 ɕioɤ mɑɹ

麦秆 mɑɹ keɤ 麦秸

甘蔗 kəɹ taɤ

花生 faɹ ɕieɹ

米 miɤ 稻谷去壳后

大米 dæɹ miɤ

小米 ɕioɤ miɤ

糙米 zauɹ miɤ

粳米 tɕinɹ miɤ

糯米 noɹ miɤ

糠 haŋɹ

棉花 miɛɹ faɹ

棉花朵呐 miɛɹ faɹ dauɹ ·næ 棉花朵

芝麻 tsˤɹ mɑɹ

白芝麻 6aɹ tsˤɹ mɑɹ

黑芝麻 hɛɹ tsˤɹ mɑɹ

麻 mɑɹ

麻秆 mɑɹ keɤ

麻树 mɑɹ səuɹ

蓖麻 piɹ mɑɹ

向日葵 ɕiaŋɹ ɹeɹ liɤ viɹ

葵瓜子 viɹ kuaɹ tsˤɤ 葵花籽

棉花 miɛɹ faɹ

油菜 ɹæɹ tsˤɹ

菜籽 zæɹ tsˤɤ 榨油用的油菜籽

苕 səuɹ 薯类总称

红苕 fənɹ səuɹ 红薯

北瓜苕 pieˤ kuaɹ səuɹ

白苕 6aɹ səuɹ 白薯

黄心苕 faŋ˧ ɕin˧ səu˦ 黄心薯

红心苕 fəŋ˧ ɕin˧ səu˦ 红心薯

苕线粉呐 səu˦ ɕieŋ˧ fəŋ˧ ·næ 把红薯磨成粉后制作的粉丝

苕种 səu˦ tən˧ 用来做种子的红薯

苕叶 səu˦ iɛ˧ 红薯叶子

苕叶尖 səu˦ iɛ˧ tɕie˧ 红薯藤尖头嫩的部分，一般作为菜品烹饪来食用

土豆 dəu˦ diəu˧ 马铃薯

洋芋 iaŋ˧ vi˧

芋头 vi˧ dio˧ 既指这种植物，也指其块茎

山药 sæ˧ io˧

藕 ŋio˦

野藕 ia˧ ŋio˦

煨藕 vi˧ ŋio˦ 用来煨汤的、粉状藕

炒藕 zau˧ ŋio˦ 用来清炒的、带甜味、少粉的藕

藕带 ŋio˦ tæ˧ 荷的地下茎

莲子 diɛ˧ ·tsʅ 莲蓬的子

莲子米 diɛ˧ tsʅ mi˧

莲蓬 diɛ˧ bəŋ˧

2. 豆类、菜蔬

菜 zæ˧ ①与"饭"相对；②指蔬菜

黄豆 uaŋ˧ diəu˧

绿豆 diəu˧ diəu˧

红豆 fəŋ˧ diəu˧

红小豆 fəŋ˧ ɕio˧ diəu˧

红大豆 fəŋ˧ dæ˧ diəu˧

黑豆 hɛ˧ diəu˧

大豌豆 dæ˧ uan˧ diəu˧ 蚕豆

小豌豆 ɕio˧ uan˧ diəu˧ 豌豆

豆壳 diəu˧ hoʔ

豇豆 kaŋ˧ diəu˧ 细长条的豆角 diəu˧ ko˧

白豇豆 ɓa˧ kaŋ˧ diəu˧ 比普通绿色豇豆偏白、偏粗肥的一种豇豆

扁豆 piɛ˧ diəu˧ 四季豆，植株比较低矮，豆荚较扁

刀豆 tau˧ diəu˧ 蔓生，豆荚比扁豆长且肥厚

茄呐 yɛ˧ ·næ 茄子

黄瓜 uaŋ˧ kua˧

丝瓜 sʅ˧ kua˧

苦瓜 u˧ kua˧

北瓜 piɛ˧ kua˧ 南瓜

冬瓜 tən˧ kua˧

葫芦 fu˧ nəu˧

瓢子 fu˧ ·tsʅ

葱 zən˧ 一般指小葱

大葱 dæ˧ zən˧

葱叶 zən˧ iɛ˧

葱兜 zən˧ tio˧ 葱白

洋葱 iaŋ˧ zən˧

韭菜 tɕiəu˧ zæ˧

韭黄 tɕiəu˧ faŋ˧

番茄 fæ˧ yɛ˧ 西红柿

小番茄 ɕio˧ fæ˧ yɛ˧

姜 tɕiaŋ˧

生姜 ɕieˉ tɕiaŋˉ
洋姜 iaŋˬ tɕiaŋˉ　茎、叶与向日葵相类，花为圆形小盘，黄色，地下生块茎，样子像生姜
蒜 səˬ
大蒜 dæˉ səˬ
大蒜兜 dæˉ səˬ tioˉ　蒜头（蒜的鳞茎，由蒜瓣构成）
大蒜坨 dæˉ səˬ doˬ
蒜泥 səˬ niˬ　把大蒜碾成泥状，一般用作调料
蒜苗 səˬ mioˬ
辣椒 næˉ tɕioˉ
　京椒 tɕinˉ tɕioˉ
青京椒 ziaŋˉ tɕinˉ tɕioˉ　青椒
　青辣椒 ziaŋˉ næˉ tɕioˉ
红京椒 fənˬ tɕinˉ tɕioˉ　红辣椒
　红辣椒 fənˬ næˉ tɕioˉ
菜椒 zæˉ tɕioˉ　柿子椒
尖椒 tɕiɛˉ tɕioˉ　尖辣椒
辣椒□ næˉ tɕioˉ tsaˬ　把辣椒剁碎后用红薯粉腌制一段时间而制成的食品
辣椒粉 næˉ tɕioˉ fənˬ　辣椒面儿
白菜 baˉ zæˬ
小白菜 ɕioˬ baˉ zæˬ
大白菜 dæˉ baˉ zæˬ
包菜 pauˉ zæˬ　洋白菜，叶子卷成球状
扯京菠 dɑˬ tɕinˉ poˉ　菠菜
莴笋 oˉ ɕynˬ　莴苣

莴笋叶 oˉ ɕynˬ iɛˉ　莴苣的叶子
油麦菜 iəuˬ mɑˬ zæˬ
苋菜 hæˉ zæˬ
生菜 sənˉ zæˬ
芹菜 zinˬ zæˬ
水芹菜 fiˬ zinˬ zæˬ
油菜 iəuˬ zæˬ
榨菜 tsaˉ zæˬ
甜菜 diɛˬ zæˬ
香菜 ɕiaŋˉ zæˬ
竹叶菜 təuˉ iɛˉ zæˬ　蕹菜
地皮菜 diˉ biˬ zæˬ　荠菜
　地米菜 diˉ yimˬ zæˬ
泥蒿 niˬ hauˉ
茼蒿 dənˬ hauˉ
萝卜 noˬ puˉ
萝卜菜 noˬ puˉ zæˬ　萝卜的嫩叶，可做菜
萝卜叶 noˬ puˉ iɛˉ
白萝卜 baˉ noˬ puˉ
红萝卜 fənˬ noˬ puˉ
胡萝卜 fuˬ noˬ puˉ
干萝卜 kəˉ noˬ puˉ　萝卜干儿
萝卜片 noˬ puˉ biɛˉ　晒干的萝卜片
萝卜丝 noˬ puˉ sɿˉ　晒干的萝卜丝
萝卜须 noˬ puˉ ɕiˉ　萝卜缨
菜粉呐 zæˉ fənˬ ·næ　菜苔的总称
白菜粉呐 baˉ zæˉ fənˬ ·næ　白菜苔
红菜粉呐 fənˬ zæˉ fənˬ ·næ　红菜苔

茭笋 kauˉ ɕinˊ　茭白

3. 树木

树 səuˉ

树林 səuˉ ɗinˊ

大树 dæˉ səuˉ

小树 ɕioˇ səuˉ

树苗 səuˉ mioˊ

树筒呐 səuˉ ɗənˊ ·næ

树丫 səuˉ ŋaˊ　树梢

树叶 səuˉ ieˉ

　　叶呐 ieˉ ·næ

树兜 səuˉ tioˊ　树根

树桩 səuˉ tsaŋˉ

栽树 tsæˊ səuˉ　种树

斫树 toˊ səuˉ　砍树

松树 sənˊ səuˉ

松针 sənˊ tənˉ

松球 sənˊ zioˇ

松果 sənˊ koˇ

杉树 saˊ səuˉ

杉树叶 saˊ səuˉ ieˉ　杉针

桑树 saŋˊ səuˉ

桑树泡呐 saŋˊ səuˉ 6ɑˊ ·næ　桑葚

桑叶 saŋˊ ieˉ

椿树 ɗənˊ səuˉ

椿颠 ɗənˊ tieˉ　椿树上的嫩芽（可吃）

杨树 iɑŋˊ səuˉ

白杨树 6ɑˊ iɑŋˊ səuˉ

柳树 diəuˇ səuˉ

柳条 diəuˇ dioˊ

桐子树 ɗənˊ ·tsɿ səuˉ　桐油树

桐油 ɗənˊ iəuˊ

梧桐树 uˊ ɗənˊ səuˉ

刺树 zɿˊ səuˉ　荆条

桃树 dauˊ səuˉ

栀子花树 tsɿˊ ·tsɿ faˊ səuˉ

铁树 dieˊ səuˉ

橘树 kuiˊ səuˉ　橘子树

梨树 diˊ səuˉ

枣树 tsauˇ səuˉ

槐树 fæˊ səuˉ

石榴树 saˊ ·diəu səuˉ

苹果树 6inˊ koˇ səuˉ

竹呐 təuˊ ·næ　竹子（统称）

水竹 fiˇ təuˊ

楠竹 nəˊ təuˊ

桂竹 kuiˊ təuˊ

苦竹 uˇ təuˊ

笋呐 ɕinˇ ·næ　竹笋（统称）

楠竹笋 nəˊ təuˊ ɕinˇ

水竹笋 nəˊ təuˊ ɕinˇ

苦竹笋 nəˊ təuˊ ɕinˇ

桂竹笋 nəˊ təuˊ ɕinˇ

春笋 ɗənˊ ɕinˇ

冬笋 tənˊ ɕinˇ

笋壳 ɕinˇ hoˇ　包住竹笋的壳，老的外衣

笋衣 ɕinˇ iˊ　包住竹笋的嫩的外衣，可食用

竹竿 təuˊ kəˊ

竹叶 təuˊ ieˉ

篾片 miɛ˧ ɓiɤ˧ 竹子劈成的薄片
篾青 miɛ˧ ʑin˧ 青色竹子劈成的薄片

4. 瓜果
水果 fi˧ ko˧
桃呐 ɗau˨ ·næ 桃子
李呐 ɗi˧ ·næ 李子
苹果 ɓin˨ ko˧
枣呐 tsau˨ ·næ 枣子
梨呐 ɗi˨ ·næ 梨
杏呐 ɕin˧ ·næ 杏
柿花 zɿ˧ fɑ˧ 柿子
柿饼 zɿ˧ ɓiɑŋ˧
枇杷 ɓi˨ ɓɑ˨
橙呐 ɗən˨ ·næ 橙子
橘子 kui˧ ·tsɿ
金钱橘 tɕin˧ ʑiɛ˨ kui˧
白皮呐 ɓɑ˧ ɓi˨ ·næ 橘络（橘瓣上的丝儿）
芦柑 nəu˨ kɤ˧ 比橘子大，酸甜味
柚呐 iəu˧ ·næ 柚子
石榴 sa˧ ·ɗieu
桂圆 kui˧ yɤ˨
桂圆肉 kui˧ yɤ˨ ɳueu˧
白果 ɓɑ˧ ko˧ 银杏树结的果实
板栗 pæ˧ ɗi˧ 栗子
西瓜 ɕi˧ kua˧
香瓜 ɕiaŋ˧ kua˧
西瓜籽 ɕi˧ kua˧ tsɿ˧
北瓜籽 piɛ˧ kua˧ tsɿ˧
池眉 zɿ˨ mi˨ 荸荠

甘蔗 kɤ˧ ta˧
花生 fɑ˧ ɕiɛ˧
花生米 fɑ˧ ɕiɛ˧ mi˨
花生壳 fɑ˧ ɕiɛ˧ ho˧
花生皮 fɑ˧ ɕiɛ˧ ɓi˨ 花生米外面的红皮
荔枝 ɗi˧ tsɿ˧
菠萝 po˧ no˨
芒果 maŋ˨ ko˧
橄榄 kɤ˧ nɛu˨

5. 花草、菌类
花 fɑ˧
花苞 fɑ˧ pau˧ 花蕾，没有开放的花
花宝 fɑ˧ pau˧
花芯 fɑ˧ ɕin˧ 花蕊
花瓣 fɑ˧ pɛ˧
桂花 kui˧ fɑ˧
菊花 tɕiəu˧ fɑ˧
梅花 mi˨ fɑ˧
桃花 ɗau˨ fɑ˧
梨花 ɗi˨ fɑ˧
野菊花 iɑ˧ tɕiəu˧ fɑ˧
荷花 ho˨ fɑ˧
荷叶 ho˨ iɛ˧
喇叭花 nɑ˧ pɑ˧ fɑ˧ 牵牛花，其形状很像喇叭，故而称之为～
指甲壳花 tə˧ ka˧ ho˧ fɑ˧ 凤仙花，其花瓣可涂在指甲上
水仙花 fi˧ ɕiɛ˧ fɑ˧
茉莉花 mo˧ ɗi˧ fɑ˧

仙人球 ɕieˉ ȵinˉ ziˋ   狗尾巴草 tɕioʏ viʏ paˉ zauˋ
仙人掌 ɕieˉ ȵinˉ taŋˋ   含羞草 həˉ ɕiəuˋ zauˋ
月季花 yɛˉ tɕiˊ faˉ   藤 dieˉ
老虎花 nauʏ fuʏ faˉ 杜鹃花   蘑菇 moˉ kuˉ
　映山红 inˋ sæˉ fənˉ   香菇 ɕiaŋˉ kuˉ
莲花 dieˉ faˉ 荷花、芙蓉   金针菇 tɕinˉ tənˉ kuˉ
栀子花 tsʅˉ ·tsʅ faˉ   冬菇 tənˉ kuˉ
万年青 uæˉ ȵieˉ zinˉ   　花菇 faˉ kuˉ
茶花 zaˉ faˉ   青苔 zinˉ dæˉ
草 zauˋ

（六）动物

1. 牲畜

畜生 ɖəuʏ ɕieˉ 牲口   绵羊 mieˉ iaŋˉ
牛 ȵiəuˉ   山羊 sæˉ iaŋˉ
牛牯 ȵiəuˉ kuʏ 公牛   小羊 ɕioʏ iaŋˉ 羊羔
牛婆 ȵiəuˉ boˉ 母牛   猪 təuˉ
水牛 fiʏ ȵiəuˉ   脚猪呐 tɕioˉ ɬəuˉ ·næ ①公猪;
黄牛 uaŋˉ ȵiəuˉ   ②用来配种的公猪
小牛 ɕioʏ ȵiəuˉ 牛犊   猪婆 təuˉ boˉ 母猪
　牛崽 ȵiəuˉ tsæʏ   割猪 kɤˉ ɬəuˉ 阉猪
骡子 noˉ ·tsʅ   小猪崽 ɕioʏ ɬəuˉ tsæʏ
驴 diˉ   狗 tɕioʏ
驴牯呐 diˉ kuʏ ·næ 公驴   公狗 kənˉ tɕioʏ
母驴 moʏ diˉ   母狗 moʏ tɕioʏ
骆驼 noˉ doˉ   　狗婆 tɕioʏ boˉ
马 maʏ   小狗仔 ɕioʏ tɕioʏ ·sæ 小狗
马牯 maʏ kuʏ 公马   　狗崽 tɕioʏ tsæʏ
马婆 maʏ boˉ 母马   哈巴狗 haˉ paˉ tɕioʏ
骟马 səˉ maʏ 阉割过的公马   猫唧 mioˉ tɕiˉ 猫
羊 iaŋˉ   猫唧牯呐 mioˉ tɕiˉ kuʏ ·næ 公猫
                           猫公 mioˉ kənˉ

猫婆 mioˉ ɓoˎ 母猫
兔 ɗəuˎ
　兔呐 ɗəuˎ ·næ
鸡 tɕiˉ
小鸡崽 ɕioˏ tɕiˉ tsæˎ 小鸡儿
鸡公 tɕiˉ kənˉ
　公鸡 kənˉ tɕiˉ
子鸡 tsʅˏ tɕiˉ 未成年的小公鸡
鸡婆 tɕiˉ ɓoˎ 母鸡
菢鸡婆 ɓauˉ tɕiˉ ɓoˎ 正在孵蛋的母鸡
鏾鸡 ɕieˏ tɕiˉ ①阉过的公鸡（名词）；②阉鸡（动宾结构）
鸡蛋 tɕiˉ ɗæˉ
生蛋 saŋˋ ɗæˉ 下蛋
菢 ɓauˉ 孵小鸡
鸡冠 tɕiˉ kuəˉ
鸡脚 tɕiˉ tɕioˋ 鸡爪子
鸭 ŋæˉ
公鸭 kənˉ ŋæˉ
鸭婆 ŋæˉ ɓoˎ
小鸭子 ɕioˏ ŋæˉ ·tsæ
鸭蛋 ŋæˉ ɗæˉ
鹅 ŋoˎ
鹅毛 ŋoˎ mauˎ
鹅蛋 ŋoˎ ɗæˉ
小鹅 ɕioˏ ŋoˎ
豚 ɗənˎ

2. 鸟、兽

野兽 iaˋ səuˉ
狮子 sʅˉ ˉtsʅ

老虎 nauˋ fuˋ
母老虎 muˋ nauˋ fuˋ ①雌性老虎；②比喻凶狠的女性
豹子 pauˋ ·tsʅ
熊 ɕinˎ
狼 naŋˎ
野猪 iaˋ tɕiəuˉ
猴 ziəuˎ
野兔 iaˋ ɗəuˎ
狐狸 fuˎ ·di
黄老鼠呐 faŋˎ nauˋ səuˋ ·næ 黄鼠狼
老鼠 nauˋ səuˋ
蛇 saˎ
蟒蛇 maŋˋ saˎ
眼镜蛇 ŋæˋ tɕinˉ saˎ
水蛇 fiˋ saˎ
黄蛇 faŋˎ saˎ 土黄色的蛇，毒性不大
乌蛇 uˉ saˎ
菜花蛇 zæˉ faˉ saˎ
鸟 nioˋ
　雀 zioˎ
老哇 nauˋ uaˉ 一种鸟，嘴大而直，羽毛黑色
　乌鸦 uˉ iaˉ
喜鹊 ɕiˋ zioˎ
麻雀 maˎ zioˎ
燕呐 iæˉ ·næ
雁 iæˉ
斑猪 pæˉ tɕiəuˉ 斑鸠

鸽子 kəɤ ˑtsɿ
鹌鹑 ŋəɤ sənɤ
野鸡 iaɤ tɕiɤ ①鹧鸪；②雉鸡
鹦鹉 inɤ uɤ
八哥 pæɤ koɤ
啄木鸟 tsoɤ muɤ nioɤ
猫头鹰 mioɤ ɖioɤ inɤ
老鹰 nauɤ inɤ
叶老鼠 iɛɤ nauɤ səuɤ 蝙蝠
鹤 hoɤ
野鸭 iaɤ æɤ
翼岗呐 iɤ kaŋɤ ˑnæ 翅膀
　叶巴岗呐 iɛɤ pɑɤ kaŋɤ ˑnæ 翅膀
嘴壳 tɕiɤ hoɤ 鸟类之嘴
窝 oɤ
　鸟窝 nioɤ oɤ

3. 虫类

蚕 zəɤ
蚕格呐 zəɤ kɤɤ ˑnæ 蚕蛹
蚕壳 zəɤ hoɤ 蚕蜕下的皮
蚕粪 zəɤ fənɤ 蚕沙（家蚕的屎）
蜘蛛 tsɿɤ ɤɤ
蚂蚁 maɤ ˑni
寒噤 həɤ tɕinɤ 蚯蚓
山螺丝 sæɤ nɔɤ ɤɿ 蜗牛
脚鱼 tɕioɤ ŋiɤ 土鳖
　甲鱼 tɕiaɤ ŋiɤ
蜈蚣 uɤ kənɤ
蝎子 ɕiɤ ˑtsɿ
壁虎 piɤ fuɤ
毛毛虫 mauɤ mauɤ ɖənɤ

肉虫 nueuɤ ɖənɤ 米里的米色虫
蚜虫 ŋaɤ ɖənɤ
蛆 ziɤ
硬壳虫 ŋaŋɤ hoɤ ɖənɤ 瓢虫
蚊虫 mənɤ ɖənɤ
蝇蚂呐 inɤ maɤ ˑnæ 苍蝇
牛苍蝇 nieuɤ zaŋɤ inɤ 牛虻
虱婆 ɕiɛɤ boɤ
跳蚤 ɖioɤ tsauɤ
蛐蛐呐 ɕiɤ ɕiɤ ˑnæ 蟋蟀
灶蚂呐 tsuaɤ maɤ ˑnæ 蟑螂
蝗虫 faŋɤ ɖənɤ
打屁虫 taɤ biɤ ɖənɤ 臭虫
螳螂 ɖaŋɤ naŋɤ
尖叫呐 tɕiɛɤ tɕioɤ ˑnæ 蝉
蜜蜂 miɤ fəŋɤ
野蜂呐 iaɤ fəŋɤ ˑnæ 野生的蜜蜂
马蜂 maɤ fəŋɤ
蜇 təɤ （蜂）用毒刺刺人
　咬 ŋaɤ
马蜂窝 maɤ fəŋɤ oɤ
蜂蜜 fəŋɤ miɤ
萤火虫 inɤ hoɤ ɖənɤ
飞薄呐 fiɤ boɤ ˑnæ 飞蛾、灯蛾
蝴蝶 fuɤ tiɛɤ
急莽呐 tɕiɤ maŋɤ ˑnæ 蜻蜓
　刚脚呐 kaŋɤ tɕioɤ ˑnæ
蚂蟥 maɤ uaŋɤ

4. 鱼、虾类

鱼 ŋiɤ
鲤鱼 ɖiɤ ŋiɤ

鲫鱼 tɕi˧ ŋi˩　　　　　　　干鱼 kə˩ ŋi˩　晒干了的鱼
　喜头鱼 ɕi˥ ɗio˩ ŋi˩　　　鳞 ɗin˩　鱼鳞
草鱼 zau˥ ŋi˩　　　　　　鱼刺 ŋi˩ z̩˧
青鱼 ziaŋ˧ ŋi˩　青鲩　　　鱼泡 ŋi˩ ɓau˧　鱼鳔
鲷子鱼 tio˧ ·ts̩ ŋi˩ 一种体白狭长　腮壳呐 sæ˧ ho˩ ·næ　鱼鳃
　的鱼　　　　　　　　　鱼眼睛 ŋi˩ ŋæ˥ tɕiaŋ˧
胖鲢 ɓaŋ˧ ɗiɛ˩　鳙鱼，头比较大的　鱼尾棒 ŋi˩ mi˥ paŋ˧　鳍
　一种鱼　　　　　　　　鱼籽 ŋi˩ ts̩˥　鱼的卵
　胖头鱼 ɓaŋ˧ ɗio˥ ŋi˩　　鱼崽 ŋi˩ tsæ˥　鱼苗
鳊鱼 piɛ˧ ŋi˩　　　　　　钓鱼 tio˩ ŋi˩
鲶鱼 niɛ˩ ŋi˩　鲶鱼，有须、无鳞　捉鱼 tso˧ ŋi˩　捕鱼
嫩子鱼 nən˧ ·ts̩ ŋi˩ 肚子胖眼睛小　鱼竿 ŋi˩ kɛ˧　钓鱼竿儿
　的一种小鱼　　　　　　鱼钩 ŋi˩ tɕio˧　钓鱼钩儿
鳘子鱼 zæ˧ ·ts̩ ŋi˩ 河中的一种小　篓子 ɗiəu˥ ·ts̩　鱼篓儿
　鱼，体形扁长，喜在较清、流　鱼网 ŋi˩ uaŋ˥
　速较快的水域活动　　　　虾呐 ha˧ ·næ
黄锁鱼 uaŋ˩ so˥ ŋi˩　　　虾肉 ha˧ ɲieu˩　虾仁儿
鳝鱼 sə˧ ŋi˩　　　　　　龙虾 nən˩ ha˧
　黄鳝 uaŋ˩ sə˥　　　　　虾子 ha˧ ts̩˥ 虾的卵，干制后做
泥鳅 ŋi˩ zio˥　　　　　　　调味品
乌鱼 u˧ ŋi˩　　　　　　　乌龟 u˧ kui˧
　财鱼 zæ˩ ŋi˩　　　　　　老蟹 nau˥ hæ˩　螃蟹
鳜鱼 kui˩ ŋi˩　　　　　　河蟹 ho˩ hæ˩
带鱼 tæ˩ ŋi˩　　　　　　螃蟹黄 ɓaŋ˩ hæ˩ uaŋ˩
多宝鱼 to˧ pau˥ ŋi˩　　　蛤蟆 ha˩ ma˩　青蛙
鲈鱼 nəu˩ ŋi˩　　　　　　蛤蟆雷呐 ha˩ ma˩ ɗi˧ ·næ　蝌蚪
鱿鱼 ieu˩ ŋi˩　　　　　　癞蛤蟆 næ˧ ha˩ ma˩　蟾蜍
墨鱼 miɛ˧ ŋi˩　　　　　　花甲 fa˧ tɕia˩　蛤蜊
金鱼 tɕin˧ ŋi˩　　　　　　螺蛳 no˩ s̩˧
腊鱼 na˩ ŋi˩　　　　　　蚌壳 ɓaŋ˧ ho˩　河蚌

（七）房舍

1. 房舍

屋 uʔ˧ ①房屋：制～；②家：舅舅～个

楼房 dioɯ˩ faŋ˩ （整栋）房子

制屋 tsʅ˧ uʔ˧ 盖房子

堂屋 daŋ˩ uʔ˧ 正房居中的一间

套屋 dɑu˩ uʔ˧ 正房

天井 diɛ˧ tɕiaŋ˥ 房屋中间没有屋顶的部分，用来采光

望窗 uaŋ˩ zaŋ˧ 朝外开的窗户

院呐 yɛ˧ ·næ 院子

　出场 dɔ˧ daŋ˩

院墙 yɛ˧ ʑiaŋ˩

房 faŋ˩ 房间

厢房 ɕiaŋ˧ faŋ˧

客厅 ha˧ din˧

平房 bin˩ faŋ˩

厨房 dəu˩ faŋ˩

　灶屋 tsɑu˩ uʔ˧

茅棚 mɑu˩ bən˩ 用茅草搭的房子

　茅屋 mɑu˩ uʔ˧

瓦屋 uɑ˥ uʔ˧

楼上 dioɯ˩ saŋ˧

楼下 dioɯ˩ ha˧

楼梯 dioɯ˩ di˧ ①连接楼上楼下的固定楼梯；②可移动的梯子

阳台 iaŋ˩ dæ˩

2. 房屋结构

梁 faŋ˩ diaŋ˩ 房梁

　屋脊 uʔ˧ tɕi˥

屋顶 uʔ˧ tiaŋ˥ 房顶

屋檐 uʔ˧ iɛ˩ 房檐

桁条 ɕin˩ dioɯ˩ 檩

栏杆 næ˩ kə˩

横梁 uaŋ˩ diaŋ˩

等 tiɛ˥ 台阶；坎儿

石头等 sa˩ dioɯ˩ tiɛ˥ 石头台阶

屋柱 uʔ˧ ɖu˩

天花板 diɛ˧ fa˧ pæ˥

门 mən˩ ①房屋等的出入口；②门板

大门 dæ˧ mən˩

正门 tən˩ mən˩

房门 faŋ˩ mən˩

后门 zioɯ˧ mən˩

侧门 ʑiɛ˧ mən˩ 边门

门栅 mən˩ tsæ˩

门杠 mən˩ kaŋ˩

门板 mən˩ pæ˥ 门扇，也可以叫"门"

门后 mən˩ zioɯ˧ 门扇的后面

锁 soɯ˥

锁匙 soɯ˥ ·ʐ 钥匙

窗 zaŋ˧

窗户舷 zaŋ˧ fu˩ ɕiɔ˩ 窗台

走廊 tɕioɯ˥ naŋ˩

过道 koɯ˧ dɑu˧

楼道 dioɯ˩ dɑu˧

平台 biaŋ˩ dæ˩ 在房顶留空地以晒农作物

4. 其他设施

火间 ho˧ tɕiɛ˧ 厨房
 伙房 ho˧ faŋ˩
灶 tsau˧
灶台 tsau˧ dæ˩
柴火屋 zæ˩ ho˧ u˥ 堆放柴火的
  房间
磨房 mo˧ faŋ˩
茅司 mau˩ sๅ˧ 茅厕
 茅房 mau˩ faŋ˩
马棚 ma˧ bən˩ 马圈

猪栏 təu˧ læn˩ 养猪的地方
 猪圈 təu˧ ye˥
猪食槽 təu˧ sə˩ zau˩
牛栏 niəu˩ læn˩ 牛圈
羊圈 iaŋ˩ ye˥
狗窝 tɕio˥ o˧
鸡窝 tɕi˧ o˧
鸡笼 tɕi˧ nən˩
鸡罩呐 tɕi˧ tsau˧ næ· 鸡罩，竹子
  编的，罩鸡的器具
禾堆 o˩ ti˧ 柴草垛

（八）器具、用具

1. 一般家具

家具 tɕia˩ vi˧
柜 vi˧ 柜子
柜崽 vi˧ tsæ˥ 小柜子
衣柜 i˩ vi˧
书柜 sən˩ vi˧
碗柜 uæ˥ vi˧
桌呐 tso˧ næ·
高桌 kau˩ tso˧
矮桌 ŋæ˥ tso˧
圆桌 ye˩ tso˧
方桌 faŋ˩ tso˧
饭桌 fæ˧ tso˧
长桌 dɑŋ˩ tso˧
课桌 ho˧ tso˧ 教室里学生用的桌子
讲桌 tɕiaŋ˥ tso˧ 教室里老师用的桌子

办公桌 pæ˧ kən˧ tso˧
桌布 tso˧ pu˧ 台布，铺在桌子上的布
抽屉 dɯ˧ di˩
 盒呐 hə˩ næ·
椅呐 i˥ næ·
靠椅 hau˧ i˥ 躺椅
睏椅 uən˧ i˥
椅靠呐 i˥ hau˧ næ· 椅子背儿
板凳 pæ˥ tie˧ 长条形的板凳
 长凳 dɑŋ˩ tie˧
杌呐 ŋæ˥ næ· 方凳
小凳 ɕio˥ tie˧ 小板凳
圆凳 ye˩ tie˧
 圆杌呐 ye˩ ŋæ˥ næ·
高凳 kau˩ tie˧

2. 卧室用具

床 zaŋ˩

摇窝 ɿo˧ loɪ˧ 婴儿床

铺板 bu˧ pæ˥ 用来拼搭床铺的长
　　条状木板

绷子 pən˧ ·tsɿ 用来做床垫的棕绷

竹床 tɕu˧ zaŋ˧

帐呐 taŋ˧ næ˥ 挂在床四周用来遮
　　挡蚊子的帷帐

　　蚊帐 uən˧ taŋ˧

帐钩呐 taŋ˧ tɕio˧ ·næ

被窝 bi˧ o˧ 被子

被套 bi˧ dau˧ 被罩

床单 zaŋ˧ tæ˥

　　垫被 die˧ bi˧

包被 pau˧ bi˧ 被里

被芯 bi˧ ɕin˥ 被面

絮 ɕi˩ 棉絮

被絮 bi˧ ɕi˩ 用来盖或垫的棉絮,
　　总称

盖被 kæ˧ bi˧ 用来盖的褥子

　　盖絮 kæ˧ ɕi˩

垫被 die˧ ɕi˩ 用来垫的褥子

　　垫絮 die˧ ɕi˩

毯子 dæ˩ ·tsɿ

毛毯 mau˧ dæ˩

线毯 ɕiɛ˩ dæ˥ 棉线织成的薄毯
　　子,一般夏季使用

席子 ɕi˧ ·tsɿ 凉席的总称

　　凉席 diaŋ˧ ɕi˧

草席 zau˧ ɕi˩ 草编的凉席

篾席子 miɛ˧ ɕi˧ ·tsɿ 竹篾编的
　　凉席

枕头呐 tən˧ dio˧ ·næ

枕芯 tən˧ ɕin˥

枕头套呐 tən˧ dio˧ dau˧ ·næ 枕套

枕巾 tən˧ tɕin˥

梳妆台 sə˧ tsa˧ dæ˧

镜呐 tɕiaŋ˧ ·næ 镜子

盖箱 kæ˧ ɕiaŋ˧ 手提箱

　　盒箱 he˧ ɕiaŋ˧

箱子 ɕiaŋ˧ ·tsɿ

挂衣架 kua˧ i˧ tɕia˩

衣架 i˧ tɕia˩ 包括晾衣架和挂
　　衣架

尿桶 nio˧ dən˩ ①夜壶; ②马桶

火盆 ho˩ bən˧

　　踏盆 dæ˧ bən˧

开水瓶 hæ˧ yi˩ bin˧

热水袋 niɛ˧ yi˩ dæ˧

茶壶 za˧ fu˩

3. 炊事用具

风箱 fən˧ ɕiaŋ˧

火钳 ho˩ ziɛ˧

火铲 ho˩ zæ˩

炉子 nəu˧ ·tsɿ

柴火 zæ˧ ho˩

芦梗呐 nəu˧ kɛ˩ ·næ 高粱秆儿

　　高粱秆 kau˧ diaŋ˧ kɛ˩

锯屑呐 kɛ˩ ɕiɛ˩ ·næ 木头屑

刨屑呐 bau˧ ɕiɛ˩ ·næ 刨花

火柴 ho˩ zæ˧

锅灰 ko˧ fi˥

烟囱 iɛ˧ dən˧

锅 koɤ

铝锅 ɖiɣ koɤ

砂锅 sɑɤ koɤ

大锅 ɖæɤ koɤ

小锅 ɕioɤ koɤ

锅盖 koɤ kæɤ

锅铲 koɤ zæɤ

钢筋锅 kaŋɤ tɕinɤ koɤ

电饭煲 ɖieɤ fæɤ pauɤ

饭桶 fæɤ ɗəpɤ 装饭的桶

蒸锅 tənɤ koɤ

烧水壶 sauɤ fiɣ fuɤ

瓢交 ɓioɤ tɕioɤ 羹匙，勺子，小的汤匙

  茶匙呐 zɑɤ sʅɤ ·næ

瓢 ɓioɤ

水瓢 fiɣ ɓioɤ

饭瓢 fæɤ ɓioɤ 盛饭用的，即饭勺

索 soɤ

汤瓢 ɗaŋɤ ɓioɤ 汤勺

碗 uəɤ 统称；一般未说明的情况下特指陶制碗

搪瓷碗 ɗaŋɤ zʅɤ uəɤ

铁碗 ɖieɤ uəɤ

塑料碗 soɤ ɗioɤ uəɤ

海碗 hæɤ uəɤ

盖碗 kæɤ uəɤ 盖碗儿，喝茶用的，有盖不带把儿，下有茶托的

盅 tənɤ 杯子

茶盅 zɑɤ tənɤ 茶杯

保温盅呐 pauɤ uənɤ tənɤ ·næ 保

温杯

酒盅呐 tɕiəuɤ tənɤ ·næ 酒杯

酒壶 tɕiəuɤ fuɤ

筷子 uæɤ tsʅ

木筷子 muɤ uæɤ tsʅ

竹筷子 təuɤ uæɤ tsʅ

筷子笼 uæɤ tsʅ nəuɤ 筷笼，放筷子用的

  筷子篓 uæɤ tsʅ nəuɤ

盘子 ɓæɤ tsʅ

菜盘 zæɤ ɓæɤ 盛菜用的盘子

鱼盘 ŋiɤ ɓæɤ 装鱼用的盘子，长条形

汤钵呐 ɗaŋɤ poɤ ·næ 盛汤用的钵子

茶盘 zæɤ ɓəɤ 茶托，瓷的蝶形

果盘 koɤ ɓəɤ 家里来客人时，用来装茶点招待客人的用具。一般把瓜子、花生、麻花之类放在上面

盆 ɓənɤ

大盆呐 ɖæɤ ɓənɤ ·næ

小盆呐 ɕioɤ ɓənɤ ·næ

洗菜盆 ɕiɣ zæɤ ɓənɤ

碟子 tieɤ tsʅ

坛 ɗəɤ 坛子

酒坛 tɕiəuɤ ɗəɤ

菜坛 zæɤ ɗəɤ 泡菜和腌菜坛子的总称

腌菜坛 iɛɤ zæɤ ɗəɤ

泡菜坛 ɓauɤ zæɤ ɗəɤ

罐 kuə˨˩ 罐子

糖罐 kuə˨˩

捞箕呐 nau˨˩ tɕi˧ næ˧ 油炸食物时用来从热油里捞取食物

篓呐 ɖiəu˨˩ næ˧ 用于装菜、洗菜，一般是塑料的，四周有小孔的器具

筲箕 sau˨˩ tɕi˧ 竹子编的。以前在农村，没用电饭煲的时候，筲箕主要用于沥饭，即把米煮个半熟，再用筲箕沥干，然后再蒸熟

菜罩子 zæ˨˩ tsau˨˩ tsɿ˧ 罩在菜上面的罩子

瓶 6in˨˩

瓶盖 6in˨˩ kæ˨˩

刨子 6au˨˩ tsɿ˧ 礤床，加工食材的用具

丝刨呐 sɿ˨˩ 6au˨˩ næ˧ 把食材刨成丝的礤床

片刨呐 6ie˨˩ 6au˨˩ næ˧ 一种把食材刨成片的礤床

菜刀 zæ˨˩ tau˨˩

砧板 tən˨˩ pæ˧

面板 mie˨˩ pæ˧ 做面食用的案板

间箅子 tɕie˨˩ pi˧ næ˧ 箅子，蒸食物用的

蒸笼 tən˨˩ nən˨˩

水桶 fi˧ ɖən˨˩

水缸 fi˧ kaŋ˨˩

药碾 io˨˩ nie˨˩ 研船（铁制研药材用具，船形）

潲水 sau˨˩ fi˧ 泔水

潲水缸 sau˨˩ fi˧ kaŋ˨˩ 泔水缸

潲水桶 sau˨˩ fi˧ ɖən˨˩ 泔水桶

抹布 ma˨˩ pu˧

拖把 do˨˩ pa˧

4. 工匠用具

刨呐 6au˨˩ næ˧ 木匠用的刨子

斧头 fu˧ ɖo˨˩ 斧子

锛子呐 pən˨˩ tsɿ˧ næ˧ 锛子

锯 ke˨˩ 锯子

凿呐 zo˨˩ næ˧ 凿子

錾 tse˨˩ 錾子

尺 ɖa˧ 尺子

皮尺 6i˨˩ ɖa˧ 裁缝用的较软的尺子

曲尺 zio˨˩ ɖa˧

摺尺 ɖe˧ ɖa˧

卷尺 kue˨˩ ɖa˧ 木工用的较硬的卷尺

墨斗 mie˨˩ ɖiəu˨˩

墨斗线 mie˨˩ ɖiəu˨˩ ɕie˨˩

钳子 ziɛ˨˩ tsɿ˧

老虎钳 nau˨˩ fu˧ ziɛ˨˩ 用来起钉子或夹断铁丝的工具

钢丝钳 kaŋ˨˩ sɿ˨˩ ziɛ˨˩ 用来剪断钢丝、铁丝等的工具

锤呐 ɖeb˨˩ næ˧ 锤子

镊子 nie˨˩ tsɿ˧

起子 zi˧ tsɿ˧

平口起子 6iaŋ˨˩ tɕio˨˩ zi˧ tsɿ˧ 扁平嘴的起子

梅花起子 miˈ faˌ ziˇ ·tsɿ 梅花头
　的起子

十字起子 sɿˈ ˇɿ ·tsɿ ˇɿ ·tsɿ 十字头
　的起子

索 soˈ 绳子

钉 diaŋˌ 钉子

螺丝钉 noˌ sɿˈ diaŋˌ

钢钉 kaŋˈ diaŋˌ

铆钉 mauˇ diaŋˌ

大钉 dæˇ diaŋˌ 大钉子

细钉 ɕiˇ diaŋˌ 小钉子

合叶 həˈ ieˇ

砖刀 təˌ tauˌ 瓦刀，将和好的石
　灰、水泥涂到墙上的工具

抹子 maˈ ·tsɿ 瓦工用来将和好的
　石灰、水泥涂到墙上的工具，
　长方形，上面有弓形把手

泥板 ŋiˌ pæˇ 瓦工用来盛抹墙物
　的木板

灰桶 fiˌ dənˇ 用来装和好的水泥

麻刀 maˌ tauˌ 抹墙用的碎麻，放
　在泥灰中增加凝聚力

灰兜 fiˌ tiəuˌ 灰兜子

灰斗 fiˌ tiəuˇ 灰斗子

铁砧子 dieˈ ˌ tənˌ ·næ

剃刀 ɖiˇ tauˌ

推子 ɖiˇ ·tsɿ

推刀 ɖiˇ tauˌ 推剪

夹剪 kaˌ tɕiɛˇ

梳呐 sɿˈ ·næ 梳子

铡刀片呐 ɖaŋˌ tauˌ ɓieˇ ·næ 铡
　刀布

理发椅 diˇ fæˈ iˇ

缝纫机 fənˌ nəuˇ tɕiˌ

剪刀 tɕiɛˇ tauˌ

剪子 tɕiɛˇ ·tsɿ

烙铁 roŋˌ ɖieˇ

熨斗 vinˌ tiəuˇ

弓子 kənˌ ·tsɿ 弹棉花的弓子

纺车 faŋˇ ɖaˌ

织布机 təˈ puˇ tɕiˌ

梭子 soˌ ·tsɿ

5. 其他生活用品

东西 tənˌ ɕiˌ

面盆 mieˈ ɓənˇ

　洗面盆 ɕiˇ mieˈ ɓənˇ

脚盆 tɕioˈ ɓənˇ

　洗脚盆 ɕiˇ tɕioˈ ɓənˇ

洗衣盆 ɕiˇ iˌ ɓənˇ

洗澡盆 ɕiˇ tsauˇ ɓənˇ

　澡盆 tsauˇ ɓənˇ

尿盆 nioˈ ɓənˇ

大脚盆 dæˇ tɕioˈ ɓənˇ 比一般盆
　子大，过去可以洗被单、被套
　的盆子

洗面水 ɕiˇ mieˈ fiˇ

面盆架 mieˈ ɓənˇ tɕiaˇ

肥皂 fiˇ tsauˈ

香肥皂 ɕiaŋˌ fiˇ tsauˈ

臭肥皂 ɖəuˇ fiˇ tsauˈ 用于洗衣服

的肥皂

洗衣粉 ɕiˇ iˇ fənˇ

袱呐 fuꜜ ·æ　毛巾

洗面袱呐 ɕiˇ mieˉ fuꜜ ·æ　洗脸毛巾

洗脚袱呐 ɕiˇ tɕioꜺ fuꜜ ·æ　洗脚毛巾

手袱呐 səuˇ fuꜜ ·æ　手绢

灯 tieꜜ　无特别说明，则为电灯

亮 diaŋˉ

气灯 ziˇ tieꜜ

煤油灯 miꜜ iəuꜜ tieꜜ

台灯 dæꜜ tieꜜ

灯心 tieꜜ ɕinꜜ

灯罩 tieꜜ tsauˇ

灯笼 tieꜜ nənꜜ

灯盏 tieꜜ tsæˇ

灯草 tieꜜ zauˇ

灯油 tieꜜ iəuꜜ

蜡烛 næꜺ tsuꜜ

提包 diꜜ pauꜜ

手提包 səuˇ diꜜ pauꜜ

针线包 tənꜜ ɕiaˇ pauꜜ

钱包 ziˇ pauꜜ

针 tənꜜ

针尖 tənꜜ tɕiꜜ

针眼 tənꜜ ŋæˇ

穿针 ɕʰoꜜ tənꜜ

线 ɕiaˇ

线坨呐 ɕiaˇ doꜜ ·æ　线团

线轴 ɕiaˇ təuꜜ

顶针 tinˇ tənꜜ

针鼻 tənꜜ 6iꜜ

针尖 tənꜜ tɕiꜜ

针脚 tənꜜ tɕioꜺ

锥子 di ·tsï

裁 zæꜺ

褊 pieˇ

浆糊 tɕiaŋꜜ fuꜜ

章子 taŋꜜ ·tsï　图章

望远镜 uaŋꜺ yeˇ tɕinˉ

挖耳呐 æꜜ ɣeꜜ ·æ　耳挖子

搓衣板 zoꜜ iꜜ pædˇ　洗衣板

槌呐 dəuꜺ ·æ　棒槌

　　忙槌 maŋꜜ dəuꜺ

鸡毛刷 tɕiꜜ muaꜜ saꜜ　鸡毛掸子

扇子 saˇ ·tsï

　　扇呐 saˇ ·æ

折扇 ɣeꜜ saˇ

蒲扇 6uꜜ saˇ

鹅毛扇 ŋoꜜ muaꜜ saˇ　羽毛扇子

纸扇子 tsïˇ saˇ

拐棍 kuæˇ kuənꜜ　拐杖

卫生纸 viꜜ sənꜜ tsïˇ

　　手纸 səuˇ tsïˇ

抽纸 dəuꜺ tsïˇ

垃圾桶 naꜜ tɕiꜜ dəŋˇ

（九）称谓

1. 一般称谓

男个 nəˬ ˩ka 男人
女个 ŋiˠ ˩ka 女人
奶伢崽 næˠ ˩ŋæ ˩·tsæ 婴儿
细伢崽 ɕiˬ ˩ŋæ ˩·tsæ 小孩子
大伢崽 dæ˥ ˩ŋæ ˩·tsæ 青少年
男伢崽 nəˬ ˩ŋæ ˩·tsæ 男孩子
女伢崽 ŋiˠ ˩ŋæ ˩·tsæ 女孩子
  倒伢崽 tauˠ ŋæ ˩·tsæ
老脚 nauˠ tɕioˠ˥ ①老头子（中性
  词）：个~点把龌龊（这个老
  头儿非常脏）。②老公：个是
  我个~（这个是我的老公）。
老东西 nauˠ tənˬ ɕiˬ 老头子（贬
  义）
老太婆 nauˠ tæ˥ boˬ
后生家 zioˠ˥ sənˬ kaˬ 年纪不大
  的人
  年轻人 ɲieˬ ziaŋˬ ɲinˬ
街上人 kæˬ saŋˬ ɲinˬ 城里的人
乡下人 ɕiaŋˬ haˬ ɲinˬ
乡巴佬 ɕiaŋˬ paˬ nauˠ 带贬义
一家人 iˠ kaˬ ɲinˬ
本地人 pənˠ diˬ ɲinˬ
外地人 uæˬ diˬ ɲinˬ
外国人 uæˬ kueˬ ɲinˬ
自家人 tsɿˬ kaˬ ɲinˬ
外人 uæˬ ɲinˬ
客 haˠ˥ 客人
老庚 nauˠ kɜˬ 同龄人

老朋友 nauˠ ɦəŋˬ iəuˠ
内行 diˬ haŋˬ
外行 uæˬ haŋˬ
中介 tənˬ kæˬ
半瓢水 pəˬ bioˬ fiˠ 比喻知识浅薄
  之人
光棍 kuaŋˬ kuənˠ
老姑娘 nauˠ kuˬ diaŋˠ 年龄较大
  的未婚女性
孤老 kuˬ nauˠ 年纪大却没有任何
  家人的人，偏指男性
孤老姨家 kuˬ nauˠ ŋæˬ tɕiaˬ 年纪
  大却没有任何家人的女性
童养媳 dəŋˬ iaŋˠ ɕiˬ
半路夫妻 pəˬ nəuˠ fuˬ ziˬ
  二婚 əˬ fənˬ
寡妇 kuaˠ ·fu
婊子 pioˠ ·tsɿ
姘头 biˬ diəˠ
苕货 sɜuˬ hɔˬ 傻子
  哈巴呐 haˠ paˬ ·næ
打皮拌 taˠ biˬ bæˬ 婚外情
私生子 sɿˬ sənˬ tsɿˠ
劳改犯 nauˠ kæˬ fæˬ 囚犯
  犯人 fæˬ ɲinˬ
暴发户 pauˬ fæˬ fuˬ
小气鬼 ɕioˠ ziˬ kuiˠ
败家子 bæˬ kaˬ tsɿˠ
讨米个 dauˠ miˬ ·ka 乞丐
好吃佬 hauˠ ziˬ nauˠ 好吃的人

日白佬 ȵia˧ pa˧ nau˧˥ 喜欢撒谎的人

跑江湖个 ɓau˧˥ ɦa˧ tɕiaŋ˧ fu˧ ·ka 跑江湖的人

流氓 dio˧˥ maŋ˧

拐骗个 kuæ˥ ɓiɛ˥ ·ka 拐骗人口的，尤其是拐带小孩的人

土匪 diəu˥ fi˥

强盗 ziaŋ˧˥ ɦau˧ 偷窃的人

贼 ziɛ˧

小偷 ɕio˥ ɦəu˧

2. 职业称谓

工作 kən˧˥ tso˧

工人 kən˧˥ ɖəŋ˧

打工个 ta˥ kən˧ ·ka 打工仔

长工 ɖaŋ˧˥ kən˧

短工 tə˥ kən˧

零工 diaŋ˧˥ kən˧

种地个 tən˧ di˧˥ ·ka

农民 nəu˧˥ min˧

制生意个 tsʅ˧ ɕiɛ˧ i˥ ·ka 做买卖的

坐办公室个 tso˧ pæ˧ kən˧ sə˧ ·ka 办公室工作的人，常指脑力劳动者

当干部个 taŋ˧ kə˥ ɓu˧˥ ·ka

老板 nau˥ pæ˥

老板娘 nau˥ pæ˥ diaŋ˧˥

学徒 ɕio˧˥ ɦəu˧˥

雇员 ku˥ yɛ˧˥

卖东西个 mæ˧ tən˧ ɕi˧ ·ka 售货员

买东西个 mæ˥ tən˧ ɕi˥ ·ka 买东西的人

顾客 ku˥ ɦa˧

摆摊个 pæ˥ ɖæ˧ ·ka 小摊贩

老师 nau˧˥ sʅ˧

教书个 kau˧ səu˧ ·ka 老师

学生 ɕio˧˥ sən˧

同学 dəŋ˧˥ ɕio˧˥

朋友 ɓəŋ˧˥ yɛi˧˥

当兵个 taŋ˧ pin˧ ·ka 当兵的人

警察 tɕin˥ za˧

医师 i˧ sʅ˧ 医生

司机 sʅ˧ tɕi˧

制手艺个 tsʅ˧ səu˥ ȵi˧ ·ka 手艺人

木匠 mu˧ ziaŋ˧

砖匠 tə˧ ziaŋ˧ 瓦匠

铁匠 diɛ˧ ziaŋ˧

漆匠 zi˧ ziaŋ˧

金匠 tɕin˧ ziaŋ˧

银匠 in˧˥ ziaŋ˧

锡匠 ɕi˧ ziaŋ˧

铜匠 dəŋ˧˥ ziaŋ˧

补锅匠 pu˥ ko˧ ziaŋ˧

办厨个 ɓæ˧ dəu˧˥ ·ka 厨师 dəu˧˥ sʅ˧

磨刀个 mo˧˥ tau˧ ·ka 以磨刀为生的人

裁缝 zæ˧˥ fəŋ˧˥

剃头个 di˧ dəu˧˥ ·ka

杀猪佬 sæ˧ tɛu˧ nau˧˥ 屠夫

挑夫 dio˧ fu˧

抬轿子个 dæ˩ zio˧ ˉtsʅ ˑka   轿夫
艄公 sau˧ kən˧
管家 kuə˥ tɕia˧
饲猪个 sʅ˧ təu˧ ˑka   喂猪的饲养员
接生婆 tɕie˧ ɕie˧ ɓo˩
　喜娭家 ɕi˥ ŋæ˩ tɕia˧
月老 ŋie˩ nau˥   媒人
　媒婆 mi˩ ɓo˩
奶娘 næ˥ ȵiaŋ˩   奶妈

奶爸 næ˥ pa˧   奶爷
干爸 kə˧ pa˧
干妈 kə˧ ma˧
佣人 in˧ ȵin˧
女佣人 ȵi˥ in˧ ȵin˧
丫环 ia˧ fæ˩
和尚 o˩ saŋ˧
尼姑 ȵi˩ ku˧
道士 dau˩ sʅ˧

（十）亲属

1. 长辈

长辈 taŋ˥ pi˧
太爹 dæ˩ tia˧   曾祖父
　太爷 dæ˩ ie˩
太爹 dæ˩ tia˧   曾祖母
爹 tia˧   祖父
细爹 ɕi˩ tia˧   祖母
外爹 uæ˧ tia˧   外祖父
　□屋个爹 ŋa˩ u˧ ˑka tia˧
外细爹 uæ˧ ɕi˥ tia˧   外祖母
　□屋个细爹 ŋa˩ u˧ ˑka ɕi˥ tia˧
爷 ia˩   爸爸，背称
爸 pa˧   爸爸，面称
娘 ȵiaŋ˩   妈妈，背称
老娘 nau˥ ȵiaŋ˩   妈妈，背称、面称皆可
妈 ma˧   妈妈，面称
丈人爷 daŋ˧ ȵin˧ ia˩   岳父
　老亲爷 nau˥ zin˧ ia˩
丈母娘 daŋ˧ ɤom˥ ȵiaŋ˩   岳母

老亲娘 nau˥ zin˧ ȵiaŋ˩
公爹 kən˧ tia˩   夫之父
婆婆 ɓo˩ ɓo˩   夫之母
娘老子 ȵiaŋ˩ nau˥ ˑtsʅ   爸妈
后来爷 zio˧ næ˧ ia˩   继父，不用于面称
后来娘 zio˧ næ˧ ȵiaŋ˩   继母，不用于面称
伯爷 pa˧ ia˩   伯父
大伯 dæ˧ pa˧   大伯父
二伯 ə˧ pa˧   二伯父
三伯 sæ˧ pa˧   三伯父
伯娘 pa˧ ȵiaŋ˩   伯母
大娘 dæ˧ ȵiaŋ˩   大伯母
　大妈 dæ˧ ma˧
细爷（二爷、三爷、大爷）ɕi˥ ia˩   叔父，按年龄称呼
细妈（二妈、三妈、大妈）ɕi˥ ma˧   叔母，按年龄称呼
舅爷 zieu˧ ia˩   舅舅

舅妈 ziəuˇ maˉ 舅母
姑妈 kuˉ maˉ 父之姐妹
姑爷 kuˉ iaˉ 姑妈的丈夫
　　姑爹 kuˉ tiaˉ
姑奶奶 kuˉ næˇ·næ 爷爷的姐妹
姑爷爷 kuˉ iɛˉ iɛˉ 姑奶奶的丈夫
姨妈 iˉ maˉ 母之姐
姨爷 iˉ iaˉ 姨妈的丈夫
　　姨夫 iˉ fuˉ
姨奶奶 iˉ næˇ·næ 奶奶的姐妹
姨爹 iˉ tiaˉ 姨奶奶的丈夫
大爹 dæˇ tiaˉ 爷爷辈最大的
二爹 əˉ tiaˉ 爷爷辈排行第二的
细爹 ɕiˇ tiaˉ 爷爷辈最小的

2. 平辈

两家婆 ɖiaŋˇ kaˉ boˉ 夫妻
　　两婆老 ɖiaŋˇ boˉ nauˇ
　　　　两口子 ɖiaŋˇ tɕioˇ·tsɿ
老公 nauˇ kənˉ
娱家 ŋæˉ tɕiaˉ 妻子
　　老婆 nauˇ boˉ
　　　　堂客 ɖaŋˉ haˉ
小老婆 ɕioˇ nauˇ boˉ 情妇
哥 koˉ 夫之兄，用于面称
老脚个哥 nauˇ tɕioˉ·ka koˉ 夫之兄，用于背称
姐 tɕiɛˇ 夫之姐，用于面称
老脚个姐 nauˇ tɕioˉ·ka tɕiɛˇ 夫之姐，用于背称
小叔子 ɕioˇ suˉ·tsæ 夫之弟
小姑子 ɕioˇ kuˉ·tsæ 夫之妹

小舅子 ɕioˇ ziəuˇ·tsæ
小姨子 ɕioˇ iˉ·tsæ
兄弟 fiaŋˉ ɖiˉ
姊妹 tsɿˇ miˉ 可指姐妹，也可指兄弟姐妹
哥 koˉ 哥哥
嫂子 sauˇ·tsɿ
老弟 nauˇ ɖiˉ 弟弟
弟媳 ɖiˉ ɕiˉ
姐 tɕiɛˇ
　　姐姐 tɕiɛˇ·tɕiɛ
姐夫 tɕiɛˇ fuˉ
老妹 nauˇ miˉ 妹妹
妹夫 miˉ fuˉ
堂兄弟 ɖaŋˉ fiaŋˉ ɖiˉ
堂哥 ɖaŋˉ koˉ
堂弟 ɖaŋˉ ɖiˉ
堂姊妹 ɖaŋˉ tsɿˇ miˉ 堂姐妹
堂姐 ɖaŋˉ tɕiɛˇ
堂妹 ɖaŋˉ miˉ
老表 nauˇ pioˇ
表兄弟 pioˇ fiaŋˉ ɖiˉ
表哥 pioˇ koˉ
表嫂 pioˇ sauˇ
表弟 pioˇ ɖiˉ
表姊妹 pioˇ tsɿˇ miˉ 表姐妹
表姐 pioˇ tɕiɛˇ
表妹 pioˇ miˉ

3. 晚辈

小辈 ɕioˇ piˉ 晚辈
子女 tsɿˇ ŋiˉ

细伢子 ɕi˩ ŋæ˧ ·tsæ ①小孩子：个些～吵煞（这些小孩子吵死人）。②子女：尔有几个～（你有几个子女）？

崽 tsæ˧ 儿子

大崽 dæ˧ tsæ˧ 大儿子

小崽 ɕio˧ tsæ˧ 小儿子

崽媳妇 tsæ˧ ɕi˧ fu˧ 儿媳妇

女 ŋi˧ 女儿

大姑娘 dæ˧ ku˧ diaŋ˧ 大女儿

细姑娘 ɕi˧ ku˧ diaŋ˧ 最小的女儿

女婿 ŋi˧ ɕi˧

　郎 naŋ˧

干崽 kə˧ tsæ˧ 干儿子

干姑娘 kə˧ ku˧ diaŋ˧ 干女儿

孙崽 sən˧ tsæ˧ 孙子

孙媳妇 sən˧ ɕi˧ fu˧

孙姑娘 sən˧ ku˧ diaŋ˧

　孙女 sən˧ ŋi˧

孙女婿 sən˧ ŋi˧ ɕi˧

曾孙 ziɛ˧ sən˧ 重孙

曾孙女 ziɛ˧ sən˧ ŋi˧

外孙 uæ˧ sən˧

外孙女 uæ˧ sən˧ ŋi˧

外甥 uæ˧ ɕiɛ˧

外甥女 uæ˧ ɕiɛ˧ ŋi˧

侄子 zʅ˧ tsʅ˧

侄姑娘 zʅ˧ ku˧ diaŋ˧ 亲兄弟的女儿

侄女 zʅ˧ ŋi˧

侄媳妇 zʅ˧ ɕi˧ fu˧

侄女婿 zʅ˧ ŋi˧ ɕi˧

4. 其他

亲戚 zin˧ ɕi˧

亲家 zin˧ ka˧

亲家母 zin˧ ka˧ mo˧

亲家公 zin˧ ka˧ kən˧ 亲家翁

走亲戚 tɕio˧ zin˧ ɕi˧

　走人家 tɕio˧ nin˧ ka˧

姨夫伙呐 i˧ fu˧ ho˧ ·næ 连襟

随娘崽 zi˧ niaŋ˧ tsæ˧ 带犊儿，指妇女改嫁带的儿女

婆娘 bo˧ niaŋ˧ 已婚女子的通称

男伢崽 nə˧ ŋæ˧ tsæ˧ 未婚男子的通称

女伢崽 ŋi˧ ŋæ˧ tsæ˧ 未婚女子的通称

娘屋个 niaŋ˧ u˧ ·ka 娘家

婆屋个 bo˧ u˧ ·ka 婆家

□屋个 ŋa˧ u˧ ·ka 姥姥家

丈人屋个 daŋ˧ nin˧ u˧ ·ka 老丈人家

（十一）身体

1. 五官

五官 u˧ kua˧

身体 sən˧ i˧ ①全身上下的统称：女伢崽个～不能把得别个看（女孩子的身体不能让别人看到）。②健康：伊个～不蛮好

(他的身体不太好)。

身上 sənˋ saŋˉ 身体：～长个东西不舒服

身材 sənˋ zæˋ

  块头 uæˋ ɗioˋ 几好个～哦（多好的身材啊）！

脑壳 nauˋ hoˉ 头

暴脑壳呐 ɓauˋ ʀuəŋˋ nauˋ hoˉ ·næ 奔儿头，前额生得向前突出

额角 ŋaˉ koˉ 额头

踺 ziɛˉ 头发的璇

后脑壳 zioˋ nauˋ hoˉ 后脑勺

光脑壳 kuaŋˋ nauˋ hoˉ 头发掉光了或剃光了的头

  光头 kuaŋˋ ɗioˋ

脑壳顶 nauˋ hoˉ tinˋ 头顶

秃顶 ɗəuˋ tinˋ ①掉了大量头发的头：看伊个～。②动词，头发掉得多：我不到40岁就～了。

颈筋 tɕiaŋˋ tɕinˋ 脖子

  颈 tɕiaŋˋ

头发 ɗioˋ fæˉ

黑头发 heˉ ɗioˋ fæˉ

白头发 ɓaˉ ɗioˋ fæˉ

少年白 sauˋ ȵiɛˋ ɓaˉ 青年人长白头发

落头发 noˉ ɗioˋ fæˉ 掉头发

顶带 tinˋ tæˋ 把头发束在一起

  辫子 ɓiɛˉ ·tsʅ

鬓角 pinˉ koˉ

刘海 ɗioˋ hæˋ 前额的短发

面 miɛˉ 脸

酒窝 tɕiəuˋ oˉ

人中 ɕənˉ tənˉ

颧骨 yɛˋ kuəˋ

腮帮呐 sæˉ paŋˉ ·næ 腮帮子

下盘 haˉ ɓəˋ 下巴

喉咙 zioˋ nənˉ

喉结 zioˋ tɕiɛˉ

胡子 fuˋ ·tsʅ

  胡须 fuˋ ɕiˋ

挂面胡子 kuaˋ miɛˉ fuˋ ·tsʅ 脸部较多的胡须

络腮胡子 noˉ sæˉ fuˋ ·tsʅ

八字胡 pæˉ tsʅˉ fuˋ

眼睛 ŋæˋ tɕiaŋˉ

眼睛眶呐 ŋæˋ tɕiaŋˉ haŋˉ ·næ 眼圈子

眼珠 ŋæˋ təuˋ

白眼珠 ɓaˉ ŋæˋ təuˋ

黑眼珠 heˉ ŋæˋ təuˋ

眼泪 ŋæˋ ɗiˉ

眼屎屄屄 ŋæˋ tsʅˉ paˋ ·pa

  眼屎 ŋæˋ tsʅˉ

眼皮 ŋæˋ ɓiˋ

单眼皮 tæˉ ŋæˋ ɓiˋ

双眼皮 saŋˉ ŋæˋ ɓiˋ

睫毛 tɕiɛˉ mauˋ 眼睫毛

眉毛 miˋ mauˋ

皱眉 tsənˋ miˋ

鼻子 ɓiˉ ·tsʅ

鼻孔 ɓiˉ hənˋ

鼻梁 biꜛ ɦiaŋꜜ

鼻涕 biꜛ ɦiꜛ

绿鼻涕 dioūꜜ biꜛ ɦiꜛ

脓鼻涕 nənꜜ biꜛ ɦiꜛ

清鼻涕 ziaŋꜜ biꜛ ɦiꜛ

鼻屎 biꜛ sʅꜛ

鼻毛 biꜛ mauꜜ

鼻子尖 biꜛ ·tsʅ tɕieꜜ 嗅觉灵敏

酒糟鼻 tɕiəuꜜ tsauꜜ biꜛ

嘴壳 tɕiꜛ hoꜜ 嘴巴
嘴 tɕiꜛ

嘴皮子 tɕiꜛ biꜛ 嘴皮

上嘴壳呐 saŋꜛ tɕiꜛ hoꜜ ·æ 上嘴唇

下嘴壳呐 haꜛ tɕiꜛ hoꜜ ·æ 下嘴唇

硬嘴壳 ŋaŋꜛ tɕiꜛ hoꜜ 不松口，不承认

馋 zæꜜ 口水，唾沫

吐馋 douꜜ zæꜜ 吐口水

舌头 sɛꜜ dioꜜ

舌苔 sɛꜜ dæꜜ

大舌头 dæꜜ sɛꜜ dioꜜ 口齿不清
结巴呐 tɕieꜜ baꜜ ·æ

牙齿 ŋaꜜ zʅꜛ

大门牙 dæꜜ mənꜜ ŋaꜜ

板牙 pæꜜ ŋaꜜ

虎牙 fuꜛ ŋaꜜ

虫牙 dənꜜ ŋaꜜ

牙床 ŋaꜜ zaŋꜜ

耳朵 əꜛ toꜜ

耳朵眼 əꜛ toꜜ ŋæꜛ

耳屎 əꜛ sʅꜛ

耳朵聋 əꜛ toꜜ nənꜜ

耳背 əꜛ piꜛ

招风耳 tauꜜ fəŋꜜ əꜛ

2. 手、脚、胸、背

胸面前 ɕinꜜ mieꜜ zieꜜ ①身体部位，胸前：我个～有点子不舒服。②面前，特指方位：伊倚倒我个～我都冇瞄到伊。

心口 ɕinꜜ zioꜛ

后背 zioꜛ piꜛ

脊梁骨 tɕiꜛ ɦiaŋꜜ kuəꜜ

肩部 kɛꜜ buꜜ 肩膀

肩胛骨 kɛꜜ tɕiꜛ kuəꜜ

手夹 səuꜛ kæꜜ 胳膊

锁骨 soꜛ kuəꜜ

手膀 səuꜛ paŋꜜ 手臂

胳肢窝 kaꜜ tsʅꜜ oꜜ 腋窝

手 səuꜛ

左手 tsoꜛ səuꜛ

右手 iəuꜜ səuꜛ

拐息 kuæꜛ ɕiꜜ 胳膊肘

手背 səuꜛ piꜛ

手心 səuꜛ ɕinꜜ

手掌 səuꜛ tsaŋꜛ

捶子 dəuꜜ ·tsʅ 拳头

手指甲呐 səuꜛ tæꜜ kæꜜ ·æ

指甲壳 tsʅꜛ kæꜜ hoꜜ 指甲

大指甲呐 dæꜜ tæꜜ kæꜜ ·æ 大拇指

食指甲呐 sɛꜜ tæꜜ kæꜜ ·æ 食指

中指甲呐 tənꜜ tæꜜ kæꜜ ·æ 中指

无名指甲呐 uˈ minˈ tæˈ kæˈ ·næ

小指甲呐 ɕioˇ ˈtæˈ kæˈ ·næ 小拇指

巴掌 paˈ tsaŋˇ

胯 uaˇ 腿，不包括脚

脚 tɕioˉ 腿，包括脚

大胯 dæˈ uaˇ 大腿

小胯子 ɕioˇ uaˇ ·tsɿ 小腿

脚肚子 tɕioˉ təuˇ ·tsɿ 小腿肚

膝头拱 ɕieˉ dioˇ kənˇ 膝盖

裆 taŋˈ

　裤裆 uˈ taŋˈ

屁股 biˈ kuˇ

屁股眼 biˈ kuˇ ŋæ·næ 肛门

鸡巴 tɕiˈ paˈ 阴茎（成人的）

鸡鸡 tɕiˈ tɕiˉ 幼儿的阳具

　小鸡子 ɕioˇ tɕiˉ ·tsæ

　小雀子 ɕioˇ zioˉ ·tsæ

卵 noˉ 睾丸

麻皮 maˇ biˈ 女阴

精液 tɕinˈˈ

赤脚 dɑˈ tɕioˉ

脚背 tɕioˉ piˈ

脚板 tɕioˉ pæˈ 脚掌

脚板心 tɕioˉ pæˈ ɕinˈ 脚掌心

脚尖 tɕioˉ tɕieˈ

脚趾 tɕioˉ tsɿˇ

脚趾甲 tɕioˉ tsɿˇ kæˈ

脚趾甲壳 tɕioˉ tsɿˇ kæˈ hoˉ

脚跟 tɕioˉ keˈ

脚拐呐 tɕioˉ ˈæ·næ 足踝

鸡眼 tɕiˉ ˈæˇ

汲 tɕiˉ 乳房；乳汁

吃汲 ziaˈ ˈtɕiˉ 吃奶

肚子 təuˇ ·tsɿ

小肚子 ɕioˇ təuˇ ·tsɿ 小腹

肚脐眼 ˈæˇ ziˈ ŋæˇ

脐带 ziˈ tæˇ

肚皮 təuˇ biˈ

腰 ioˈ

背 piˈ

打赤膊 taˇ zɿˇ poˉ 光着上身

打□瓜 taˇ ˈoiˇ kuaˇ 一丝不挂

3. 其他

指纹 tsɿˇ ˈuənˈ

膒 noˇ 圆形的指纹

寒毛 həˉ mauˈ 汗毛

寒毛眼呐 həˉ mauˈ ŋæ·næ 毛孔

痣 tsɿˇ

骨头 kuəˉ dioˇ

筋 tɕinˈ

血 fieˉ

血管 fieˉ kuəˇ

脉 mieˉ

设脉 səˇ mieˉ 诊脉

五脏 uˇ tsaŋˇ

心 ɕinˈ

肝 kəˈ

脾 biˈ

肺 fiˈ

胆 tæˇ

胃 viˈ

肾 sən˩
肠 ɖaŋ˩
大肠 ɖæ˧ ɖaŋ˩

小肠 ɕioʏ˧ ɖaŋ˩
盲肠 maŋ˧ ɖaŋ˩

(十二) 疾病、医疗

1. 一般用语

病了 ɓiaŋ˧ ·næ
不好 pæ˧ hauʏ 身体有病；我个几日～。
生病 saŋ˧ ɓiaŋ˧
大病 ɖæ˧ ɓiaŋ˧
小病 ɕioʏ ɓiaŋ˧
看病 kə˧ ɓiaŋ˧
病轻了 ɓiaŋ˧ ziaŋ˧ ·næ
　病好些了 ɓiaŋ˧ hauʏ ɕia˧ ·næ
病好了 ɓiaŋ˧ hauʏ ·næ　病愈
拿脉 na˧ mie˧　号脉
　设脉 sə˧ mie˧
开药 kæ˧ ioɹ
偏方 ɓiε˧ faŋ˧
抓药（中药）tsa˧ ioɹ
熬中药 ŋau˧ tən˧ ioɹ
买药 mæʏ ioɹ
药店（西）ioɹ tiεʏ
（中）药铺 ioɹ tən˧
药引子 ioɹ ɲi˧ ·tsɿ
药罐子 ioɹ kuəʏ ·tsɿ　①熬药的罐子。②经常生病的人：他是一个～，一年上头喝药。
煎药 tɕiε˧ ioɹ
药丸子 ioɹ uən˧ ·tsɿ

药膏 ioɹ kau˧
点眼药 tiεʏ ɲæʏ ioɹ
上药 saŋ˧ ioɹ
发汗 fæ˧ hə˧
降火 tɕiaŋ˧ hoʏ
　败火 ɓæ˧ hoʏ
排毒 ɓæ˧ ɖəʏ
消食 ɕio˧ sə˧
打针 ta˧ tən˧　注射
打吊水 ta˧ tio˧ fi˧　打吊针
打银针 ta˧ ɲin˧ tən˧　针灸
拔火罐 pa˧ hoʏ kuəʏ

2. 内科

拉肚子 na˧ təuʏ ·tsɿ
发烧 fæ˧ sau˧
发冷 fæ˧ naŋʏ
打嚏 ta˧ tɕin˧　发抖
打疟疾 ta˧ ɲioʏ tɕi˧　患疟疾
起鸡皮疙瘩呐 ziʏ tɕi˧ ɓi˧ kə˧ ta˧ ·næ　起鸡皮疙瘩
感冒 kə˧ mauʏ
吭 haŋ˧　咳嗽
齁 həu˧　气喘
支气管炎 tsɿ˧ ziʏ kuəʏ iεʏ
中暑 tən˧ səʏ
上火 saŋ˧ hoʏ

肚子痛 tɤˉ tsʅˇ ɳueˋ
屙肚 oˉ tɤuˋ 拉肚子
胸口疼 ɕinˉ koiˇ zioɴ dɒɴˋ
脑壳痛 nauˇ hoˉ ɳueɴˋ 头疼
脑壳发晕 nauˇ hoˉ fæˉ vinɴ 头部眩晕
头昏眼花 dioɴ fənˉ iɛˋ faˉ
晕车 vinˉ dʌˋ
晕船 vinˉ sɘɴ
作呕 tsoˉ ɳieuˋ 恶心想吐
呕 ɳieuˇ 吐
干呕 kɤˉ ɳieuˇ
积食 tɕiˉ sɘɴ 食物积滞不消化
出水痘 tɕʰɘˉ fiˇ dieuˉ
出疹子 dɘˉ tɤnˉ ·tsʅ 出麻疹
疝气 sɤˉ ziɴ
血吸虫 fiɛˉ ɕiˉ dɘɴˋ
蛔虫 fiˉ dɘnˋ
伤寒 saŋˉ heˇ
黄疸 faŋˉ tæˋ
黄疸肝炎 faŋˉ tæˋ koˉ iɛˋ
肺炎 fiˋ iɛˋ
胃病 viˉ biaŋˉ
胃酸 viˉ sɘˉ
胃胀 viˉ taŋˋ
胃溃疡 viˉ viˋ iaŋˋ
胃出血 viˋ dɘˋ fiɛˋ
盲肠炎 maŋˉ daŋˉ iɛˋ
肺结核 fiˋ tɕieˉ heˋ
阑尾炎 næˉ viˋ iɛˋ
肠胃炎 daŋˉ viˋ iɛˋ

腮腺炎 sæˉ ɕiɛˋ iɛˋ

3. 外科

跶伤了 tæˉ saŋˉ ·næ 跌伤
撞破了 zaŋˋ boˋ ·næ 碰伤
擦破皮了 zæˉ boˋ biˉ ·næ
划破了 faˉ boˋ ·næ 割伤了，划伤了
出血 dɘˉ fiɛˉ
淤血 yˉ ɕyɛˉ
红肿 fɘnˉ tənˋ
肿了 tənˋ ·næ
灌脓 kuɘˉ nənˋ 化脓
结壳 tɕieˉ hoˉ 伤口结痂
疮 zaŋˉ
痔疮 zʅˋ zaŋˉ
癣 ɕiɛˇ
痱子 fiˋ ·tsʅ
汗斑 heˋ pæˉ
麻子 maˉ ·tsʅ 雀斑
风皮呐 fənˉ biˉ ·næ 头皮屑
痘呐 dieuˉ ·næ 粉刺、痤疮
狐臭 fuˉ dɘuˋ
口里制气色 zioˇ næˉ tsʅˋ ziˋ ɕiɛˋ 口臭
鼻子堵 biˉ ·tsʅ tɘuˋ 鼻塞
鼻子不灵 biˉ ·tsʅ bæˉ dinˉ 嗅觉不灵敏
近视眼 tɕinˋ sʅˋ ŋæˇ
远视眼 yɛˇ sʅˋ ŋæˇ
老花眼 nauˇ faˉ ŋæˇ
肿眼泡 tənˋ ŋæˇ bauˉ

斜视眼 ziaɿ sŋ˧ ŋæ˥
斗鸡眼 dieuɿ tɕiɿ ŋæ˥
青光眼 ziaŋɿ kuaŋɿ ŋæ˥
白内障 baɿ ni˧ taŋ˥

4. 残疾

羊癫疯 iaŋɿ tie˧ fən˧　癫痫
抽风 dəuɿ fən˧
中风 təŋɿ fən˧
瘫了 dæɿ ·æ
拐脚呐 kuæ˧ tɕio˧ ·næ　腿脚不好的人
跛子 bo˥ ·tsɿ
驼背呐 do˧ pi˥ ·næ　罗锅背
聋子 nən˧ ·tsɿ

哑巴 ŋaɿ ·pa
哽巴 kɐɿ ·pa　结巴的人
瞎子 hæɿ ·tsɿ
独眼龙 duɛ˧ ŋæ˧ nən˧
哈巴呐 ha˧ ·pa ·æ　傻瓜
麻子 mɑɿ ·tsɿ　①出天花后留下疤痕的人；②脸上有很多雀斑的人
缺眼 ㄘye˧ ŋæ˧ ba˧　缺牙的人
癞子 næɿ ·tsɿ
外八 uæ˧ pa˧　走路时，脚总是呈外八字形
内八 ni˧ pa˧　走路时，脚总是呈内八字形

（十三）衣服、穿戴

1. 服装

着 to˧　穿（衣服）
着个 to˧ ·ka　穿戴的衣物
衣 i˧
工作服 kən˧ tso˧ fu˧
中山装 təŋɿ sæɿ tsaŋɿ
西装 ɕiɿ tsaŋɿ
　西服 ɕiɿ fu˧
褂呐 kua˧ ·æ　上衣；外套
长褂 daŋɿ kua˧　长上衣
夹衣 tɕiaɿ i˧
邦呐 paŋɿ ·æ　马甲；背心
　汗邦呐 hə˧ paŋɿ ·æ
棉邦呐 miɛ˧ paŋɿ ·æ　棉背心
旗袍 ziɿ bɑɿ

袄呐 aɿ ·æ　棉衣
短袄呐 tɐ˧ ŋauɿ ·æ　短棉衣，一般长度不过臀
大衣 dæ˧ i˧
长大衣 daŋɿ dæ˧ i˧
风衣 fənɿ i˧
秋衣 ziəuɿ i˧
秋裤 ziəu˧ ku˧
领 i˧ diaŋ˧　衣领
荷包 ho˧ pauɿ
披风 biɿ fən˧　披肩
圆领衫 yɛɿ diaŋ˧ sæɿ
蝙蝠衫 pie˧ fu˧ sæɿ
衫袖 sæɿ ziəu˧　袖子
长袖褂 daŋɿ ziəu˧ kua˧　长袖衫

短袖褂 tə˧ ziou˧ kua˩　短袖衫
夹克衫 tɕia˧ ɣə˧ sæ˩
皮夹克 bi˩ tɕia˧ ɦə˧
夹袄呐 tɕia˧ ŋau˥ ·næ　中间夹了薄
　　棉的袄子
夹衣 tɕia˧ i˩　双层外套
蒙褂呐 mən˧ kua˩ ·næ　穿在最外
　　面的外套
罩褂 tsau˩ kua˩　小孩穿在最外面
　　的衣服
裤 u˩　裤子
棉裤 miɛ˩ u˩
桩裤呐 tsaŋ˧ u˩ ·næ　内裤
落衣 no˥ i˩　内衣
胸罩 ɕin˧ tsau˩
毛衣 mau˩ i˩
高领毛衣 kau˧ diaŋ˥ mau˩ i˩
低领毛衣 ti˧ diaŋ˥ mau˩ i˩
睡衣 fi˩ i˩
里子 di˥ ·tsʅ　衣服里子
短裤 tə˧ u˩　外穿的短裤
西装短裤 ɕi˧ tsaŋ˧ ə˧ u˩　较正式
　　的外穿短裤
三角裤 sæ˧ ko˧ u˩　三角内裤
牛仔裤 niəu˩ tsæ˧ u˩
打底裤 ta˧ ti˧ u˩
裙呐 vin˩ ·næ　裙子
短裙 tə˧ vin˩
长裙 daŋ˩ vin˩
开裆裤 hæ˧ taŋ˧ u˩
封裆裤 fən˧ taŋ˧ u˩　相对于开裆

　　裤而言
裤裆 u˩ taŋ˧
裤腰 u˩ io˧
裤脚 u˩ tɕio˧　裤腿
扣子 zio˩ ·tsʅ
扣眼 zio˩ ŋæ˧
裤腰带 u˩ io˧ tæ˩

2. 鞋、帽

鞋呐 hæ˩ ·næ　鞋子
拖鞋 do˧ hæ˩
棉拖鞋 miɛ˩ do˧ hæ˩
凉拖鞋 diaŋ˩ do˧ hæ˩
皮鞋 bi˩ hæ˩
布鞋 pu˩ hæ˩
草鞋 zau˥ hæ˩
靴呐 fiɛ˧ ·næ　靴子
套鞋 dau˩ hæ˩　雨靴
鞋底 hæ˩ ti˧
鞋面 hæ˩ miɛ˧
鞋帮呐 hæ˩ paŋ˧ ·næ
鞋带 hæ˩ tæ˩
袜呐 ua˩ ·næ
丝袜 sʅ˧ ua˩
线袜呐 ɕiɛ˩ ua˩ ·næ　毛线袜子
棉袜 miɛ˩ ua˩
长袜 daŋ˩ ua˩　长筒袜子
短袜 tə˧ ua˩　短筒袜子
厚袜呐 zio˩ ua˩ ·næ　厚袜子
薄袜呐 bo˥ ua˩ ·næ　薄袜子
裹脚 ko˥ tɕio˧
裹脚布 ko˥ tɕio˧ pu˩

帽呐 mauᴴ ·næ　帽子
鸭舌帽 ŋæ꜀ sɤ꜀ mauᴴ
皮帽呐 bi꜀ mauᴴ ·næ　皮帽
宽帽呐 uə꜀ mauᴴ ·næ　宽檐帽
麦笠 ma꜀ di꜀　斗笠
草帽呐 zauˇ mauᴴ ·næ　草帽
帽檐 mauᴴ ŋæ꜀
太阳帽 dæᴴ iaŋˇ mauᴴ

3. 装饰品

首饰 səuˇ sɿ꜀
镯子 zo꜀ ·tsɿ
　箍子 ku꜀ ·tsɿ　手镯的老派说法，
　　现在少用
　手镯 səuˇ zo꜀
金镯子 tɕin꜀ zo꜀ ·tsɿ
　金手镯 tɕin꜀ səuˇ zo꜀
银镯子 in꜀ zo꜀ ·tsɿ
　银手镯 in꜀ səuˇ zo꜀
戒指 kæ꜀ tsɿˇ
金戒指 tɕin꜀ kæ꜀ tsɿˇ
银戒指 in꜀ kæ꜀ tsɿˇ
颈圈 tɕiaŋˇ yɤˇ　项圈
项链 haŋ꜀ diɛ꜀
长命锁 daŋ꜀ miaŋ꜀ soˇ　小儿佩戴的
别针 biɛ꜀ tən꜀

胸花 ɕin꜀ fa꜀
　胸针 ɕin꜀ tən꜀
簪子 tsæ꜀ ·tsɿ
　发簪 fæ꜀ tsæ꜀
耳环 ɤˇ fæ꜀
手链 səuˇ diɛ꜀
脚链 tɕio꜀ diɛ꜀
胭脂 iɛ꜀ tsɿ꜀
打胭脂 taˇ iɛ꜀ tsɿ꜀
粉 fənˇ　用于化妆的粉
打粉 taˇ fənˇ

4. 其他穿戴用品

围裙 vi꜀ vin꜀
围兜 vi꜀ tio꜀　①围裙；②围嘴，
　小孩子用的防漏食弄脏衣服的
尿布 nio꜀ pu꜀
尿片 nio꜀ bi꜀
手袱崽 səuˇ fu꜀ tsæ꜀　手绢儿
围巾 vi꜀ tɕin꜀
手套 səuˇ dau꜀
眼镜 ŋæˇ tɕiaŋᴴ
伞 sæˇ
蓑衣 so꜀ i꜀
雨衣 viˇ i꜀
手表 səuˇ pioˇ

（十四）饮食

1. 伙食

伙食 hoˇ sə꜀
吃饭 zia꜀ fæᴴ
早饭 tsauˇ fæᴴ

昼饭 təuˇ fæᴴ　午饭
宵夜 ɕio꜀ ia꜀　晚饭
粮食 diaŋ꜀ ɕi꜀
零食 diaŋ꜀ ɕi꜀

粑 pa˧ 饼子

喝茶 ho˥ za˧

2. 米食

饭 fæ˧

剩饭 sən˧ fæ˧

　　现饭 ɕie˧ fæ˧

剩菜 sən˧ zæ˧

　　现菜 ɕie˧ zæ˧

饭烧了 fæ˧ sau˧ næ 饭煮糊了

馊了 ɕio˥ næ

锅巴 ko˧ pa˧

锅巴粥 ko˧ pa˧ tsəu˧

粥 tsəu˧

　　稀饭 ɕi˧ fæ˧

米汤 mi˥ dɑŋ˧ 煮饭滗出来的

米糊 mi˥ fu˧ 婴儿吃的

粽吶 tsən˧ næ 粽子

灰面坨 fi˧ miɛ˧ do˧ 面疙瘩

糯米粑 no˧ mi˥ pa˧ 糯米做的饼
　　状食物

糯米坨 no˧ mi˥ do˧ 糯米做的圆
　　形食物

糍粑 zʅ˧ pa˧ 用糯米做成的食物

汤圆 dɑŋ˧ yɛ˥

3. 面食

面粉 miɛ˧ fən˧

　　灰面 fi˧ miɛ˧

擀面 kə˥ miɛ˧

揉面 iəu˧ miɛ˧

面条 miɛ˧ dio˧

挂面 kua˧ miɛ˧

包子 pau˧ ·tsʅ

馍 mo˧ 馒头

卷子 kuɛ˥ ·tsʅ 用面粉蒸出来的类
　　似于馒头的食物，呈蜷曲状

花卷 fa˧ kuɛ˥

油条 iəu˧ dio˧

面窝 miɛ˧ o˧

油粑 iəu˧ pa˧ 油炸的面饼

油饼 iəu˧ biaŋ˥

豆皮 dəu˧ bi˧

烧饼 sau˧ biaŋ˥

饺子 tɕio˥ ·tsʅ ①北方水饺或煎饺；
　　②油炸的包有肉或菜的大饺子

包面 pau˧ miɛ˧ 馄饨

苕粉坨 sau˧ fən˧ do˧ 用红薯做的
　　油炸食品

苕线粉 sau˧ ɕiɛ˥ fən˧ 用红薯磨成
　　粉后制成的粉丝

麻花 ma˧ fa˧

蛋糕 dæ˧ kau˧

蛋卷 dæ˧ kuɛ˥

面包 miɛ˧ pau˧

月饼 ɲiɛ˧ biaŋ˥

4. 肉、蛋

肥肉 fi˧ ɲiəu˧

精肉 tɕiaŋ˧ ɲiəu˧ 瘦肉

肉丝 ɲiəu˧ ·tsʅ

肉片 ɲiəu˧ biɛ˥

汽水肉 zi˧ fi˥ ɲiəu˧

猪蹄膀 təu˧ di˧ bɑŋ˥ 猪肘子

猪蹄 təu˧ di˧

蹄花 di˩ fa˦   鸭颈 ŋæ˧ tɕiaŋ˥
猪脚 təu˧ tɕio˦   鸭血 ŋæ˧ fie˦
口条 zio˥ dio˦ 猪舌头   狗肉 tɕiəu˥ ɲiəu˦
肉圆子 ɲiəu˥ yɛ˧ ·tsɿ   鸡蛋 tɕi˧ dæ˦
下水 ha˧ fi˥ 动物的内脏   鸭蛋 ŋæ˧ dæ˦
猪血 təu˧ fie˦   鹅蛋 ŋo˥ dæ˦
猪肝 təu˧ kə˦   蒸蛋 tən˧ dæ˦
腰柳肉 io˧ diəu˥ ɲiəu˦ 里脊肉   炒蛋 zau˥ dæ˦
前胛肉 ziɛ˧ tɕia˦ ɲiəu˦   煮艮蛋 təu˧ kɤ˥ dæ˦ 煮整鸡蛋
后胛肉 zio˧ tɕia˦ ɲiəu˦   打蛋 ta˥ dæ˦ 把蛋清蛋黄搅和
牛肉 ɲiəu˥ ɲiəu˦   打散
牛筋 ɲiəu˥ tɕin˧   荷包蛋 ho˥ pau˧ dæ˦
牛肚 ɲiəu˥ təu˥   蛋皮 dæ˧ бi˦ 蛋液打散后在锅里
猪肺 təu˧ fi˦   煎至成蛋皮
猪腰 təu˧ io˦   蛋皮汤 dæ˧ бi˦ daŋ˦
猪心 təu˧ ɕin˧   蛋花汤 dæ˧ fa˦ daŋ˦
猪油 təu˧ iəu˦   皮蛋 бi˧ dæ˦
排骨 бæ˧ kuə˦   松花蛋 sən˧ fa˦ dæ˦
筒子骨 dən˧ ·tsɿ kuə˦ 猪的腔骨   咸蛋 hæ˧ dæ˦
猪肠 təu˧ zaŋ˦   盐蛋 iɛ˧ dæ˦
猪肚 təu˧ dəu˥   腌鸭蛋 iɛ˧ ŋæ˧ dæ˦
鸡肉 tɕi˧ ɲiəu˦   鹌鹑蛋 ŋæ˧ sən˥ dæ˦
鸡杂 tɕi˧ tsa˦   土鸡蛋 dəu˥ tɕi˧ dæ˦
鸡肫 tɕi˧ kuin˧   洋鸡蛋 iaŋ˧ tɕi˧ dæ˦
鸡脚 tɕi˧ tɕio˦ 鸡爪子   茶叶蛋 za˧ iɛ˧ dæ˦
鸡皮 tɕi˧ бi˦   鱼圆子 ŋi˧ yɛ˧ ·tsɿ 鱼丸
鸡血 tɕi˧ fie˦   粉蒸肉 fən˥ tən˧ ɲiəu˥
鸡腿 tɕi˧ di˦   蒸肉粉 tən˧ ɲiəu˥ fən˥
    鸡胯子 tɕi˧ ʁau˦ ·tsɿ   蒸鱼 tsən˧ ŋi˦
鸭肉 ŋæ˧ ɲiəu˦   蒸菜 tən˧ zæ˥
鸭脖 ŋæ˧ po˦   炸鱼 tsa˦ ŋi˦ 用油炸熟的鱼

鱼冻 ȵi˧ tən˧

阳干鱼 iaŋ˧ kə˧ ȵi˧ 晒得半干半湿的鱼

干鱼 kə˧ ȵi˧ 晒得很干的鱼

腌鱼 ie˧ ȵi˧ ①动宾结构，腌制鱼类；②名词性偏正结构，腌制好的鱼类

腊鱼 næ˧ ȵi˧

熏鱼 fin˧ ȵi˧ ①动宾结构，熏制鱼类；②名词性偏正结构，熏制好的鱼类

腌肉 ie˧ ȵiəu˧ ①动宾结构，腌制肉类；②名词性偏正结构，腌制好的肉类

腊肉 næ˧ ȵiəu˧

熏肉 fin˧ ȵiəu˧ ①动宾结构，熏制肉类；②名词性偏正结构，熏制好的肉类

灌肠 kuə˧ ɖaŋ˧ 灌制香肠

制香肠 tsʅ˧ ɕiaŋ˧ ɖaŋ˧

熏肠 fin˧ ɖaŋ˧ ①动宾结构，熏制香肠；②名词性偏正结构，熏制好的香肠

5. 菜

下饭菜 ha˧ fæ˧ zæ˧

嗛饭 ie˧ ʅi˧ fæ˧ 用菜下饭

嗛菜 ie˧ ʅi˧ zæ˧ 吃菜

咸菜 ha˧ zæ˧

腌菜 ie˧ ʅi˧ zæ˧

榨菜 tsa˧ zæ˧

荤菜 fən˧ zæ˧

青菜 ʑiaŋ˧ zæ˧

小菜 ɕioʏ˧ zæ˧ 与荤菜对应，一般指素菜

新鲜菜 ɕin˧ ɕie˧ zæ˧

炒菜 zau˧ zæ˧

煨汤 vi˧ ɖaŋ˧

打汤 ta˧ ɖaŋ˧ 制作汤食

焖 mən˧ 把食材放在锅里加水加盖加热

焯 zau˧

焯水 zau˧ fi˧

红烧 fən˧ sau˧

豆腐 ɖiəu˧ ·fu

炸豆腐 tsa˧ ɖiəu˧ ·fu 动宾结构，把豆腐在油锅里炸一下再吃

炸豆腐呐 tsa˧ ɖiəu˧ ·fu ·næ 名词，崇阳苏塘地区的名菜，炸过的豆腐

豆腐泡 ɖiəu˧ ·fu ɓaŋ˧

豆油皮 ɖiəu˧ iəu˧ ɓi˧

千张 ʑie˧ taŋ˧

干子 kə˧ ·tsʅ 黄色的豆腐干

熏干 fin˧ kə˧ 熏制过的豆腐干

豆干 ɖiəu˧ kə˧ 白色的和黄色的豆腐干

素鸡 sueu˧ tɕi˧ 一种豆制品，俗称素火腿

豆腐脑 ɖiəu˧ ·fu ʏuən˧

豆浆 ɖiəu˧ tɕiaŋ˧

烂豆腐 næ˧ ɖiəu˧ ·fu 豆腐乳

豆豉 ɖiəu˧ ·tsʅ

线粉 ɕieɻ fənɣ　粉丝
　　粉条 fənɣ ɖioɻ
米粉 miɣ fənɣ
粗粉 zəuɻ fənɣ
宽粉 uəɻ fənɣ
藕粉 ȵioɣ fənɣ
木耳 muɻ əɣ
黑木耳 heɻ muɻ əɣ
银耳 inɻ əɣ　白木耳
银耳汤 inɻ əɣ ɖaŋɻ
金针菇 tɕinɻ tənɻ kuɻ
蘑菇 moɻ kuɻ
香菇 ɕiaŋɻ kuɻ
黄花菜 faŋɻ faɻ zæɻ
海皮呐 hæɣ ɓiɣ ·næ
　　海带 hæɣ tæɻ
腌辣椒 ieɻ laɻ tɕioɻ
泡辣椒 ɓauɻ laɻ tɕioɻ
糍粑鱼 zɻ paɻ ȵiɻ　将新鲜鱼腌制
　　一两天后下锅煎熟的菜品
藕夹 ȵioɣ tɕiaɻ
珍珠圆呐 tənɻ tɕuɻ yɣ ·næ　肉丸
　　子外包裹一层糯米的丸子
清汤圆呐 ziaŋɻ ɖaŋɻ yɣ ·næ　余汤
　　圆子
肉糕 ȵiəuɻ kauɻ　将肉切碎做成的
　　块状食物，蒸熟后食用
蛋饺 dæɻ tɕioɻ　用蛋皮包肉馅儿制
　　成饺子状食物，蒸熟后食用

6. 油盐作料

味道 viɻ dauɻ　包括味觉和嗅觉
气味 ziɻ viɻ　仅指嗅觉
颜色 iɛɻ ɕiɛɻ
油 ieuɻ
芝麻油 tsɻ maɻ ieuɻ
　麻油 maɻ ieuɻ
　香油 ɕiaŋɻ ieuɻ
花生油 faɻ ɕiɣ ieuɻ
菜籽油 zæɻ tsɻ ieuɻ
猪油 tɕuɻ ieuɻ
素油 səuɻ ieuɻ
盐 iɛɻ
粗盐 zəuɻ iɛɻ
细盐 ɕiɻ iɛɻ　精盐
酱油 tɕiaŋɻ ieuɻ
芝麻酱 tsɻ maɻ tɕiaŋɻ
豆瓣酱 ɖieuɻ pæɻ tɕiaŋɻ
醋 zəuɻ
白醋 ɓaɻ zəuɻ
香醋 ɕiaŋɻ zəuɻ
料酒 ɖioɻ tɕieuɻ
红糖 fəŋɻ ɖaŋɻ
　黑糖 heɻ ɖaŋɻ
　白糖 ɓaɻ ɖaŋɻ
冰糖 pinɻ ɖaŋɻ　①冰晶糖；②用糖
　　纸包裹的块状水果糖、奶糖等
　　糖果，如大白兔奶糖在崇阳方
　　言里也叫"冰糖"
花生糖 faɻ ɕiɣ ɖaŋɻ
佐料 tsoɻ ɖioɻ
八合肥 pæɻ heɻ fiɻ　一种八边形的
　　卤料

八角 pæ˧ ko˧
桂皮 kui˥ 6i˩
葱 zən˧
姜 tɕiaŋ˧
花椒 fa˩ tɕio˧
胡椒 fu˩ tɕio˧　胡椒粉
味精 vi˥ tɕin˧
鸡精 tɕi˧ tɕin˧

7. 烟、茶、酒

烟 iɛ˧
香烟 ɕiaŋ˧ iɛ˧
水烟 fi˥ iɛ˧
吃烟 zia˩ iɛ˧　抽烟
烟叶 iɛ˧ iɛ˧
　烟丝 iɛ˧ sŋ˧
烟头 iɛ˧ dio˩
　烟屁股 iɛ˧ 6i˥ ku˥
烟盒 iɛ˧ hə˧
烟灰 iɛ˧ fi˧
烟灰缸 iɛ˧ fi˧ kaŋ˧
火柴 ho˥ zæ˩
打火机 ta˥ ho˥ tɕi˧
茶 za˩
茶叶 za˩ iɛ˧

绿茶 diəu˩ za˩
红茶 fən˩ za˩
开水 hæ˧ fi˥
热水 ɲia˩ fi˥
冷水 naŋ˥ fi˥
泡茶 6au˩ za˩
水冇焐，茶冇泡开 fi˥ pæ˧ o˧ za˩
　　　　mau˩ 6au˩ hæ˧　水温不够，
　　　　茶叶没泡开
倒茶 tau˩ za˩
酙茶 tən˩ za˩　敬词，给尊敬的人
　　　　倒茶
喝茶 ho˧ za˩
白酒 6a˩ tɕiəu˥
　烧酒 sau˧ tɕiəu˧
筛酒 sæ˧ tɕiəu˥　倒酒
喝酒 ho˧ tɕiəu˥
红酒 fən˩ tɕiəu˥
黄酒 faŋ˩ tɕiəu˥
药酒 io˩ tɕiəu˥
啤酒 6i˩ tɕiəu˥
米酒 mi˥ tɕiəu˥
酒糟 tɕiəu˥ tsau˧

(十五) 红白大事、婚姻、生育

找朋友 tsau˥ 6əŋ˩ iəu˥　单身男女
　找对象
谈朋友 dæ˩ 6əŋ˩ iəu˥　谈恋爱
看亲 hə˩ zin˧　相亲
喜事 ɕi˥ sŋ˩

喜糖 ɕi˥ daŋ˩
介绍人 kæ˩ sau˩ nin˩　男女结亲的
　中间人，媒人
月老 ɲiə˩ nau˥
　媒婆 mi˩ 6o˩

制媒 tsʅ˧ mi˩　做媒
话媳妇 uaʴ˧ ɕi˧ fu˩　给男方找伴侣
送亲 sən˧ zin˩　结婚时亲戚朋友们护送女方到婆家
年纪 niɛ˩ tɕi˧
合八字 hə˧ pæ˧ zʅ˩　交换生辰八字
看日子 kə˧ n̠in˩ ·tsʅ　选择结婚的日子
定日子 din˧ n̠in˩ ·tsʅ　商定结婚的时间
定亲 din˧ zin˩
　订婚 din˧ fən˩
喝喜酒 hə˧ ɕi˩ tɕiəu˩
吃喜糖 zi˩ ɕi˩ daŋ˩
嫁妆 ka˧ tsaŋ˩
彩礼 zæ˩ di˩
出嫁 tɕə˧ ka˩
　出阁 tɕə˧ ko˧
　嫁女 ka˩ n̠i˩
讨媳妇 dau˩ ɕi˩ fu˩　娶媳妇儿
　接媳妇 tɕie˧ ɕi˩ fu˩
找婆家 tsau˩ ɓo˩ ka˩　女儿找对象
结婚 tɕi˧ fən˩
　成家 dən˩ tɕia˩
　成亲 dən˩ zin˩
轿呐 zio˧ ·næ　花轿
花车 fa˩ dɑ˩
拜堂 pæ˧ daŋ˩
新娘 ɕin˩ n̠iaŋ˩
新郎官 ɕin˩ naŋ˩ kua˩

新郎 ɕin˩ naŋ˩
新房 ɕin˩ faŋ˩
洞房 dən˧ faŋ˩
交杯酒 tɕio˩ pi˩ tɕiəu˩
回门 fi˩ mən˩　一般新娘子出嫁三天后要回一趟娘家，称之为～
头婚 dio˩ fən˩　第一次结婚，初婚
二婚 ə˧ fən˩
再婚 tsæ˩ fən˩　结第二次或第三次婚，只要不是头婚，都可以称之为～
改嫁 kæ˩ tɕia˩　女人再嫁
上门女婿 saŋ˧ mən˩ n̠i˩ ɕi˩
驮崽 do˩ tsæ˩　怀孕
　怀细伢仔 fæ˩ ɕi˩ ŋa˩ ·tsæ
孕妇 vin˧ fu˩
害喜 hæ˧ ɕi˩
落了 no˩ ·næ　流产
　小产 ɕio˩ zæ˩
　引产 in˩ zæ˩
　刮胎 kua˧ dæ˩
生崽 saŋ˩ tsæ˩　分娩
接生 tɕie˧ sən˩
胎盘 dæ˩ ɓə˩
月母子 n̠iɛ˩ ɣu˩ ·tsʅ　产妇
制月母 tsʅ˧ n̠iɛ˩ ɣu˩　坐月子
满月 mə˩ ɣ n̠iɛ˩
九朝 tɕiəu˩ tsau˩　婴儿出生第九天，崇阳当地有九朝当天宴请亲朋好友的习俗
头胎 dio˩ dæ˩

二胎 əˉ˧ ˩tæˇ
双胞胎 saŋˉ˧ pauˉ˧ ˩tæˇ
难产 næ˩ ˩zæˊ
顺产 sənˉ˧ ˩zæˊ
剖腹产 ɓiouˉ˧ fu˩ ˩zæˊ
吃汲 ziaˉ˧ tɕiˉ˧　吃奶
汲 tɕiˉ˧　①奶头；②奶水
屙尿 oˉ˧ ɲioˉ˧
屙屁 oˉ˧ pʰaˊ

2. 寿辰、丧葬

生日 saŋˉ˧ ɲiˉ˧
制生 tsʅˋ saŋˉ˧　过生日
制寿 tsʅˋ ˩souˉ˧　做寿
寿星 ˩souˉ˧ ɕiaŋˉ˧
丧事 saŋˉ˧ sʅˋ
白喜事 ɓaˊ ˩ɕi sʅˋ
制丧事 tsʅˋ ˩saŋˉ˧ sʅˋ　办丧事
请客 ziaŋˋ ˩ha˧
　接客 tɕiɛˉ˧ ˩ha˧
制客 tsʅˋ ˩ha˧　做客
奔丧 ɓənˊ saŋˉ˧
落气 noˊ ˩ziˉ˧　断气
死了 sʅˋ ˌnæ
　走了 tɕioˋ ·næ　"死"的婉称，口语中常用
　过身 koˋ sənˉ˧　"死"的婉称
灵床 ɖinˉ˧ zaŋˉ˧
千年屋 ziɛˉ˧ ɲiɛˉ˧ uˉ˧　棺材的婉称
　棺材 kuəˉ˧ ˩zæˊ
棺材板 kuəˉ˧ ˩zæ˧ pæˊ
寿衣 ˩souˉ˧ iˉ˧

入殓 ɺəˊ ˩iŋˉ˧
灵堂 ɖinˉ˧ ˩ɖaŋˉ˧
灵牌 ɖinˉ˧ ˩ɓæˊ
守灵 ˩souˉ˧ ɖinˉ˧
　守夜 ˩souˉ˧ iaˊ
制七 tsʅˋ ˩ziˉ˧　一种殡丧习俗。从死者卒日算起，丧家每隔七天就要举行一次烧纸祭奠，共有七次
头七 ɖiouˉ˧ ˩ziˉ˧　制七的第一个七天，家属要给死者烧纸钱、准备饭食，是制七中比较重要的一个七天
末七 moˊ ˩ziˉ˧　制七中的最后一个七天，丧者家属一般要诵经礼忏，或焚烧冥币、香、纸、大蜡等祭奠
戴孝 tæˋ ˩ɕioˊ
守孝 ˩souˉ˧ ˩ɕioˊ
孝子 ˩ɕioˊ tsʅˋ
孝孙 ˩ɕioˊ ˩sənˉ˧
出柩 ɖəˊ tɕiuˉ˧
　出殡 ɖəˊ ˩piŋˉ˧
送葬 sənˉ˧ tsaŋˉ˧
挑夫 ɖioˉ˧ fuˉ˧　抬棺材的人，一般为八人，要选择较壮实的中壮年男性
脚夫 tɕioˉ˧ fuˉ˧
哭丧 uˉ˧ saŋˉ˧
纸扎 tsʅˋ tsaˊ　用纸扎的人、马、房子等

纸钱 tsʅ˧ zie˨ 给过世的人烧的
　　冥币
钱纸 zie˨ tsʅ˧ 给过世的人烧的
　　黄纸
烧纸 sau˧ tsʅ˧
花圈 fa˧ yε˧
坟 fən˨
碑 pi˧
石碑 sa˨ pi˧
立碑 di˦ pi˧
墓碑 mu˦ pi˧
上坟 saŋ˦ fən˨
　修坟 ɕiəu˧ fən˨
自杀 tsʅ˦ sa˦
　想不开 ɕiaŋ˨ pæ˦ hæ˧
投河 diəu˨ hoɤ˨ 投水自尽
上吊 saŋ˦ tiɔ˨
尸骨 sʅ˧ kuə˦
火化 hoɤ˨ fa˦
骨灰 kuə˦ fi˧
骨灰盒 kuə˦ fi˧ hə˦
骨灰坛 kuə˦ fi˧ dæ˨

3. 迷信

老天爷 nau˨ diŋ˧ ie˨
灶王爷 tsau˦ uaŋ˨ ie˨
　灶神 tsau˦ sən˨
菩萨 bu˨ sæ˦
观音 kuə˧ in˧
　观世音 kuə˧ sʅ˦ in˧
庙 miɔ˦
土地庙 diəu˨ di˦ miɔ˦

阎王 iε˨ uaŋ˨
鬼 kui˨
神 sən˨
祠堂 zʅ˨ daŋ˨
蜡台 næ˦ dæ˨ 烛台
蜡 næ˦ ①蜡烛的统称；②特指敬
　　神用的蜡烛
　蜡烛 næ˦ təu˦
香 ɕiaŋ˧
上香 saŋ˦ ɕiaŋ˧
香案 ɕiaŋ˧ ŋε˦
香炉 ɕiaŋ˧ nəu˨
烧香 sau˧ ɕiaŋ˧
香火 ɕiaŋ˧ hoɤ˨
磕头 hoʔ˦ diou˨
敬神 tɕin˦ sən˨
拜神 pæ˦ sən˨
念经 nie˦ tɕin˧
吃斋 ziaʔ˦ tsæ˧
积德 tɕi˦ tə˦
佛 fə˨
八仙 pæ˦ ɕiε˧
求签 ziəu˨ ziε˨
算卦 sə˦ kua˦
制法事 tsʅ˦ fæ˦ ʅ˦ 崇阳当地也有
　　做法事的活动，一般是在殡丧
　　中安排法师给死者超度
请神仙 ziaŋ˨ sən˨ ɕie˧ 当地百姓
　　会在正月十五晚上通过虔诚祭
　　拜等活动请来神仙（比如筲箕
　　神）来给自己或家人预言这一

年的运势，是一种民间迷信
活动

念经 ȵieㄧtɕiaȵㄧ

测字 zieㄧzŋㄋ

看风水 həㄋ fənㄧ fiㄧ

算命 səȵ miaȵㄧ

算命瞎子 səȵ miaȵㄧ hæȵ tsŋ·tsŋ

看相 həㄋ ɕiaȵㄧ

看手相 həㄋ səuㄧ ɕiaȵㄧ

看面相 həㄋ mieㄧ ɕiaȵㄧ

许愿 viㄧ yeㄧ

还愿 fæㄋ yeㄧ

背时 piㄧ sŋㄋ

走运 tɕiouㄧ vinㄧ

走火 tɕiouㄧ hoㄧ

报应 pauㄧ inㄧ

保佑 pauㄧ iəuㄧ

喊魂 hæȵ nəuㄋ 当地百姓会认为年
幼的孩子时常哭闹是被吓跑了
魂魄，所以家有幼儿时常哭闹
的话，家人会在房子周围大声
呼喊幼儿名字让其回家。这种
行为称为~

招魂 tauㄧ fənㄋ

来世 næㄋ sŋㄧ

投胎 diouㄋ dæㄧ

（十六）日常生活

1. 衣

著衣 toㄋ iㄧ 穿衣服

脱衣 ɗəㄋ iㄧ 脱衣服

脱鞋 ɗəㄋ hæㄧ

尺码 zŋㄧ maㄧ

量尺码 diaȵㄋ zŋㄧ maㄧ

制衣 tsŋㄧ iㄧ 做衣服

缝衣 fənㄋ iㄧ

锁边 soㄧ pieㄧ 用锁边机缝一道线
叫~

打褊 taㄧ pieㄧ 裤子底端卷或裁剪
一部分使之长度合适

滚边 kuaȵㄧ pieㄧ 缝在衣服里子边
上的窄条

滚花边 kuaȵㄧ faㄧ pieㄧ 缝在衣服
边上起装饰作用的窄条

裁衣 zæㄋ iㄧ

绞边 tɕiouㄧ pieㄧ

纳鞋底 naȵㄋ hæㄧ tiㄧ

钉扣子 tiaȵㄧ ziouㄧ·tsŋ

绣花 ɕiəuㄧ faㄧ

打补丁 taㄧ puㄧ tinㄧ

载被窝 tsæㄋ piㄧ oㄋ 缝被窝

洗衣 ɕiㄧ iㄧ 洗衣服

晒衣 saㄧ iㄧ 晾衣服

浪衣 naȵㄧ iㄧ

□ diəuㄧ 用清水漂洗，把衣服上
的肥皂、洗衣粉等清洗干净

清 ɕiaȵㄧ

补衣 puㄧ iㄧ

烫衣服 ɗaȵㄋ iㄧ fuㄧ 熨衣服

漂白 biouㄧ bɑㄋ

干洗 kɤ˧ ɕi˧

2. 食

烧火 sau˧ ho˧

引火 in˧ ho˧　点火

舞饭 u˧ fæ˧　做饭（总称）

舞菜 u˧ zæ˧　做菜（总称）

淘米 dau˧ mi˧

　洗米 ɕi˧ mi˧

发麵 fæ˧ mie˧

和麵 ho˧ mie˧

醒麵 ɕin˧ mie˧

蒸馍 tən˧ mo˧　蒸馒头

掐菜 ha˧ zæ˧　择菜

切菜 zie˧ zæ˧

饭好呐 fæ˧ hau˧ ·næ　饭菜做好了

　饭熟呐 fæ˧ sən˧ ·næ

生饭 saŋ˧ fæ˧　没煮熟的饭

夹生饭 kæ˧ saŋ˧ fæ˧

开席 hæ˧ ɕi˧　宴请时开始吃饭

盛饭 sən˧ fæ˧

　添饭 die˧ fæ˧

搛菜 nie˧ zæ˧

兜汤 tio˧ daŋ˧　用勺子舀汤

　舀汤 io˧ daŋ˧

吃早饭 zia˧ tsau˧ fæ˧　吃早点（有别于中餐和晚餐，一般不吃米饭和菜）

　过早 ko˧ tsau˧

吃昼饭 zia˧ tɤu˧ fæ˧　吃午饭

吃宵夜 zia˧ ɕio˧ ia˧　吃晚饭

吃零食 zia˧ diaŋ˧ ɕi˧

用筷子 in˧ uæ˧ ·tsʅ

肉不烂 niəu˧ pæ˧ næ˧

咬不动 ŋæ˧ pæ˧ dən˧

哽倒呐 kɤ˧ tau˧ ·næ　（吃饭）噎住了

打嗝 tɤ˧ kɤ˧

胀倒呐 taŋ˧ tau˧ ·næ　吃得太多了

嘴壳有得味 tɕi˧ ho˧ mau˧ tə˧ vi˧　嘴里没味儿

喝茶 hə˧ za˧

饿了 ŋo˧ næ˧

饱了 pau˧ næ˧

3. 住

起床 zi˧ zaŋ˧

　起来 zi˧ na˧

爬起来 ba˧ zi˧ na˧

洗手 ɕi˧ səu˧

洗面 ɕi˧ mie˧

洗脚 ɕi˧ tɕio˧

漱口 səu˧ tɕio˧　只用清水，不用牙刷、牙膏等用品

洗口 ɕi˧ tɕio˧　用牙刷、牙膏

　刷牙 sa˧ ŋa˧

梳头发 sʅ˧ dio˧ fæ˧　梳头

扎辫呐 tsæ˧ pie˧ ·næ

剪指甲 tɕiæ˧ tɤ˧ kæ˧

掏耳朵 dau˧ ɤe˧ ·to

抠鼻眼 ŋiəu˧ 6iŋ˧ sʅ˧　掏鼻屎

洗澡 ɕi˧ tsau˧

抹澡 ma˧ tsau˧　擦澡，不用水洗，只用湿毛巾擦身体

解手 kæ˧ ɕue˧ 上厕所
解小手 kæ˧ ɕio˧ səu˧ 小便
解大手 kæ˧ dæ˧ ɕue˧ 大便
乘凉 sən˧ diaŋ˨
晒日头 sa˧ ɲin˧ tʰəi˨
点亮 tie˧ diaŋ˧ 开灯
关亮 kuæ˨ diaŋ˧ 关灯
歇下子 ɕie˥ ha˥·tsæ 休息一会儿
打瞌睡 ta˧ hoʔ fi˥ 打盹儿
打哈叶 ta˧ ha˧ iɤ˧ 打哈欠
瞌睡来了 hoʔ fi˥ næ˨·æ 困了
铺床 bu˨ zaŋ˨
睏下来 uən˨ ha˥·æ 躺下
睏着了 uən˨ tso˧·æ 睡着了
打鼾 ta˧ hə˨ 打呼噜
睏不着 uən˨ pæ˥ dɔʔ 睡不着
睏午觉 uən˨ u˧ tɕio˧ 睡午觉
睏瞌睡 uən˨ hoʔ fi˥ 睡觉
　睏醒 uən˨ ɕiaŋ˧
　　睏觉 uən˨ tɕio˧
仰倒睏 ɲiaŋ˧ tau˨ uən˨ 仰面睡
侧倒睏 ziɿ˧ tau˨ uən˨ 侧着睡
扑倒睏 bu˧ tau˨ uən˨ 趴着睡
颈筋□了 tɕiaŋ˧ tɕi˨ tso˧·æ 落枕

（十七）讼事

打官司 ta˧ kua˨·ɿ
告状 kau˨ zaŋ˨
原告 yɛ˨ kau˨

抽筋 dou˨ tɕin˨ 抽筋了
制梦 tsɿ˧ mən˨ 做梦
打梦话呐 ta˧ ɤa˧ uɑ˧·æ 说梦话
熬夜 ŋau˨ ɤa˧

4. 行

制事 tsɿ˧ sɿ˨ 做事
下地 ha˨ di˧ 去地里干活
开始 kæ˨ sɿ˧
驾驷 ka˨ sɿ˧
开工 kæ˨ kən˨ 开始做事
收工 səu˨ kən˨
赶集 kə˧ tɕi˥
逛街 kuaŋ˨ kæ˨
走步 tɕio˧ bu˨
散步 sæ˨ bu˨
　走下子 tɕio˧ ha˥·tsæ
走人家 tɕio˧ ɲin˨ ka˨ 走亲戚
出门 dʰə˥ mən˨ 特指外出：今哒一日压在屋呐，冇～
归来 kui˨ næ˨ 回来
去归 ziɛ˧ kui˨ 回去，回家：在外底戏了个几日，我想～了（在外面玩了几天，我想回家了）。

被告 bi˨ kau˨
状纸 zaŋ˨ tsɿ˧
上堂 saŋ˨ daŋ˨

退堂 diˇ daŋˋ
证据 tənˋ kuiˇ
招供 tauˋ kənˋ 招认
口供 tɕioˇ kənˋ
证人 tənˋ n̩inˋ
人证 n̩inˋ tənˋ
物证 uˋ tənˋ
对质 tiˋ tsʅˋ
同伙 dənˋ hoˇ
主犯 təuˇ fæˋ
从犯 zənˋ fæˋ
贯犯 kuæˋ fæˋ
宣判 ɕieˋ 6əŋ
服 fuˋ
不服 pæˋ fuˋ
律师 diˋ sʅˋ
讼师 sənˋ sʅˋ
犯法 fæˋ faˋ
犯罪 fanˋ ziˋ
上诉 saŋˋ səuˋ
案子 ŋəˋ ·tsʅ 案件
刑事 ɕinˋ sʅˋ
民事 minˋ sʅˋ
家务事 tɕiaˋ uˋ sʅˋ 清官难断～
衙门 iaˋ mənˋ
公堂 kənˋ daŋˋ
拷打 hauˋ taˇ
打板子 taˇ pæˋ ·tsʅ 旧时刑罚
上铐锁 saŋˋ hauˋ soˇ 上枷
手铐 səuˇ hauˋ
脚铐 tɕioˋ hauˋ 脚镣

捉起来 tsoˋ ziˇ næˋ 逮捕
捆起来 uənˇ ziˇ næˋ
关起来 kuəˋ ziˇ næˋ
押起来 iaˋ ziˇ næˋ
坐牢 zoˋ nauˋ
吃牢饭 ziaˋ nauˋ fæˋ
探监 tæˋ tɕieˋ
诬告 uˋ kauˋ
连坐 dieˋ tsoˋ
保释 pauˇ sʅˋ
取保 ziˇ pauˇ
逮捕 dæˋ 6uˋ
押解 iaˋ kæˇ
囚车 ziəuˋ dɑˋ
掉脑壳 tioˋ nauˇ hoˋ
枪毙 tɕiaŋˋ piˋ
吃枪子呐 ziaˋ tɕiaŋˋ tsʅˇ ·næ
逃跑 dauˋ 6auˋ 越狱
贪官 dəˋ kuəˋ
索贿 soˇ fiˋ
受贿 səuˋ fiˋ
行贿 ɕinˋ fiˋ
罚款 fæˋ uəˋ
立字据 diˋ zʅˋ kuiˇ
按手印 ŋəˋ səuˇ n̩iˋ
交税 tɕioˋ fiˋ 纳税
完税 uəˋ fiˋ
田契 diˋ ziˋ 地契
租子 tsuˋ ·tsʅ 地租
税契 fiˋ ziˋ 持契交税盖印，使契有效

执照 tɿ˧ tau˨   上任 saŋ˧ dən˥
告示 kau˨ sɿ˨   下课 ha˧ ko˥ 卸任
通告 dən˧ kau˨   罢免 pa˨ miɛ˨
通知 dən˧ tsɿ˧   罢官 pa˨ kuɛ˥
命令 miaŋ˧ diaŋ˥   案宗 ŋa˧ tsən˧ 案卷
私访 sɿ˧ faŋ˨   交代 tɕio˧ dæ˥ 移交经手的事务
暗访 ŋa˧ faŋ˨   传票 də˥ 6io˨

（十八）交际

应酬 in˨ dəu˥   上烟 saŋ˧ iɛ˧ 给客人递烟
交往 tɕio˧ uaŋ˨ 来往   上酒 saŋ˧ tɕiəu˨ 给客人倒酒
看望 hə˨ uaŋ˥   男客 nə˨ ha˧
　拜访 pæ˨ faŋ˨   女客 ŋi˨ ha˧
制客 tsɿ˨ ha˧ 做客   送情 sən˨ ziaŋ˥
请客 ziaŋ˨ ha˧   　送礼 sən˨ di˨
接客 tɕiɛ˧ ha˧ ①请客：我崽结   礼物 di˨ u˥
　婚，要~（我儿子结婚，要请   人情 nin˨ ziaŋ˥
　客）。②接送客人：我要到机   送人情 sən˨ nin˨ ziaŋ˥
　场去~。   赶礼 kə˨ di˨
稀客 ɕi˧ ha˧ 本意是不常来的尊贵   待客 tæ˨ ha˧
　客人，一般用于迎接客人的客   陪客 6i˨ ha˧
　套话。   送客 sən˨ ha˧
招接 tau˧ tɕiɛ˧ ①招待：今日我要   不送了 pæ˧ sən˨ ·næ 主人送客时
　~客（今天我要招待客人）。   　说的客气话
　②照顾：伊病了都冇得人~伊   慢走 mæ˨ tɕiəu˨
　（他病了都没有人照顾他）。   多谢 to˧ ziæ˥
打招呼 ta˨ tau˨ ·fu 请求关照：尔   感谢 kə˨ ziæ˥
　要跟领导打~话一下（你应该   吃了亏 ziaʔ ·næ vi˧ 辛苦了，感
　跟领导打个招呼，说一下请求   　谢话
　关照）。   莫见气 mo˥ tɕiɛ˨ zi˨ 别生气，请
上茶 saŋ˧ za˨ 给客人倒茶   　求原谅的客套话

莫见怪 moꜜ tɕieˏ kuæˏ

得罪尔家呐 teꜜ ziˏ ˏyn ·ka ·næ 得罪您了，客气话

莫讲客气 moꜜ tɕiaŋˏ haꜜ ziˏ 别讲客气

莫讲礼 moꜜ tɕiaŋˏ ɖiˏ

不讲礼 pæꜜ tɕiaŋˏ ɖiˏ 不客气

戳拐 zoꜜ kuæˏ 背后使坏

摆酒席 pæˏ tɕieuˏ ɕiˏ

席子 ɕiꜜ ·tsæ 酒席

请帖 ziaŋˏ ɖieˏ

发请帖 fæꜜ ziaŋˏ ɖiˏ 下请帖

喜帖 ɕiˏ ɖieˏ

客套 haꜜ ɖauˏ

礼性 ɖiˏ ɕiŋˏ 礼数：要讲～

开席 kæˏ ɕiꜜ

上席 saŋꜜ ɕiꜜ 入席

下席 haꜜ ɕiꜜ 离席

上坐 saŋꜜ zoꜜ 请人入席时常说的客套话

坐上座 zoꜜ saŋꜜ zoꜜ 坐上席，一般是长辈或是身份地位比较高的人坐

坐下席 zoꜜ haꜜ ɕiꜜ 与"上席"相对，一般是代表东家在席上做服务事宜的人坐

上菜 saŋꜜ zæˏ

端菜 təꜜ zæˏ

酌酒 tənꜜ tɕieuˏ

倒酒 tauꜜ tɕieuˏ

劝酒 yɛˏ tɕieuˏ

干杯 kəꜜ piꜜ

不和 pæꜜ heˏ 关系不好：老王跟老李一直～。

不搁 pæꜜ kəꜜ

扯皮 ɖaˏ 6iꜜ 闹得不愉快，如吵架等

扯皮拉筋 ɖaˏ 6iꜜ naˏ tɕinꜜ

冤家 yɛꜜ tɕiaꜜ

死对头 sʅˏ tiˏ ɖioˏ

不平 pæꜜ 6iaŋˏ 路见～

冤枉 yɛꜜ uaŋˏ

打岔 taˏ zaˏ

插嘴 zaꜜ ziˏ

见气 tɕieˏ ziˏ 介意：招接不好，尔莫～啊（招待不好，别介意）!

面子 mieˏ ·tsʅ

把柄 paˏ 6iaŋˏ

抓把柄 tsaꜜ paˏ 6iaŋˏ

假 kaˏ 虚伪（形容词）：伊蛮～（他为人很假，不真诚）。

假制 kaˏ tsʅˏ 做作：看伊～个样哦（看他做作的样子）!

□ tsəˏ 撒娇卖俏：女伢子就是会～（女孩子就是会撒娇）。

发□ fæꜜ tsəˏ

摆架子 pæˏ tɕiaˏ ·tsʅ

装苴 tsuaꜜ səuˏ 装傻

出洋相 ɕəꜜ iaŋˏ ɕiaŋˏ

出丑 ɕəꜜ ɖouˏ

丢脸 tioꜜ ɖieˏ

不要脸 pæꜜ ioˏ ɖieˏ

巴结 pa˧ tɕi˥
理 di˧˨　理睬：晓得伊在跟我话事，
　　但我也不想～伊（知道他在跟
　　我说话，但我不想理睬他）。
耳 ə˧˨　莫～伊（别理他）！
串门 tɕ'ən˧ mən˧˨
拉关系 na˧˨ kuə˧ ɕi˧　拉近乎
看得起 hə˧ tə˧ zi˧˨

看不起 pæ˧ zi˧˨
搭伙 tæ˧ ho˧˨　合作
　合伙 hə˧ ho˧˨
答应 tæ˧ in˧
不答应 pæ˧ tæ˧ in˧
赶出去 kə˧ tɕ'ə˧ ziɛ˧　撵出去
制伴 tsɿ˧ pə˧　做伴
劝架 yɛ˧ tɕia˧˨

（十九）商业、交通

1. 经商行业

老字号 nau˧˨ zɿ˧ hau˧
招牌 tau˧ ɓæ˧˨
广告 kuaŋ˧˨ kau˧
店铺 tiɛ˧ ɓə˧˨　商店
开店铺 hæ˧ tiɛ˧ ɓə˧˨
　开店 hæ˧ tiɛ˧
门面 mən˧ miɛ˧
　铺面 ɓə˧ miɛ˧
摆摊 pæ˧˨ dæ˧˨
旅社 di˧˨ sa˧　旅店
　旅馆 di˧˨ kuə˧˨
酒店 tɕiəu˧˨ tiɛ˧
馆子 kuə˧˨ tsɿ·　饭馆
　餐馆 zæ˧ kuə˧˨
下馆子 ha˧ kuə˧˨ tsɿ·
布店 pu˧ tiɛ˧
商场 saŋ˧ daŋ˧˨　百货店
杂货铺 za˧ ho˧ ɓə˧˨　杂货店
米店 mi˧˨ tiɛ˧
超市 dau˧ sɿ˧˨

瓷器店 sɿ˧ zi˧˨ tiɛ˧
文具店 uən˧ vi˧˨ tiɛ˧
牌铺 ɓæ˧˨ ɓə˧˨　打麻将、打牌的
　　　　　地方
理发店 di˧˨ fæ˧ tiɛ˧
剃头 di˧˨ dio˧˨　理发
夹头发 kæ˧ dio˧˨ fæ˧
　剪头发 tɕiɛ˧˨ dio˧˨ fæ˧
烫头发 daŋ˧ dio˧˨ fæ˧
染头发 də˧˨ dio˧˨ fæ˧
刮面 kua˧ miɛ˧
刮胡须 kua˧ fu˧ ɕi˧
肉摊 nʲəu˧ dæ˧˨
榨油坊 tsa˧ iəu˧ faŋ˧˨
杀猪 sæ˧ təu˧
当铺 taŋ˧ ɓə˧˨
粮站 diaŋ˧ tsæ˧˨
血站 fiɛ˧ tsæ˧˨
租房个 tsəu˧ faŋ˧˨ ·ka　租房子的人
出租个 tɕ'ə˧ tsəu˧ ·ka　出租房子
　　　的人

房租 faŋ˧ tsəu˦
押金 ia˦ tɕin˦
租个房 tsəu˦ ·ka faŋ˧　出租屋
煤球 mi˧ ziɛu˧
煤渣 mi˧ tsa˦
蜂窝煤 fəŋ˦ o˦ mi˧

2. 经营、交易

开业 hæ˦ iɛ˧
　开张 hæ˦ taŋ˦
关门 kuə˦ mən˧　停业
盘存 bən˧ zən˧　盘点
柜台 kui˧ dæ˧
　柜面 kui˧ miɛ˧
开价 hæ˦ tɕia˧
　喊价 hæ˦ tɕia˧
还价 fæ˧ tɕia˧
　讲价 kaŋ˧ tɕia˧　买卖双方商议价钱
便宜 biɛ˧ ŋi˧　①（价钱）便宜；②得别人的好处，占别人便宜
（价钱）贵 kui˧
（价钱）合适 hə˧ sʅ˧　公道
（买卖）划得来 fa˧ tɛ˦ næ˧　划算
包了 pau˧ ·næ　包圆儿，一个人承担
生意好 ɕiɛ˦ i˦ hau˧　买卖好
俏 zio˧　商品销量好
生意不好 ɕiɛ˦ i˦ pæ˧ hau˧
工钱 kən˦ ziɛ˧
本钱 pən˧ ziɛ˧
保本 pau˧ pən˧

赚钱 zə˧ ziɛ˧
亏本 vi˦ pən˧
　折本 sə˧ pən˧
　折血本 sə˧ fiɛ˧ pən˧
路费 nəu˧ fi˧
息钱 ɕi˦ ziɛ˧
利息 di˧ ɕi˦
运气好 vin˧ zi˧ hau˧
好命 hau˧ miaŋ˧　运气好，命好
背时 pi˧ sʅ˧　运气不好
该 kæ˦　①欠钱：伊~我五百块钱（他欠我五百块钱）。②活该：叫伊莫去伊要去，把得别个骗了吧？~个！（劝他别去他要去，被人骗了吧？活该！）
欠 ziɛ˧　欠（钱）
差 za˦　①欠：~尔个钱。②缺：还~几分钟。

3. 账目

账房 taŋ˧ faŋ˧
开支 hæ˦ tsʅ˦
　开销 hæ˦ ɕio˦
进账 tɕin˧ taŋ˧　记收入的账
出账 də˧ taŋ˧　记付出的账
该账 kæ˦ taŋ˧
欠账 ziɛ˧ taŋ˧
赊账 sə˧ taŋ˧
要账 io˧ taŋ˧
讨账 dau˧ taŋ˧
收账 səu˧ taŋ˧
死账 sʅ˧ taŋ˧　要不回来的账

发票 fæ˧ ɓio˩

收据 sou˧ kui˩

存款 zən˧ uɤ˧

艮钱 kɤ˧ ziɛ˩　整钱

角子钱 ko˧ tsʅ˧ ziɛ˩　零角零分的钱

　　零钱 diaŋ˧ ziɛ˩

票子 ɓio˩ tsʅ　钞票（纸币）

号子 hau˩ tsʅ　硬币

铜钱 dən˧ ziɛ˩　铜板

一分钱 i˧ fən˧ ziɛ˩

一毛钱 i˧ mau˧ ziɛ˩

　　一角钱 i˧ tɕio˧ ziɛ˩

一块钱 i˧ uɤ˧ ziɛ˩

十块钱 sə˧ uɤ˧ ziɛ˩

一百块钱 i˧ ɓa˧ uɤ˧ ziɛ˩

一张钱 i˧ taŋ˧ ziɛ˩　一张票子（钞票）

算盘 so˧ ɓə˩

天平 diɛ˧ ɓiaŋ˧

秤 dən˧

秤砣 dən˧ oɓ˩

磅秤 ɓaŋ˧ dən˩

盘秤 ɓə˩ dən˧

秤盘 dən˧ ɓə˩

秤杆 dən˧ kɤ˩

秤钩 dən˧ tɕio˩

4. 交通

铁路 diɛ˧ nəu˩

铁轨 diɛ˧ kui˧

火车 ho˧ dɓ˩

火车站 ho˧ dɓ˩ tsæ˩

马路 ma˧ nəu˩

公路 kən˧ nəu˩

土路 dou˧ nəu˩

柏油路 ɓa˧ iəu˧ nəu˩

大路 dæ˧ nəu˩

小路 ɕio˧ nəu˩

近路 zin˧ nəu˩

远路 yɤ˧ nəu˩

汽车 zi˧ dɓ˩

客车 ha˧ dɓ˩　载人的汽车

搭车 tæ˧ dɓ˩　坐车

货车 ho˧ dɓ˩　运载货物的汽车

公汽 kən˧ zi˧　公共汽车

小轿车 ɕio˧ zio˧ dɓ˩

　　小车 ɕio˧ dɓ˩

的士 ti˧ sʅ˧

打的 ta˧ ti˧　坐出租车

摩托车 mo˧ ɽo˩ dɓ˩

麻木 ma˧ mu˧　载人的三轮车

三轮车 sæ˧ nən˧ dɓ˩

独脚车 dəu˧ tɕio˧ dɓ˩　单车

　　自行车 zʅ˧ ɕin˧ dɓ˩

板车 pæ˧ dɓ˩

牛车 niəu˧ dɓ˩　牛拉的车

船 so˩　（总称）

开船 hæ˧ so˩　开非机动类的小船

划船 fa˧ so˩

龙船 nən˧ so˩　龙舟：端午划～。

帆 fæ˩

篷 ɓə˩　船蓬

桅杆 vi˧ kɤ˧

舵 ˩doɤ
桨 ˩tɕiaŋ
蒿 kau˩ 撑船的蒿子
跳板 ˩dioɤ pæɤ 上下船用

渔船 ŋi˩ sə˩
轮渡 ˩uei ˩tuen
码头 maɤ ˩dioɤ
过河 koɤ ˩hoɤ

（二十）文化教育

1. 学校

学堂 hoʔ ˩daŋ 学校
上学 saŋ˩ hoʔ ①开始上小学：我个崽六岁~个（我孩子六岁上学读书的）。②去学校上课。
放学 faŋ˩ hoʔ 上完课回家
逃学 dau˩ ɕioʔ
发蒙 fæʔ ˩məŋ 启蒙，开始上幼儿园
幼儿园 iəu˩ ˩ʎuei ˩ʎyɛ
托儿所 ˩oʔ ʎe soɤ
学前班 ɕioʔ ziɛ˩ pæɤ
私塾 sʔ ˩səu
学费 ɕioʔ fi˩
学杂费 ɕioʔ ˩za fi˩
放假 faŋ˩ tɕiaɤ
暑假 səu˩ ˩tɕiaɤ
寒假 hə˩ ˩tɕiaɤ
请假 ziŋ˩ ˩tɕiaɤ
升级 sən˩ ˩tɕiʔ
留级 dioʔ ˩tɕiʔ
新生 ɕin˩ ˩sən
老生 nau˩ ˩sən
插班生 za˩ pæ˩ ˩sən
上学期 saŋ˩ hoʔ ˩tɕi

下学期 ha˩ hoʔ ˩ɕi
小学 ɕioɤ ɕioʔ
中学 tən˩ ɕioʔ 特指7～9年级阶段
初中 zəu˩ tən˩
高中 kau˩ tən˩
大学 dæʔ ɕioʔ
研究生 ŋiɛ˩ tɕiəu˩ ɕiɛ˩
博士 poʔ sʔ

2. 教室、文具

教室 tɕioɤ ˩sə
上课 saŋ˩ hoɤ
下课 ha˩ hoɤ
讲台 tɕiaŋ˩ ˩dæ
讲桌 tɕiaŋ˩ tsoɤ
课桌 hoɤ tsoɤ 学生在教室里用的桌子
黑板 heʔ ˩pæɤ
粉笔 fəŋ˩ piʔ
黑板煞 heʔ pæɤ sa˩ 黑板擦
花名册 fa˩ min˩ ziɛ˩
戒尺 kæ˩ ˩tsʔ
教鞭 tɕioɤ piɛ˩
本子 pən˩ ·tsʔ
笔记本 piʔ tɕi˩ pən˩

作业本 tsoɻ ȵieɻ ˩pənɻ

作文本 tsoɻ uənɻ ˩pənɻ

大字本 dæɻ zʅɻ ˩pənɻ

拼音本 ɓinɻ inɻ ˩pənɻ

课本 hoɻ ˩pənɻ

铅笔 zieɻ ˩piɻ

橡皮擦 ɕiaŋɻ ˩ɓiɻ zæɻ

削笔刀 ɕioɻ ˩piɻ tauɻ

圆规 yeɻ ˩kuiɻ

量角器 diaŋɻ koɻ zʅɻ

三角板 sæɻ koɻ ˩pæɻ

钢笔 kaŋɻ ˩piɻ

　水笔 fiɻ ˩piɻ

严珠笔 ȵieɻ ˩tauɻ ˩piɻ　圆珠笔

毛笔 mauɻ ˩piɻ

笔盖 piɻ ˩kæɻ

笔筒 piɻ ˩dənɻ　①笔盖子，如：写完了字把～盖好。②放笔的筒状收纳器具，如，个～能装好多笔啊！

砚碗 ȵieɻ ˩ɻeuɻ　砚台

磨墨 moɻ ˩mieɻ　研墨

墨盒呐 mieɻ ˩həɻ ·næ　墨盒

墨 mieɻ　墨汁（毛笔用的）

墨水 mieɻ ˩fiɻ　（钢笔用的）

　靛水 dieɻ ˩fiɻ

书包 səuɻ ˩pauɻ

3. 读书识字

读书个人 douɻ ˩səuɻ ·ka ȵinɻ　读书人

认得字 ȵinɻ teɻ ˩zʅɻ　识字

睁眼瞎 tsaŋɻ ŋæɻ ˩haɻ　不识字

　文盲 uenɻ maŋɻ

读书 douɻ ˩səuɻ

背书 piɻ ˩səuɻ

复习 fuɻ ˩ɕiɻ

报考 pauɻ ˩hauɻ

考场 hauɻ ˩zaŋɻ

进考场 tɕinɻ ˩hauɻ ˩zaŋɻ

考试 hauɻ ˩sʅɻ

卷子 kueɻ ˩tsʅɻ　试卷

一百分 iɻ ɓaɻ ˩fənɻ

满分 meɻ ˩fənɻ

零分 diaŋɻ ˩fənɻ

零光蛋 diaŋɻ ˩kuaŋɻ ˩dæɻ

放榜 faŋɻ ˩paŋɻ

头名 dioɻ ˩miaŋɻ

第一名 diɻ iɻ ˩miaŋɻ

最后一名 tɕiɻ ɻoiɻ ˩iɻ ˩miaŋɻ

倒数第一 tauɻ ˩səuɻ ˩diɻ ˩iɻ

毕业 piɻ ˩ȵieɻ

文凭 uenɻ ˩ɓiaŋɻ

毕业证 piɻ ˩ȵieɻ ˩tənɻ

4. 写字

正楷 tənɻ ˩hæɻ　字迹工整：这伢字写得好～。

楷书 hæɻ ˩səuɻ

字帖 zʅɻ ˩dieɻ

临摹 lomɻ ˩moɻ

临帖 dinɻ ˩dieɻ

错别字 zoɻ ˩ɓieɻ ˩zʅɻ

写错了 ɕiaɻ ˩zoɻ ·næ

写字 ɕiaˇ zʮˉ
笔顺 piˉ sənˉ
落字 noˇ zʮˉ 掉字
鬼画符 kuiˇ faˇ fuˉ 字写得很难看
草稿 zauˇ kauˇ
打草稿 taˇ zauˇ kauˇ
眷 ɗənˉ 把草稿～一遍
抄 zauˉ 考试抄别人的
一点 iˉ tieˇ
一横 iˉ hənˉ
一竖 iˉ səuˉ
一撇 iˉ ɓieˇ
一捺 iˉ naˉ
一勾 iˉ tɕiouˉ
一提 iˉ ɗiˉ
一挑 iˉ ɗiouˇ
一画 iˉ faˉ 一笔为～
偏旁 ɓieˉ ɓaŋˉ
部首 ɓuˉ səuˇ
单人旁（亻）tæˉ ȵinˇ ɓaŋˉ
双人旁（彳）saŋˉ ȵinˇ ɓaŋˉ
弓长张 kənˉ ɗaŋˉ taŋˉ

立早章 ɗiˉ tsauˇ taŋˉ
禾旁程 oˇ ɓaŋˉ ɗaŋˉ
耳东陈 əˇ tuŋˉ ɗənˉ
宝盖头（宀）pauˇ kæˇ ɗiouˉ
秃宝盖（冖）ɗəˉ pauˇ kæˉ
竖心旁（忄）səuˉ ɕinˉ ɓaŋˉ
反犬旁（犭）fæˇ yəˇ ɓaŋˉ
抱耳旁 pauˉ ɦe əˇ ɓaŋˉ 双耳刀儿（阝）
反文旁（攵）fæˇ uənˉ ɓaŋˉ
斜玉旁 ziaiˇ viˉ ɓaŋˉ
提土旁 ɗiˉ ɗuˇ ɓaŋˉ
竹字头 təuˉ zʮˉ ɓaŋˉ
火字旁 hoˇ zʮˉ ɓaŋˉ
四点水（灬）sʮˉ tieˇ fiˇ
三点水（氵）sæˉ tieˇ fiˇ
两点水（冫）ɗiaŋˉ tieˇ fiˇ
病字头（疒）ɓiaŋˉ zʮˉ ɗiouˉ
走之底（辶）tɕiouˇ tsʮˉ tiˇ
绞丝旁（纟）tɕiouˇ sʮˉ ɓaŋˉ
提手旁（扌）ɗiˉ səuˇ ɓaŋˉ
草字头（艹）zauˇ zʮˉ ɗiouˉ

（二十一）文体活动

1. 游戏、玩具

风筝 fənˉ tieˉ
寻躲 ɕinˇ toˇ 捉迷藏
踢燕呐 ɗiˉ ʑaiˉ ·næ 踢毽子
丢沙包 tiəuˉ saˉ pauˉ
打水飘 taˇ fiˇ ɓiouˉ 在水面上掷薄薄的瓦片或石子，使之在水面跳跃前进，激起一串水花的玩法
跳房子 ɗiouˉ faŋˉ tsʮˉ
翻花 fæˉ faˉ 两人轮换翻动手指头上的细绳，变出各种花样

翻跟头 fæ˧ kɛ˧ dioɹ 两手撑地，一个接一个倒立着翻过去

打滚脚呐 ta˥ kuən˥ tɕio˧ ·næ 蜷起身子翻滚

打洋画 ta˥ iaŋ˧ fa˧ 几个人每人往地下放一张洋画（硬纸板做的彩色小画片），如果你的洋画能把别人的打翻过来，那就可以赢那个人的洋画

斗鸡 dioɹ tɕi˧

剔珠子 tə˧ ɹuei ·tsɿ 弹珠子

划拳 fa˩ yɛ˧ （喝酒时）

　猜拳 zæ˧ yɛ˧

猜谜语 zæ˧ mi˧ ·næ

　打谜呐 ta˥ mi˧ ·næ

不倒翁 pæ˧ tau˥ uən˧

牌 bæ˩

打牌 ta˥ bæ˩

打麻将 ta˥ ma˩ tɕiaŋ˥

压宝 ia˧ pau˩

炸金花 tsa˩ tɕin˧ fa˧ 一种用扑克牌玩的赌博游戏

鞭 piɛ˧ 爆竹

打鞭 ta˥ piɛ˧

　放鞭 faŋ˥ piɛ˧

烟花 iɛ˧ fa˧

放烟花 faŋ˥ iɛ˧ fa˧

2. 体育

象棋 ɕiaŋ˧ zɿ˩

下棋 ha˧ zɿ˩

　走棋 tɕio˥ zɿ˩

将 tɕiaŋ˧

帅 sæ˧

士 sɿ˧

象 ɕiaŋ˧

相 ɕiaŋ˧

马 ma˥

车 da˧

炮 bau˩

兵 pin˧

卒 tsuə˧

拱卒 kən˥ tsuə˧

上士 saŋ˧ sɿ˧ 士走上去

下士 ha˧ sɿ˧ 士走下来

飞象 fi˧ ɕiaŋ˧

跳马 diɔ˩ ma˥

将军 tɕiaŋ˧ kuin˧

围棋 vi˩ zɿ˩

黑子 hɛ˧ tsɿ˧

白子 ba˩ tsɿ˧

和棋 ho˩ zɿ˩

悔棋 fi˥ zɿ˩

拔河 pa˩ ho˩

戏水 ɕi˧ fi˥

　游泳 iəu˩ vin˥

仰泳 niaŋ˥ vin˥

蛙泳 ua˧ vin˥

自由泳 zɿ˧ iəu˩ vin˥

汤水 mi˧ fi˥ 在水里憋气

踩水 zæ˥ fi˥

打球 ta˥ ʑiəu˩

比赛 pi˥ sæ˧

乒乓球 ƥinˉ ƥaŋˉ ziɤˋ
篮球 næˉ ziɤˋ
排球 ƥæˉ ziɤˋ
脚球 tɕioˊ ziɤˋ 足球
羽毛球 viˇ mauˇ ziɤˋ
网球 uaŋˇ ziɤˋ
跳远 dioˋ yɤˇ
跳高 dioˋ kauˉ

3. 武术、舞蹈

倒立 tauˋ ɗiˉ
踩轮船 zæˇ nənˉ səˉ 踩纸扎的彩
　　色船，春节期间与龙灯、舞狮
　　并行的民俗活动
舞狮 uˇ sɿˉ 玩狮子
舞龙灯 uˇ nənˉ tieˉ 玩龙灯
　戏龙灯 ɕiˋ nənˉ tieˉ
踩高跷 zæˇ kauˉ zioˉ
打快板 taˇ uæˋ pæˋ
拉胡琴 naˉ fuˉ zinˉ
扭秧歌 niəuˇ iaŋˉ koˉ
打腰鼓 taˇ ioˉ kuˇ
跳舞 dioˋ uˇ

4. 戏剧

提琴戏 ɗiˉ zinˉ ɕiˋ

皮影戏 ƥiˉ ɣaŋˇ ɕiˋ
唱戏 daŋˋ ɕiˋ
花鼓戏 faˉ kuˇ ɕiˋ
京剧 tɕinˉ kuiˋ
话剧 faˉ kuiˋ
戏院 ɕiˋ yɤˉ
戏台 ɕiˋ ɗæˉ
演员 iɛˇ yɤˉ
唱戏个 daŋˋ ɕiˋ ·ka 唱戏的人
　戏子 ɕiˋ tsɿˋ
变戏法 pieˋ ɕiˋ fæˋ 玩魔术
花旦 faˉ ɗæˉ
花脸 faˉ ɗiɛˇ
老生 nauˇ ɕiɛˉ
小生 ɕioˇ ɕiɛˉ
武生 uˇ ɕiɛˉ
刀马旦 tauˉ maˇ ɗæˉ
老旦 nauˇ ɗæˉ
青衣 ziaŋˉ iˉ
小旦 ɕioˇ ɗæˉ
跑龙套个 ƥauˋ nənˉ dauˋ ·ka 跑龙
　　套的人
正角 tənˋ tɕioˉ
丑角 douˇ tɕioˉ

(二十二) 动作

1. 一般动作

徛 ziˉ 站
跍 uˉ 蹲：她～倒择菜。
跶倒了 tæˋ tauˇ ·næ 跌倒了

爬起来 ƥaˉ ziˇ næˉ
摆脑壳 pæˇ nauˇ hoˉ 摇头
　摇脑壳 ioˉ nauˇ hoˉ
点脑壳 tieˇ nauˇ hoˉ 点头

点头 tieʏ˧ ɖioʊ˩

抬头 dæʟ˧ ɖioʊ˩

仰倒脑壳 niɑŋʏ˧ ·tau nauʟ hoʜ

低头 tiʟ˧ ɖioʊ˩

低倒脑壳 tiʟ˧ ·tau nauʟ hoʜ

栽倒脑壳 tsæʟ˧ ·tau nauʟ hoʜ

回头 fiʟ˧ ɖioʊ˩

面转过去 mieʜ˧ təʏ˧ koʏ˧ ziəʊ˩

睁眼 tsaŋʜ ʟŋæʏ

立倒眼睛 ɖiʜ˧ ·tau ʟŋæʏ ʟtɕiaŋʜ   瞪着眼睛

闭倒眼睛 piʟ˧ ·tau ʟŋæʏ ʟtɕiaŋʜ   闭着眼睛

闭眼 piʟ˧ ŋæʏ

辣眼睛 næʟ˧ ʟŋæʏ ʟtɕiaŋʜ   眨眼睛

撞倒 zaŋʏ˧ ·tau   ①遇见，特别强调不期而遇：我昨日在街上～伊了（我昨天在街上遇见他了）。②碰撞：过细点，莫～桌呐上去了（小心点，别碰到桌子了）。

碰倒 ɓaŋʟ˧ ·tau   遇见，碰见

跈倒 ɓaŋʟ˧ ·tau   追着，追赶：伊一出门伊个崽就～伊（他一出门他儿子就追赶他）。

过身 koʏ˧ sənʟ   事情完结：等我忙～了就去（等我忙完了就去）。

拦倒 næʟ˧ ·tau   阻拦，拦住：把伊～倒，莫紧伊跑了（把他拦住，别让他跑了）。

看 həʏ   看的一般性说法

瞄 mioʏ   带目的性地去看：外面么伊样吵啊？我去～下子（外面怎么这么吵？我去看一下）。

目 roʜ   看望（某人）：伊病了，我去～一下子（他生病了，我去看望一下）。

转眼睛 təʏ˧ ʟŋæʏ tɕiaŋʟ

翻眼睛 fæʟ˧ ʟŋæʏ tɕiaŋʟ

流眼泪 ɖioʊ˩ ʟŋæʏ ɖiʟ

嘴壳张开 tɕiʏ˧ hoʜ taŋʟ hæʟ   张嘴

嘴壳闭倒 tɕiʏ˧ hoʜ piʟ˧ ·tau   闭嘴

张口闭口 taŋʟ tɕioʏ˧ piʟ tɕioʏ˧   开口闭口：～都话老子。

跷嘴壳呐 tɕioʟ˧ tɕiʏ˧ hoʜ ·næ   嘟起嘴

翻嘴 fæʟ˧ tɕiʏ˧   斗嘴：细伢崽莫跟大人～（小孩子别跟大人斗嘴）。

嗍 soʜ   吮吸：莫把手放到嘴壳里～。

岔巴呐 zaʟ˧ paʟ˧ ·næ   到处传话嚼舌根的人：李姥家真是个～，到处话别个个事（李太婆真是喜欢嚼舌根的人，到处说别人的事）。

举手 kuiʏ souʟ

摆手 pæʟ souʟ

松手 sənʟ souʟ   ①放开手里的东西：尔～，莫捏到（你放手，别抓住）！②撒手不管：崽长大了，尔家呐要～，莫么事都管倒伊（儿子长大了，你们要

放手，不要什么事都管着他）。
　　放手 faŋ˧ səuˇ
摘手 zʮ˧ səuˇ　①伸手的动作：～拿下子（伸手拿一下）。②插手掺和事情：不是自己个事莫～（不是自己的事情别插手掺和）!
动手 dəŋ˧ səuˇ　君子动口不～
拍巴掌 ɓaˤ paˤ taŋˇ　鼓掌
手背倒 səuˇ piˊ·tau　背着手
　　反倒手 fæˇ ·tau səuˇ
叉倒手 za˧·tau səuˇ　叉着手（两手交叉在胸前）
笼倒 nən˧·tau　笼着手（双手交叉伸到袖筒里）
盖倒 kæˊ·tau　盖住
摸 mo˧　摩挲：肚子疼，用手～下子。
端屁 tə˧ paˇ　把屎
端尿 tə˧ nioˇ　把尿
弹指甲呐 tæ˧ tʂˊ kæˇ·næ　弹指头
捏坨呐 nieŋˇ ɗo˧·næ　攥起拳头
跺脚 to˧ tɕioˇ
　　跳脚 ɗioˇ tɕioˇ
踮起脚 tieˇ ʮˇ tɕioˇ
跷脚 zioˇ tɕioˇ　跷二郎腿
刖倒 ye˥·tau　跪着
踢一脚 ɗiˇ iˊ tɕioˇ
弯腰 uə˧ io˧
　　佝倒腰 kəu uˇ·tau io˧
伸腰 sən˧ io˧

伸懒腰 sən˧ næ˧ io˧
撑腰 ɗəŋ˧ io˧　支持：伊背后有人跟伊～（他背后有人给他撑腰）。
翘屁股 ziou˥ biˊ kuˇ　撅屁股
捶背 ɗuŋ˧ piˊ
擤鼻涕 ɕin˧ biˊ ɗiˇ
嗍鼻涕 so˧ biˊ ɗiˇ　吸鼻涕
嗅 ɕin˧　闻：～下子，个是么味啊？（闻一下，这是什么味啊？）
嫌 ɕiɛ˧　嫌弃：伊还小，莫～伊（他还小，别嫌弃他）!
嫌物 ɕiɛ˧ vəˇ　①令人讨嫌的人：伊真是个～，走到哪里哪里不喜欢伊。②有时对自家的孩子也这么说，多表示爱怜：个～啊，莫乱（讨人嫌的孩子啊，别惹事）。
哭 uˇ
丢 tiəu˧　扔
泼 ɓoˇ　扔：剩菜莫吃了，～了嘀（剩菜别吃了，扔了吧!）
　　倒 tauˇ
话 uaˊ　①说话：～事。②批评：我制错了，老师～了我（我做错了，老师批评我了）。
笑 ɕioˇ
跑 ˇuŋ
走 tɕiouˇ
蹦 pən˧
跳 ɗioˇ

搁 ko꜁ 放置：～在桌子高底。

掺 zæ꜂ 酒里～水

兑 ti꜂ ～水

收捡 səu꜂ tɕie꜀ ①动词，整理：把屋里～下子（把家里收拾一下）。②名词，表示收拾的习惯：个大个人了，还有得～（这么大的人了，还没有收拾的习惯）。

收拾 səu꜂ sə꜂

选 ɕie꜀ 选择

提起来 diɑ꜂ zi꜀ næ꜁

捡起来 tɕie꜀ zi꜀ næ꜁ ①从地上捡起来；②把东西藏起来：把蛋糕～，莫把得狗吃了（把蛋糕收好，别被狗吃了）!

揩 hæ꜂ 擦

□ ze꜂ 吃完了把手～下子（吃完了把手擦一下）。

落了 no꜁ ·næ 丢失

找到了 tsau꜀ tau꜂ næ 找着了

躲 to꜀ 躲藏：（人）～起来。

码起来 mæ꜀ zi꜀ næ꜁ （把某物）摞起来：把书～。

捅 den꜁ 把东西装在荷包里：把钱～好。

搁 ko꜁

放 faŋ꜀

搜 ɕieu꜂ 查看：尔～下子荷包看有冇得（你搜一下荷包看有没有）。

掀 ɕie꜁ 掀开、推开：把被子～开

搣 mie꜂ 掰：伊把筷子～断了（他把筷子掰断了）。

换 ue꜂ 个本书破了，我想～一本。

捡 tɕie꜀ 收拾：～桌子

择 tsɑ꜁ ～菜

提 diɑ꜁ ～水

铺 6uŋ 水煮沸后漫出：开水～出来哒。

漫 mæ꜂ 溢出

沁 zin꜂ 渗透：～水

戳 zo꜁ 插：用棍子～

花 fa꜁ 划伤、割伤：修桌子把手～倒了（修桌子把手划伤了）。

2. 心理活动

晓得 ɕio꜀ tə꜂ 知道

懂 tən꜀

懂板 tən꜀ pæ꜂ 懂道理，形容为人处世很灵活：社会上制事要～。

会 fi꜁

认得 ȵin꜁ tə꜂ 认识

不认得 pæ꜁ ȵin꜁ tə꜂ 不认识

认字 ȵin꜁ zɿ꜂ 识字

想一下 ɕiɑŋ꜀ i꜁ hɑ꜁

估计 ku꜂ tɕi꜂ 估量

想主意 ɕiɑŋ꜀ təu꜀ i꜂

猜 zæ꜂ 猜想

谅 ȵiɑŋ꜁ 料定：我～伊不敢话（我料定他不敢说）。

想法 ɕiɑŋ꜀ fæ꜂ 主张

相信 ɕiaŋ˧ ɕin˥
　　信 ɕin˥
怀疑 fæ˧ ŋi˥
拿不定把握 na˧ pæ˧ din˦ pa˧ o˦
　　犹疑
小心 ɕio˦ ɕin˦　当心
　　过细 ko˦ ɕi˦
注意 təu˦ i˦　留神
怕 ɓa˦　害怕
吓倒了 ha˧ tau˦ æ˦　吓着了
吓不过 ha˧ pæ˧ ko˦　吓得很厉害
着急 tso˧ tɕi˧
想倒（某人）ɕiaŋ˥ tau˦　挂念
忟 zie˦　想念
操心 zau˦ ɕin˦
放心 faŋ˦ ɕin˦
望 uaŋ˦　盼望：一到过年我个妈就～伊归来（每到过年，我妈就盼着他回来）。
巴不得 pa˦ pæ˧ tə˧
记倒 tɕi˦ ·tau　记着（不要忘）
想起来了 ɕiaŋ˥ zi˥ næ˦ æ˦
难记 næ˦ tɕi˦　忘记
眼红 ŋæ˥ fəŋ˦　嫉妒
　　吃不得亏子 ʑia˧ pæ˧ tə˧ vi˦ ·tsɿ
讨嫌 dau˥ ɕie˦　讨厌
烦人 fæ˦ nin˦　让人烦恼
发愁 fæ˧ zio˦
舒服 səu˦ fu˧
不舒服 pæ˧ səu˦ fu˧
不好过 pæ˧ hau˥ ko˦　难过，包括生理的和心理的，如，我今日～，可能感冒了（我今天身体不舒服，可能感冒了）。我一想到伊，心里就～（我一想起他，心里就难受）。
过不得 ko˦ pæ˧ ʀet˧　心理难受，如：看到伊个样，我心里蛮～（看到他这个样子，我心里很难受）。
高兴 kau˦ ɕin˦
不高兴 pæ˧ kau˦ ɕin˦
发相 fæ˧ ɕiaŋ˦　生气：有事好好话，莫～（有事好好说，别生气）。
怕吃人 ɓa˦ ʑia˧ nin˦　害羞：伊个大了，话事还～（他都这么大了，说话还害羞）。
丢人 tiəu˦ nin˦　丢脸
欺负 ʑi˦ fu˦
恨 hə˦
发狠 fæ˧ hə˥　发奋
欠 ʑie˦　羡慕：我几～别个屋呐有蛋糕吃啊（我多羡慕别人家有蛋糕吃啊）！
护短 fu˦ ʀet˥　偏袒
偏心 ɓie˦ ɕin˦
怄气 ŋiəu˦ ʑi˦
怪 kuæ˦　责备，抱怨：伊也不想个样个，莫～伊（他也不想这样的，别怪他）！
责怪 zie˧ kuæ˦

发脾气 fæ˧ 6i˨ zi˨

见气 tɕie˨ zi˨　见怪、埋怨：细伢子吵架，大人～，就不好了（小孩子吵架，大人还见怪，就不好了）。

发火 fæ˧ ho˨　发脾气

发燥 fæ˧ tsau˨　莫忙到～，先问下子是么回事（别急着发脾气，先问清楚怎么回事）。

（对物）爱惜 ŋæ˧ ɕi˧

（对人）疼 dən˨　疼爱：伊特别～伊个孙呐（他特别疼爱他的孙子）。

欢喜 fə˧ ɕi˨　喜欢

惯 kuæ˨　娇惯：个伢崽把得伊个爷～得冇得样（这个孩子被他爸爸惯得没有样子）。

顺倒 sən˧ ·tau　顺着（他人的）意愿：冇～伊伊就哭（没迁就他他就哭）。

迁就 zie˧ ziəu˧

3. 语言动作

话事 ua˧ sɿ˧　说话

讲古 kaŋ˧ ku˨　随意聊天：我个妈吃了饭就出去跟倒别个～去了（我妈吃完饭就出去跟别人闲侃去了）。

夹钢 kæ˧ kaŋ˧　吹牛，说大话：伊话事点把喜欢～（他说话特别喜欢吹牛）。

日白 nia˧ 6a˧　撒谎、胡扯，说话不着边际：莫听伊～（别听他胡扯）！

来哉 næ˧ tsæ˧　来往：不熟个人不想～（不想与不熟悉的人来往）。

不吱声 pæ˧ tsɿ˧ saŋ˧　不说话：我问伊，伊～（我问他，他不回答）。

莫吱声 mo˧ tsɿ˧ saŋ˧　别说话，别插嘴：伊家呐话事，尔～（他们说话，你别插嘴）！

笋 ɕiŋ˨　哄骗：个是真个，不是～尔（这是真的，不是骗你）。

告倒 kau˨ ·tau　告诉（某人）：我要把个事～伊（我要把这件事告诉他）。

抬杠 dæ˨ kaŋ˧

抖狠 təu˨ hɛ˨　发狠：说话要讲道理，光～冇有用（说话要讲道理，仅凭蛮横有什么用呢）？

吵架 zau˨ tɕia˨

骂人 ma˧ nin˨

打架 ta˨ tɕia˨

挨削 ŋæ˧ ɕio˧　挨批评：我可不想～（我可不想挨批评）。

啰嗦 no˧ so˧　唠叨

喊 hæ˨　叫：～伊来（叫他来；请他来）。

叮嘱 tin˧ təu˧　嘱咐

躲倒话事 toɤ˧ ·tau uaʅ˧ ɤ˧ 讲悄悄话：尔家呐莫在下底～（你们几个别在下面说悄悄话）。

（二十三）位置

上面 saŋ˧ miɛ˧
　上底 saŋ˧ ·ti
　　高底 kau˧ ·ti
下面 ha˧ miɛ˧
　下底 ha˧ ·ti
中间 tən˧ kæ˧
地上 ɖi˧ saŋ˧
天上 ɖiɛ˧ saŋ˧
山上 sæ˧ saŋ˧
山高底 sæ˧ kau˧ ·ti　特指山高处
路上 nəu˧ saŋ˧
街上 kæ˧ saŋ˧
壁上 piɑ˧ saŋ˧　墙上
　壁高底 piɑ˧ kau˧ ·ti
门高底 mən˧ kau˧ ·ti　门上
桌上面 tso˧ saŋ˧ miɛ˧　桌子上
　桌子高底 tso˧ ·tsʅ kau˧ ·ti
凳上面 tiɛ˧ saŋ˧ ·mie　椅子上
　凳高底 tiɛ˧ kau˧ ·ti
边弦 piɛ˧ ɕiɛ˧　边上
里面 ɖiɤ miɛ˧
　里底 ɖiɤ ·ti
　　里头 ɖiɤ ɖioɤ
□呐 dəu˧ ·æn　最里面
外底 ŋæ˧ ·ti
　外面 ŋæ˧ miɛ˧
　　外头 ŋæ˧ ɖioɤ

手呐 səuɤ ·æn　手里
心呐 ɕin˧ ·æn　心里
荒郊野外 faŋ˧ tɕio˧ iɑɤ uæ˧
大门外底 ɖæ˧ mən˧ ŋæ˧ ·ti　大门外头
屋外底 u˧ ŋæ˧ ·ti　房子外面
窗外底 zaŋ˧ ŋæ˧ ·ti　窗子外面
车上底 ɖa˧ saŋ˧ ·ti　车上
　车子高头 ɖa˧ ·tsʅ kau˧ ·ti
车外面 ɖa˧ ŋæ˧ miɛ˧　车外：～在落雪。
车前底 ɖa˧ ziɛ˧ ·ti　车前
车后底 ɖa˧ zioɤ ·ti　车后
前底 ziɛ˧ ·ti　前边
　前面 ziɛ˧ miɛ˧
后底 zioɤ ·ti　后边
　后面 zioɤ miɛ˧
背后 piɤ zioɤ
屁底 biɤ ·ti　（紧挨着的）后面
山前底 sæ˧ ziɛ˧ ·ti　山前
山后底 sæ˧ zioɤ ·ti　山后
屋前底 u˧ ziɛ˧ ·ti　房前
屋后底 u˧ zioɤ ·ti　房后
后来 zioɤ ·læ
以后 iɤ zioɤ　将来，从说话的时候开始往后
东 tən˧

东边 tən˧ pie˥
西 ɕi˩
西边 ɕi˩ pie˥
南 nə˩
南边 nə˩ pie˥
北 pie˥
北边 pie˥ pie˥
东南 tən˧ næ˩
东北 tən˧ pie˥
西南 ɕi˩ næ˩
西北 ɕi˩ pie˥
路边上 nəu˩ pie˩ saŋ˥ 路边
床底下 zaŋ˧ tiˤ haˤ
楼底下 ɗioˤ tiˤ haˤ
脚底下 tɕioˤ tiˤ haˤ
碗兜 uəˤ təuˤ 碗底
锅兜 ko˧ təuˤ 锅底
缸兜 kaŋ˧ təuˤ 缸底
旁边 ɓaŋ˧ pieˤ
边上 pieˤ saŋˤ 附近
么地方 moˤ ɗiˤ faŋˤ 什么地方，哪儿
　哪子呐 naˤ tsɿ ·næ
　哪呐 naˤ ·næ

左边 tsoˤ pieˤ
　左手边 tsoˤ ʂəuˤ pieˤ 又可读为 tsoˤ ʂəuˤ
右边 iəuˤ pieˤ
往里底走 uaŋˤ ɣiˤ tiˤ tɕioˤ 往里走
往外底走 uaŋˤ ŋæˤ tiˤ tɕioˤ 往外走
往回走 uaŋˤ fiˤ tɕioˤ
往前底走 uaŋˤ ziɛˤ tiˤ tɕioˤ 往前走
往后底走 uaŋˤ zioˤ tiˤ tɕioˤ 走往后走
以前 iˤ ziɛˤ
之前 tsɿˤ ziɛˤ
以后 iˤ zioˤ
之后 tsɿˤ zioˤ
以外 iˤ ŋæˤ
之外 tsɿˤ uæˤ
以内 iˤ ɗiˤ
之内 tsɿˤ ɗiˤ
之中 tsɿˤ tənˤ
之间 tsɿˤ kæˤ
以上 iˤ saŋˤ
之上 tsɿˤ saŋˤ
以下 iˤ haˤ
之下 tsɿˤ haˤ

（二十四）代词等

我 ŋoˤ
尔 nˤ 第二人称代词，你
伊 iˤ 第三人称代词，他/她/它
我家呐 ŋoˤ kaˤ ·næ 我们

尔家呐 nˤ kaˤ ·næ 你们
伊家呐 iˤ kaˤ ·næ 他们
尔呐家 nˤ næˤ ·ka "你"以及"你们"的尊称

伊呐家 iˑɤ næ˧ ˑka "他们"的
　　尊称
我个 ŋoɤ ˑka 我的
我家呐个 ŋoɤ kaˑ æn ˑka 我们的
尔个 nɤ ˑka 你的
尔家呐个 nɤ kaˑ æn ˑka 你们的
伊个 iɤ ˑka 他／她／它的
伊家呐个 iɤ kaˑ æn ˑka 他们的
别个 biɛ˧ ˑko 其他人
　　别人 biɛ˧ nin˧
别个个 biɛ˧ ko ˑka 别人的
自家 zɿ˧ ka˧ 自己
自家个 zɿ˧ ka˧ ˑka 自己的
大家 dæ˧ ka˧
大家个 dæ˧ ka˧ ˑka 大家的
哪个 naɤ ˑko 谁：尔是~？
哪个个 naɤ ˑko ˑka 谁的
个个 koɤ ˑko 这个
伊个 iɤ ˑko 那个（中远指）
阿个 æ˧ ˑko 那个（远指）
哪个 naɤ ˑko 尔要~碗，大个还是
　　小个（你要哪个碗，大的还是
　　小的）？
个些 koɤ ɕiaɤ 这些
伊些 iɤ ɕiaɤ 那些
哪些 naɤ ɕiaɤ 哪些
个子呐 koɤ tsɿ ˑæn 这里
　　家呐 koɤ næ
伊子呐 iɤ tsɿ ˑæn 那里
　　伊呐 iɤ næ
阿子呐 æ˧ tsɿ ˑæn （更远处的）
　　那里
　　阿呐 æˑ næ
哪子呐 naɤ tsɿ ˑæn 哪里
　　哪呐 naɤ næ
个么 koɤ ˑmo 这么（程度副词修
　　饰形容词，如，~高）
伊么 iɤ ˑmo 那么（程度副词）
个样 koɤ ȵiaŋ˧ 这样（程度副词）
伊样 iɤ ȵiaŋ˧ 那样（程度副词）
阿样 æˑ ȵiaŋ˧ 那样（程度副词）
哪样 naɤ ȵiaŋ˧ 哪样，①程度副
　　词：尔哪~哈啊（你怎么那么
　　笨啊）。②怎么：个事~制
　　（这事怎么做）？
哪样制 naɤ ȵiaŋ˧ tsɿ˧ 怎么做
　　哪样搞 naɤ ȵiaŋ˧ kauɤ
为么滴 miˑ ɤom˧ ti 为什么
么呐 ɤom˧ æn 什么
制么呐 tsɿ˧ moɤ ˑæn 做什么
　　搞么呐 kauɤ ɤoɤ ˑæn
几多 tɕiɤ to˧ 多少
几多钱 tɕiɤ to˧ ziɛ˧ 多少钱、什
　　么价（用于询问价格）
几长时间 tɕiɤ dʑaŋ˧ ʂɿ˧ tɕiɛ˧ 多
　　久，多长时间
几（高｜大｜厚｜重）tɕiɤ（kauɤ
　　｜dæ˧｜ɕioɤ｜dʑeŋ˧） 多
　　（高｜大｜厚｜重）
我两个 ŋoɤ diaŋ˧ koɤ 我们俩
尔两个 nɤ diaŋ˧ koɤ 你们俩
伊两个 iɤ diaŋ˧ koɤ 他（她）

们俩

夫妻两个 fu˧ zi˧ ɖiaŋˇ ko˩ 夫妻俩

　两婆老 ɖiaŋˇ bo˩ nau˩

娘两 niaŋ˩ ɖiaŋˇ 母亲和孩子

父子两 fu˥ tsʅˇ niaŋˇ 父亲和儿子，父亲和女儿

爹孙两 tia˧ sən˧ niaŋˇ 爷孙俩

叔伯母 səu˧ pa˧ɣou˩ 妯娌

姑嫂 ku˧ sau˩ 姑嫂俩

婆媳 bo˩ ɕi˧ 婆媳俩

两兄弟 niaŋˇ fiaŋ˧ ɖi˥ 兄弟俩

两姊妹 niaŋˇ tsʅ˧ mi˩ 统称姐妹俩、兄妹俩、姐弟俩

两叔侄 niaŋˇ səu˧ zʅ˥ 叔侄俩

两师徒 niaŋˇ ʅ˧ ɖio˩ 师徒俩

哪些人 na˩ ɕia˧ nin˩

人家 nin˩ ka˧ 人们

（二十五）形容词

好 hau˩

强 ziaŋ˩

行得 ɕin˩ tə˧ 过得去，可以：个块衣还～（这件衣服还过得去）。

可以 ho˩ i˩

不错 pæ˧ zo˩ 比较好

差不多子 zæ˧ pæ˧ to˧ ·tsæ 差不多。如，伊家呐年纪～（他们几个差不多大）。

不哪样 pæ˧ na˩ iaŋ˩ 不怎么样，不太好：伊写个字～（他写的字不太好）。

不起作用 pæ˧ zi˩ zo˩ in˧ 不顶事

不效 pæ˧ ɕio˩

冇得用 mau˩ tə˧ in˧ 没有用，无效

差 za˧ 不好

不蛮好 pæ˧ mæ˩ hau˩ 不太好

坏 fæ˧

拐 kuæ˩ 指某人狡猾、坏

恶 ŋo˧ 凶恶：她蛮～。

恶煞 ŋo˧ sæ˧ 非常凶恶

将就 tɕiaŋ˧ ziəu˩ 凑合

好看 hau˩ hə˩

漂亮 bio˩ ɖiaŋ˧

抻士 zən˧ ɣəu˩ 长相或打扮比较干净体面

端正 tə˧ tən˩ 打扮比较端庄

帅 sæ˩

潇洒 ɕio˧ sa˩

秀气 ɕio˩ zi˩

耐看 næ˧ hə˩ 好看，越看越好看：这伢长得蛮～。

丑 ɖəu˩

丑翻了笊 ɖəu˩ fæ˧ ·næ tiəu˩ 极度难看

不好看 pæ˧ hau˩ hə˩

要紧 io˩ tɕin˩ 重要：个桩事不蛮～（这件事不是很重要）。

热闹 ȵie꜂ nau꜁
扎实 tsæ꜁ sə꜂　①坚固：个桌呐点把～（这张桌子非常坚固）。②结实：个伢崽长得几～啊（这孩子长得多结实啊）！③分量多：个袋子葡萄真～（这袋葡萄量真大）！
硬 ŋaŋ꜀
梆硬 paŋ꜀ ŋaŋ꜀　非常硬（硬邦邦的）
　梆石古呐硬 paŋ꜀ sa꜂ kuˇ ·æ ŋaŋ꜀
软 ȵiɛˇ
□软 ȵiaŋ꜀ ȵiɛˇ　非常软
干净 kə꜂ tɕin꜀
脏 tsaŋ꜁
　腛腤 o꜂ lo꜂
咸 hæ꜁
沁咸 zinˇ hæ꜁　非常咸
淡 dæ꜁
□淡 piaˇ dæ꜁　寡淡无味
香 ɕiaŋ꜁
喷香子 bənˋ ɕiaŋ꜁ tsæ　香喷喷的
臭 dɕʰuˋ
滂臭 baŋ꜁ dɕʰuˋ　非常臭
酸 sə꜁
纠酸 tɕioˇ sə꜁　非常酸
　纠巴滴呐酸 tɕioˇ pa꜁ tiˇ næ sə꜁
甜 diɛ꜁
沁甜 zinˇ diɛ꜁　非常甜
　沁牙呐甜 zinˇ ŋaˇ ·æ diɛ꜁

苦 uˇ
嘞苦 so꜁ uˇ　非常苦
辣 næ꜁
麻辣 ma꜁ næ꜁
酸辣 sə꜁ næ꜁
冷 naŋˇ
极冷 tɕi꜁ naŋˇ　非常冷
　激凌各呐冷 tɕi꜁ din꜁ ka꜁ næ naŋˇ
热 ȵie꜁
刮热 kua꜁ ȵie꜁　非常热
热和 ȵie꜁ ho꜁　暖和
焐 o꜁　滚烫：水点把～，莫烫倒了（水特别烫，别烫着了）。
□饱 ua꜁ pau꜇
凉 diaŋ꜁
凉快 diaŋ꜁ uæ꜁
　凉幽子 diaŋ꜁ ioˇ ·tsæ
厎 zˇ꜁
厎人 zˇ꜁ ȵin꜁　非常冷：冬天呐，个水几～啰（冬天这水多么冰冷啊）！
薄 bo꜁
消薄子 ɕio꜁ bo꜁ ·tsæ　非常薄，如，个被～（这床被子太薄了）。
厚 zio꜁
厚实 zio꜁ sə꜂
稀 ɕiɛ꜁　①稀疏，与"密集"相对，如：菜种得点把～（菜种得很稀）。②清，与"稠"相对，如，粥煮～了。
密 mi꜁　字写得太～了

酽 ɲieㄧ 浓稠，如，汤点把～（汤很浓）。

勤 zinㄌ 频繁：伊跑北京跑得点把～（他跑北京跑得很频繁）。

干 kəㄧ ①非常稠，接近干硬状：粥煮得太～了。②口渴：口～要喝水。

纠干 tɕioㄧ kəㄧ 非常干，可指口渴也可指干硬状

肥 fiㄌ 不用来形容人或动物的肥胖，一般形容吃的肥肉比较肥。如，个块肉太～了（这块肉太肥了）。

壮 tsaŋㄌ 结实的胖，形容人或动物

嫩壮 nəㄌ tsaŋㄌ 壮壮的，如，个伢崽～子（这孩子壮壮的）。

笋巴筒呐壮 ɕinˇ paㄧ dəɳˇ·æ zaŋˇ 非常粗壮，像粗肥的竹筒一样

肉坨呐 əuㄌ tɕiㄧ taㄌ 形容人很肥胖，肉多

胖 bɑŋˇ 指人

富态 fuㄌ dæㄌ 胖的委婉说法

瘦 ɕioˇ

夹瘦 kæㄧ ɕioˇ 非常瘦，与"肥"相对

精瘦 tɕiaŋㄧ ɕioˇ

肥肉 fiㄌ nieuㄧ 动物或人的肥肉

精肉 tɕiaŋㄧ nieuㄧ 一般指动物的瘦肉

紧 tɕinˇ

铁紧 dieㄧ tɕinˇ 非常紧

铁几呐紧 dieㄧ tɕiˇ·næ tɕinˇ

松 sənㄧ

稀松 ɕiㄧ sənㄧ 稀稀拉拉的，很松散

凹 uaㄌ 凹陷的样子

鼓 kuˇ 突出的样子

凸 pənˇ

湿 səㄧ

透湿 dioㄧ səㄧ

直 zɿㄧ

笔直 piㄧ zɿㄧ

陡 tiəuˇ

壁陡 piaㄧ tiəuˇ

弯 uæㄧ

弯拐 uæㄧ kuæˇ

正 tənㄌ

反 fæˇ

圆 yeㄌ

圆滚个 yeㄌ kuənˇ·ka 圆滚滚的

溜圆 diəuㄧ yeㄌ

瘪 pieˇ ①不是标准意义的圆都可以叫"瘪"，如，莫把圆画～了（别把圆形画得不圆了）。②干瘪，与"饱满"相对应，如，个包芦子压是～个（这玉米粒都是瘪的，不饱满）。

光溜 kuaŋㄧ diəuㄧ 光滑

□光 fiaŋˇ kuaŋㄧ ①非常光滑，如，个桌面～子（这个桌面光光溜溜的）。②形容耗尽的样

子，如，伊把屋里个水果吃得～（他把家里的水果都吃完了）。

糙 zauˋ

粗糙 zəuˉ zauˋ

  毛糙 mauˉ zauˋ

抻 zenˋ 平整：把衣扯～（把衣服扯平）。

皱 zənˋ 不平整

歪 uæˉ

左归左几 tsoˋ kuiˉ tsoˋ tɕiˇ 歪歪斜斜，如，伊着个衣～个（他穿的衣服歪歪斜斜的）。

轻 ɕiaŋˉ

□轻 fiaŋˇ ɕiaŋˉ 非常轻

重 dənˉ

铁重 diɛˇ dənˉ 非常重

古怪 kuˇ kuæˋ

正常 tənˋ saŋˉ

假马 kaˇ mäˇ 虚假

出场 tɕʰˇ dɑŋˇ 大方，不扭捏

乖 kuæˉ 听话、懂事

顽皮 uæˋ biˇ

效 ɕioˉ 很厉害，如，个老师点把～（这个老师很厉害）。

不效 pæˉ ɕioˉ ①不行，如，伊崽学习～（那孩子学习不行）。②不起作用，如，个药哪～啊（这药怎么不起作用啊）？

  不行 pæˉ ɕinˋ

缺德 yɛˉ tɛˉ

利落 diˉ noˋ 机灵

巧 ɕioˇ 灵巧：伊个手点把～（她的手非常灵巧）。

清白 ziaŋˉ bäˉ 讲道理的人、明事理的人

不清白 pæˉ ziaŋˉ bäˉ 不讲道理的人、不明事理的人

犟 tɕiaŋˉ 死心眼

冇得用 mauˋ tɛˉ niˉ 没用

冇（得）志气 mauˋ tɛˉ tsʅˇ ziˉ 没得出息的

尖 tɕiɛˉ 非常吝啬：伊～煞，一分钱都舍不得（他太小气了，一分钱都舍不得）。

  小气 ɕioˇ ziˉ

舍不得 saˋ pæˉ tɛˉ 节约、吝啬

舍得 saˋ tɛˉ

  大方 dæˉ faŋˋ

  爽气 saŋˇ ziˉ

艮 kenˇ 整：鸡蛋吃～的。

浑 fenˋ ～身是汗

安静 ŋäˉ tɕinˋ

齐整 ziˇ tenˋ 整齐

满意 mäˇ iˋ 称心：伊个妈对女婿还蛮～（她妈妈对女婿还挺满意）。

见盼 tɕiɛˋ bæŋˋ 见鬼、不靠谱：指望伊是～了。

哈 haˇ 憨、笨

  笨 penˉ

  苕 sauˋ

呆 ŋæˋ 麻木迟钝

贱 tɕie˧

□ tsə˧ 形容喜欢打扮、爱炫耀的人

妖里妖气 io˧ di˨ io˧ ʑi˨

硬走 ŋaŋ˧ tɕio˨ 形容老年人身体健康：我个爹身体蛮～。

不要脸 pæ˨ io˨ di˨

伤人 saŋ˧ n̠in˨ 腻人：个肉太肥了，吃得点把～（这肉太肥了，吃了非常腻）。

耍赖 sa˨ næ˧ 不讲道理

不是个东西 pæ˨ sl̩˧·ka tən˧ ɕi˨ 骂人用语，混账，如，伊～！

作孽 tso˧ n̠ie˧ 可怜

正宗 tən˨ tsən˧

过细 ko˨ ɕi˨ 仔细

直爽 zl̩˧ saŋ˨

在行 tsæ˧ haŋ˨ 精通：电脑他蛮～。

屌 tio˨ 能干又骄傲：伊蛮～。

轻松 ʑin˧ sən˧

有味 iəu˨ vi˧ ①有意思：个游戏蛮～。②莫名其妙（反语用法）：个人～吧？我冇喊伊伊硬要来（这个人有点奇怪吧？我没约他他非要来）。

稳当 uən˨ taŋ˧ 安稳

快 uæ˨ ①锋利：个把刀蛮～。②速度迅速：伊跑得蛮～。

射矢呐快 sa˨ sl̩˧·næ uæ˨ 速度非常快

不快 pæ˨ uæ˨

晏 ŋa˨ 迟、晚，与"早"相对：来～了。

多 to˧

少 sau˨

大 dæ˧

猛硕呐大 mən˨ so˨·næ dæ˧ 形容非常硕大

小 ɕio˨

细 ɕi˨

长 daŋ˨

短 te˨

宽 uə˧

宽大 uə˧ dæ˧ 宽敞

窄 tsa˨

深 sən˧

浅 zie˨

高 kau˧

低 ti˧

矮 ŋæ˨

正 tən˨

斜 zia˨

红 fən˨

通红 dən˧ fən˨

通里呐红 dən˧·n̠i·næ fən˨ 非常非常红

水红 fi˨ fən˨ 粉红

深红 sən˧ fən˨

浅红 zie˨ fən˨

大红 dæ˧ fən˨

桃红 dau˨ fən˨

鲜红 ɕie˧ fən˨

蓝 næ⌐

浅蓝 ziɤ↓ næ⌐

深蓝 sən⌐ næ⌐

天蓝 ɖieɿ næ⌐

绿 ɖiəuɿ

夹绿 kæɿ ɖiəuɿ

夹死个绿 kæɿ sʅɤ ·ka ɖiəuɿ 非常非常绿

白 ɓaɿ

雪净里呐白 ɕieɿ tɕin⌐ ·ɖi ·næ ɓaɿ 像雪一样白，形容非常白

雪白 ɕieɿ ɓaɿ

净白 tɕin⌐ ɓaɿ

米白 miɤ ɓaɿ

漂白 ɓioɤ ɓaɿ

黑 heɿ

墨黑 mieɿ heɿ

墨即古呐黑 mieɿ tɕiɿ kuɿ ·næ heɿ 非常非常黑

黢麻黑 ziɿ maɿ heɿ 黑黢黢的

灰 fi⌐

铁灰 ɖieɿ fi⌐

银灰 ɲin⌐ fi⌐

黄 faŋ⌐

雄黄 ɕin⌐ faŋ⌐ 很正的黄

雄几夹呐黄 ɕin⌐ tɕiɤ kæɿ ·næ faŋ⌐

鹅黄 ŋoɿ faŋ⌐

金黄 tɕin⌐ faŋ⌐

黄皮寡瘦 faŋ⌐ iɿ kuaɤ ɕioɤ 形容人又黄又瘦

青 ziaŋ⌐

藏青 tsaŋɿ ziaŋ⌐

紫 tsʅɤ

古铜色 kuɤ ɖən⌐ ɕieɿ

（二十六）副词、介词等

蛮 mæ⌐ 很、非常

点把 tieɤ paɤ

闷 mənɿ 特别

将 tɕiaŋ⌐ 刚、刚刚：我～来，冇赶上。

将将 tɕiaŋ⌐ tɕiaŋ⌐ 不大不小，～好

将（将）好 tɕiaŋ⌐（tɕiaŋɿ）hauɤ 正好

将才 tɕiaŋ⌐ zæɿ 刚才

正好 tənɿ hauɤ 刚好、刚巧：我～听倒了。

正巧 tənɿ zioɤ

光 kuaŋ⌐ 净，只：伊～吃菜，不吃饭。

有点子 iəuɤ tieɤ ·tsæ 有点儿：天～冷。

有点把 iəuɤ tieɤ paɤ

有一点 iəuɤ iɿ tieɤ

怕是 ɓaɿ sʅɿ 恐怕，也许：明日～要落雨。

差点子 zaɿ tieɤ ·tsæ 差点儿：～打破了。

差一点子 zaɿ iɿ tieɤ ·tsæ

非……不 fiˇ……pæˊ 必须，如：非去不可。

过下子 koˇ haˋ·tsæ 过一下，立马：我~就走。

马上 maˇ saŋˋ ~就来。

赶早 keˇ tsauˇ 趁早：尔~走。
　趁早 ʨenˋ tsauˇ

迟早 zɿˋ tsauˇ 早晚、随时：我~要找伊还钱的。

幸好 ɕinˋ hauˇ 幸亏：~我问了伊，不然搞错了。

当面 taŋˋ mieˋ 面对面：有话~说清楚。

背倒 piˇ·tau 背着人：不要~伊做坏事。
　躲到 toˇ·tau
　屁底 biˇ·ti

一起 iˋ zɿˇ 一块儿：我家呐~去（我们一起去）。
　一路 iˋ nəˋ

顺便 sənˋ pieˋ 尔~喊伊一声。
　就倒 ziəuˋ·tau 晚上吃饭~把伊喊倒（晚上吃饭顺便把他叫上）。

故意 kuˇ iˇ ~当作不认得。
　有意 iəuˇ iˇ

到底 tauˇ tiˇ 尔~去不去？

确实 zioˊ sɿˋ 的确：他~是好。

根本 keˋ penˇ 压根儿：我~有听倒过（我压根儿没听说过）。

真是 tenˋ sɿˋ 实在：个人~好（这个人实在是好）。

快四十 ʦeˋ ʦɿˋ səˋ 接近四十：伊个妈已经~了。

总共 tsənˋ hənˋ
　一共 iˋ hənˋ

莫 moˋ 不要，别：~乱话（不要乱说话）！

未必 viˋ piˋ 不一定：伊~来。

白 baˋ ①免费，不要钱：伊日日~吃~喝。②空，徒劳：尔~跑一趟。

偏 biɛˋ 我~要去。

硬 ŋaŋˋ 偏偏：伊不要我走，我~要走。

瞎 ɕiaˋ 胡来：~搞｜~话
　乱 nəˋ

先 ɕiɔˋ ①顺序的先后，与"后"相对：尔~走，我就来。②原先：伊家呐两个~不认得，后来才认得。

另外 dinˋ ŋæˋ ~还有几个人。

一搞 iˋ kauˇ 常常，表示频率高：伊~就去打麻将。
　经常 ʨinˋ saŋˋ

真是 tenˋ sɿˋ 果然：我猜就是伊拿走了，~，就是伊。
　果然 koˇ əˋ

只有 tɛˋ iəuˇ 只有，唯独：亲戚都来了，~伊没来。
　独独 dəˋ dəˋ

不管哪样话 pæˊ kuəˇ naˋ niaŋˋ uaˋ 无论怎么说：~我也不

会改变主意。

遍 ɓieˠ 每家我都跑~了，也没借到钱。

只怕 təㄱ ɓaˠ 恐怕：个~有万把块钱。

一心 iㄱ ɕinˠ 一门心思地：伊~想出去打工。

硬是 ŋaŋㄱ sʅㄱ ①执意地、固执地：伊~要跟伊结婚。②始终：伊~不肯来吃饭。

猛倒 məŋˠ ·tau 一直：他~吃~吃。

堵倒 təuˠ ·tau 一直：个几日~落雨（这几天一直下雨）。

卯起来 mauˠ ҡiˠ næˠ 拼命地：伊~跑。

干脆 kə˧ ziˠ 干脆地：尔家呐~莫管伊，紧伊搞去（你们干脆别管他，让他搞去）。

一转身 iㄱ tə ˠ sən˧ 说明时间极短：~就冇看倒伊了。

一转过面 iㄱ tə ˠ ket iㄱ koˠ mieㄱ

一眨眼 iㄱ tsaㄱ ŋæˠ

时不时 sʅㄧ pæ˧ sʅㄧ 偶尔：尔要~打个电话问下子。

着力 tsoˠ ɗiㄱ 用力地：把伢崽~打。

把得 paˠ tetˠ ①被：伊~狗咬了一口。②给：把钱~我（把钱给我）。

把 paˠ ~门关倒。

对 tiˠ 尔~伊好，伊就~尔好。

对倒 tiˠ ·tau 对着：他~我笑。

到 tauˠ 尔~哪子去？

到 tauˠ ~哪天为止？

到 tauˠ 丢~水里去。

先 ɕieˠ 在……之前：~洗手，后吃饭。

当 taŋˠ 先（一般用在句尾），如，尔家呐先吃了~，再来找我戏（你们先吃了饭再来找我玩）。

在 zæ˧ 尔个屋~哪呐（你家在哪里）？

从 zənˠ ~哪呐走（从哪里走）？

从 zənˠ 自从：~明日起我再不去了。

照 tauˠ 按照：~个样制闷好（按照这样做，挺好的）。

照 tsauˠ 依：~我看，个样不错（依我看，这样还不错）。

就 ziəu˧ ~我个意思，尔家呐不用去（按我的意思，你们都不用去）。

用 in˧ 使：尔~毛笔写。

顺倒 sənˠ ·tau 顺着：~个条大路笔直走。

沿倒 ieˠ ·tau ~港边上走（沿着河边走）。

扒倒 paˠ ·tau 用手握着、扶着，紧挨着，沿着：尔~栏杆走，莫跶倒了！

朝 ɗauˠ ~后面看下子。

替 dʰi˩ 尔～我写一封信。
跟 kɛ˩ 给：～老百姓办事。
跟 kɛ˩ 和：个个～伊个一样个（这个跟那个是一样的）。
跟 kɛ˩ 向：～伊打听下子｜没～伊借钱。
跟我 kɛ˩ ŋoˇ 虚用，加重语气：～把饭吃完！
找 tsɑuˇ 向：～伊借本书。

把……叫 pɑˇ……tɕioˇ 管……叫……：崇阳人把红薯叫苕。
把……喊 pɑˇ……hæˇ
把……当 pɑˇ……tɑŋ˩ 有的地方把麦秆当柴烧。
从小 zən˩ ɕioˇ 打小，伊～就吃得苦。
往外 uɑŋ˩ ŋæˇ 老王钱多，不～拿。
赶 kɛˇ 尔要天黑以前～到。

（二十七）量词

把 pɑˇ 一～凳｜一～扇子｜一～菜刀｜一～钥匙｜一～枪｜一～花生
个 koˇ 一～人
块 uæˇ 一～奖牌
本 pənˇ 一～书
笔 piˇ 一～钱
匹 ɵiˇ 一～马
只 tɑ˧ 头、条、只（用法比较多），如，一～牛｜一～鱼｜一～蚊虫｜一～猪｜一～手
封 fəŋ˩ 一～信
服 fuˇ 一～药
帖 dʰieˇ 一～膏药
味 viˇ 一～中药
剂 tɕiˇ 一～中药
条 dʰioˇ 一～河｜一～袄呐｜一～裤｜一～鱼｜一～寒噤（一条蚯蚓）
顶 tinˇ 一～帽呐

回 fiˇ 一～事
朵 toˇ 一～花
餐 zæˇ 一～饭｜打一～
辆 dʰiɑŋˇ 一～车
炷 dʰueˇ 一～香
根 kɛˇ 一～香｜一～头发｜一～萝卜｜一～索子｜一～管子
枝 tʂɿˇ 一～花
盏 tsæˇ 一～灯
张 tɑŋˇ 一～桌呐
桌 tsoˇ 一～酒席
场 dɑŋˇ 一～雨｜一～戏（一出戏）｜一～车祸
阵 tənˇ 一～风｜一～雨
床 zɑŋ˩ 一～被｜一～席子｜一～垫絮
身 sənˇ 一～新衣
杆 kɛˇ 一～枪
支 tʂɿˇ 一～笔
棵 oˇ 一～树｜一～白菜

粒 di˧ 一～米｜一～饭｜一～珠子
块 uæ˧ 一～砖｜一～衣｜一～肉（块状的肉）
家 tɕia˧ 一～超市
架 tɕia˧ 一～飞机
间 kæ˧ 一～房
栋 tən˧ 一～屋
件 tɕiɛ˨ 一～事
行 haŋ˧ 一～字
篇 ɕiə˧ 一～文章
页 iɛ˩ 一～纸
段 tɤ˨ 一～话
片 ɕiə˨ 一～好心
面 miɛ˨ 一～墙｜一～旗
层 ziɛ˧ 一～楼
股 ku˧ 一～气色（一股气味）
座 zo˨ 一～桥
盘 бə˧ 一～棋
门 mən˧ 一～亲事
张 taŋ˧ 一～纸
堆 ti˧ 一～废纸｜一～雪
缸 kaŋ˧ 一～水
碗 uə˨ 一～饭
盅 tən˧ 一～茶（一杯茶）
包 pau˧ 一～花生
卷 kuɛ˧ 一～纸
捆 uən˧ 一～行李
担 tæ˧ 一～米
桶 kʰəŋ˨ 一～水｜一～汽油
排 бæ˧ 一～蚂蚁

挂 kua˨ 一～鞭
句 kui˨ 一～事
名 miaŋ˧ 一～军人
双 saŋ˧ 一～鞋
副 fu˨ 一～眼镜
套 dau˨ 一～书
种 tɤŋ˨ 一～药
伙 ho˧ 一～人
帮 paŋ˧ 一大～人
批 бi˧ 一～货
窝 o˧ 一～蜂
串 ɕə˨ 一～葡萄｜一～羊肉串
拃 tsa˧ 一～长（大拇指与中指张开的长度）
成 dən˨ 一～把握
脸 diɛ˧ 一～泥巴
肚子 təɤ˨ tsɿ˙ 一～气
趟 daŋ˨ 走一～｜一～班车
下 ha˨ 打一～
眼 ŋæ˧ 看一～
口 tɕio˧ 吃一～
面 miɛ˨ 见一～
尊 tən˧ 一～佛像
扇 sə˧ 一～门
幅 fu˧ 一～画
堵 təɤ˧ 一～墙
瓣 pæ˨ 一～棉花｜一～橘子
部 бu˧ 一～书｜一～车
班 pæ˨ 一～车｜一～人马
窑 io˧ 烧一～砖
锅 ko˧ 烧一～水

口 tɕioɤ 一~好牙

列 diɛɤ 一~火车

节 tɕiɛɤ 一~火车｜一~电池｜一~课

连串 diɛɤ ɕɿɤ 系列：一~问题

组 tsəuɤ 一~数据

撮 zoɤ 一~毛｜一~头发

坨 doɤ 一~毛线｜一~泥巴

手 səuɤ 一~好字

届 kæɤ 上一~｜下一~

任 ɕənɤ 上一~村长

桌 tsoɤ 请一~客

圈 yeɤ 打一~麻将

台 dæɤ 唱一~戏

点子 tiɛɤ·tsæ （一）点儿：一~钱

盒 həɤ 一~火柴｜一~珍珠

箱 ɕiɑŋɤ 一~书｜一~衣

架子 tɕiaɤ·tsɿ 一~书

柜子 viɤ·tsɿ 一~书

抽屉 ɕəuɤ diɤ 一~文件

筐 uɑŋɤ 一~菜｜一~梨呐

篮 næɤ 一~菜｜一~梨呐

篓 diəuɤ 一~鱼｜一~虾

炉子 nəuɤ·tsɿ 一~灰

袋 dæɤ 一~米

池子 zɿɤ·tsɿ 一~水

瓶 ɕinɤ 一~醋｜一~酱油｜一~饮料

罐 kuəɤ 一~饮料｜一~米酒

坛 dɤ 一~酒

盆 ɕənɤ 一~洗脚水

壶 fuɤ 一~茶

笼 nənɤ 一~包子

盘 ɕəɤ 一~水果

碟 diɛɤ 一~小菜

瓢 ɕioɤ 一~水｜一~油

泡 ɕuəɤ 一~屎｜一~尿

垄 nənɤ 一~田。

把 pɑɤ 个~两个｜百~来个｜千~人｜万~块钱｜里~路｜里~两里路

（二十八）附加成分等

1. 后加成分

得很 təɤ heɤ 放在形容词后，表示程度深：好~｜饱~｜忙~

要命 ioɤ miɑŋɤ 表示程度深：气得~｜饿得~｜疼得~

要死 ioɤ tsɿɤ 表示程度深：急得~｜苦得~

不行 pæɤ ɕinɤ 表示程度深：累得~｜急得~

煞 sæɤ 极度，表示程度深：饿~｜吓~｜烦~

不得了 pæɤ təɤ nioɤ 表示程度深：急得~｜胖得~｜瘦得~

不过 pæɤ koɤ 心理动词或形容词

后缀，表程度深：烦~｜急~｜气~｜恼~

佬 nau˩ 名词后缀：杀猪~｜外国~｜乡巴~｜和事~

神 sən˩ 形容词后缀：急急~｜忙忙~

巴萨 pa˩ sa˩ 后缀，形容某种状态：眼泪~｜吓人~

首 ɕəu˩ 名词后缀，表示该词缀前面的动作行为不值得：吃~｜想~｜看~｜哭~｜话~

流 ɖio˩ 表程度加深：鼻涕~｜汗~

货 ho˩ 苕~｜蠢~｜水~

2. 前加成分

头 ɖio˩ 表次序：~名｜~一个｜~三名

初 tsʉe˩ 表次序：~一｜~二

第 ɖi˥ 表次序：~一｜~二

老 nau˩ ①排行：~大｜~二｜~幺。②名词前缀：~师｜~虎｜~板

苕 sau˩ 拼命地：~吃｜~喝｜~胀

哈 ha˥

3. 虚字

嘀 ·ti 动态助词，常放在祈使句尾，一般读为轻声：把饭吃了~。

倒 tau˩ 语流中通常读为轻声 ·tau˩。①表动作的持续：倚~（站着）｜睏~（睡着）｜顺~走。②引进对象的介词：把~伊（给他）｜拿~学堂去（拿到学校去）。

得 tə˩ 补语标记：好~很｜丑很｜累~很

个 ka˩ 定语标记，语流中通常读为轻声 ·ka：我~钱｜伊~书

（二十九）数字等

一号 i˥ hau˩ （指日期，下同）

二号 ə˥ hau˩

三号 sæ˥ hau˩

四号 sʅ˥ hau˩

五号 u˥ hau˩

六号 ɖiəu˥ hau˩

七号 ʑi˥ hau˩

八号 pæ˥ hau˩

九号 tɕiəu˥ hau˩

十号 sə˥ hau˩

初一 ʦʅ˥ i˥

初二 ʦʅ˥ ə˥

初三 ʦʅ˥ sæ˥

初四 ʦʅ˥ sʅ˥

初五 ʦʅ˥ u˥

初六 ʦʅ˥ ɖiəu˥

初七 ʦʅ˥ ʑi˥

初八 ʦʅ˥ pæ˥

初九 ʦʅ˥ tɕiəu˥

初十 ʦʅ˥ sə˥

老大 nɑu˧˩ dæ˦˧ 第五 di˧˩ u˧˩
老二 nɑu˧˩ ə˧˩ 第六 di˧˩ diəu˧˩
老三 nɑu˧˩ sæ˧˩ 第七 di˧˩ ʑi˧˩
老四 nɑu˧˩ sʅ˧˩ 第八 di˧˩ pæ˦˧
老五 nɑu˧˩ u˧˩ 第九 di˧˩ tɕiəu˧˩
老六 nɑu˧˩ diəu˧˩ 第十 di˧˩ sə˦˧
老七 nɑu˧˩ ʑi˧˩ 第一个 di˧˩ i˧˩ ko˧˩
老八 nɑu˧˩ pæ˦˧ 第二个 di˧˩ ə˧˩ ko˧˩
老九 nɑu˧˩ tɕiəu˧˩ 第三个 di˧˩ sæ˧˩ ko˧˩
老十 nɑu˧˩ sə˦˧ 第四个 di˧˩ sʅ˧˩ ko˧˩
老幺 nɑu˧˩ io˧˩ 第五个 di˧˩ u˧˩ ko˧˩
大哥 dæ˦˧ ko˧˩ 第六个 di˧˩ diəu˧˩ ko˧˩
二哥 ə˧˩ ko˧˩ 第七个 di˧˩ ʑi˧˩ ko˧˩
三哥 sæ˧˩ ko˧˩ 第八个 di˧˩ pæ˧˩ ko˧˩
四哥 sʅ˧˩ ko˧˩ 第九个 di˧˩ tɕiəu˧˩ ko˧˩
五哥 u˧˩ ko˧˩ 第十个 di˧˩ sə˦˧ ko˧˩
小哥 ɕio˧˩ ko˧˩ 一 i˧˩
一个 i˧˩ ko˧˩ 二 ə˧˩
两个 diɑŋ˧˩ ko˧˩ 三 sæ˧˩
三个 sæ˧˩ ko˧˩ 四 sʅ˧˩
四个 sʅ˧˩ ko˧˩ 五 u˧˩
五个 u˧˩ ko˧˩ 六 diəu˧˩
六个 diəu˧˩ ko˧˩ 七 ʑi˧˩
七个 ʑi˧˩ ko˧˩ 八 pæ˦˧
八个 pæ˦˧ ko˧˩ 九 tɕiəu˧˩
九个 tɕiəu˧˩ ko˧˩ 十 sə˦˧
十个 sə˦˧ ko˧˩ 十一 sə˦˧ i˧˩
第一 di˧˩ i˧˩ 二十 ə˧˩ sə˦˧
第二 di˧˩ ə˧˩ 二一 ə˧˩ i˧˩
第三 di˧˩ sæ˧˩ 二十一 ə˧˩ sə˦˧ i˧˩
第四 di˧˩ sʅ˧˩ 三十 sæ˧˩ sə˦˧

三一 sæ˧ i˧　　　　　　　　　　一百三 i˧ pɑ˧ sæ˧
　三十一 sæ˧ səʔ˥ i˧　　　　　　一百三十 i˧ pɑ˧ sæ˧ səʔ˥
四十 sɿʔ˥ sə˧　　　　　　　　　一百五 i˧ pɑ˧ ʔu˧
四一 sɿʔ˥ i˧　　　　　　　　　　一百五十 i˧ pɑ˧ ʔu˧ səʔ˥
　四十一 sɿʔ˥ səʔ˥ i˧　　　　　两百五① diɑŋ˧ pɑ˧ ʔu˧　二百五十
五十 ʔu˧ sə˧　　　　　　　　　二百五 əʔ˧ pɑ˧ ʔu˧　傻子
五一 ʔu˧ i˧　　　　　　　　　　三百一 sæ˧ pɑ˧ i˧
　五十一 ʔu˧ səʔ˥ i˧　　　　　　三百一十 sæ˧ pɑ˧ i˧ səʔ˥
六十 diəuʔ˥ sə˧　　　　　　　　三百三 sæ˧ pɑ˧ sæ˧
六一 diəuʔ˥ i˧　　　　　　　　 三百三十 sæ˧ pɑ˧ sæ˧ səʔ˥
　六十一 diəuʔ˥ səʔ˥ i˧　　　　 三百六 sæ˧ pɑ˧ diəuʔ˥
七十 ziʔ˧ sə˧　　　　　　　　　三百六十 sæ˧ pɑ˧ diəuʔ˥ səʔ˥
七一 ziʔ˧ i˧　　　　　　　　　 三百八 sæ˧ pɑ˧ pæʔ˥
　七十一 ziʔ˧ səʔ˥ i˧　　　　　 三百八十 sæ˧ pɑ˧ pæʔ˥ səʔ˥
八十 pæʔ˥ sə˧　　　　　　　　　一千一 i˧ ziʔ˧ i˧
八一 pæʔ˥ i˧　　　　　　　　　 一千一百 i˧ ziʔ˧ i˧ pɑ˧
　八十一 pæʔ˥ səʔ˥ i˧　　　　　 一千九 i˧ ziʔ˧ tɕiəuʔ˥
九十 tɕiəuʔ˥ sə˧　　　　　　　 一千九百 i˧ ziʔ˧ tɕiəuʔ˥ pɑ˧
九一 tɕiəuʔ˥ i˧　　　　　　　　 三千 sæ˧ ziʔ˧
　九十一 tɕiəuʔ˥ səʔ˥ i˧　　　　五千 ʔu˧ ziʔ˧
一百 i˧ pɑ˧　　　　　　　　　　 八千 pæʔ˥ ziʔ˧
一千 i˧ ziʔ˧　　　　　　　　　　一万 i˧ uæ˧
一百一 i˧ pɑ˧ i˧　一百一十　　　 一万二 i˧ uæ˧ əʔ˧
一百一十 i˧ pɑ˧ i˧ səʔ˥　　　　 一万二千 i˧ uæ˧ əʔ˧ ziʔ˧
一百一十二 i˧ pɑ˧ i˧ səʔ˥ əʔ˧　 三万五 sæ˧ uæ˧ ʔu˧
一百二 i˧ pɑ˧ əʔ˧　　　　　　　三万五千 sæ˧ uæ˧ ʔu˧ ziʔ˧
　一百二十 i˧ pɑ˧ əʔ˧ səʔ˥　　　零 diɑŋ˧
　一百二十一 i˧ pɑ˧ əʔ˧ səʔ˥ i˧　两斤 diɑŋ˧ tɕin˧　二斤
　一百二十二 i˧ pɑ˧ əʔ˧ səʔ˥ əʔ˧　两两 diɑŋ˧ diɑŋ˧

---

① "diɑŋ˧ pɑ˧ ʔu˧" 用来称数，"əʔ˧ pɑ˧ ʔu˧ ʔu˧ pɑ˧ ʔu˧" 表示"笨蛋、傻子"。

二两 ə˧ ɖiaŋ˧

两钱 ɖiaŋ˧ zie˧　二钱

两分 ɖiaŋ˧ fən˧　二分

两厘 ɖiaŋ˧ ɖi˧　二厘

两丈 ɖiaŋ˧ ɖaŋ˧　二丈

两尺 ɖiaŋ˧ ɖa˧　二尺

两寸 ɖiaŋ˧ zən˧　二寸

两里 ɖiaŋ˧ ɖi˧　二里

两担 ɖiaŋ˧ tæ˧　二担

两斗 ɖiaŋ˧ ɖəu˧　二斗

两升 ɖiaŋ˧ sən˧　二升

二合一 ə˧ ho˧ i˧　两种合在一起

两项 ɖiaŋ˧ haŋ˧

两亩 ɖiaŋ˧ miəu˧　二亩

几个 tɕi˧ ko˧　多少个

几多 tɕi˧ to˧　疑问代词，多少：来了~人?

好几个 hau˧ tɕi˧ ko˧　一些

一些 i˧ ɕia˧

好些 hau˧ ɕia˧　①好多，形容数量多：伊买了~纸（他买了很多纸）。②情况好转：伊买个苹果比我买个~（他买的苹果比我买的好些）。

点子 tie˧ ·tsæ　非常少量
　一点子 i˧ tie˧ ·tsæ

大点子 dæ˧ tie˧ ·tsæ　大点儿

小点子 ɕiɔ˧ tie˧ ·tsæ　小点儿

少点子 sau˧ tie˧ ·tsæ　少一点

多点子 to˧ tie˧ ·tsæ　多一点

上十个 saŋ˧ sə˧ ko˧　十个左右

十几个 sə˧ tɕi˧ ko˧　十多个

百把个 pa˧ pa˧ ko˧　一百个左右

一百多个 i˧ pa˧ to˧ ko˧　比一百多

千把个 zie˧ pa˧ ko˧　一千个左右

万把个 uæ˧ pa˧ ko˧　一万个左右

半个 pə˧ ko˧

一半 i˧ pə˧

两半 ɖiaŋ˧ pə˧

大半个 dæ˧ pə˧ ko˧　比一半多，但少于整个

一大半 i˧ dæ˧ pə˧

一个半 i˧ ko˧ pə˧

上下 saŋ˧ ha˧　一百~

左右 tso˧ iuei˧　一百~

一来二去 i˧ næ˧ ə˧ zie˧

一清二白 i˧ ɕiaŋ˧ ə˧ pa˧

一清二楚 i˧ ɕiaŋ˧ ə˧ zən˧

一干二净 i˧ ko˧ ə˧ zin˧

一五一十 i˧ u˧ i˧ sə˧

一刀两断 i˧ tau˧ ɖiaŋ˧ tə˧

一举两得 i˧ kui˧ ɖiaŋ˧ tə˧

一笔勾销 i˧ pi˧ tɕio˧ ɕio˧

一鼓作气 i˧ ku˧ tso˧ zi˧

一鸣惊人 i˧ miaŋ˧ tɕin˧ nin˧

一窍不通 i˧ ɕiɔ˧ pæ˧ dəŋ˧

一钱不值 i˧ zie˧ pæ˧ zl˧

一丝不苟 i˧ sl˧ pæ˧ tɕio˧

一意孤行 i˧ i˧ ku˧ ɕin˧

三番五次 sæ˧ fæ˧ u˧ zl˧

三年两年 sæ˧ nie˧ ɖiaŋ˧ nie˧

三年五载 sæ˧ nie˧ u˧ tsæ˧

三日两夜 sæ˧ ȵin˧ ɖiaŋ˧ iɑ˨　三天两夜

三长两短 sæ˧ ɕaŋ˧ ɖiaŋ˧ tə˨

三言两语 sæ˧ iɛ˧ ɖiaŋ˧ vi˨

三心二意 sæ˧ ɕin˧ ɦe˧ i˨

三心两意 sæ˧ ɕin˧ ɖiaŋ˧ i˨

三生有幸 sæ˧ saŋ˧ iəu˧ ɕin˨

三三两两 sæ˧ sæ˧ ɖiaŋ˧ ɖiaŋ˨

四平八稳 sɿ˨ bæ˧ pɑiŋ˧ uen˨

四通八达 sɿ˨ ɖən˧ pæ˧ ɖɑ˨

四面八方 sɿ˨ miɛ˧ pæ˧ fɑŋ˨

四分五裂 sɿ˨ fən˧ u˧ ɖiɛ˨

五湖四海 u˧ fu˧ sɿ˧ kæ˨

五花八门 u˧ fɑ˧ pæ˧ mən˨

六神无主 ɖiəu˧ sən˧ u˧ təu˨

六六大顺 ɖiəu˧ ɖiəu˧ ɖæ˧ sən˨

七上八下 ziʔ˧ saŋ˧ pæ˧ hɑ˨

颠七倒八 ɖiɛ˧ ziʔ˧ tɑu˧ pæ˨

乱七八糟 nɔ˧ ziʔ˧ pæ˧ tsɑu˨

乌七八糟 u˧ ziʔ˧ pæ˧ tsɑu˨

七拼八凑 ziʔ˧ pin˧ pæ˧ ziou˨

七嘴八舌 ziʔ˧ tɕiʔ˧ pæ˧ ɹɑ˨

千钧一发 ziɛ˧ kuin˧ iʔ˧ fæ˨

千辛万苦 ziɛ˧ ɕin˧ uæ˧ hu˨

千真万确 ziɛ˧ tən˧ uæ˧ zioʔ˨

千军万马 ziɛ˧ kuin˧ uæ˧ mɑ˨

千变万化 ziɛ˧ piɛ˧ uæ˧ fɑ˨

千家万户 ziɛ˧ kɑ˧ uæ˧ fu˨

千言万语 ziɛ˧ iɛ˧ uæ˧ vi˨

甲 tɕiɑ˧

乙 iʔ˧

丙 piaŋ˨

丁 tiaŋ˧

戊 u˨

己 tɕi˨

庚 ke˧

辛 ɕin˧

壬 ɖən˨

癸 kui˨

子 tsɿ˨

丑 ɖəu˨

寅 in˧

卯 mɑu˨

辰 sən˨

巳 sɿ˨

午 u˨

未 ui˨

申 sən˧

酉 iəu˨

戌 vi˨

亥 hæ˧

第四章　崇阳方言语法

本章从词法和句法两个方面讨论崇阳方言语法：词法上涉及重叠、语缀、小称、方所、数量、代词、性状、程度、介引、关联、体貌、助词等内容；句法上关涉处置句、被动句、双宾句、致使句、比较句、疑问句、祈使句、否定句、可能结构、动补结构等句型。最后是"语法例句"。

本章使用如下符号："｜"表示两个例子之间的分隔，句子前头加"＊"表示这样的说法不成立，加"?"表示可能会有这样的说法但值得商榷或不地道，加"／"表示两可。

一、词法

（一）重叠

相对于北京话里丰富的重叠形式，崇阳方言中重叠这一语法手段的运用不仅数量少而且使用范围也很窄：动词几乎没有重叠形式；名词、量词仅有极少量的重叠形式；形容词重叠也十分有限。

1. 名词重叠

崇阳方言的名词重叠现象主要表现在三个方面。

其一，称呼人名时，可以取名字中的某一个单字重叠使用，例如，亮亮、俊俊、强强、朵朵、琪琪等。这是比较常见的名词重叠，但用法非常单一。

其二，亲属称谓中的名词重叠，例如，爸爸、妈妈、哥哥、姐姐、妹妹、叔叔、舅舅等。但这种重叠式的称呼一般常见于儿童语言或借鉴北京话的说法，此时后一个字可读为轻声，也可变调为入声，仿似儿童语言，如，"妈妈"可说为 mɑ˨ ˌmɑ，也可说为 mɑ˨ ˑmɑ。而成年人称呼"爸爸、妈妈、哥哥、姐姐、妹妹"时往往就称呼一个字，分别为：爸、妈、哥、姐、妹；称呼"叔叔、舅舅"时仍然是重叠式称呼，尾字读为轻声调，如叔叔 sə⊣ʉ ·səʉ、舅舅 zio⊣ ·zio。

其三，崇阳方言中还保留少许四字名词重叠形式，例如，

家家户户 kɑ⊣ kɑ⊣ fu⊣ fu⊣　　时时刻刻 ʂɿ⊣ ʂɿ⊣ hɛ⊣ hɛ⊣
角角落落 ko⊣ ko⊣ no⊣ no⊣　　边边角角 piɛ⊣ piɛ⊣ ko⊣ ko⊣
坛坛罐罐 ɗə⊣ ɗə⊣ kuəʉ⊣ kuəʉ⊣　里里外外 ɗiɤ⊣ ɗiɤ⊣ uɑ⊣ uɑ⊣
汤汤水水 ɗɑŋ⊣ ɗɑŋ⊣ fiɤ⊣ fiɤ⊣　婆婆妈妈罗嗦 ɓoɤ⊣ ɓoɤ⊣ mɑ⊣ mɑ⊣

重叠以后，这些词基本表示"周遍"或"泛指"的含义，如"角角落落"，可以理解为"每一个角落"，"汤汤水水"泛指一切有汤水的东西；个别名词重叠后，词性有所变化，如"婆婆妈妈"，完全变为形容词性，不再具备名词的词义和语法功能了。

2. 量词重叠

北京话的量词重叠形式比较丰富。例如表"每个"意味的名词量词重叠如"天天""人人""个个""次次""年年"等，但在崇阳方言中这些形式几乎没有使用，除"个个"在使用外，其他均用"每X"表示，如"每日""每年""每回""每个"等。

但在具体语境中，有些量词可重叠为"一X（一）X"格式，一般在句中作状语，强调动作的方式。例如，

（1）路要一步（一）步个走，饭要一口（一）口个吃。
（2）写作业要一题（一）题看清楚再写。

两个例句中的重叠基式"步步""口口"和"题题"在一般情况下基本都不使用，但在上述语境中却非常适宜，两种形式"一XX"或"一X一X"表意基本没有差别，但语用上后一种会更强调量的循序渐进。

3. 动词重叠

北京话的动词重叠分为单音节动词重叠和双音节动词重叠，前者构成"VV"式，表示动作的"短暂"或"尝试"意味，例如，说说、看看、走走、想想。这种情况下，崇阳方言一般用"V下子"代替"VV"式，说成"话下子、看下子、走下子、想下子"等。"V下子"使用频率极高，而几乎不用"VV"式。例如，

（1）明日去不吵？等我想下子当。明天去不去呢？让我先想想。
（2）外面在搞么嘀啊？尔去看下子。外面发生什么事了？你去看看。

"等我想下子当"表示"稍加考虑";"看下子"则表示时长短暂,更表示尝试去找到解决疑惑的答案。

与北京话一样,崇阳方言也有些"AB"结构的双音节动词,可以重叠后构成"AABB"式,但是数量也不太多。例如,

疯疯打打 fənˉ fənˉ taˇ taˇ　　　　上上下下 saŋˉ saŋˉ haˉ haˉ
进进出出 tɕinˉ tɕinˉ ɕəʔ ɕəʔ　　摇摇晃晃 ioi ioi faŋˉ faŋˉ
蹦蹦跳跳 pənˉ pənˉ dioi dioi

重叠以后,表示动作主体的某种状态或动作频率比较高。

4. 形容词重叠

相对于名词、量词、动词的重叠式而言,崇阳方言的形容词重叠式数量较多,但相对于北京话丰富的形容词重叠式,仍具有很大的局限性,因为崇阳方言的形容词有很多特色表达法(在后文的"性状"章节将会详细分析,此处不再赘述),重叠方式只是其中的一种。

崇阳方言形容词重叠存在少量的"AA"式和"ABB"式,例如,
①伊个崽我见过,黑黑个(他的儿子我见过,黑黑的)。
②个伢崽个样瘦哦,轻飘飘个(这孩子这么瘦,轻飘飘的)。

鉴于这些说法的偶然性,很难说它们不是受北京话影响的,因为更为可接受的说法分别为"伊个崽我见过,墨几姑呐黑 miɛˉ tɕiˇ kuˉ ·næ hɛˉ"和"个伢崽个样瘦哦,□轻个 fiaŋˉ ziaŋˇ ·ka"。

下面重点讨论崇阳方言中相对来说较为常见的"AABB"式、"A里A气"式、"AXAY"式和"AA神"式等几种形容词重叠形式。

(1)"AABB"式
干干净净 kəˉ kəˉ tɕinˉ tɕinˉ:形容干净的样子。
肉肉墩墩 niəuˇ niəuˇ tənˉ tənˉ:形容胖乎乎的样子。
齐齐整整 ziˇ ziˇ tənˇ tənˇ:形容非常齐整。
利利落落 diˉ diˉ noˉ noˉ:形容非常清爽利落。
桠桠节节 ŋaˉ ŋaˉ tɕiɛˉ tɕiɛˉ:形容傻乎乎的样子。
定定吊吊 dinˉ dinˉ tioi tioi:形容吊儿郎当的样子。例如,看尔~个样,哪像个二十几岁个人啊?(看你那吊儿郎当的样子,哪里像个二十多岁的人啊?)
清清爽爽 zinˉ zinˉ saŋˉ saŋˉ:形容很清爽的样子。
……

(2)"A 里 A 气"式

哈里哈气 haɤ˧ ɖi haɤ˧ ziɹ：形容傻里傻气的样子。

流里流气 dieu˧ ɖi lueu˧ ziɹ：形容流里流气的样子。

怪里怪气 kuæɹ ɖi kuæɹ ziɹ：形容稀奇古怪的样子。

娇里娇气 tɕio˧ ɖi tɕio˧ ziɹ：形容很娇气的样子。

神里神气 sən˧ ɖi sən˧ ziɹ：形容很神气的样子。

乡里乡气 ɕiaŋ˧ ɖi ɕiaŋ˧ ziɹ：形容很乡气、土气或俗气。

……

值得提一下的是，这类形容词往往有一个简化形式，即是"A 气"式形容词。两者表意基本相同，但四字格更为生动且程度更深。"A 气"中的"A"为单音节形容词，"气"类似于表示"……的样子"的后缀。例如，

神气｜娇气｜洋气｜土气｜哈气｜怪气

类似这样的还有"A 里 AB"式和"A 里 A 气"式，例如，

糊里糊涂 fuɹ ɖi fuɹ dieu˧

古里古怪 kuɤ ɖi kuɤ kuæɹ

慌里慌张 faŋ˧ ɖi faŋ˧ taŋ˧

这类重叠式几乎无一例外都是表示贬义。

(3)"AXAY"式（目前只找到三例）

巴皮巴肉 pa˧ ɓiɹ pa˧ nieu˧：形容对人非常真心、贴心。

□归□几 tso˧ kui˧ tso˧ tɕiɤ：形容东倒西歪的样子。例如，把尔个衣扯下仔，在个身上~个。把你的衣服扯平一下，穿在身上是歪的斜的。

呛肝呛肺 ɕiaŋ˧ kə˧ ɕiaŋ˧ fiɹ：形容说话非常呛人的样子。

(4) AA 神

"AA 神"形容词一般是重叠前面的单音节形容词，"神"相当于表示"……的样子"的后缀。这类词并不多，可能与崇阳方言重叠式本身就比较少有关。例如，急急神｜忙忙神等。

表意上，以上几种重叠形式主要用来表达强调作用，可译作"很……"，例如，"笔笔直直"可以理解为"非常直"，"糊里糊涂"可以理解为"很糊涂"；另外，这些重叠式形容词的"A 里 A 气"式一般只表示贬义，其他两类则褒贬皆有。句法功能上，这些重叠式形容词与上述四字格词语一致，同样可以做句子的谓语、定语、补语和状语，此处不再举例赘述。

但是，由于这些重叠式形容词往往通过重叠的语法手段表达了程度之深的意味，所以它们前面对程度副词的使用有很多限制，北京话中的重叠式形容词也是这种情况。我们选用崇阳方言中四个常用的程度副词，即"点把很""闷非常""点子一点""几很，多用于感叹句中"，与三类重叠式形容词进行搭配分析，结果如下：

＊点把干干净净　　　＊点把巴皮巴肉　　　点把哈里哈气

＊闷干干净净　　　　＊闷巴皮巴肉　　　　闷哈里哈气

＊点子干干净净　　　＊点子巴皮巴肉　　　？点子哈里哈气

＊几干干净净啊　　　？几巴皮巴肉啊　　　几哈里哈气啊

由此可见，"AABB"式和"AXBY"式形容词对这几个程度副词的接纳几乎为零，相反，"A 里 A 气"式则基本可以与之搭配。这说明，"A 里 A 气"的描述性更强，程度性不高。

另外，崇阳方言形容词还有"A 不 A，B 不 B"式重叠，一般 A 和 B 为反义词并且以对举形式出现，表示性质或状态折中、毫无特色，不如人意，带拂意色彩。例如，早不早，晏晚不晏；前不前，后不后；高不高，低不低；长不长，短不短；新不新，旧不旧；黑不黑，白不白；……

①伊着个么衣啊？长不长，短不短个。他穿的什么衣服啊？长不长短不短的。（表示奇怪，不好看）

②个个点，早不早，晏不晏个，不晓得制么嘀。这个时间点，早不早晚不晚，不知道该做什么。

这些其实算不上典型意义的重叠式，应该是形容词的重叠貌用法，有一定的语境特定性。

（二）语缀

崇阳方言的前缀主要有"第""初""老""细""小"等，后缀主要有"崽""哒""神"等。

1. 前缀

严格来说，崇阳方言没有典型前缀，只有几个类前缀："初""第""老""细""小"等，而且意义用法与北京话没有很大差别。

（1）初 zl̩⁻¹

与北京话相同，崇阳方言的前缀"初"附着在十以内的数词之前，构成序数词"初 X"，表示农历每月前十天的次序，例如，~一｜~二｜~

三｜～四｜～五｜～六｜～七｜～八｜～九｜～十。仅此而已，能产度不高，"十"以后的数词性语素组合前不能加"初"。

需要注意的是，表中学年级的"初一""初二""初三"的"初"不是语缀。

(2) 第 di˧

崇阳方言的前缀"第"与北京话的"第"用法别无二致，都是附着在数词性语素之前构成"第X"，表示次序，例如，～一｜～二｜～十｜～十五｜～一百零三｜～三千六百二十九。如果不是单纯排序，数词性语素后边通常要用量词或量词词组，例如，～一个｜～十名｜～一件事｜～二回。但在语意明确的情况下也可以将量词或量名组合省去不用，例如，

①个是个辆车今哒跑个～五回。这是这辆车今天跑的第五趟。
②我去北京～一要制个事就是去目伊。我去北京要做的第一件事是去看望他。

(3) 老 nɑu˧

崇阳方言中的前缀"老"由形容词"老"虚化而来，某些用法中还保留有形容词"老"的意义。崇阳方言的前缀"老"主要有以下几种用法。

其一，附着在"大、幺、几"或"二"至"十"之前表示排行，虚化程度较高，例如，～大｜～二｜～三｜～四｜～五｜～六｜～七｜～八｜～九｜～十｜～幺｜～几。"～几"用于询问句询问某人的排行，例如，

①——尔兄弟三个当中，尔是～几？
　　——～二。
②我爸是屋里老大，蛮会照几人 我爸是他家里的长子，特别会照顾人。

由这个意义还引申出"老几"的反问用法，带有轻蔑的意味，讽刺对方把自己当做"老大"，一般用于争吵当中。例如，

③还来教训我？尔算～几？
④伊不就是比我早点来个呐？还以为自家是～几？他不就是比我早几天来这里吗？还以为自己是老几？

其二，与北京话相同，崇阳方言的"老"可以附着在少数动物名称的名词性语素之前，构成动物的称谓词，虚化程度较高，例如，～虎｜～鼠｜～蟹螃蟹。

其三，崇阳方言中的"老"还常常附着在表示亲属称谓的单音节名词性语素之前（"子"除外），构成亲属称谓词，虚化程度较高，日常生活中

经常使用。

例如，～爷 ia˧ 爸爸｜～娘妈妈｜～弟｜～妹｜～公｜～婆｜～表表亲｜～庚同一年出生的朋友

其中，"弟、妹、爷、娘"独用时与"～弟｜～妹｜～爷｜～娘"所指一致，加"老"则带有亲昵色彩，而且"哥哥""姐姐"一般不用"老X"格式。"公、婆、表、庚"中"表、庚"不能独用，"公、婆"可以独用，加缀所得词的词义与原语素不一致，因此，这时"老"兼有构词和变义两种作用。"～弟｜～妹"多用于背称，"～爷｜～娘"用作背称时，分别相当北京话中的"～爸｜～妈"，是对年迈父母的一种亲昵称呼方式，最主要还是侧重于年长。"～爷爸爸｜～娘妈妈｜～公｜～婆"还可用于面称。

其四，崇阳方言前缀"老"附着在其他名词性语素之前，构成表人的普通名词，虚化程度较高，"老"有成词作用，例如，～师｜～乡｜～板｜～百姓。

最后，前缀"老"附着在单音节姓氏前，表示对较自己年长且熟悉者的称呼，虚化程度不高，词汇意义有部分保留，例如，～张｜～李｜～王｜～朱等。

由此可看出，崇阳方言的"老"前缀类型较多，但大致上与北京话的用法类似。

(4) 小 ɕioɤ / 细 ɕi˧

崇阳方言的小称前缀常用的有两个，小 ɕioɤ、细 ɕi˧，都可以用在名词性语素前（虚化程度不高时还不是真正意义上的前缀，可以看成是形容词修饰后面的名词），此时，名词后面还可以用表小称的后缀"仔 tsæ˧"做呼应，并且读为轻声·tsæ，构成"小/细＋X＋仔"词语结构。两者有时可以互换，有时又各具特色。

只能用"小"的情况。①表物品大小，例如，～锅｜～凳｜～盆等，也可说成 ～锅仔｜～盆仔｜～桌仔｜～椅仔｜。②表幼小动物，例如，～鸟（没有"～鸟仔"的说法）｜～鱼（仔）｜～猪（仔）｜～鸡（仔）等。这两种情况下的"小"可以看作形容词修饰后面的名词，不是真正意义上的前缀。③表社会地位比较低的人物或不太光明正大的行当，虚化程度比较高，与"大小"含义基本无关，例如，～偷｜～丑｜～贩｜～老婆等。④附着在表示姓氏的单音节语素之前，用来称呼比自己年龄小的人，能产

程度较高，例如，～王｜～李｜～张｜～吴等，这种用法与前缀"老"相对。⑤还有一些无法具体归类，可能是受北京话影响，可能是方言本身产出的，例如，～菜｜～指甲等。

只能用"细"的情况。主要是用在亲属称谓中，表排行较小的。例如，～爷 iaɹ 最小的叔父｜～娘最小叔父的妻子｜～妈同"细娘"意等。前缀"细"是个类语缀，保留形容词"细"的词汇意义比较明显。"细"的主要作用是用来构形，个别情况兼有构词和构形两种作用，如这里的"～爷｜～娘"。

"小"和"细"可换用的情况，主要是对小孩子的称呼中。例如，小/细崽小儿子｜小/细伢崽小孩子，小朋友｜小/细姑崽小女孩等，此时"崽"不读轻声，读为 tsæɹ 是崇阳方言中表"儿子""孩子"的词。

①我有三个崽，个是我个小/细崽。我有三个儿子，这是最小的儿子。
②个是哪个屋里个小/细伢崽。这是哪家的小孩啊？

由此可见，崇阳方言中，前缀"小"的用法比"细"要广，"细"的用法局限性比较大。

2. 后缀

崇阳方言的后缀主要有：仔、首、煞、唢、子、把、神。

（1）仔 tsæɹ

上文提到过，崇阳方言的后缀"仔"附着在名词性语素后，表示事物的细小，能产程度比较高，例如，鸡～｜鸭～｜猪～｜牛～｜伢～｜手袱～毛巾｜女伢～｜倒伢～｜男伢～｜细伢～等。有时还可以在"仔"缀词语前加上前缀"细"或"小"，有进一步强调小的意味。

（2）首 səuɹ

在崇阳方言中，后缀"首"可以附着在动词性语素或形容词性语素后，构成抽象名词，表示值得、合算等意思。"首"的这种表示法在湖北省内很多方言里都存在，例如，鄂东南的赣语区崇阳方言、咸宁方言，西南官话的武汉方言，江淮官话的鄂州方言等都存在这一词缀。具体到崇阳方言来看，其能产度比较高。被附成分可以是单音节的，也可以是双音节的。例如，看～｜想～｜打～｜吃～｜喝～｜说～｜谈～｜听～｜讲～｜瞄～｜搞～｜戏～｜补～｜读～｜商量～｜指望～｜检查～｜可怜～。"首"缀词语通常作宾语，与动词"有"配合使用，用于肯定、否定、反问和正反问等结构中，用法比较广。例如，

①个景区冇得（么）看首，只有划船还有点戏首。这个景区没有什么值得看的，只有划船还可以玩一下。

②尔话个个事定都定了，还有个么商量首？你说的这个事已经定了，还有什么值得商量的？

③尔尝下子，看下个菜有冇得吃首？你尝一下，看看这里的菜好不好吃？

以上三个例句分别使用了该结构的否定、肯定、反问和正反问句式。

(3) 煞 sæ˥

崇阳方言的后缀"煞"附着在单音动词或形容词后（偶见少数双音节形容词），构成"X煞"，表示程度的强烈，所以"煞"字要重读甚至有一定程度的拖长语调，用以突出程度之深。"X煞"结构在崇阳方言中能产度非常高，意为"非常X"或者"X极了"。例如，

动词＋煞：跑～｜笑～｜哭～｜怄～｜打～等。

形容词＋煞：烦～｜气～｜饿～｜干～｜忙～｜累～｜喜～｜热～｜冷～｜酸～｜咸～｜奸～非常小气｜溜～很熟练的样子｜胀～｜兴～｜利落～｜小气～等。

值得注意的是，"X煞"结构一般用在陈述句或感叹句中，从来不会出现在否定句中。另外，据袁宾(2003)和唐贤清、陈丽(2011)研究，"煞"的本字应为"杀"，魏晋以后，大量出现虚化为程度补语的"煞"置于动词或形容词之后，取代"杀"。唐贤清、陈丽(2011)通过考察还发现，虽然"煞"在北京话中很少见，但广泛出现于方言中，包括吴语、客家话、赣语、晋语、徽语和部分官话。据笔者了解，"X煞"的这一用法流行于鄂南赣语片区的咸宁、崇阳、通城等县市方言中。

(4) 呐 ·næ

崇阳方言的后缀"呐"常常置于单音节名词后面，往往读为轻声，相当于北京话的"子、儿"后缀。例如，桌～｜凳～｜鞋～｜桃～｜李～｜袜～｜盆～｜盅～杯子｜袱～毛巾｜镜～｜刨～等。还有很多北京话里不能加"子"后缀的名词，崇阳方言照样可以加"呐"后缀，例如，书～｜碗～｜谜～谜语。

后缀"呐"还可以附着在双音节名词后，意义和用法与附着在单音节名词后基本一致，适用的名词范围非常广，有家居用品、蔬菜吃食、昆虫动物等。而且这种情况下，一般不能对应北京话的"子"。例如，老屋～家

乡｜椅靠～靠背椅｜地撮～撮箕｜萝卜～萝卜｜蝇马～苍蝇｜尖叫～蝉｜翼个～翅膀｜寒噤～蚯蚓｜飞薄～灯蛾｜捞箕～筷篱等。

少数多音节名词或名词短语后面也可以加后缀"呐"，例如，荡刀片～理发师用的鐾刀布｜枕头套～｜擦脚袱～擦脚毛巾｜鸡毛刷～鸡毛掸子｜大指甲壳～大拇指等。

由此可见，后缀"呐"在崇阳方言中用法很广，大部分名词后面都可以加上这个后缀。另一方面，这个后缀与名词的紧密度不高，尤其是对多音节名词来说，这个后缀几乎都是可有可无的，没有"呐"也都可以成词；单音节名词也可以去掉这个后缀，不影响成词表达，不过加上后缀更为通顺自然。

（5）子 tsɿˇ

崇阳方言常用的名词后缀还有一个"子"，与北京话的"子"后缀意义用法差不多。当然，"鱼子"这类偏正结构的词，"子"不是后缀，不在讨论范围内。与上述"呐"尾名词词缀相比，崇阳方言"子"尾名词有三种情况：

一种是"子"尾与"呐"尾可以自由换用，如上文提到的"呐"尾举的部分例字，"桌呐＝桌子｜桃呐＝桃子｜袜呐＝袜子｜袱呐＝袱子｜叶呐＝叶子"等，但是有些是只能用"呐"尾，不能用"子"尾的，比如"*鞋子、*盆子、*盅子、*梳子"就都是不成立的。类似这样只能用"呐"尾的词主要是崇阳方言中可以单音节使用的名词，例如，"猴"在崇阳话里一般就两种说法，"猴"或"猴呐"，不说"*猴子"，"鞋、盆、盅、梳、狗、猪、茄"都是这种情况。

另一种是只能用"子"尾，不能用"呐"尾的情况，例如，"胡子"就不能说"*胡呐"，类似的词语还比较多：剪～｜鼻～｜婊～｜败家～｜瞎～｜聋～｜蝎～｜筷～｜钳～｜镊～｜狮～｜豹～｜橘～｜架～｜位～｜篮～｜金～等。

还有一种比较特殊的情况，同一个词根，加"呐"尾和"子"尾后，所表示名词所指对象不同。例如，"包呐"指"背包"，而"包子"指一种带馅儿的面食。

从构词手段来看，崇阳方言后缀"子"的作用主要表现在：

A. 改变词性，有时还使所缀语素单独成词时的意义发生改变。"子"

缀所附着的成分多是名词性质的语素，但也有一些其他类型的语素可以缀"子"而成为名词，主要是形容词或动词：

①形容词＋子→名词。例如，矮～，"矮"为形容词，指个子不高；加后缀"子"后"矮子"表示名词："个子矮的人"。类似的还有：疯～｜胖～｜瘦～等。

②动词＋子→名词。例如，骗～，"骗"为动词，意为"欺骗"，加后缀"子"后"骗子"为名词，表示"欺骗的人"。类似的还有：滚～轮子｜瞎～｜聋～｜败家～等。

③量词＋子→名词。例如，个～，个：量词单位→个子：指人的身高。这种情况不普遍。

B. 成词作用。一些不能单独成词的语素，缀上"子"以后便成了词，例如，狮～｜豹～｜侄～｜婊～｜麻～。

(6) 把 paɣ

崇阳方言中，"把"有多种语义，常见的有给予类动词"给"、表处置的介词"把"、表被动的介词"把得"和后缀"把"。前面几种用法会在后面相应的句法部分详细论述，这里只讨论附着在量词或位数词后的后缀"把"，表示概数。主要有以下几种情况：

A. 名量词＋把。例如，个～｜根～｜件～｜块～｜条～；盒～｜碗～｜筒～｜桶～｜箱～。

前面一部分是个体量词，后面一部分为集合量词，都表示数量比较少，在"一"左右。它们后边都可以接名词，但如果名词成分在上文已出现，后面再次出现时可以承前省。例如，

①我现在吃烟吃倒少得多，以前一日吃盒～，个际一日吃根～就可以了。我现在抽烟抽得少多了，以前一天要抽一盒烟左右，现在一天抽一两根就可以了。

②伊蛮节约，每年只买块～衣。他很节约，每年只买一两件衣服。

③伊请客个时际冇算好，多了桌～人。他请客的时候没有算好人数，多出了一桌客人。

句①里面的"量词＋把"后面就省了名词，因为前文语境提到过；后面两个例句则直接在"量词＋把"后加名词。

B. 动量词＋把。常用的动量词主要有：回～｜次～｜趟～｜遍～等。这类结构同样表示数量少，不过"把"后面一般不能出现中心成分，例如，

①我每年都要去海南戏回～。我每年都要去海南玩一两次。

②槟榔个东西不好，尔每日要少吃次～。槟榔不健康，你每天要少吃一两次。

C. 度量衡单位量词＋把。例如，斤～｜寸～｜里～｜吨～等。同样表示数量少，"把"后边可以不出现中心成分，但也可以出现名词，或者形容词，名词和形容词甚至还可以同现，形成偏正结构。例如，

①伊个回压是打个寸～（长）个鱼仔。这次他打的都是一寸长左右的小鱼。

②我今哒多运了吨～货。我今天多运了一吨左右的货。

③屋里有肉，莫买多了，买个斤～就行得了。家里还有肉，别买多了，再买一两斤就可以了。

④这个水塘只有米～深。这个水池大概一米深。

句①的"寸把"后面形容词"长"可以出现，也可以不出现，听者都明白是修饰长度的；句②的"吨把"后面接名词；句③"斤把"后的名词成前省略；句④的"米把"后面接的形容词"深"，但中心词"水"承"水塘"而省略。

D. 时间单位词＋把。这类用法的时间词不多，主要是"年～｜日～"。一般不说"月～""小时～"，只说"个～月"或"个～小时"，但一两分钟可以说"分把钟"。这里的"把"也是表示数量在"一"左右，如果用来表示时间本身量的多少，后边可以出现名词；如用来说明动作持续时间的长短，后边不出现中心语成分。例如，

①伊呐有个莫戏首？日～（时间）就够了。那里有什么好玩的？一天就玩够了。

②（11）我还有分把钟就到了。我还有一两分钟就到了。

E. "X把两X"格式。其中，"X"为量词，上述的名词、动量词、度量衡量词和时间词基本都可以嵌入。该格式同样表达数量少，但更加强调数量"一"且不超过"二"，其后往往不再接中心词。例如，

个把两个｜根把两根｜年把两年｜日把两日｜回把两回｜次把两次｜斤把两斤｜吨把两吨

①伊个崽要去美国年把两年。他儿子要去美国一两年。

②隔壁个崽经常夜里嚎，不是回把两回了哦。隔壁家的儿子总在夜里大叫，不是一两次了。

F. 位数词＋把。这里的位数词是指"个、百、千、万"等表数的量词，表示接近某个位数，或在某个位数左右，例如，百～｜千～｜万～｜亿～。"X 把"后边常出现量词或量名结构，有时量词或量名结构也可以不出现，例如，百～斤（鱼）｜千～块（钱）｜万～吨（钢）。但这种格式不适用于位数词"十"，表示概数要用"几十"或"一二十、三四十"等来表达。

另外，"位数词＋把"的格式同样适用于上面提到的"X 把两 X"，例如，个～两个｜百～两百｜千～两千｜万～两万｜亿～两亿，等等，用法和意义基本与上文所论述一致。

(7) 神 sən˩

崇阳方言里"神"可作为词尾，用在一些叠音动词、形容词或拟声词后，变为形容词"AA 神"，表示一种状态，一般在句中作谓语或状语，能产性不是很高。例如，跑跑～｜搞搞～｜急急～｜呼呼～等。

①个伢崽不好好走路，跑跑神。这小孩不好好走路，一路跑跑跳跳的。（作谓语）

②昨日伊归来后冇一下就急急神个走了。昨天他回来一下后就急急忙忙地走了。（作状语）

3. 中缀

里 ·di

崇阳方言的中缀只有一个，即上文重叠式里提到的"里"。中缀"里"附着在两个语素之间，构成多音节形容词"A 里 AB"式，大部分都是"A 里 A 气"，能产程度不高，例如，胡～胡涂｜哈里哈气｜小～小气｜怪～怪气｜娇～娇气｜乡～乡气｜神～神气｜流～流气。这类形容词几乎无一例外都是表达消极性的贬义。详见重叠式部分的论述。

（三）方所

崇阳方言表示方向和处所的词语较为丰富，主要有以下几类：

(1) 单纯方位词：东、南、西、北、上、下、左、右、前、后、里、外、底、兜① təu˩ 最底下、呐 næ˧。

(2) ～头 dieu˩：上头、高头、下头、前头、里头、外头。

---

① "兜"表示物品名词时，崇阳方言读作 tio˩，但作为方位名词，变音读作入声调。

(3) ～面 miɛ˧：上面、下面、前面、后面、外面、里面、对面、东面、西面、南面、北面、侧面。

(4) ～边 piɛ˧：上边、下边、前边、后边、外边、里边、左边、右边、东边、西边、南边、北边、旁边、侧边。

(5) ～底 ti˥：高底、上底、下底、前底、后底、外底、里底、外底。

(6) 其他合成方位词：兜呐 təu˧ ·næ最底部、边舷 piɛ˧ ɕiɛ˥、顶上 tin˥ saŋ˧、底下 ti˥ ·ha、中间 təu˧ kæ˧、面前 miɛ˧ ziɛ˥、跟前 kɛ˧ ziɛ˥、背后 pi˥ ziŋ˧、隔壁 ka˧ pia˥ 旁边、煞兜最后面 sæ˥ təu˧。

下面分别介绍。

1. 单纯方位词

(1) 崇阳方言中单纯方位词较少单独使用，通常只是在成语和固定俗语中以对举的形式使用。例如，

①尔倚好吵，前不前，后不后个，别个哪样徛呢？你站好，站在这里前不前后不后的，别人怎么站呢？

②伊左一下右一下，搞一上昼也冇搞个名堂。他左一下右一下，一上午没搞出什么名堂来。

(2) 单纯方位词更多地是与其他语素搭配使用，表示时间或者处所。这些语素可以是单音节词，也可以是双音节或多音节词组。例如，"前年、胸前、大门前；后年、背后、院子后；屋顶上、车上、上昼上午；地下、下昼下午、楼底下；日里白天、眼睛里、里底；手头、里头、头间前面、额角头额头"等。

(3) 语缀"呐"可以附着在单音节名词后，构成表示方所意义的词语，能产程度较高。例如，手～、地～、嘴壳～嘴里、心～、屋～、港～河里、碗～、乡～等。这里的"呐"相当于北京话的"里"，受北京话影响，现在崇阳方言也可以将这些"呐"换成"里"使用，但不如"呐"地道。

(4) 兜 təu˧ 指最底下、最尾端的位置。基本附着在其他名词后面构成方所词，例如，年～年尾、碗～、盆～、床～、煞～最后等。

2. 合成方位词

崇阳方言的合成方位词非常丰富，可以单独成词构成句子成分，也可以与其他名词组合成短语再构成句子成分。"～面"和"～边"的意义和用

法与北京话相差无几，此处就不赘述，仅讨论崇阳方言里比较有特色的方位词。

(1) ~头 ɖioᴗ、~底 tiɤ

将这两类放一起，是因为相对于"~面、~边"而言，它们在成词方面都有一定的局限性，即不能与"东、南、西、北、左、右"等单纯方位词组合使用。

具体来说，崇阳方言"~头"类方所词数量不多，且使用上呈现很明显的不对称现象，如"上头、高头"均指"上面"，但是表示"下面"时极少说"?下头"，而常用"下面、下底"；"前头"常用而"后头"却不常用，"后面"更顺口些；"里头""外头"都可以（"外面、外底"还是用得更多些）。因此，相较而言，崇阳方言里"~底"比"~头"更常用些。

另外，"高头"还可以进一步和名词组合，例如，车高头、桌呐高头、椅高头、墙高头。语缀"头"还可以附着在部分带有明显方所意义的双音节名词后，例如，额角头_{额角上}、角落头_{角落里}。

总的来看，崇阳方言确实存在"~头"方所词的说法，但在构词能力和使用频率上都不及"~面""~底"。即便合法的"高头、上头、前头、里头"也可以说成"高底、上地、上面、前面、前底、里面、里底"。

(2) 边弦 piɛᴗ ɕiɛᴗ、边上 piɛᴗ saŋᴛ、侧边 ziɛᴛ piɛᴗ、旁边 ɓaŋᴗ piɛᴗ

崇阳方言里这几个词都表示"（在……）旁边"的意思。其中，由"弦"的语义表达可知"边弦"指在实物最旁边的位置，而不指空间上相对的位置。可以单独作名词使用，也可以与方位词"上"搭配使用，说明该词的名词性比较强，方位性比较弱，类似于表示物体的某个部位。

①有坨饭在碗个边弦上。_{有坨饭在碗沿边上。}

②个东西要沿倒桌个边弦摆。_{这个东西要沿着桌子边摆放。}

与"边弦"不同的是，"边上""侧边""旁边"均可以指空间上参照物以外的方位，没有明确具体的地点。例如，如果以"桌子"为参照物说话，那么"桌呐边弦"指"桌子"上最靠边的方所，而其他三个词都既可以指"桌子"上的旁边部位，也可以指"桌子"外旁边的方位，并且是模糊的概念。

(3) 底下 tiɤ ˑɦɑ、兜呐_{底端} touᴛ ˑnæ、煞兜_{最后面} saᴛ touᴛ

崇阳方言里这三个词都指"底部""下端",但表意略有差异,"底下"意义和用法与北京话差不多,主要说"兜呐"和"煞兜"。

"兜呐"指物体的底部,例如"碗兜呐"指碗的底部,隶属于碗的一部分。此时,"呐"可省略,说成"碗兜",还可以与"上、下"等单纯方位词连用。例如,

①哟,尔看啰,一隻蚂蚁爬到碗兜(下)去了。

②盆兜(呐)还有几个字。

崇阳方言中"煞兜"的用法除了在表方所时与"兜呐"一致外,更多的时候是用在表示时间上的最末端。例如,"年尾"在崇阳方言中可以说为"年煞兜"。

(四)时间

时间词一般包括时间名词和时间副词。

1. 时间名词

与北京话相比,崇阳方言中时间名词比较有特色的有以下几个方面:

表示年、月、日,其中表示"年"和"月"的与北京话别无二致,主要是"日"的表达方式大有不同。如,今日_{今天}｜今哒_{今天}｜明日_{明天}｜昨日_{昨天}｜前日_{前天}｜大前日_{大前天}｜献前日_{大前天}｜后日_{后天}｜外后日_{大后天}。可以看出,只有"日"尾的使用比较具有普适性,"今哒""献前日"和"外后日"的使用上出现了不对称现象,如"哒"不能用于"＊明哒｜＊昨哒｜＊后哒"上,大后天只能用"外后日"等。

表示节日。如"月半_{元宵节}｜菖节、端阳_{端午节}"等。

表示一天内各种时间。如"日呐_{白天}、上昼_{上午}、昼边 təu˦ piɛ˦、下昼_{下午}、夜呐_{晚上}"等,"昼"是古语词的保留。甚至还会用短语来表示时间,比如表示"黄昏",崇阳方言没有专门的词语,仅用"天晏 ŋɛ˦ 暗了"来表达。

表示短暂时间如"一下、一下子"等,这里的"子"读为轻声,并且韵母开口度变大,读为 ·tsæ,有称小作用。

2. 时间副词

崇阳方言的时间副词比较丰富,根据所表示时间概念的不同,可分为:

表示持续时间,例如,正｜在｜正在｜总｜总在,等等。

表示经常时间,如,常｜经常｜往往｜永远｜时刻｜一向｜从来｜一直,等等。

表示过去时间,如,刚｜刚刚｜将｜才将｜已经｜早｜原先,等等。

表示将来时间,如,快｜马上｜立马｜就｜就要,等等。

表示短暂时间,如,暂时｜有时｜有时际｜一时,等等。

这些词的具体用法与北京话差别不明显,不再举例说明,但在后文论述崇阳方言的"体"时会有所提及并详细分析。

(五) 趋向

趋向动词是表示动作行为趋向的动词,一般分为单纯和合成两类。单纯的由一个趋向动词表示,合成的由两个趋向动词合成。崇阳方言趋向动词大体上与北京话一致,但也呈现一些自身特色。总的来说,单纯趋向动词有:上｜下｜进｜出｜归回｜过｜起｜来｜去;合成趋向动词为这些单纯趋向动词的组合,主要构成方式呈现比较整齐的对应,如下表。

崇阳方言趋向动词表

	上	下	进	出	归回	过	起
来	上来	下来	进来	出来	归来 回来	过来	起来
去	上去	下去	进去	出去	归去 回去 去归 回去	过去	起去

由该表可看出,最能体现崇阳方言特色的合成趋向动词为"归来｜归去｜去归｜起去"四个。

(1)一般认为,北京话趋向动词"起"与其他单音节趋向动词在同"来""去"组合时,呈非对称现象,即有"起来"而无"起去"。但崇阳方言有"起去"一词,而且使用很频繁,与"起来"形成严整的方向对应。例如,

①紧坐倒搞么嘀啊?快起来,我家呐要走了。一直坐着干嘛?快起来,我们要出发了。(说话者站着而非坐着,而听话者正坐着)

②起来/去下子,尔个凳轧倒我个脚了。起来一下,你的凳子轧着我的脚了。(说话者可能站着也可能坐着,说"起来"是站在听话者起身的角度来说的,说"起去"是站在说话者被轧着的脚这个角度来说的)

③快起去！我还想睏下子。快起来！我还想睡一下。（说话者和听话者都躺着，所以说话者的方向是"起去"）

（2）"归去"和"去归"表意完全一样，形成了同素异构词语，这类表示"回去"意义的词在很多方言里都有"去回"的说法，所以崇阳方言的"去归"也就不意外了。例如，

①不想戏了，我想归去/去归。不想玩了，我想回去。

但两者用法还是不同，"归去"与其他合成趋向动词一样，可以变为"归X去"，"X"为回去的地方，但"去归"不能这样拆分使用。例如，

②明日暑假就结束了，我要归学堂去/我要归去学堂。明天暑假就结束了，我要回学校去。

②′*明日暑假就结束了，我要去学堂归。

"去归"不仅不能拆分使用，而且后面也不能接地名，只能单独使用表示"回去"的语义。

（3）趋向动词可以直接作谓语，更常见的是用在动词、形容词后面做趋向补语。崇阳方言的合成趋向动词做补语时，可以在两个单纯趋向动词中间插入表一般人或物的宾语，也可以将这个宾语置于合成趋向动词后。例如，

①画出来一朵花/画出一朵花来

②拿进去三本书/拿进三本书去

若宾语是处所词语，北京话的宾语只能位于补语中间。而崇阳方言需要把复杂趋向补语的第一个趋向动词改为"到"，宾语位于"到"之后，趋向动词之前。例如，

③跳进河里去/*跳进去河里（北京话）

④跳进港里去跳进河里（崇阳方言）

（六）数量

这部分简单讨论崇阳方言的数词、量词和数量短语的构成及使用情况。

1. 数词

数词包括基数词、序数词和概数词。

崇阳方言基数词和序数词与北京话无明显差别。基数超过一百的词语，如果后面带量词，则需要带上末尾处的"十、百、千"；如果没有量词，则可以省去。例如，

——个块衣好多钱啊？这件衣服多少钱？

——五百二（十）/五百二十块。五百二十元。

"一百三十吨｜两千七百张｜九万四千八十个"，如果没有这些量词，且末尾的数字大于二，则分别可以说成"一百三（十）｜两千七（百）｜九万四千八（十）"。如果数词或数量短语开头出现"二"，一般读"两"，例如，两千三百一｜两斤｜两角两分｜两两（后一个"两"是重量单位的量词，很多方言里这种情况下前面的"两"读为"二"，但崇阳方言里依然读为"两"）等。

与北京话相比，崇阳方言的概数词有一定的特色，主要有以下几种表达方式："几""大几""好几""把""多""出头""好些""（一）点子"等。

(1) 几、大几、好几

崇阳方言表示不确定个数的时候用"几"来表示，语义上类似于北京话"十来个人"里面的"来"。"几"的用法特点：

A. 用在数词"十"和量词之间。如，十几里山路｜五十几条鱼｜二十几岁。这种情况下，"几"还可以换成"多"，表意不变：十多里山路｜五十多条鱼｜二十多岁。

B. 数词、量词前用"几"表示概数（需与问句区别开来）。例如，几十｜几百｜几千｜几斤｜几块｜几个｜几双。

C. "大"和"好"也可以分别与"几"组合为"大几""好几"，强调数字比较大、数量比较多，北京话也有类似表达法。例如，

①伊用了大几/好几十万去置屋。他花了大几十万去做房子。

②老李屋个崽三十大几/好几了还冇接媳妇。老李家的儿子三十多岁了还没娶媳妇。

上述的"几"和"多"概括表示"1—9"中的任意数字，而"大几""好几"强调的概数范围则在"5—9"。

(2) 把

崇阳方言可以在数词、量词后附加"把"，构成概数词，表示的意义往往是这些数词或单位量词左右的量，更多的是不足这个量。例如，

A. 数词＋把：百把｜千把｜万把。

B. 量词（包括能做量词的名词；动量词）＋把：日把｜月把｜岁把｜

年把｜个把｜斤把｜块把｜吨把｜米把｜回把｜餐把。

"百把"是将近一百或刚到一百或比一百多一点；"日把"是将近一天，可能比一天时间短点也可能多点。其他词表意同理。有时为了强调数量少，还可以在"把"后加个小称词尾"子"，此时"子"读为轻声。例如，

①个伢崽还有个岁把子就可以读书了。这小孩只需一年左右就可以上学了。

②今哒冇买几多菜，就称了斤把子肉。今天没买什么菜，就切了一斤左右肉。

上述两句里面的"子"都可以省略，但加上后能更加突出表达说话者对数量少的主观认知。

C．量＋把＋两＋量：个把两个｜斤把两斤｜餐把两餐｜块把两块｜碗把两碗｜年把两年｜回把两回｜条把两条。

C 结构也是表示数量少，但在表意上与 B 结构有细微差别："块把钱"表示"一块钱左右"，可能不到一块钱，也可能比一块钱多一点儿，语义上更强调对数量的估计；"块把两块钱"则表示数量在"二"左右，即可能是"一块""一块多""两块""两块多"，但无论是"一"左右还是"二"左右，都是强调数量较少。

(3) 多

"多"表示比前面的数词的数目多一点儿，与"几"的区别是，"几"只能表示个位数的概数，而"多"不受此限制。比如"二十多人"可以说"二十几人"，但"三百多块""五千多斤"就不能换成"几"了。

另外，"多"还可以用在"数词＋量词＋多"结构中。例如，五斤多（米）｜一桌多（亲戚）。

(4) 出头

"出头"用在数词或数量短语后，表示略略超出。例如，二十出头｜五十斤出头｜两米出头｜十年出头。

2．量词

(1) 个体量词

崇阳方言常用的个体量词主要有"个 koɹ""只 tæ˥""根 kɛɹ""张 taŋ˦""粒 di˥"等。与北京话相比，这些量词的差异体现在：

表动物方面，"只"的使用范围更大。小至昆虫，大到牲畜，都可以用"只"。例如，一～牛｜一～猪｜一～羊｜一～苍蝇｜一～虫｜一～鱼｜一

~猫｜一~狗｜一~老鼠｜一~鸡｜一~鸭，等等。

崇阳方言中没有"颗"这个量词，一般用"粒"代替。例如，一~珠呐｜一~饭｜一~扣子等。

崇阳方言的量词"个"还可以用在"动词/形容词＋个＋时间/数量"结构中。例如，住个三两日｜借个两三百块｜重个一两斤（常见于比较句中）。

①伊呐空气蛮好，有时间去住个三两日子。那里空气很好，有时间的话去住两三天。

②伊经常找个个借个两三百块钱，找阿个借个一两百块钱。他经常找这个人借两三百块钱，找那个人借一两百块钱。

③个几日不蛮想吃饭，体重比前些时轻个一两斤。这几天不是很想吃饭，体重轻了一两斤。

（2）不定量词

崇阳方言不定量词常用"一丁点子 iɲ tiaŋ˧ tiɛɤ ·tsæ""（一）点子 iɲ tiɛɤ ·tsæ"表示"一点儿"；用"好些 hauɤ ɕia˧""些子 ɕia˧ ·tsæ"表示"很多"或"一些"。例如，

①好些水果要烂了，尔快点去吃。很多水果都快烂了，赶紧去吃掉。

②个点子钱能买么东西啊？这一点钱能买什么啊？

③今日冷不冷啊？着个些子衣够不够？今天冷不冷？穿这些衣服够不够？

④我不舒服不想吃，就吃了一丁点子菜。我不舒服不想吃饭，只吃了一丁点菜。

（3）动量词

动量词表示动作的次数，主要包括以下几类：

A. 专用动量词。例如，话一声｜睏一觉｜写几遍｜跑一趟｜去一回。

B. 借用名词或个体量词。例如，讲两句｜吵一架｜吃一口｜砍两刀｜打一枪｜踢一脚。

（4）数量名短语

A. 崇阳方言数量名短语中，当数词为"一"时，一般要省略"一"，显得较为紧凑。例如，

①过节买只鸡吃。过节买只鸡吃。

②话句事就走。说句话就走。

③把本书到尔。给你一本书。

④拿盅水去喝。拿杯水去喝。

B. 与北京话一样，崇阳方言中也会在数量名短语中用"两"虚指，表示数量少。例如，

打两下｜踢两脚｜话两句｜嚷两声｜写两张｜吃两口｜唱两句。

（七）指代

这部分将讨论崇阳方言的人称代词、指示代词和疑问代词。

1. 人称代词

崇阳方言人称代词的基本用法可参见下表。

崇阳方言人称代词表

		第一人称	第二人称	第三人称
基式	单数形式	我 ŋoˇ	尔 nˇ	伊 iˇ
	复数形式	我家呐 ŋoˇ kaˉ ·æn	尔家呐 nˇ kaˉ ·æn	伊家呐 iˇ kaˉ ·æn
敬称			尔呐家 nˇ naˉ kaˉ	伊呐家 iˇ naˉ kaˉ
他称		人家呐 ȵinˇ kaˉ ·æn		
旁称		别人 biɛˉ ȵinˇ；别个 biɛˉ koˉ		
反身代词		自家 zˇ kaˉ		

崇阳方言的人称代词有如下几个方面值得探讨。

（1）人称代词"伊"的声调

崇阳方言第三人称代词"伊"的声调是一个非常有趣的现象。据吕叔湘（1985）考察，在先秦时期，"伊"用作指示代词，意为"这"。例如，"所谓伊人，在水一方"。魏晋时期，"伊"发展为第三人称代词并保留在很多方言里，几乎通行整个闽语区，还有吴语区的上海、嘉兴、绍兴，以及徽语部分地区，但在鄂东南赣语区不多见。

如上表所示，"我、尔、伊"在崇阳方言里都是上声，调值为ˇ。然而在中古汉语里，"伊"是一个平声字，很明显不符合语音演变规律。那么，是什么引起了"伊"在崇阳方言中的变调？李荣（1965）认为"人称代词读音的感染"可以解释这一现象，并且在李先生之后，很多学者也贡献了类似的方言例子论证这一观点。例如，客家方言的梅县话，关中方

言的新泉话①（孙立新，2002），广东的增城话（何伟棠，1993），宁津话（曹延杰，2003），赣语安义话（万波，1996）等。从这个意义上讲，人称代词的声调一致性具有方言类型学意义。回到崇阳方言来，"伊"的声调很显然是为了与"我、尔"声调保持一致而发生的变音现象。另一个旁证是"伊"在崇阳方言里还可以用作指示代词，但读为阴去调，调值为˧˩。

(2) 复数标记"家呐"的来源

如上表所示，崇阳方言的人称代词复数形式采取"基式＋复数标记"的方式构词。据李蓝（2008）研究，这种"增标法"广泛运用在大多数汉语方言里，并且相较于"同字法""换字法""换标法"等方式，这种方法被认为是最经济有效的代词复数表示法。然而，与常见的单音节复数标记（如北京话的"们"、连城话的"齐"）不同的是，多音节复数标记并不多见。据李蓝（2008）统计，按现有记载，汉语方言人称代词有63种复数形式，其中只有15种方言采用多音节复数标记，崇阳方言的"家呐"并未包括在其中②。

另外，此处我们这里选用"家呐"这两个字是出于语音发展及意义演变的考虑。吕叔湘（1985）考察近代汉语发现，人称代词后面的"家"常被用为所属格标记；并且进一步论证，在一些吴语区，"家"被用在人称代词后面作复数标记。这给崇阳方言人称代词复数形式研究以很大的启示。一方面，从语音演变规律来看，"家"在崇阳方言白读中正好读为ka˧˩，意义上也可以作人称代词复数标记。另一方面，前文后缀部分也分析过"呐"在崇阳方言中被广泛用在名词后面，形成常见的名词后缀，例如"桌呐｜椅呐｜笔呐｜屋呐｜纸呐｜鞋呐｜袜呐｜棍呐"等，那么这里的"家呐"也容易理解为"家"后加上名词后缀"呐"的形式，变为"家呐"，甚至可以理解为北京话中的"（一）家子"之意，例如"我家呐"意即"我（一）家子"等，由此再虚化为人称代词复数形式的标记。

---

① 项梦冰（1992）记录的新泉方言中"我、咱、嗯、渠"均读为阳平调。
② 事实上，李蓝（2008）的统计数据中包括崇阳方言，但是按照《湖北方言调查报告·崇阳卷》提供的语料，他将崇阳方言的人称代词复数形式归并为"们"一类去了。这是因为受客观调查条件限制，《湖北方言调查报告·崇阳卷》的发音人为常年生活在武汉的崇阳人，其方言受武汉方言影响极大。

（3）第三人称代词的特点

与北京话相比，崇阳方言第三人称代词有如下两个特点：

其一，分为定指和不定指两类。我们注意到，崇阳方言表"他们"意思的第三人称代词有"伊家呐"和"人家呐"两种形式，分别用为定指和不定指。这一点与北京话有些许差异。但是，第三人称复数所属格形式中，定指的用"伊家呐个"，不定指的常用"别人个"，而非"人家呐个"。

①——小张跟伊个爸到哪去了？小张和他爸到哪里去了？
　——伊家呐去学堂了。他们去学校了。

②尔还不晓得个事？人家呐（别个/别人）压晓得了。你怎么还不知道这个事啊？别人都知道了。

③莫造，个是别人/别个个东西！别动，这是别人的东西！

例句①中"他们"很明显是定指"小张及其父亲"，所以用定指的"伊家呐"；另外两句都为不定指，所以用"人家/别个/别人"都可以。

其二，有敬称形式。

吕叔湘（1985）提出，作为敬称形式的"尔家"在很多官话区使用，尤其是湖北省和云南省的官话区，可以看作"您老人家"的缩略形式，不过基本上没有看到与之对应的第三人称敬称形式。然而，在崇阳方言里，第三人称单数同样有敬称形式，即"伊呐家"，与第二人称敬称形式"尔呐家"对应。

④我个爹点把多学问，我最喜欢跟伊呐家戏。我的爷爷有很多学问，我最喜欢跟他玩儿。

⑤我高中碰到了几个闷好个老师，伊呐家教会了我点把多东西。我高中碰到了几个非常好的老师，他们教会了我很多东西。

（4）反身代词"自家"

崇阳方言的反身代词"自家"的用法与北京话的"自己"很接近，既可以单用，也可以用在"代词/名词＋自家"结构中。

①老王总是把自家搞倒急急忙忙个。老王总是把自己搞得慌慌忙忙的。

②尔自家要好生照几自家。你自己要好好照顾自己。

③尔个老师自家会不会写个个题啊？你老师自己会不会做这个题啊？

2. 指示代词

崇阳方言的指示代词为三分形式，即近指、中远指和远指，其中远指是指相对中远指而言的更远指。

崇阳方言指示代词表

		近指	中远指	远指
基式		个 koˋ	伊 iˇ	阿 æˋ
名物	单数	个个 koˋ koˉ	伊个 iˇ koˉ	阿个 æˋ koˉ
	复数	个些 koˋ ɕiaˉ	伊些 iˇ ɕiaˉ	阿些 æˋ ɕiaˉ
时间		个（时）际 koˋ tɕiˉ	伊（时）际 iˇ tɕiˉ	
处所		个子呐 koˋ tsæ ·næ	伊子呐 iˇ tsæ ·næ	阿子呐 æˋ tsæ ·næ
		个呐 koˇ næ	伊呐 iˇ næ	阿呐 æˇ næ
		个边 koˋ pieˉ	伊边 iˇ pieˉ	阿边 æˋ pieˉ
方式/性状		个样 koˋ ȵiaŋˉ	伊样 iˇ ȵiaŋˉ	阿样 æˋ ȵiaŋˉ
程度		个么 koˋ ·om	伊么 iˇ ·om	
		个样 koˋ ȵiaŋˉ	伊样 iˇ ȵiaŋˉ	

总的来说，崇阳方言的指示代词形式上对应齐整，而且正如储泽祥、邓云华（2003）的研究，在指示代词两分或三分的方言中，处所类指示代词的形式最有可能是最丰富的，并且表方式和程度的指示代词最有可能只有两分形式。崇阳方言基本符合这一研究结论。另外，张振兴先生（2004）对学界提出指示代词的一分、二分、三分甚至四分的观点分别进行了严密论证，得出结论：在现有材料下，无论几分说，汉语方言的指示代词实质上还是二分，所谓三分的远指或中远指，其中之一是（周边）其他方言的叠置。崇阳方言指示代词的三种形式本书按语言事实罗列出来，其来源及本质待日后详细论证后再探讨。

(1) 指示代词"伊"的声调

崇阳方言中，"伊"既做人称代词又做指示代词，这一现象普遍存在于汉语方言（林素娥，2006）甚至汉藏语系的其他语言（张惠英，2001）中，因此具有方言类型学意义。

人称代词"伊"为保持与第一、第二人称代词同调，读为上声调；指示代词中，"伊"有两个调，也都与其他两指代词的声调保持一致，分别为阴去调和上声调。其中，大部分都读为阴去调，只是在表处所的指示代词"个呐、伊呐、阿呐"中，一致读为上声调。

(2) "个"的用法及读音

崇阳方言中"个"有三个常见的意义和用法，由不同的读音来区分，上表中出现了两个。下面逐一介绍。

其一，指示代词"个"，读作 koʌ，表近指，相当于北京话的"这"。该用法同样可以用在程度副词中，如后文将介绍的"个么这么""个样这样"等意。

其二，量词"个"，读作 koㄱ。例如，一～人｜个～老师｜几～桌呐｜伊～路，等等。

其三，结构助词"个"，一般用作定语或状语标志，读为轻声 ·kɑ，元音开口度增大。例如，我～书｜有得下数～人没有轻重的人｜开开心心～戏开开心心地玩，等等。

按语音演变规律，指示代词"个"的读音为其本音；量词用法因其常居于语流中间，曲折调难以完整呈现，且为了与指示代词用法区分，而导致声调音变；结构助词"个"的轻声读法更易理解，轻化后开口度稍大也是崇阳方言中较常见的现象，例如上表中的"个子呐这里"以及表时间短暂的"一下子"中的"子"轻化后读作 ·tsæ。

(3) "个样"和"伊样"

这两个词都可以用于表方式和程度的指示代词中，但"阿样"只能用于表方式的指示代词中。另外，"个"和"伊"还可以单独使用，表示程度，此时其意义和用法与"个样"和"伊样""个么"和"伊么"完全一样。

①尔到哪去了伊长时间啊？你去哪儿了，这么久？（单字表程度）

②尔个样话是不对个。你这样说是不对的。（表方式）

③阿边个水个么（个样/伊么/伊样）清啊！那边的水这么/那么清啊！（表程度）

当"个么/个样/伊么/伊样"用来表程度时，"个"和"伊"一般会重读并拖长语调以示强调。

(4) 指示代词的虚指用法

与北京话的"这、那"指示代词一样，崇阳方言的"个、伊、阿"三个指示代词也同样可以用来虚指人或事。例如，

①个不行，伊不行，阿也不行，要哪样呢？这不行，那也不行，到底要怎么样呢？

②就个些事,个个不想制,伊个不想制,阿个不想制,哪个管咧? 就这么点事情,这个人不想做,那个人不想做,谁来管呢?

这种情况下,"个、伊、阿"是不定指的,在例①中能分别替换为"个样、伊样、阿样"。

从语篇功能上来看,"个、伊、伊样"还可以用在话语开篇处,具有连接话语的功能。此时,"个、伊"要重读,并且适当拖长语调。

③个饭也不吃,水也不喝,我是有得法了! 这,饭也不吃,水也不喝,我是没有办法了。

④——听倒话明日要落雨,不晓得伊个活动搞不搞得成。听说明天要下雨,不知道那个活动能不能开展。

——伊就话不清楚了咧。那就说不清楚了。

例③中的"个"主要是对当下情况的一种复指,复指后面的"不吃饭,不喝水"的状况,去掉也不影响话语交际,但用上会显得语篇衔接更为自然。例④中的"伊"则主要是承接上文,复指"要下雨"这个情况。

3. 疑问代词

崇阳方言的疑问代词主要是围绕"哪、么、几"三个基式来成词的。"哪"可以用来问人、处所和事件;"么"类似于北京话的"什么";"几"则类似于北京话的"多少"。具体如下表所示。

崇阳方言疑问代词表

疑问范畴	疑问代词
问人	哪个 naɤ ko˧
问处所	哪呐 naɤ ·æ;哪子(呐) naɤ tsɿ (·æ)
问方式	哪样 naɤ ȵiaŋ˧
问时间	么际 moɤ tɕi˧;几久 tɕiɤ tɕiəuˤ;哪日 naɤ ȵinˤ
问数量	几 tɕiɤ;几多 tɕiɤ toˤ
问事件	么 moɤ;哪个 naɤ koˤ;么呐 moɤ ·æ;么事 moɤ sɿˤ
问原因	么呐 moɤ ·æ;为么呐 viɤ moɤ ·æ

(1) "哪"的用法

崇阳方言中问人的疑问代词一般不用"谁",而是用"哪个"。"哪个"还可以问物品、问事件。

①哪个是尔个老师? 谁是你的老师?

②尔想买哪个桌呐？你想买哪个桌子？

"哪"在崇阳方言中可以在后面加量词，广泛用于询问"哪一个物品"中，例如可以说"哪只鸡""哪本书"等，与北京话的意义与用法一致。

另外，"哪"一般读为阴去调，调值为˧˩，但是在问处所时的"哪呐"要变调为上声，调值为˩˧，与表示处所的指示代词"个呐、伊呐、阿呐"中的"个、伊、阿"调值保持一致。

(2)"几"和"几多"

"几"和"几多"在崇阳方言中都是问数量的疑问代词，但用法有差异。用"几"时说话者心里对数量有预期，一般是少于十的量，而且"几"后面要加量词，再接名词；用"几多"时说话者心里对数量没有预期，可能很少，少于十，也可能很多，后面直接接名词，无需量词。例如，

①尔每日喝几盅水啊？你每天喝几杯水啊？

②尔每日喝几多水啊？你每天喝多少水？

两句对比可见，两句提问最大的区别是："几多"并不关注量体是什么，回答可以由说话者任意选择单位量词。

(八) 性状

性状是指事物的形式、状态或动作进行的方式、状态等，表达性状意义的方式一般是通过形容词或含有形容词的固定搭配等来表达。崇阳方言中用来表示性状意义的语法形式丰富生动，且十分有特色。该部分内容将选取有其特点的性状表达形式进行分析讨论。

1. "XA"形容词

(1) 结构特点

崇阳方言中"XA"结构性状形容词比较常见，其中"X"表示中心形容词的修饰部分，有单音节和多音节之分，"A"为中心形容词。从外在形式上来看，"XA"常常为双音节词，"A"常常为表示颜色或感官的单音节形容词，"X"为修饰"A"的单音节成分；从意义表达上来看，修饰成分"X"通常是根据中心形容词"A"的意义选择固定搭配的词语，具有独特性，很多本字至今没有考察出来，并且传递的意义比单用形容词"A"更形象；从语用功效上来看，这类结构的形容词让崇阳方言对性状的传达更灵活生动了。例如，

雪白 ɕieʔ˧ bɑʔ˧：像雪一样白

通红 dən˧ fən˩: 红彤彤的样子

□绿 kua˩ diəu˩: 深绿色

杏黄 ɕin˩ faŋ˩: 像成熟的杏子一样比较鲜亮的黄

墨黑 miɛ˧ hɛ˩: 像墨一样的深黑

沁甜 ʑin˧ diɛ˩: 形容甜到心头

□苦 ua˧ u˩: 形容非常苦

纠酸 tɕio˩ sə˩: 形容酸得牙呲嘴咧的样子

纠咸 tɕio˩ hæ˩: 形容咸得牙呲嘴咧的样子

沁咸 ʑin˧ hæ˩: 形容咸到心底的味道

□软 ȵiaŋ˧ ȵiŋ˩: 软塌塌的样子

梆硬 paŋ˧ ŋaŋ˩: 硬邦邦的样子，与"□软"互为反义

刮烂 kua˩ næ˩: 形容食物烹饪或果实成长得烂熟，或者物品四分五裂的样子

铁紧 diɛ˧ tɕin˩: 形容像铁一样紧致，或者像被铁箍住一样紧

朗稀 naŋ˧ ɕi˩: 稀稀朗朗的样子

激冷 tɕi˧ naŋ˩: 形容非常冷的样子

刮热 kua˩ ȵiɛ˩: 形容热乎乎又稍微有点烫的温度

□饱 ua˩ pau˥: 形容吃得很饱的样子

□轻 fiaŋ˧ ʑiaŋ˩: 轻飘飘的样子

夹瘦 kæ˩ ɕio˩: 很瘦（带有中性或贬义）

□壮 nɛ˧ tsaŋ˩: 形容胖胖的或者壮硕的样子（不仅形容人，也可以形容动物）

激溜 tɕi˧ diəu˩: 形容行动非常灵活，或做事十分熟练的样子

□光 fiaŋ˧ kuaŋ˩: 形容被耗尽的样子

□臭 baŋ˩ dəu˩: 形容臭气熏天

(2) 表意特点

分析上述例子我们可以看到，这些"XA"结构中，中心形容词"A"可以分为视觉（黑、白、红、黄、绿、壮、瘦、稀）、味觉（甜、咸、苦、酸）、触觉（软、硬、冷）、嗅觉（香、臭）及其他感官（轻、重、饱、溜、紧、光、烂）类别，而这些形容词大多是属于非定量形容词，只能通过量幅而非量点来展现其性状（石毓智，2001），因此它们的前修饰成分"X"

大部分是非固定的，只能是针对不同的形容词选用不同的修饰词。有时候，这些修饰成分与中心形容词有一定的意义联系，例如"雪白"是指"像雪一样白"，"铁紧"是指"像被铁箍住一样紧"等，但更多时候无法像这样得到解释，例如"刮热""夹瘦"等，甚至还有很多修饰成分不仅查不到本字，连找个同音字都做不到。这些特点虽然给我们记录和研究带来了难度，但是对方言词汇的丰富性和生动性大有裨益。另外，我们也看到，少数修饰性成分还是具有语法化为前缀的潜质的，例如"沁甜、沁咸"中的"沁"。

(3) 句法功用

崇阳方言的"XA"结构性状形容词具备一般形容词的语法功能，即可以做定语、谓语和补语。与北京话相同，它们做定语时，后面加个助词"个"，类似于北京话的"的"；比较特殊的是，它们用作谓语时，一些表示褒义的词都需要在后面加个读轻声的"仔·tsæ"，而表示中性或贬义的则不能这么用。究其原因，可能与"仔"的小称化性质有关，需要表示小称、可爱的时候才能用，有时做定语也可以加上这个"仔"。比较下面三组句子：

①个女伢崽个面雪白仔。这女孩的脸（肤色）很白皙。
①′＊个男伢崽□壮仔。那个男孩子很壮实。
②我昨日买个苹果沁甜仔。我昨天买的苹果非常甜。
②′＊伊舞个菜沁咸仔。他做的菜太咸了。
③邦硬个猕猴桃还有熟，不好吃，□软仔个才好吃。硬邦邦的猕猴桃还没熟，不好吃，软软的才好吃。
③′＊我买个猕猴桃邦硬仔。
③″我买个猕猴桃□软仔。

例①′中的"□壮"不符合小称、可爱的原则，因此不能加"仔"；例②′中的菜做咸了，不符合褒义原则，用"仔"导致句子错误；例③′中的"邦硬仔"一般不说，但有时口语中想表达"买的对"，也不是完全不能说。

2."X呐A"形容词

崇阳方言性状形容词的生动性还体现在"X呐A"形容词上。此时修饰性成分"X"往往为多音节，并用结构助词"呐"区分修饰性成分和中心

成分。例如，

  通滴呐红 dəŋ˧ ti˩ næ˧ fəŋ˧：通红通红的

  夹死呐绿 kæ˧ sɿ˩ næ˧ dieu˧：深绿

  雪净呐白 ɕie˧ tɕin˩ næ˧ pɑ˧：非常白

  雄几夹呐黄 ɕin˧ tɕi˩ kæ˧ næ˧ faŋ˧：亮黄亮黄的

  墨究姑呐黑 mie˧ tɕi˩ ku˩ næ˧ he˧：非常黑

  纠巴滴呐酸 tɕio˧ pɑ˩ ti˩ næ˧ sɛ˧：非常酸

  沁牙呐甜 zin˧ ŋɑ˩ næ˧ dieɪ˧：甜到牙缝的甜

  铁箍呐紧 die˧ ku˩ næ˧ tɕin˧：像被铁箍住一样紧

  梆姑石呐硬 paŋ˧ ku˩ sɑ˧ næ˧ ŋaŋ˧：像石头一样硬

  激凌各呐冷 tɕi˧ liŋ˧ kɑ˧ næ˧ naŋ˧：刺激性的冷

  笋巴筒呐壮 ɕin˧ pɑ˩ tʰəŋ˧ næ˧ tsaŋ˧：像竹筒一样粗壮

  猛硕呐大 məŋ˧ so˧ næ˧ dæ˧：十分硕大

  射矢呐快 sɑ˧ sɿ˧ næ˧ kʰuæ˧：像射出的箭一样快

  甸巴呐重 die˧ pɑ˩ næ˧ dəŋ˧：重得沉甸甸的

  从这些例子可以看出，之所以称它们为形容词而非词组，是因为其结构比较固定，修饰性成分往往是根据中心词的语义来搭配的，固定且独一无二，基本不能随意换用。从语义上来说，相较于"XA"形容词，"X 呐 A"形容词往往更加强调中心形容词"A"的程度深。例如"通滴呐红""夹死呐绿"的表意均比"通红""夹绿"程度深；"铁箍呐紧""笋巴筒呐壮"则比"铁紧""□壮"更形象直观，表意程度也更深。

  句法功能上，"X 呐 A"形容词与"XA"形容词也有不同，前者常常用作谓语和补语，一般不做定语。这可能与音节长度有关，因为口语中形容词做定语的情况本来就不多，音节过长的定语就更少见了。例如，

  ①个树笋巴筒呐壮。这棵树像竹子一样壮。（谓语）

  ①′个树长得笋巴筒呐壮。这棵树长得像竹子一样壮。（补语）

  ①″＊笋巴筒呐壮个树。像竹子一样壮的树。（定语）

3. 其他四字形容词

  崇阳方言中除了上述结构特点比较鲜明的形容词外，还有些无明显规则结构的四字形容词（少数不止四个字）。例如，

老皮斋斋 nɑuɤ biɹ ʀsæʅ ʀsæʅ：布满皱纹的脸

剜心急绿 uəɤ ɕinɹ tɕiɹ dieuɹ：像被剜心一样着急

丑翻了苑 dəuɤ fæɹ ·næ tiəuɹ：形容丑翻了（类似于北京话中的"丑翻了天"）

多嘴巴沙 toɹ tɕiɤ ·pɑ sɑɹ：形容多嘴多话的样子

水滴隆冬 fiɤ tiɹ nənɹ tənɹ：形容非常潮湿

冷火熄烟 nɑŋɤ hoɤ ɕiɹ iɛɹ：形容很冷清的样子

鼻涕嘴歪 biɹ diɹ tɕiɤ ʀæuɹ：形容非常尴尬或被气得脸部变形的样子

红眼炸须 fənɹ ŋæɤ ʀsaʅ fiɹ：形容嫉妒得眼红、胡须炸飞的样子

王八撒气 uɑŋɹ pæɹ ʀɑ ziɤ：形容无理取闹的样子

乌焦巴公 uɹ tɕioɹ pɑɹ kəŋɹ：形容非常黑，像被烧焦了一样

强牙辩舌 ziɑŋɹ ŋɑɹ biɛɹ ʀʅɑŋɹ：形容非常善于辩论或狡辩

拖尸懒动 doɹ sʅɹ ʀæŋ dənɹ：形容非常懒的样子

贴耳卑心 dieɹ əɤ piɹ ɕinɹ：形容非常贴心的样子

踢脚绊手 diɹ tɕioɹ pəɹ səuɤ：形容做事被牵绊的样子

假家马家 tɕiɑɤ kɑɹ ʀɑɤ kɑɹ：形容非常虚假的样子

铁面巴嘴 dieɹ mieɹ pɑɹ tɕiɤ：形容正直严肃、铁面无私的样子

作恭把敬 tsoɹ kənɹ pɑɤ tɕinɤ：形容毕恭毕敬的样子

软皮搭泻 ȵiɛɤ biɹ tɑɹ ɕiɑɤ：形容非常软弱、没骨气的样子

纠酸栎革 tɕioɹ səɹ soɹ kɛɹ：形容味道很酸

翻牙左嘴 fæɹ ŋɑɹ ʀsoɤ tɕiɤ：形容面部扭曲的样子

擢皮弄拐 doɹ biɹ nənɹ kuæɤ：形容喜欢搬弄是非的样子

翻犁倒耙 fæɹ diɹ tauɤ pɑɹ：形容辛勤劳作、毫无休息的样子

大声管咽 dæɹ sənɹ kəuɤ iɛɹ：形容说话声音非常大

乌隆陡暗 uɹ nənɹ tioɤ ŋæɹ：形容黑暗危险的环境

毛面兽脸 mɑuɹ mieɹ səuɤ diɛɤ：形容面色凶狠、不够友善的样子

横股倒背 uɑŋɹ kuɤ tauɤ piɹ：形容非常有技巧的样子

雄眼鼓筋 ɕinɹ ŋæɤ kuɤ tɕinɹ：形容脸色因震惊、害怕而失色的样子

牙巧嘴快 ŋɑɹ zioɤ tɕiɤ uæɹ：形容牙尖嘴利、能说会道的样子

疲头残气 biɹ dieuɹ ʀzæɹ ziɹ：形容精力耗尽、垂头丧气的样子

有根有绊 mau˧ kɛ˩ mau˧ bə˩：形容毫无根据的样子

这些极具方言特点的形容词结构和表意比较固定，类似于北京话中的四字成语。它们不仅使得表达更生动有趣，而且也比双音节词语表达的性状程度更强。表意上，这些词也需要整体上理解意思，有些修饰成分只起衬音作用，或者从音节手段（例如重音、叠音等）方面起到强调作用。例如，"斋斋"就是修饰因年龄导致的脸皮皱皱的样子；"多嘴巴沙"中的"巴沙"也没有具体的意思，只是形容"多嘴"的样子。另一方面，从构词的内部结构上看，联合式数量较多，如"毛面兽脸""牙巧嘴快""横股倒背"等；有述补式，如"丑翻了苋"；还有主谓式，如"王八撒气""水滴隆冬"等。

句法功能上，这类形容词可以做谓语、定语、状语和补语。下面以"多嘴巴沙"一词为例，看看它在句子中的句法功能：

②个娭家多嘴巴沙个。这个妇女很多嘴。（谓语）

③个是个多嘴巴沙个娭家。这是个多嘴的妇女。（定语）

④伊在多嘴巴沙地话么嘀啊？他在多嘴说什么啊？（状语）

⑤个人真讨嫌！话事话到多嘴巴沙个。这人真讨厌，说话说得乱嚼别人舌根。（补语）

4. 少量重叠式形容词

北京话有很丰富的重叠形式，但是崇阳方言中重叠形式不多，量词仅有"个个"这一重叠式，动词几乎完全没有重叠式，表性状的形容词有少数的重叠式，如"AABB"式、"AXAY"式和"A里A气"式。"AABB"式、"AXAY"式多表示程度加深，而"A里A气"式则强调对状态或性质的描述。上文在探讨重叠问题时详细举例分析过，此处不再赘述。

（九）程度

从大的方面说，崇阳方言对程度意义的表达可分为语音手段、词汇手段和句法手段。语音手段方面，与多数语言一样，重音和拖长音有加强程度的作用，例如"几多人啰！好多人啊！"句中，虽然程度副词"几"也强调程度深，但如果此时还伴随着重读"几"并拖长其发音，则更突出"人多"的程度。下面重点探讨崇阳方言中表程度意义的词汇手段和句法手段。

1. 词汇手段

表程度意义的词汇手段主要有上文提到的性状表达法（包括"XA"式形容词、"X呐A"式形容词、重叠式形容词等）和程度副词。性状形容词或多或少都有表达程度的意味，例如，"墨黑"虽然描述"黑"的性状，但意义上肯定比单音节形容词"黑"的程度深，"墨究姑呐黑"的性状描述更为生动，同时表意上"黑"的程度又得到进一步的强调。陈光（2008）称之为"隐性量"，尤其是重叠式"本质上高于一般程度的性形状量"。这部分在上文性状表达法章节有详细分析，此处不再赘述。下面详细介绍崇阳方言的程度副词以及其他能表程度意义的词汇手段。

（1）"点把 tiɤɤ paɤ""点子 tiɤɤ ·tsæ"和"有点把 iəuɤ tiɤɤ ·pa"

崇阳方言中，这三个词看似比较接近，也都可以表示程度，但无论意义、用法都相差比较大，所以放在一起作对比分析。

"点把"在官话区方言里很常见，但基本表达的是数量少或程度轻的意思，例如武汉话①（西南官话），主要用作定语修饰名词，或具有名词性特点直接做主语，如李荣先生举例：

①点把哪里够？一点点怎么够呢？

②点把东西么样拿得出手？一点东西怎么拿得出手？

但是在崇阳方言中，"点把"一词不是形容词，不能修饰名词，更不能直接做主语，而是一个比较常用的表示程度高的程度副词，相当于北京话里的"很""非常"，句中可以用作状语修饰形容词或动词，一般而言，修饰的动词为心理动作的动词。例如，

③伊点把忲屋呐。他很想家。

④我点把高兴/后悔。我很高兴/后悔。

⑤昨日伊呐点把多人。昨天那里非常多人。

如果要表示"一点点"之意修饰名词，崇阳方言使用"点子"，而不是"点把"。例如，

⑥个多客，（个）点子菜怕不够哦。这么多客人，这点菜恐怕不够哦。

⑥′＊个多客，（个）点把菜怕不够哦。

由此可见，崇阳方言"点把"和"点子"意义相反，用法迥异。意义

---

① 李荣（1995）记载武汉话中的"点把"表示"极少的分量"之意。

上,"点把"表示程度高,"点子"形容量少、程度低;用法上,"点把"是程度副词,修饰动词形容词,而"点子"是形容词,主要修饰名词。

"有点把"也是个程度副词,表意上却与"点把"相反,表示程度低,即"有一点"之意。比较下面三组句子:

⑦小王有点把后悔。小王有一点后悔。

⑦′小王点把后悔。小王非常后悔。

⑧伊个面有点把红。他的脸有点红。

⑧′伊个面点把红。他的脸很红。

⑨个伢崽有点把哈。这孩子有点傻。

⑨′个伢崽点把哈。这孩子很傻。

另外,与北京话"很"不同的是,"很"可以做补语,例如"高兴得很",但崇阳方言的"点把"和"有点把"都不能这么用。

总起来说,崇阳方言这三个词的词性及表意特征如下表所示。

	词性	表意	程度
点把	副词	很、非常	高
点子	形容词	一点点	低
有点把	副词	一点	低

(2)"闷 mən˦"和"蛮 mæ˨"

"闷"和"蛮"在崇阳方言中也是很常用的表程度较高的副词,相当于北京话里的"非常""十分""挺"等。两者在肯定句中基本可以换用,表意差别不太大。只是由于"闷"的读音高且短促,在听觉上会感觉用"闷"的时候表意程度比"蛮"更重更深。

①我闷/蛮久冇出去戏了。我很久没出去玩了。

②隔壁个崽闷/蛮讨嫌。邻居家的儿子很讨人嫌。

③伊小时际闷/蛮想长大了当科学家。他小时候很想长大后当科学家。

两者最大的差别体现在否定句中。"蛮"在否定句中的用法最灵活,"蛮不……"和"不蛮……"都可以使用,前者"蛮"是修饰的否定程度,后者"蛮"表示被否定的程度不够深。但是"闷"的否定就有些限制了,可以用"闷不……",不能用"不闷",但可以用"不是闷……"来否定,"不是蛮……"也可以用。例如,

④我闷/蛮不喜欢看电影。我非常不喜欢看电影。

⑤我不蛮喜欢看电影。我不是非常喜欢看电影。

⑤′*我不闷喜欢看电影。

⑥我不是闷/蛮喜欢看电影。我不是非常喜欢看电影。

⑦伊个字写倒不是闷/蛮差个咯。他写的字不是很差啦。

⑧伊个字写倒不蛮差个咯。他写的字不是很差啦。

⑧′*伊个字写倒不闷差个咯。

综观这几个表意为"很""非常"的程度副词"点把""闷""蛮",我们发现,崇阳方言中用肯定句表达时三者都很常用,但用否定句表达时,"蛮"的使用更为常见,而"点把"几乎很少有否定形式。

(3)"点子 tieɤ ·tsæ"和"有点子 iəuɤ tieɤ ·tsæ"

上文讨论"点把"的时候用"点子"做了对比,但崇阳方言中表示量少或程度低的还有个"有点子",此处做详细对比分析,以窥其一斑。

"点子"是个形容词,表示"一点"之意,因为是形容词,所以除了可以做定语外,还可以做补语。与之相关的词还有"丁点子""一点子""点把子""一丁点子"等,表示"一丁点"之意,数量更少。例如,

①伊话倒点子崇阳事。他会说一点崇阳话。

②个块衣小了点子。这件衣服小了点。

与"点子"不同的是,"有点子"是个副词,可以修饰形容词、动词,但不能做补语。

③小李是个好人,就是有点子不蛮话事。小李是个好人,就是有点不怎么说话。

④个块衣有点子小。这件衣服有点小。

(4)"斗倒 təuɤ ·tau"和"紧倒 tɕinɤ ·tau"

"斗倒"和"紧倒"表意类似,都表示"一直"之意,即某种动作、情状持续发生,它们是情态副词,但也能突出动作或性状的程度之深。在语用上"斗倒"还传递出主观上对这种持续性不耐烦的态度。例如,

①搞快点子吵,斗倒摸么呐?动作快点,一直在磨蹭什么?

②斗倒话话话,话么呐吵?一直在说说说,说什么呢?

③个几日斗倒落雨。这几天一直在下雨。

以上三个例句中的"斗倒"都可以换为"紧倒",但以"斗倒"为常用。

（5）"几 tɕiˇ"

崇阳方言中，"几"通常用在动词或形容词前强调这些动作、性状的程度之深，无论褒贬义均可使用，而且在语音上会用重音或拖长音来进一步强调。该词在感叹句中使用较多，因此句尾基本都会搭配使用一些表感叹的语气词。例如，

①个次考试伊考倒几好哦！这次考试他考得多好啊！

②我个妈几着急哟！我妈妈多么着急啊！

③明日落雨，我几不想去哟！明天下雨，我多么不想去啊！

这些句子中如果去掉句尾的语气词，句子就不能成立了。但有一种情况例外，即有时为了强调程度之深，还会在"几"前面加上"不晓得"，共同强调程度深的意味。这种时候，句尾的语气词不是必须的。

④个次考试伊不晓得考倒几好（哦）！这次考试他考得不知道多好啊！

⑤我个妈不晓得几着急（哟）！我妈妈不知道多么着急啊！

⑥明日落雨，我不晓得几不想去（哟）！明天下雨，我不知道多不想去啊！

这里的"不晓得"类似于北京话里的"不知道"，很明显是已经虚化为仅起强调作用的副词了，并不表实际意义。

（6）"才 zæˍ"和"才是 zæˍ sɿˋ"

崇阳方言里"才"可以用作时间副词，表示"刚刚"，也可以用作情态副词，修饰心理类动词，强调心理状态的程度；"才是"除了修饰心理类动词外，还可以修饰形容词，强调性状程度高。例如，

①我才（是）不想去北京咧！我才不想去北京呢！

②伊屋里个花园才是大！他家的花园真大！

②′＊伊屋里个花园才大。

③个事才有得个样简单啊！这件事才没有这么简单呢！

③′＊个事才是有得个样简单啊！

由此可见，"才"一般用在感叹句中，并且传达的是说话者不太希望发生的事，所以例句②′是不成立的，即便加上"啊"之类的感叹语气词，"才"换成"几"才更合法。除非句子含有"出乎意料"的潜台词，在上下文对比中，才可以用"才"表感叹。例如②′可以改为：

②″尔还话伊屋呐个花园小，我去看了下，伊屋里个花园才大咧！你还说他家的花园小，我去看了看，他家的花园才大呢！

这时候,"才"含有与之前预料不同的意思,句子才能成立;而且即便这样,这个句子里面用"才是"还是更顺口些。

(7)"还 hæ˧"

"还"用在含有比较义的句中,表示"更加"之意。句末往往有"些"与之呼应,强调"更多一些",凸显对比意味。

①伊不想去,我还不想去些。他不想去,我更不想去。

②昨日日头大,今日还大些。昨天太阳大,今天更大。

③骑车比开车还快些。骑车比开车还要快一些。

(8)"硬 ŋaŋ˧"和"硬是 ŋaŋ˧ sɿ˧"

"硬"和"硬是"意思相同,用法基本相同,后者用得更多些。它们都用在动词性成分前,强调动作的主观意愿程度高。例如,

①不紧伊去,伊硬(是)要去。不让他去,他非要去不可。

②老师硬(是)不答应学生个要求。老师硬是没有答应学生的要求。

③我家呐想尽了办法,硬(是)冇搞成。我们想尽了办法,硬是没有搞成。

(9)"个 ko˧/个样 ko˧ ȵiaŋ˧/个么 ko˧·mo/伊样 i˧ ȵiaŋ˧"

这几个词在指示代词里提到过,可以用来加深程度,类似于北京话的"这么"或"那么"。例如,

①港呐个水个么/个样/伊样深。河里的水这么/那么深。

②尔哪个么/个样/伊样调皮啊?你怎么这样/那样调皮啊?

如果单用"个"的话,需要句末语气词搭配才能完句,而且"个"要适当拖长语调,使表感叹成分加重,整个句子一般都是表示程度比较高的语义。

③港呐个水个深啊!河里的水多深啊!

④尔哪个调皮啊?你怎么这调皮啊?

2. 句法手段

(1)程度补语(述补结构)

与北京话一样,崇阳方言中也有大量的述补结构,根据结构助词的隐现可以分为"有标记述补结构"和"无标记述补结构"。

前者的标记即"得"字结构,句法为"形/动+得+补"(下文记作"A/V+得+C"),例如,"A/V得很""A/V得不行""A/V得要死""A/V得不得了""A/V得+CP"等。大量的形容词和动词都适用于这些

结构中，表达程度高或最高。例如，

①伊个娭家节约得很。他的妻子节约得很。（V得很）

②今哒热煞，燥得不行。今天热死了，燥得不行。（A得不行）

③个电脑慢得要死。这电脑慢得要死。（A得要死）

④马上要考试了，伊紧张得不得了。马上要考试了，他紧张得不得了。（A得不得了）

⑤我今哒累得眼都睁不开了。我今天累得睁不开眼了。（A得+主谓短语）

⑥坐倒飞机上看屋呐小得像一只一只个蚂蚁。坐在飞机上看房子像一只一只的蚂蚁。（A得+短语）

⑦小刘是个好吃懒制个人，屋里穷得桄榔响。小刘是个好吃懒做的人，家里穷得叮当响。（A得+动词短语）

⑧尔怄得吐血也冇得用。你气得吐血也没用。（V得+动宾短语）

⑨我烦不过，懒得话事。我烦死了，懒得说话。（A得+主谓短语）

⑩——尔个老弟哪样咧？你的弟弟怎么样了？

——唉，话不得个苦哦！唉，懒得说了！（"话不得个苦"为固定搭配）

其中，例⑩中的"话不得个苦"为固定搭配，在表层结构上看是"V不得+量名结构"，意为"说不出的苦"，但经过语法化后意为"懒得说了"，也是表示失望的程度之深，语义类似于"失望之极"。

另外，还有一点值得一提，崇阳方言里有些"得"字述补结构对谓语动词的选用有一定的限制。例如"V得神"，这里的"V"只能是"制"或"搞"（即"做"的意思），"V得神"表示说话者认为动作发出者故意做出比较矫情的动作，尤其是做得比较过分，有种蔑视或恼怒的意味，有时"神"前面还可以插入其他加强程度的副词，进一步加强语气。例如"V得+几+神""V得+个样+神"等。

⑪伊越制得神，我家呐越懒得理伊！他越做得神，我们越懒得搭理他！

⑫我以为几大个事啊，伊家呐搞得个样神！我以为多大个事哦，他们搞得那样神乎其神！

⑬看小王个丑样，制得几神咯！看小王的丑样，做得很传神哦！

这里的"神"与重叠式"VV神"里的"神"有个词义虚化的过程。崇阳方言里保留了该词虚化的几个意义阶段，即神灵—精气神—V得神（某种矫情做作的神情）—VV神（某种样子，表性状，语音也随之轻化，详见上文"性状"部分的论述)。

崇阳方言中还有一类无标记的述补结构,即没有助词"得"。这类述补结构可表示的程度可高可低,由补语的表意决定。常见的表达有"A/V不过""A点子"及一些其他程度补语。例如,

⑭莫吵我,我正烦不过。别吵我,我正烦得不行。

⑮肉汤咸了点子盐。肉汤咸了一点。

⑯个块衣着得闷好,就是袖子短了丁点子。这件衣服穿得挺好,就是袖子短了一丁点。

⑰个际吃冰棒?牙要冰落了。这时候吃冰棒?牙齿都要冰掉了。

例⑰中的"冰落了"就是用补语"落了"来强调"冰"的程度之高的。

(2) 比较句

比较句本身就含有数量或程度的比较,因此这种句式就有表示程度的意味。后文的句法部分会详细分析崇阳方言的比较句,这里各列举一例简要反映其程度表达的特点。

"X+VP,Y(+比+X+)还+VP些"句式:

①尔话咸宁干净,崇阳(比咸宁)还干净些。你说咸宁干净,崇阳(比咸宁)还干净些。

"X冇得Y(+个/伊/个样/伊样)+VP"式:

②我冇得我老弟个成绩好。我没有我弟弟的成绩好。

"X不像Y+个/伊/个样/伊样 + VP"式:

③个本书不像伊本书伊样啰七八嗦。这本书不像那本书那样啰里啰嗦。

"X最VP"式:

④我买个苹果最甜。我买的苹果最甜。

"X比哪个都要VP(些)"式:

⑤个朵花比哪朵都红些。那朵花比哪朵花都红。

"冇得哪个比X+VP"式:

⑥冇得哪个人比伊吃得亏。没有哪个人比他更能吃苦。

"越来越+VP"式:

⑦伊跑得越来越快。他跑得越来越快。

"越介+VP"式:

⑧尔本来就不好过,还去喝酒,越介不好过哟。你本来就难受,还跑去喝酒,越发难受嘛。

(3) "要几……就有几……"假设句

这种假设句含有"最高程度"之类的意思,"几"后面一般是形容词或动词。例如,

①尔真是要几哈就有几哈啊！你真是要多傻就有多傻啊！（意即他最傻。）

②伊要几喜欢上网就有几喜欢上网。他要多喜欢上网就有多喜欢上网。（意即他最喜欢上网。）

(十) 介引

介词方面,崇阳方言与北京话有很多相同的地方,常用介词主要有：从、自从、到、在、当、朝、顺倒、沿倒、按、照、照倒、对倒、着、着倒、依、依倒、经过、凭、为、为了、因为、对、对于、把₁、跟₁、关于、除、除了、把₂、叫、比、跟₂。下面按介词所介引出的宾语性质进行分类介绍,可以分为以下几类：(1) 引出时空,包括时间、处所、方向等方面；(2) 引出施事、受事；(3) 引出对象；(4) 引出方式依据；(5) 引出工具；(6) 引出排除对象；(7) 引出原因目的。

1. 引出时空的介词

崇阳方言引进时间处所的介词主要有"在 zæ˧、得 tə˥、从 zən˧、往 uaŋ˥、顺倒 sən˩ ·tau、过 ko˩、经过 tɕin˩ ko˩、朝 zau˧、着 tso˥、着倒 tso˥ ·tau、照 tau˩、照倒 tau˩ ·tau、对倒 ti˩ ·tau、到 tau˩、隔 ka˥"等。

(1) 在 zæ˧

"在"常在后面带上表示处所的名词构成介宾短语,在句中有三种位置：在动词前做状语；用在动词后做补语；用在主语前,表示动作发生、存在或出现的场所。

①我在个呐等尔。我在这里等你。

②伊把书搁在桌子高底了。他把书放在桌子上面了。

③画挂在壁上就行得了。画挂在墙上就可以了。

④在伊呐,伊不晓得吃倒几好。在那里,他不知道吃得多好。

(2) 得 tə˥、到 ·tau

这两个介词在崇阳方言里用法差不多,有时可以互换,基本句法形式都是"V+得/到+引进的空间/时间"等。

A. "得/到+处所词",此时表意为"在某地"或"到某地去"。

①尔徛得/到个仔呐搞么嘀啊？你站在这里干什么？

②昨日我感冒了，睏得/到床上不想起来。昨天我感冒了，睡在床上不想起来。

③我前日跑得/到街上去戏去了。我前天跑到街上去玩去了。

④尔个信搁得/到尔个办公室里了。你的信放到你办公室了。

⑤我把老师送得/到火车上去了。我把老师送到火车上去了。

B. "得/到＋时间词"。

"得/到＋时间词"组成的介词短语说明动作持续到某个时间点，用在动词后做补语。例如，

①伊昨夜戏电脑戏得/到转钟才睏。他昨天晚上玩电脑玩到转钟才睡。

②我不想等得/到天黑再动身。我不想等到天黑再出发。

③伊想捱得/到 12 点再去归。他想磨蹭到 12 点再回去。

(3) 从 zən˧˥、往 uaŋ˥˧、顺倒 sən˧˩·tau、过 ko˥˧、经过 tɕin˧ ko˥˧

A. "从"在崇阳方言里可以介引时间和处所，用法与北京话基本一致，略举一两例：

①伊从 16 岁开始就冇读书了。他从 16 岁开始就没有读书了。

②个几个字要从右到左念。这几个字要从右到左读。

B. "往"在崇阳方言中有两种意思，一种是介引方向或目的地，类似于北京话的"往"；另一种是介引起点处所或经由处所，相当于北京话的"从"，但不介引起点时间，限于处所词，此时的"往"其实含义仍然为"先到某个地方，再从这个地方出发去往别处"之意，所以这个用法还是从前一个"往"的用法延伸而来的。例如，

①莫一日到黑往外底跑！别一天到晚往外面跑！

②尔往高速走，快些。你从高速走，快些。

③尔往我个仔呐去搭车吵。你从我这边去搭车嘛。

以上两句中"往高速走"意思为"先到高速去，再从高速出发"；"往我个仔呐搭车"意思为"先来我这里，再从我这里搭车走"。所以，这种用法还是"往"先引出了目的地，然后再从这个目的地离开或发生其他动作行为。

崇阳方言"顺倒""沿倒"的意义和用法与北京话的"顺着""沿着"

相似，不再举例。"过"和"经过"介引经由，但以"过"为常用。而且介引"经由处所"之意时，崇阳方言绝不使用"经"。例如，

④还要过五日才到暑假。还要过五天才放暑假。

⑤（经）过两个县才到武汉。要经过两个县才到武汉。

在表达"经由某个对象，即经过某人做某事"时，崇阳方言一般不用"经"或"经过"，而是使用"紧"或"等"。这两个词分别表示"让"或"等"，不是真正意义上的介词（还在从动词虚化为介词的过程中），暂时不讨论。例如，

⑥个事紧/等伊答应才能搞得成。这件事要让/等他答应才能做成。

⑦我家呐还是等政府批准再动工吧。我们还是等政府批准再动工吧。

(4) 朝 zauˋ、着 tsoˊ、着倒 tsoˊ ·tau、照 tauˋ、照倒 tauˋ ·tau、对倒 tiˋ ·tau

崇阳方言在表"朝向义或方向性的移动"时基本用"往"，介引出方向，有时也会用"朝""着""着倒""照""照到""对倒"。

①朝/往前底走两个路口就到了。朝/往前面走两个路口就到了。

②我朝/往东门伊呐去。我朝/往东门那边去。

③莫坐倒个仔呐，风对倒尔个头吹。别坐在这里，风对着你的头吹。

④尔要不会写，照倒个上面抄唦。你要不会写，就照着上面抄。

另外，崇阳方言中比较有特色的是，如果主语是人，介引的方向也是人时，往往不用"朝""照""照到"和"对倒"，而是用"着"和"着倒"。

⑤尔要着/着倒尔个崽相，莫斗倒跟尔个老脚吵架。看在你儿子份上，别总跟你丈夫吵架。

⑥搞烦了，（我）着倒伊个屁股踢两脚。搞烦了，（我）朝他屁股踢两脚。

⑦我就是冇写作业唦，我个妈着倒我紧嚼。我就是没做作业嘛，我妈对着我一直在唠叨。

(5) 到 tauˋ

"到"介引处所或时间，放在动词前做状语或置于动词前做补语。

①尔到学堂去看下子。你到学校去看一下。

②个个工程要到明年才能制完。这个工程要到明年才能做完。

在崇阳方言中，"到＋时间词"介引时间的用法也很普遍。

③个腊肉要熏到下个月。这个腊肉要熏到下个月。

④个伢崽制作业制到半夜。这孩子写作业写到半夜。

(6) 隔 kɑ˥

"隔"在崇阳方言里引进空间距离或时间距离，与北京话的"离"用法相似，崇阳方言"隔"可以兼做介词和动词。例如，

①个仔呐隔港呐还有闷远。这里离河还很远。

②崇阳隔咸宁差不多 60 公里仔。崇阳离咸宁差不多 60 公里。

③今日隔立春还隔几日仔。今天离立春还只隔几天。

④隔伊归来还有两个月。离他回来还有两个月。

2. 引出对象的介词

除了上述引出时空的部分介词兼带引出对象意义外，崇阳方言引出对象的介词还有"跟、对、替、比、连、连倒、带、连……带……、除呐"。

(1) 跟 kɛ˩

"跟"在崇阳方言里有多种用法，使用频繁，包括介引关涉对象、介引协同对象、介引比较对象等几种情况。

A. 介引关涉对象

"跟"介引关涉对象，可以引进动作行为的受事对象。例如，

①尔跟尔个妈买个蛋糕吵。你跟你妈妈买个蛋糕吧。

②尔莫跟伊怄气！你别跟他怄气！

③老师冇跟我们讲个道题。老师没跟我们讲这道题。

但是，当动词后要介引关涉对象时，只能用"到"，不能用"跟"。例如，

④尔要把个事话到伊听。你要把这件事说给他听。（＊尔要把个事话跟伊听）

⑤把个块衣着到身上。把这件衣服穿在身上。（＊把个块衣着跟身上）

⑥明日要把信寄到伊。明天要把信寄给他。（＊明日要把信寄跟伊）

B. 介引协同对象

①尔跟我吃了一生个苦哦。你跟我吃了一辈子的苦。

②我不想跟伊一路去看电影。我不想跟他一起去看电影。

③个事跟尔冇得关系。这事跟你没有关系。

C. 介引比较对象

①伊跟伊个爸长倒点把相像。他跟他爸爸长得很像。

②尔话个跟我听倒个有点子不同。你说的跟我听到的有点不同。

③我跟尔不是一样个性格。我跟你不是一样的性格。

(2) 对 ti˧

崇阳方言一般用"对"引进关涉的对象，相当于北京话的"对""对于"，但基本不用"对于"。例如，

①伊屋呐个老脚对伊不错。她家的丈夫对她不错。

②我对伊冇得么意见。我对他没什么意见。

③老师对学生点把负责任。老师对学生很负责任。

④伊对个样个事制得点把溜。他对这样的事做得非常顺手。

而北京话常用的引进话题对象的介词"至于""关于"，在崇阳方言中基本不说。例如，"个个事，我还冇想好。关于这个事，我还没想好。"几乎不说"至于个个事，我还冇想好。"

(3) 得／到

前文介绍介引时空时提到的这两个词也可以介引关涉对象。它们一般用于动词后，介引动作传递的对象。此处不再赘述。

(4) 替 ɖi˧、比 pi˧

这两个词与北京话里的"替"和"比"意义、用法类似，略举例介绍。

"替"是介引替代对象的介词。例如，

①我不想替伊还钱。我不想替他还钱。

②明日我替伊值班。明天我替他值班。

"比"是介引比较对象的介词。例如，

③伊比我矮点子。他比我矮一点。

④一年比一年强多了。一年比一年好多了。

(5) 连 ɖiɛ˧、连倒 ɖiɛ˧ tɑu˧、带 tæ˧、连 ɖiɛ˧……带 tæ˧……

使用介词"连"的句子往往表达轻视"连"后所介引对象的意味。而"连倒""带""连……带……"一般是介引包括对象的介词。例如，

①伊连车都开不当。他连车都不会开。

②尔连个题都不会制？你连这个题都不会做？

③连倒我买个东西一路，一共100块。连同我买的东西，一共100元。

④花生要带皮一路吃。花生要带皮一起吃。
⑤连鱼带肉一起买去归。连鱼带肉一起买回去。

(6) 除呐 dəu˧ ·næ

"除呐"是介引排除对象的介词，表示对象不包括在内，类似于普通话的"除……以外""除了"的意义和用法。例如，

①除呐伊，别个压晓得了。除了他，别人都知道了。
②除呐个几个苹果，冰箱里冇得么吃个东西了。除了这几个苹果，冰箱里没有什么吃的东西了。
③除呐落雨，伊日日都去跳舞。除了下雨，他每天都去跳舞。

3. 引出工具的介词

崇阳方言里，介引工具的介词比较单一，主要是"用 in˧"，用来介引工具、材料或方式等。例如，

①洗好个水果要用盘子装。洗好的水果要用盘子装。
②健康不是用钱买来个。健康不是用钱买来的。
③藕夹要用油炸。藕夹要用油炸。
④莫用棍呐戳。不要用棍子戳。

有时为了强调"手拿着工具"，也会用"拿"或"拿倒"。例如，

⑤紧倒拿个事来话，有莫话首吵？总在拿这个事来说，有什么好说的？
⑥拿我来打比，我也不会个样制。用我来打比方，我也不会这么做。
⑦每日拿倒个锄头锄地，也冇种出个名堂。天天拿着锄头锄地，也没有种出什么东西来。

由此可见，一般的表示介引工具，"用"更常见，而"拿"则更倾向于表示"手拿"之意，尤其是最后一个例句，基本保留了"拿"的动词意义，虚化不彻底。

4. 引出施事、受事的介词

引出施事、受事的介词，主要是"把 pa˧""把倒 pa˧ ·tau"。本书将在"被动句""处置句"章节详细讨论。

5. 引出方式、依据的介词

(1) 趁 dən˧、趁倒 dən˧ ·tau

与北京话一样，崇阳方言也用"趁"来表示利用有利的条件和机会做某事，"趁倒"可以与之换用，不影响意义。例如，

①趁（倒）伊还冇走，赶快一起制好。趁他还没走，赶紧一起做好。

②我要趁（倒）个际有亮把个块衣缝好。我要趁现在有光线把这件衣服缝好。

③尔家呐要趁（倒）年轻好好读书啊。你们要趁年轻好好读书啊。

（2）按 ŋəɹ /按倒 ŋəɹ ·tau、照 tauɹ /照倒 tauɹ ·tau、靠 hauɹ、凭 6inɹ

该组词都可以介引遵依、依凭的对象。例如，

①按伊个话法，个事搞不成。按他的说法，这个事做不成。

②按年纪排，尔是老大。按年纪排，你是老大。

③就按倒尔话个制。就按你说的做。

④照倒书抄么样还抄错了啊？照着书抄怎么还抄错了？

⑤莫急，照我个样制，保证尔一下子就学会了。别急，照我这样做，保证你一下子就学会了。

⑥我老了就靠我个崽吃饭。我老了就靠我的儿子吃饭。

⑦靠哪个都冇得用，要靠自家。靠谁都没有用，要靠自己。

"凭"字用得比较少见，但也不是完全没有，在反问句中表示不屑、不服气的说法时会用到这个词。例如，

⑧凭伊？能制成个事？凭他？能做成这件事？

⑨伊凭哪一行当上个厂长啊？他凭哪一条当上的厂长啊？

（3）紧 tɕinɹ、等 tieɹ、随便 ɕiɹ pieɹ

崇阳方言的"紧""等"引进指人的代词、名词等，类似于北京话的"让"。"紧"表示让某人做某事，或者听任、任凭某人做某事，比较常用。例如，

①紧伊去闹，莫管伊！让他去闹，别管他！

②尔紧伊去买书吵。你让他去买书吧。

③桌上要紧别个先动筷子。饭桌上要让别人先动筷子。

④紧崽吃够我再吃。让儿子吃够了我再吃。

⑤反正我一个月把倒伊2000块钱，紧伊去用。反正我一个月给他2000元钱，让他去花。

在表示"任凭某人做某事"时，崇阳方言也可以用"随便"。

⑥个大个场子，随便伊跑。这么大的场地，随便他怎么跑。

⑦随便尔，个事我不管。随便你，这件事我不管。

⑧个些衣，随便尔去选。这些衣服，随便你去选。

"等"也能引进指人的代词、名词，但表示的意思比较谦让。例如，

⑨等我把个事制完再话。等我把这件事做完再说。

⑩等老人家先走。让老人先走。

6. 引出原因、目的的介词

"为 vi˧""为了 vi˧ ·næ"在崇阳方言中介引原因或者目的，如果介引的是名词或者代词，两者可以换用；如果介引的是短语，则只能用"为了"而非"为"。这一点与北京话的"为"和"为了"的用法相似。例如，

①为（了）个事，伊个头发都急白了。为这件事，他的头发都急白了。

②伊为（了）伊个崽每日在外底打工。他为了他儿子，每天在外面打工。

③为了多拿几个钱，我个妈经常加班。为了多挣点钱，我妈经常加班。

④我个老师为了学生们能有好成绩，费了几多心哦！我的老师为了学生们能有好成绩，费了多少心啊！

下面用一张表格对上述介词进行总结归纳，以便读者从整体上对崇阳方言的介词进行把控。

崇阳方言介词与普通话介词对照表

介词类		崇阳方言介词	普通话介词
介引时空	所在	在	在
	起点	从	打、从、自、自从
	经由	从、往、顺倒、过、经过	从、沿、沿着、顺、顺着、经、经过、通过
	方向	往、着、着倒、朝、朝倒、照、照倒、对倒	往、朝、朝着、向、向着、照、照着、对着
	终点	得、到	到
	距离	隔	离、距、距离
介引施事、受事	施事	着、给、讨、等、把、把得	被、叫、让、给
	受事	把、给、给把、把得、着倒	把、将
介引关涉对象	关涉	跟、对、把	对、对于、关于、至于、给
	替代	替	替
	协同	跟	和、跟、同、与
	比较	比	比
	包括	连、连倒、带、连……带……	连、连……带……
	排除	除呐	除、除了、除开、除去

续表

介词类		崇阳方言介词	普通话介词
介引工具依据	工具	用、拿、拿倒	用、拿
	依据	按、按倒、照、照倒、凭、靠、靠倒、紧、等、随便	趁、趁着、按、按着、照、照着、按照、依、依照、据、依据、根据、凭、凭着、靠、任、由、任由
		经过、用	通过、以
介引原因	原因	为、为呐	由于、因为
	目的	为、为呐	为、为了

（十一）关联

按照连词连接的成分，可以把连词分为两大类：(1) 连接词或短语的连词；(2) 连接分句或句子的连词。按这个原则，崇阳方言中的连词也可以分为词间关联连词和句间关联连词。按照分句间的语义关系，句间关联连词可以分为并列关系、递进关系、因果关系、转折关系、让步关系、条件关系、假设关系、目的关系等。

1. 词间关联连词

(1) 跟、和、还是

该组词在崇阳方言里都是可以连接词或短语的连词，表示并列关系。"跟"连接词和短语，"和"一般不用来连接词，连接短语比较多。例如，

①我跟伊是小学同学。我和他是小学同学。

②个点子钱，买吃个跟喝个都不够。这点钱，买吃的和喝的都不够。

③我老弟喜欢看书和/跟看电影。我弟弟喜欢看书和看电影。

北京话中表示选择关系的连词，基本用"或者"，连接短语或句子用"还是"。但崇阳方言都用"还是""和"来连接词和短语，表示选择关系，极少用"或""或者"。例如，

④武汉还是/和广州压可以。武汉或者广州都可以。

⑤买油条还是/和买包子压行得。买油条或者买包子都可以。

⑥尔到底去还是不去？你到底去还是不去？

⑦伊是喜欢冬天还是喜欢热天？他是喜欢冬天还是喜欢夏天？

(2) 一边……一边……、又……又……、可以……可以……、越……越……

崇阳方言中的"一边……一边……""一路……一路……""又……又……"是表示并列关系的连词，表意与用法跟北京话没有什么区别。"可以……可以……"是表示选择关系的连词，"越……越……"是表示递进关系的连词。例如，

①伊家呐一边话事一边走路。他们一边说话一边走路。

②伊家呐一路话事一路走路。他们一边说话一边走路。

③我家呐一路笑一路跳。我们一边笑一边跳。

④伊来我屋呐又吃又拿。他来我家里又吃又拿。

⑤尔可以去也可以不去。你可以去也可以不去。

⑥伊还越讲越兴。他还越讲越兴奋。

⑦车呐越开越溜。车子越开越熟练。

2. 句间关联连词

(1) 要就……要就……、不是……就是……、（还）不如……、就是……也……、宁可……也……

这一组词连接的都是表选择关系的分句。"要就……要就……""不是……就是……"连接的分句表示一种任意选择关系。例如，

①要就尔去，要就伊去，反正要去一个人。要么你去，要么他去，反正要去一个人。

②尔个不是办法，要就打工，要就制生意。你这样不是办法，要么打工，要么做生意。

③不是尔搞错了，就是我搞错了。不是你弄错了，就是我弄错了。

④伊一来，不是帮倒舞饭，就是帮倒种地。他一来，不是帮着做饭，就是帮着种地。

"（还）不如……"也是表示选择关系的关联词，表示选择后一种情况更好。例如，

⑤买个个，（还）不如买阿个。买这个，还不如买那个。

⑥成绩不效，出去读书（还）不如出去打工。成绩不好，出去上学还不如出去打工。

"就是……也……""宁可……也……"也是表示选择关系的关联词，

表示宁可选择前一种情况，也不愿意选择后一种情况。例如，

⑦我就是去讨米，也不求伊。我就是去乞讨，也不去求他。

⑧我个妈就是不吃不喝，也要供我家呐读书。我妈就是不吃不喝，也要供我们读书。

⑨伊宁可自家买菜舞饭，也不去伊个婆婆屋呐吃。她宁愿自己买菜做饭，也不去她婆婆家里吃饭。

⑩街上堵煞，我宁可骑摩托，也不想开车。街上非常拥堵，我宁愿骑摩托车，也不想开车。

（2）一来……二来……、不是……是……、加上……

"一来……二来……""不是……是……""加上……"连接并列关系的分句。例如，

①一来我不喜欢伊呐，二来我也没钱去伊仔呐。一来我不喜欢那里，二来我也没钱去那里。

②一来伊没考上，二来伊个爸也不紧伊去读个专业。一来他没考上，二来他爸爸也不让他读那个专业。

③不是我不去，是我真有得时间去。不是我不去，是我真的没有时间去。

④个事不是要我去跑，是要伊去跑。这件事不是要我去跑，是要他去跑。

⑤我成绩不好，加上也不喜欢读书，就早点出来打工了。我成绩不好，加上也不喜欢读书，就早点出来打工了。

⑥伊屋呐穷，加上伊又懒，更是穷得桄榔响了。他家里穷，加上他又懒，更是穷得叮当响。

（3）不光……还……、莫话……就是……、再话……

崇阳方言用"不光……还……""莫话……就是……""再话……"等连接递进关系的分句。例如，

①伊不光话事讨嫌，制事也不利落。他不仅说话讨人厌，做事也做不好。

②明日不光落雨，搞不好还要打雷。明天不仅下雨，搞不好还要打雷。

③个东西不光好看，还闷好用。这东西不仅好看，还蛮好用。

④莫话两千块，就是两块也不把得尔。别说两千块，就是两块也不给你。

⑤莫话个细个伢崽，就是大人，也喜欢戏手机吵。别说这么小的孩子，就是大人，也喜欢玩手机啊。

⑥莫话考重点大学，就是考个一般个大学，伊也蛮难。别说考重点大学了，就是考个一般的大学，他也蛮难。

⑦个事不是伊管个，再话伊也不晓得，尔找伊有么用？这件事不是他管的，再说他也不知道，你找他有什么用呢？

　　⑧我不想个早结婚，再话我也还有谈朋友，慌么嘀？我不想这么早结婚，再说我也还没有谈朋友，慌什么？

　　（4）不过……、但（是）……、就是……

　　崇阳方言里表示转折，一般用"不过……"或者"但（是）……"连接两个分句，其前很少用"虽然"。例如，

　　①个工作钱赚倒不多，不过还蛮轻松。这个工作钱赚得不多，不过还挺轻松的。

　　②伊个身体不蛮好，不过个几年已经强多了。他身体不怎么好，不过这几年已经好多了。

　　③伊还有到广州去，但（是）已经联系好了。他还没有到广州去，但是已经联系好了。

　　④我个妈不同意我买个东西，但是伊还是把钱得我了。我妈不同意我买这个东西，但她还是给钱我了。

　　有时需要补充说明转折的一部分内容，崇阳方言里不用"虽然"，但有时可以用"哪怕""就算"等。这种转折还带有假设的意味。例如，

　　⑤我还是把得尔一些钱，哪怕/就算我自家也冇得几个钱了。我还是给你一些钱，虽然我自己也没几个钱了。

　　⑥我家呐还是决定明日去爬山，哪怕/就算明日可能会落雨。我们还是决定明天去爬山，虽然明天可能会下雨。

　　"就是"也是表示转折关系的连词。例如，

　　⑦我蛮喜欢个条裙，就是手里冇得个多钱。我挺喜欢这条裙子的，但是手里没有这么多钱。

　　⑧我点把喜欢吃火锅，就是吃多了对身体不蛮好。我非常喜欢吃火锅，但是吃多了对身体不太好。

　　（5）要（不）是……（的话）……就……、把得……、就是……、哪怕……、就算……

　　该组词是表示假设关系的连词，其中"把得"有"换作"之意，后面接表示人的名词或代词。其具体演变在被动句部分讨论被动标记的演变中会详细论述，其他几个连词的用法与北京话相似。例如，

①要是尔几个压同意（的话），我就不多话了。如果你们几个同意，我就不多说了。

②要是明日伊不来（的话），我就去找伊。要是他明天不来，我就去找他。

③要是尔想考好大学（的话），就要更努力。如果你想考好大学，就要更加努力。

④要不是伊帮忙，我肯定搞不成个事。要不是他帮忙，我肯定搞不成这件事。

⑤个事把得我，我才不个样制呢。这件事要换作我，我才不这么做呢。

⑥把得哪个都不会上当。换作是谁都不会上当。

"就是……也……""就算……也……"也能连接假设关系的分句，同于北京话的"即使……也……"，表示无条件假设关系。例如，

⑦就是/就算不吃不喝，我也要把账还光。就算不吃不喝，我也要把账还完。

⑧就是/就算折本，我也要去试下子。就算折本，我也要去试一下。

⑨就是/就算一分钱都冇得，我也要去帮伊。就算一分钱都没有，我也要去帮助他。

⑩就是/就算尔家呐压不同意，伊也要去。就算你们都不同意，他也要去。

（6）只要……就……、只有……才……、不管……、不管……反正……、除非……

"只要""只有"都是表示条件关系的连词。例如，

①只要不落雨，我家呐就去打鱼。只要不下雨，我们就去打鱼。

②不求别么嘀，只要尔健健康康个。不求别的，只要你健健康康。

③只有好好学习，才能考上大学。只有好好学习，才能考上大学。

④只有把个事制好了，才能搞下一步。只有把这件事做好了，才能进行下一步。

"不管……都……""不管……反正……"是表示无条件关系的连词。"不管……"用于无条件复句的前一分句，表示任何条件下，结果都不会改变，"反正……"用来强调不会改变的结果。例如，

⑤不管制哪个行当，都要认真过细。不管做哪个行业，都要认真仔细。

⑥不管是尔还是别个，我都不会话个个事。不管是你还是别人，我都不会说这个事。

⑦不管别个哪样话，反正我是要个样制个。不管别人怎么说，反正我是要这么做。

⑧不管尔去不去，反正我是不会去个。不管你去不去，反正我是不会去的。

(7)（就是）为……、为了……、既然……、免得……

"（就是）为……""为了……"是表目的的连词，一般用在表示目的的分句中。例如，

①我个样吃得亏，就是为了我个崽读书啊。我这么辛苦，就是为了我儿子读书啊。

②才将去买了块衣，就是为明日个比赛。刚刚去买了件衣服，就是为了明天的比赛。

③为了能跟伊一路去上海，我把工作都丢了。为了能跟他一起去上海，我把工作都辞了。

④为了照几伊个妈，伊搬到医院去住倒了。为了照顾他妈妈，他搬到医院去住了。

"免得"是表示目的关系的连词，其后面是表示不希望某种情况发生，一般放在后一个分句前。例如，

⑤我还是不去戏了，免得把得老师晓得了。我还是不去玩了，免得被老师知道了。

⑥尔要多着点衣，免得搞凉了。你要多穿点衣服，免得受凉了。

⑦尔赶快去看书，免得尔个妈紧倒念。你赶快去看书，免得你妈唠叨。

⑧我要快点去收谷呐，免得落雨搞不成。我要赶紧去收谷子，免得下雨收不成了。

（十二）体貌

"体"表示动作、事件在一定时间进程中的状态，"貌"表示动作行为的情貌特征。崇阳方言的体貌系统主要用词汇手段（虚词，主要是助词）来实现，有时也会有重叠等手段。崇阳方言中的"体"可以分为六种类型：起始体、进行体、持续体、完成体、经历体、先行体；"貌"可以分为三种类型：短时貌、尝试貌、再次貌。

1. 起始体

起始体表示动作行为变化的开始，与北京话类似，崇阳方言也用"起""起来"标记起始体。常用的表达结构是"V/A+起来"和"V+起+O+来"，也就是说，如果动词后面有宾语，宾语一般放置在"起"和"来"之间。例如，

①伊一戏起来就忘记归去了。他一玩起来就忘记回家了。

②今哒热起来了。今天热起来了。

③个个人哦,打起麻将来,不晓得落屋。这个人啊,打起麻将来,不知道回家。

④三岁个伢崽话起事来像个大人。三岁的孩子说起话来像个大人。

有时候,"V+起"也可以用作起始体,此时往往可以理解为"从+V+起",但不能换作"起来"。例如,

⑤从第一页看起!从第一页看起!

⑥伊六岁起就冇看倒过伊个妈了。他从六岁开始就没有看见过他妈妈了。

2. 进行体

进行体表示动作行为在某一参照时间内仍在进行。崇阳方言的进行体标记主要是"在",分为"在$_1$"和"在$_2$"进行讨论,前者出现于动词前面,后者往往出现在句尾。崇阳方言进行体主要有三类句式:仅有在$_1$的情况,即"S+(正)在$_1$+VP";含有"在$_2$"的句式,即"S+在$_1$+VP+在$_2$""S+VP+在$_2$""S+VP+倒在$_2$"和"S+V+倒+O+在$_2$";特殊的重叠式"V+来+V+去",表明动作一直在重复进行。

(1)(正)在$_1$+VP

崇阳方言"正在"的用法与北京话类似,"正"是一个时间副词,其隐现不影响句子的表达,但出现时会更强调动作恰好在某个时段正在进行。

①尔进来个时际,我(正)在$_1$看书。你进来的时候,我正在看书。

②尔在$_1$吃么东西啊?你在吃什么啊?

③我昨日去学堂个时际,尔在$_1$制么呐啊?我昨天去学校的时候,你在做什么啊?

(2)"在$_1$+VP+在$_2$""VP+在$_2$""V+倒在$_2$"和"V+倒+O+在$_2$"

这四个结构分为两类进行讨论,即不含"倒"的"在$_1$+VP+在$_2$"和"VP+在$_2$";含"倒"的"V+倒在$_2$"和"V+倒+O+在$_2$"。前面两种结构中VP为单音节动词或不及物动词;后面两个结构的V则需要是状态动词,所以必须带上助词"倒"。先看"在$_1$+VP+在$_2$"的结构特点:

①伊个际在$_1$制作业在$_2$。他现在在写作业。

①′伊个际制作业在$_2$。他现在在写作业。

②莫吵伊!伊正在$_1$怄气在$_2$。别吵他!他正在怄气。

②′莫吵伊！伊正怄气在₂。别吵他！他正在怄气。

这类结构如果在正反问句中，需要在"在"前加"是不是"，即"是不是＋在₁＋VP"。例如，

③昨日我归来个时际，尔是不是在₁洗衣（在₂）啊？昨天我回来的时候，你是不是在洗衣服啊？

④我个妈是不是在₁上班在₂啊？我妈是不是正在上班啊？

"V＋倒在₂"中的谓语为形容词或者多音节不及物动词；"V＋倒＋O＋在₂"则需要谓语动词为可持续性的及物动词，并且带上宾语。例如，

⑤我正急倒在。我正在着急呢。

⑥我今早起床个时际，伊还睏倒在。我今早起床的时候，他还睡着呢。

⑦我老弟正靠倒沙发高底在。我弟弟正靠在沙发上面。

⑧锅里煮倒饭在。锅里煮着饭。

(3) "V＋来＋V＋去"式

"V＋来＋V＋去"重叠式结构在崇阳方言中不算严格意义上的进行体表达方式，但因为其意义表示动作的持续进行，故放在此处介绍。例如，

①尔为么呐在街上晃来晃去啊？你为什么在街上晃来晃去啊？

②写来写去搞了半日还冇写完。写来写去写了半天还没写完。

3. 持续体

如果说上面介绍的进行体主要着眼于动作的进行，那么持续体则侧重强调某种动作或状态在一段参照时间内的持续性。北京话的持续体主要是通过体标记"着"来体现的，而崇阳方言持续体的标记词主要是"倒"。例如，

①个女伢崽着倒一条花裙呐，点把好看。那女孩子穿着一条花裙子，非常漂亮。

②屋呐闷暗，要把亮点倒。房里很暗，要把灯点着。

③门口徛倒一个人，不晓得是哪个。门口站着一个人，不知道是谁。

如同很多方言一样[①]，崇阳方言里的"倒"主要有两个表意功能，其一是持续体标记，其二是结果补语。例如，

---

① 如刘祥柏（2000）研究的六安丁集话；罗自群（2006）研究的襄樊话；李蓝（1998）研究的大方话等。

④我进去个时际，伊拿倒笔在写字。我进去的时候，他拿着笔在写字。（持续体）

⑤书在桌呐高底，尔拿得倒不？拿不倒/拿得倒。书在桌子上，你拿得到吗？拿不到/拿得到。（结果补语）

崇阳方言中，如果没有结果补语标记"得"字，"V 倒"容易产生歧义。例如"门锁倒了"这句话在没有上下文的时候就会出现两种理解：一种是"门锁着"的状态，可能说的是"我归去一看，门锁倒了，我进不去 我回去一看，门锁着了，我进不去"；另一种是"门有没有锁上"，表示"锁"这个动作的结果，例如，"尔走个时际，把门要锁倒啊。——好，锁倒了。你离开的时候，把门锁好。——好，锁上了。"

4. 完成体

完成体表示动作行为在某一参照时间之前已经完成，完成以后所产生的状态延续到参照时间。崇阳方言完成体的标记也是"了"，也分为"动词后了（即'V-了'）""句尾了（即'S-了'）"和两个"了"同现这三种情况。为便于理解，下面选用崇阳方言说法与北京话说法基本一致的一组例句进行分析，不再标注北京话意思：

①电影开始了十分钟。

②电影开始十分钟了。

③电影开始了十分钟了。

"V-了"结构强调的是在说话这个时间点上动作已经完成了，例①突出的是说话时"电影开始"这个动作已经完成；而"S-了"强调的是在说话这个时间点上动作状态发生了改变，或者说动作已经完成但状态还在持续，例②突出的是"电影"从"没开始"到"开始"这个动作已经完成，状态也发生了改变，并且已经改变"十分钟"了。而例③则传达了上述两个意味，既强调动作的完成，也强调状态的改变。所以，如果要准确区分，"V-了"是完成体，"S-了"是完成貌（Hooi Ding Soh, Meijia Gao, 2006）。但因为还有个双"了"（例③）的用法，所以本部分内容并未做严格区分，而是放在一起讨论。

崇阳方言中，还有一种完成体结构是"NP＋了"，此处的 NP 是个时间名词（短语），强调的是时间发生了改变，暗含有"时间改变导致状态改

变"的意思，因为这种结构中时间名词前面其实可以加上动词"到"来进行理解。北京话中也有这种表达。例如，

④十点了，尔还不瞌？十点了，你还不睡？

⑤哟，今哒都30号了。哟，今天都30号了。

5. 经历体

经历体表示曾经经历过的动作行为或变化。与北京话一样，崇阳方言的经历体也是用"V过"来表达。例如，

①我看过个本书。我看过这本书。

②我记得三年前伊买过屋，么个际冇得屋住咧？我记得三年前他买过房子，怎么现在没有房子住呢？

③我个爸以前冇上过学堂。我爸以前没上过学。

④尔去过北京冇？你去过北京没？

6. 先行体

(1) "当 taŋ˨"的先行体用法

先行体提示某个动作需要在另一个动作之前发生，北京话里通常用时间副词"先"来表达，但崇阳方言先行体非常有特色，使用"当"置于动词结构之后，并且这个后置体标记"当"虚化程度比较高，可以算是典型的体标记词了。常用的结构为"VP+当""N+当"和"A+当"。例如，

①尔家呐（先）戏倒当，我马上来！你们先玩着，我马上来！

②把个东西（先）搁在个仔当，我等下再来拿。把这个东西先放这里，我等一会再来拿。

③尔在家呐（先）等十分钟当，车马上就来。你在这里等十分钟，车马上就来。

④我去不去呢？我（先）想下子当。我去不去呢？我先想想。

⑤明日当，莫着急！明天再说，别着急！

⑥个猕猴桃还是邦硬个，等娘软仔当再吃。这个猕猴桃还是硬邦邦的，等它软糯了再吃。

从这些例句中可以看到，后置体标记"当"往往可以与动词前的时间副词"先"搭配使用，但是"先"的出现可有可无，口语中如若不是特别强调某个动作先发生，这个"先"往往被隐去不说，那此时"当"的作用就更为明显。例⑤是"N+当"，其实也是谓语缩减的形式；例⑥是

"A+当"，也是"变软"的缩略。

另外，据曹志耘（1998）考察，汉语方言中常见的后置先行词主要有"等、可、着、起、先"五个。崇阳方言的"当"可以丰富汉语方言先行词的语料数据。

(2)"当"的其他用法

由于崇阳方言这个后置先行词"当"非常有特色，本书试着在此处探讨其他用法以便进一步了解该词在崇阳方言中的面貌。

根据语音特征来看，这个"当"肯定不是北京话中表示"担当"之意的"当"，因为崇阳方言中先行体"当"读为去声调，所以可能是北京话中表示"得当、恰当"的"当"。从语义上来讲，崇阳方言还有个可能补语"当"，表示"能够、会"等意思，应该就是北京话表示"得当"的"当"。例如：

①尔话得当崇阳事不？——话不当/话得当。你会说崇阳话吗？——不会说/会说。

②个个老脚开不当车。这个老人不会开车。

从历史语料来考证，我们发现：

③《象》曰："贞厉，无咎。"得当也。(《易经》)

④古法采草药多用二月、八月，此殊未当。(宋代沈括《梦溪笔谈·采草药》)

这两处的"当"分别为"恰当、得当"的肯定式和否定式，与今天崇阳方言的可能补语意义相同，不同的是结构上崇阳方言采用了"V+得/不+当"的形式。

但是，至于这个先行词的"当"和可能补语的"当"是不是同一个词，可能还需要更多的语料分析，做进一步的研究。

7. 短时貌和尝试貌

短时貌表示动作状态持续的时间很短，而尝试貌指对某种动作行为的尝试。之所以把这两者放在一起讨论，是因为崇阳方言中它们是共用同一种体貌表达方式，两者的体貌意味也彼此影响。它们都用"V+一下"或"V+下子"来表达，而基本不用北京话中的VV重叠式。这里的"一下"和"下子"有时仅仅表示时间很短，有时表示做动作是在尝试解决什么问题，而有时则两种表意兼具。为方便论述，下面例句中我们统一使用"下

子",并且把第一种情况记为"下子$_1$",第二种情况记为"下子$_2$",第三种情况记为无数字标记的"下子"。例如,

①我要看下子$_1$电视再出去。我要看一会儿电视再出去。

②我先修倒看下子$_2$当,不一定能修好。我先(试着)修着看看,不一定能修好。

③外底在吵么嘀啊？我去看下子。外面在吵什么啊？我去看看。

以上三句都为"看+下子",但表意不同,体标记"下子"的作用也不同。例①是指"看"的时间短,例②强调的是"尝试去看去修",例③的"看下子"既表明"我出去看"的时间不会长,也暗含有尝试找到"外面那么吵"的原因的意味。再举几例加以佐证：

④我想开车到街上逛下子$_1$。我想开车到街上去逛逛。

⑤个笔好不好用,尔先写下子$_2$看吵。这个笔好不好用,你先写写试试看。

⑥尔先试下(子)$_2$个块衣,不行再拿伊块。你先试一下这件衣服,不行再试那件。

⑦莫忙当,个事要等我想下子。先别慌,这件事等我想想。

⑧么题个样难啊？来把得我瞄下子。什么题这么难啊？来给我看一下。

"一下"的用法跟"下子"几乎完全一样,因此上述例句中的"下子"都可以替换成"一下",而且"下子"中的"子"是小称意味的后缀,表明时间非常短,所以上述例句中"V下子"也几乎都可以说成"V下"。不过口语中,"下子"还是比"一下"和"下"要常见,故例句中全部采用"V下子"的说法。

尝试貌中还有一个词值得讨论,就是"看"。北京话里,"看"也有后置尝试貌的用法,比如"你来说说看""翻译一下看""扭动扭动看看"等。崇阳方言里,"看"也经历了从"眼睛注视的动作"到"尝试"的词义引申,并有进一步虚化为尝试貌的趋势,尤其是在"看下子""看一下"等用法中,常用结构为"S+VP+看下(子)"或"S+V+下子看"。例如,

⑨我先买个点子橘子吃倒看下子/看一下,好吃再买。我先买这一点橘子吃一下看看,好吃再买。

⑩尔再闭倒眼睛想下(子)看,有冇得更好个法子？你再闭着眼睛想想看,有没有更好的办法？

⑪个事我自家先试倒制下子看,不行再找别个帮忙。这件事我先自己试着做一下,不行再找别人帮忙。

⑪′个事我自家先制倒看下（子）/看一下，不行再找别个帮忙。

例⑨中重在体验橘子是否好吃，"看"的动作更多的是尝试味觉；而例⑩中的"看"由于强调的是"闭上眼睛"，就更没有"使用眼睛"的意味了，完全就是"尝试着思考"的意思。例⑪和例⑪′两句中的"看"略微含有"关注"的意思，但也可以理解为"尝试"。因此，从以上例句中很明显看出，"看"在崇阳方言中，结合短时貌"下子"或"一下"表达时，可以看作虚化为体标记了，至少也是处于虚化过程中。如果确实需要表示用眼睛看的意思，崇阳方言可能更趋向于使用"瞄"，如例⑧。

8. 再次貌

再次貌表示动作结束后又重新开始。崇阳方言里再次貌用"还""再""又""重新"等表示。

①下个月我还要去一趟北京。下个月我还要去一趟北京。

②今哒搞晏了，明日再来。今天搞晚了，明天再来。

③个点子事伊想了又想，还冇想清楚。这一点事他想了又想，还没有想清楚。

④个事要重新搞过。这件事要重新做。

总起来说，崇阳方言的体貌特征可以通过下表来展示。

崇阳方言体貌一览表

名称	句法结构	语义	体标记	备注
起始体	S＋V／A＋起来（了）； S＋V＋起＋O＋来； 从＋N＋V＋起	动作或状态的起始	"起来"	半虚化体标记
进行体	（正）在$_1$＋VP； S＋在$_1$＋VP＋在$_2$； S＋VP＋在$_2$； S＋V＋倒在$_2$； S＋V＋倒＋O＋在$_2$； V＋来＋V＋去	动作正在进行	"在"	动词前的"在$_1$"；句末的"在$_2$"并与动词前的"倒"共现；两个"在"兼具
持续体	S施动者或受动者＋V倒＋O； S＋V＋倒在$_2$； S＋V＋倒＋O＋在$_2$	状态的持续	"倒"	谓语后的"倒"往往与"在$_2$"共现

续表

名称	句法结构	语义	体标记	备注
完成体	S+VP+了；N+了	动作的完成；状态的完结；或两者兼具	"了"	谓语动词后的"了"；句末的"了"；两者兼具
经历体	S+V+过	已经经历过的动作	"过"	用"冇"否定
先行体	(+先)+VP+当；(等+)VP+当；NP+当；A+当	提示某个动作必须先于另一个动作发生	"当"	比较有方言特色的后置体标记
短时貌 尝试貌	S+V+一下；S+V+下子	表示动作时间短；尝试解决某个问题	"一下"；"下（仔）"	
尝试貌	S+VP+看下子；S+V+下子看；S+V+（一）下子	尝试解决某个问题	"看下子"；"下子看"；"一下"；"下（仔）"	"看"在这里虚化为为尝试而做的努力，并非真用眼睛看
再次貌	S+又/再/还/重新+VP	动作结束后又重新开始	"还"；"再"；"又"；"重新"	

（十三）助词

1. 结构助词

（1）个 ·kɑ

"个"在崇阳方言中是一个用法很丰富的结构助词，北京话的定中结构助词"的"、状中结构助词"地"在崇阳方言中都用"个"表示。下面逐一介绍。

A. 定中结构助词

"个"常充当定中结构的结构助词。例如，

伊个车｜一身个衣｜刚生个蛋_{刚下的蛋}｜我爸最想去个地方

崇阳方言中，人称代词和亲属称谓构成定中结构时，结构助词"个"有时可以省略，但其他情况不能省略（如上述例子）。例如，

我个妈｜伊个爸｜尔家呐妈

另外，如果人称代词或者亲属称谓为多音节时，还是趋向于使用结果助词"个"。例如，

伊家呐个姐｜我家呐个老弟｜尔个公公

＊伊家呐姐｜＊我家呐老弟｜＊尔公公

形容词定语和中心词之间也是用"个"来连接，例如，

①伊生了个囗壮个男伢崽。她生了个胖胖的男孩子。

②我个同桌是个短头发个女伢崽。我的同桌是个短头发的女生。

B. "个"字短语

"个"可以放在名词、代词、形容词、动词、主谓短语后构成"个"字短语，类似于北京话"的"字短语。这里的"个"有使这类短语名词化的作用，并使这类短语具有明显的区别特征。下面分别举例。

①伊着个衣是旧个，不是新个。他穿的衣服是旧的，不是新的。

②我房呐个椅呐哪个拿走了？我房间里的椅子谁搬走了？

③我昨日买个书是伊喜欢个。我昨天买的书是他喜欢的。

④伊个壁上贴个画不是我个，是伊昨日才买个。那个墙上贴的画不是我的，是他昨天刚买的。

"个"字短语还可以并列使用，表示列举，常用于描写。例如，

⑤屋呐吃个、喝个、戏个管么嘀压有。家里吃的、喝的、玩的什么都有。

⑥尔喜欢么颜色个衣啊？红个？绿个？蓝个？还是别么颜色个？你喜欢什么颜色的衣服啊？红的？绿的？蓝的？还是其他颜色的？

⑦伊家呐唱个唱、跳个跳、写个写、画个画，戏倒几开心啰！他们唱的唱、跳的跳、写的写、画的画，玩得多开心啊！

C. "是……个"结构

该结构与北京话"是……的"结构意义、用法基本一致，"个"大多放在句尾，使用"是……个"结构以突出强调某个成分，这个成分就是语义焦点，可以表示动作发生的时间、处所、方式、条件、目的、对象、工具、施事、受事、原由等。例如，

①伊是昨日来个。他是昨天来的。

②我是在北京打工个。我是在北京打工的。

③伊爸个手是把得别个打伤个。他爸的手是被别人打伤的。

④伊是用棍呐钻个。他是用棍子钻的。

D. 状中结构助词

北京话的状中结构助词"地"在崇阳方言中也是用"个"来表示。例如，

①我急急忙忙个去上班。我急急忙忙地去上班。

②伊每日不停个吃。他每天不停地吃。

③伊像个老鼠样个东瞄西瞄。他像个老鼠一样地东看西看。

④个几日伊不停个咳。这几天他不停地咳嗽。

E. "X个"结构

崇阳方言形容词、动词常与"个"组合使用，除了上文提到的在句中做定语和做状语外，还可以做谓语和补语。例如，

①个细伢崽每日蹦蹦跳跳个。这个小孩子每天蹦蹦跳跳的。（谓语）

②一到冬天，伊一双脚激冷个。一到冬天，她的一双脚就冰冰冷冷的。（谓语）

③字像鸡抓个。字像鸡抓的。（谓语）

④伊个面洗得□光个。他的脸洗得白净发亮。（补语）

⑤吓得我个心砰砰跳个。吓得我的心砰砰跳。（补语）

⑥个粥煮得刮烂个。这粥煮得很烂。（补语）

(2) 得 ·tə 或 tə˧

"得"在崇阳方言中用法很多，主要有以下几类。

A. 连接谓词和补语，此时"得"读为轻声。

崇阳方言中，"得"是主要的补语标记词，与"得"有关的补语主要有以下几类：

动词＋得＋状态补语：戏得闷开心｜饿得发昏｜想得蛮好

形容词＋得＋程度补语：远得很｜亮得刺眼｜干得麻坼 mɑ˧tsɑ˧ 干得开裂｜冻得打冷噤

可能补语结构：话得当｜制得点把好｜买得倒｜听得懂

B. "V得"可能补语，此时"得"不能读为轻声，而是入声调，即 tə˧：喝得｜吃得｜行得｜跑得｜打得｜用得｜晒得

C. "动词＋得＋有＋……"表示存在义，"得"读为轻声。例如，

①我桌上搁得有笔，尔去拿倒写。我桌上放着笔，你去拿着写。

②锅里剩得有菜，尔去热下仔。锅里剩着菜，你去热一下。

③我包里装得有吃个，尔要不要？我包里装着吃的，你要不要？

　　D. 否定句句尾"得"，不能读为轻声，而应读为入声调 tə˥。

"冇＋V＋得"表示"事情没有完成"，用在句中一般通过上下文表达"应该做此事但没做"的遗憾之情。例如，

①上回冇去得，个回冇得机会了。上次没去成，这次没机会了。

②都怪伊冇讲得，我家呐压不晓得。都怪他没说，我们都不知道。

③昨日冇买得，今日买不到了。昨天没买成，今天买不到了。

类似的用法还有"懒＋V＋得""不想＋V＋得""怕＋V＋得""不要/不消＋VP＋得"等。前面两条都表示"不想做什么事"；"怕＋V＋得"指"害怕做什么事"，但是"怕话得"形成了固定用法，指"不敢大胆说"的意思；"不要＋VP＋得"则表示"不需要 VP、不值得 VP"之意。下面分别举例。

④伊个事，我是懒话得。他那个事，我不想说了。

⑤跟伊裹不清楚，我懒制得。跟他扯不清楚，我不想做了。

⑥我就是不想薅得。我就是不想都霸占着。

⑦尔真是怕话得！你真是不敢说啊！

⑧不需要跟我家呐商量得，尔做主就行得了。不需要跟我们商量，你做主就行了。

⑨水果不要买得，屋呐有。水果不需要买了，家里有。

⑩个钱尔不消指望得，伊肯定不会还了。这钱你别指望了，他肯定不会还的。

（3）到 ·tɑu

崇阳方言的"到"可以用在动词后面，连接动词和动作的方向。基本结构是"V＋到＋趋向补语"或者"V＋到＋宾语"。这里的"到"有其本身的动词含义，相当于"到""给"之意。但是其在崇阳方言里读为轻声，其助词性质比较明显。

①明日我把个东西丢到河里去。明天我把这东西丢到河里去。

②冇得事就早点睏到床上去。没事就早点睡到床上去。

③莫倚到个呐，坐到后底去！别站在这里，坐到后面去！

④把伊本书把到我。把那本书拿给我。

⑤下回记得把信寄到我。下次记得把书寄给我。

2. 动态助词

这里的动态助词主要指与前面讨论的体貌相关的体标记词，如"了"

表动作完成或状态完结;"倒"用在动词或形容词后表示状态的持续;"过"用在动词后表示事情已经经历过等。上文都已分别举例说明,此处各举两例即可。

①我吃了饭就出去了。我吃了饭就出去了。

②今日冻煞人!我都着了两条裤了。今天冻死人!我都穿了两条裤子了。

③个种鱼要蒸倒吃才好吃。这种鱼要蒸着吃才好吃。

④个两个崽管么东西要抢倒戏。这两个孩子不管什么东西都要抢着玩。

⑤伊以前当过兵。他以前当过兵。

⑥我总冇吃过榴莲。我从来没吃过榴莲。

(十四) 语气

表达语气的词有两大类:语气副词和语气助词。

1. 语气副词

崇阳方言的语气副词比较丰富,常见的语气副词有:一定、肯定、趁早、迟早、大概、到底、隙得好幸亏 ɕi˧ tə˦˨、幸好、反倒、格外、根本、好生、反正、会、简直、究竟、可能、怕、只怕、果然、偏偏、偏、千万、确、确实、话不好说不定、兴许、应该、硬、值得、最好、早不早不合时宜地。其用法与北京话差异不大,这里仅列举几个北京话里没有的语气副词的用法。

①隙得好我打车来了,差一点子就冇赶到飞机。幸亏我打车来的,差一点就没赶上飞机。

②隙得好伊徛倒个仔呐,差点子就把得石头砸倒了。幸亏他站在这里,差点就被石头砸到了。

③我话不好明日就去。我说不定明天就去。

④尔早不早跑学堂去搞么嘀啊?你那么早跑学校去干什么啊?

2. 语气助词

语气助词一般是附加在句尾表示说话人语气的虚词。崇阳方言的语气助词不算多,但是比较有特点,有时语气助词的缺失会影响到成句与否,因此,很有必要分析一下崇阳方言的语气助词的特点。根据句子语气的不同,崇阳方言的语气助词可以分为陈述语气助词、疑问语气助词、祈使语气助词和感叹语气助词。

下面选取崇阳方言中常用的语气助词进行介绍。

(1) "啊 ·a"及其变体

"啊"是崇阳方言里最常用的语气词，其音变形式也比较多，根据其前面一个词的音节，"啊"可以变读为"哇 ·ua""呀 ·ia""哪 ·na"甚至"哟 ·io"。它们可以表示遗憾、愤怒、惊奇、责备、疑问等诸多情感，根据情感表达，调值也会有所不同。

A. 用于陈述句中，表示解释、说明或提醒的语气，一般读为轻声。

①对不住，我忘记了啊。对不起，我忘记了。

②他每回归来都要给我打电话呀。他每次回来都要给我打电话。

③明日记得去买点子肉哇。明天记得去买点肉。

B. 用于祈使句中，此时一般读为 a˦，有加强语气的作用。

①在外底莫斗祸啊！在外面别惹事！

②路上钱搁好啊！路上把钱收好！

③快点去归啊，莫紧在路上戏！快点回家去，别总在路上玩！

C. 用于各种疑问句中。用于疑问句时，通常用于特指问、正反问、选择问和反问句里，但基本不用在是非问句中。崇阳方言的是非问句有其独特的语气词，后文会进行讨论。因为是在问句中，所以"啊"的调值往往也不是轻声，会伴随问句的上扬语调读为中高平调，即 a˦。例如，

①尔在家呐制么嘀啊？你在家干什么呢？（特指问）

②伊个老师是哪个啊？他的老师是谁？（特指问）

③今哒落不落雨啊？今天下不下雨啊？（正反问）

④尔吃冇吃啊？你吃没吃？（正反问）

⑤尔想喝水还是喝茶啊？你想喝水还是喝茶？（选择问）

⑥我家呐是自家先去还是等尔家呐一路去啊？我们是自己先去还是等你们一起去啊？（选择问）

⑦尔以为我冇看到啊？你以为我没看见啊？（反问句）

⑧尔不晓得个是我个东西啊？你不知道这是我的东西啊？（反问句）

D. 用于感叹句中。用于感叹句时，"啊"往往会随着前面音节的改变而读为其变体形式。例如，

①天哪！昨夜落几大个雨呀！天哪！昨天晚上下多大的雨啊！

②尔个个人哪，就是个样哈哟！你这个人啊，就是这么傻啊！

(2) 唦 sa˧

"唦"是崇阳方言里很常用的一个语气助词,包含"不耐烦、抱怨、提醒、劝阻"等不满意的含义,常用在陈述句、感叹句、祈使句、疑问句等句型中,为加强语气,往往读为 sa˧;而如果不为加强语气,也可读为轻声。例如,

①我个车昨日借到老吴了唦。我的车昨天借给老吴了嘛。(陈述句,表提醒)
②等我想下仔唦,莫逼我!等我想一下,别逼我!(陈述句,表劝阻)
③快去唦!斗倒摸么嘀唦?快去啊!一直在磨蹭什么?(祈使句,表催促)
④门冇开哪样进得去唦?门没开怎么进得去呢?(反问句,表抱怨)
⑤个样行得不唦?这样行不行?(疑问句,表不耐烦)
⑥尔急么个嘀唦?你急个什么呢?(反问句,表抱怨)
⑦去唦去唦,尔去倒试下仔,看我么样整尔!去吧去吧,你去试试看,看我怎么修理你!(祈使句,表提醒)
⑧尔话唦,我家呐听倒在!你说吧,我们在听呢!(祈使句,表提醒)
⑨搞好了冇?搞好了我家呐走唦!准备好了吗?准备好了我们就走吧!(祈使句,表催促)

上述例句中除了几个祈使句外,其他句子都可以去掉语气助词"唦",不影响成句,但是表达效果却有明显不同,如例①含有"别忘了,我的车昨天借给老吴了"的提醒意味;例④如果去掉"唦",就是简单的反问,表达"门没开进不去"的无能为力,加了语气助词后更增添了一些抱怨效果。

至于这个语气助词的本字,《湖北方言调查报告·崇阳卷》里有两种记法:"嗯在几时月间归啥?""嗯们①屋里人还是汉口住啊还是有一部分人在屋里住煞?"但笔者认为,"啥"用作疑问代词或疑问语气助词比较好,"煞"用作动词或者表示程度的后缀比较常见,一如中古汉语和近代汉语中常见的用法。考虑到"唦"还可以用在陈述句、祈使句等句型中,笔者比较赞同孙锡信(1999)和李小军(2008)的考察,他们认为这类语气助词

---

① 受历史条件限制,《湖北方言调查报告·崇阳卷》的发音人选用在武汉读书的年轻学生,他们的语音受武汉话影响比较大,因此他们会说出"嗯们",其实崇阳方言中至今都没有"们"这个人称代词复数标记。

本字应该是"些",并归纳出一条由"些"到"吵"的演变路径,即些(量词)—些(语气词,表惊奇或无助)—些(语气词,表催促)—吵(语气词,表催促)。具体到崇阳方言中,我们发现"吵"不仅表催促,还能表示一系列相关的情绪,如"不耐烦、抱怨、提醒、劝阻"等,因此总结为"对当下状况的不满意"情绪,尤其是在非疑问句中。

(3) 吧 pɑ˧

崇阳方言中,"吧"多用在问句中,表疑问、提醒、推测等语义。因此,含有"吧"的问句,疑问性不太强,发问者心中往往已有一定的测度,只是通过发问希望回答者确定答案,或者通过发问提醒对方。一般读为轻声即可,为强调语气,可以读为 pɑ˧ 并适当拖长发音。例如,

①尔是小李吧?你是小李吧?(表疑问)
②明日我家呐要开始上学了吧?明天我们要开始上学了吧?(表疑问、提醒)
③尔个爸冇去吧?你爸没去吧?(表推测)

有趣的是,这些句子中的"吧"都可以被"吵"替换掉,但是换成"吵"后疑问语气进一步削弱,而说话者的推测语气中把握性增强。例如"尔是小李吵"表示"我知道了,你不用介绍";"明日我家呐要开始上学了吵"表示"明天要上学了,别想着再玩了";"尔个爸冇去吵"表示"你爸如果去了就奇怪了"。

(4) 哈 hɑ˧

崇阳方言中,"哈"常用于陈述句或祈使句中,主要传达"提醒"的语义。例如,

①我去归了哈!我回去了啊!
②要记得明日来拿哈!要记得明天来拿啊!

有时,说话者已经说完了,但为了强调提醒,可以完句之后停顿一下,再单独说个"哈"以示强调,或者表示希望对方给个回应。例如,

③尔莫忘记了,哈!你别忘记了啊!
④尔就在个呐等倒,我先把伊家呐送归去,哈!你就在这里等着,我先把他们送回去啊!

(5) 呢 niɛ˧

崇阳方言的"呢"一般用在问句或感叹句中,有条件地出现在陈述句中。为加强语气,一般读为 niɛ˧,用在句中起停顿作用时往往读为 nɛ˧。

用于特指疑问句中，如果句子没有谓语，一般默认为问方位处所，或征求对方意见，与北京话"呢"相同；如果有谓语，则用来加强疑问语气。

①小王呢？我哪冇看倒伊啊？小王在哪儿？我怎么没看到他？（问方位）

②我是个样想个，尔呢？我是这样想的，你呢？（问意见）

③我前日买个被呢？我前天买的被子呢？（问方位）

④尔为么不早点去呢？你为什么不早点去呢？（加强语气）

用在正反问句中，也是加强语气。例如，

⑤个是不是尔个书呢？这是不是你的书呢？（正反问句，加强语气）

⑥尔到底去不去北京呢？你到底去不去北京呢？（正反问句，加强语气）

"呢"还可用在选择问句中，尤其是两个选项分为两个分句时，往往用两个"呢"，第一个既起到停顿的作用，也起到加强疑问语气的作用。例如，

⑦我是该听尔个呢，还是该听伊个呢？我是该听你的呢，还是该听他的呢？

⑧个是我买个呢，还是尔买个呢？这是我买的呢，还是你买的呢？

"呢"也可用于感叹句中，表示意外等语气。例如，

⑨小王个崽还闷拐呢！小王的儿子还挺坏的呢！

⑩我才不想跟伊一路去呢！我才不想跟他一起去呢！

"呢"很少出现在陈述句中，但有时可以出现在句子中间，起停顿或突出其前话题的作用。例如，

⑪尔个嫐家呢，点把利落啊！你的妻子啊，非常聪明！

⑫门开倒了呢，尔冇看倒吧？门开着了呢，你没看见吧？

(6) 咯 noɤ、个咯 ka noɤ

"咯"一般用在祈使句和感叹句中。

①几大个风咯！多大的风啊！（感叹句）

②开门咯！开门啊！（祈使句）

与之相关的还有一个复合语气词"个咯"，表示提醒对方。

③伊呐隔家呐还有两里路个咯。那里离这里还有两里路呢。（提醒距离远）

④个袋米点把重个咯。这袋米很重的呢。（提醒重量重）

(7) 诶 ɛ˩、喂 vi˧

这两个词放一起介绍，是因为它们在崇阳方言中都有相同的用法，需要用在特殊称谓词如"崽、爷、娘"等后面，组成类似于北京话"妈啊"

等感叹词。有时为突出语气，会拖长语调。例如，

①个崽诶，哪个样不懂事啊！这孩子啊，怎么这样不懂事啊！

②爷诶/喂，尔哪又喝醉了哟？天啊，你怎么又喝醉了啊！

③娘诶/喂，几吓人咯！妈啊，多吓人啊！

"爷诶/喂""娘诶/喂"已经虚化为表示"天啊""妈啊"等固定用法了，不是真的表示自己的爹妈。

总起来说，崇阳方言中的语气助词不是太多，用法也不算太复杂。其中用得比较多的是"啊"和"哟"，其他语气词用法比较简单。另外，有些语义表达可以用很多语气词，而有些语气词又兼具多种语义。根据它们的句式选择和表意特点，归纳为下表（表中"＋"表示该语气词含有此种语义及用法）。

		啊	哟	吧	哈	呢	咯	个咯	诶/喂
句中语气词	停顿	＋	＋			＋			
	惊奇								＋
	列举	＋							
句末语气词	疑问	＋	＋	＋		＋			
	祈使	＋	＋				＋		
	陈述	＋	＋			＋			
	感叹 感叹	＋					＋		
	感叹 不满		＋						
	感叹 惊奇	＋				＋			
	感叹 催促		＋						
	感叹 提醒		＋		＋		＋	＋	

二、句法

（一）处置句

崇阳方言的处置句主要用"把 paɤ"来引进处置对象，基本句式是（NP_1）＋把＋NP_2＋VP。其中，NP_1 为施事，是 VP 动作行为的发出

者，在处置句中可以不出现；NP$_2$是受事；VP是一个动词性成分，不能是光杆动词，前后要有补语、宾语或状语等其他成分。这些与北京话的处置句式特征基本相同。根据谓语动词的组成成分，我们将其分为不同类别。

1. VP部分带结果补语或动量结构

①伊把饭吃刮了。他把饭吃完了。

②莫把别个东西搞坏了。别把别人的东西弄坏了。

③我妈把房呐压扫了一遍。我妈把房间都打扫了一遍。

④来，把椅呐搬一下。来，把椅子搬一下。

2. VP部分带宾语或介宾短语

①我明日把钱还倒尔。我明天把钱还给你。

②把我个衣拿倒我。把我的衣服拿给我。

③尔上学个时际把伊个书带倒伊。你上学的时候把他的书带给他。

④把阿张纸把倒我。把那张纸给我。

⑤伊家呐把醒醒往港里□[fiaŋ˧]扔/丢。他们把垃圾往河里扔。

⑥把手机搁到桌呐高底。把手机放到桌子上。

3. VP部分使用趋向动词

①莫把狗放出去了！别把狗放出去了！

②尔是不是把我个钱拿跑了啊？你是不是把我的钱拿走了？

③下班了先去把崽接回来。下班了先去把儿子接回来。

④我想把伊喊起来。我想把他喊起来。

4. VP部分是连动结构

①小王把车开到街上去买东西。小王把车开到街上去买东西。

②我把茶拿去泡倒喝。我把茶叶拿去泡着喝。

③莫把手机拿去戏。不要把手机拿去玩。

④把伊喊归来吃饭。把他叫回来吃饭。

5. VP部分有兼语短语

①尔把电脑把得我戏下仔。你把电脑给我玩一下。

②记得把信带倒伊去寄。记得把信带给他去寄。

③老师不准我家呐把作业把得别个抄。老师不准我们把作业给别人抄。

6. "把"后接"一 X"

崇阳方言里,"把"后谓语部分可以用"一 X",X 为动词或形容词,表明动作很轻松随意就能完成。例如,

①伊帮我把菜一浇水菜就活了。他帮我把菜一浇水菜就活了。

②伊把手一□[fiaŋ˧˩]挥就走了。他把手一挥就走了。

③莫以为把钱往阿呐一丢就行得了!别以为把钱往那里一丢就可以了!

上述例句还体现出,崇阳方言"把"字标记处置句跟北京话一样,可在陈述、祈使、疑问、感叹等多种语气意义中使用。

另外,崇阳方言中"给予"义动词"把"与处置介词"把"共用相同的词形,但"给予"的对象前面需加上助词"倒"。例如,

④把阿本书把倒我。把那本书给我。

⑤把个箱奶把倒我妈去喝。把这箱牛奶给我妈喝。

两个例句中都是前一个"把"是介词,后一个"把"是动词。

(二) 被动句

与北京话一样,崇阳方言被动句也有两大类型:一种是意念被动句,这种句子在形式上缺乏表示被动意义的标志。另一种是有形式标志的被动句,可以称为被动句式。

崇阳方言的有标记被动句非常有特色,标记有且仅有"把得"一词。下面着重介绍"把得"被动句的结构、语义特点,并尝试分析该被动标记词"把得"的历时演变历程。

1. 结构特点

(1) "把得"被动句的施事

崇阳方言有标被动句的句法结构形式比较单一,被动标记仅有"把得"一种,基本句型为"受事+把得+施事+谓语部分"。值得注意的是"把得"后面的施事必须出现,不可省略,并且这个施事还必须为体词性成分,否则"把得"被动句不能成立。例如,

①书把得我烧了。书被我烧了。

②毛衣把得墙上个钉挂了个眼。毛衣被墙上的钉子挂了个洞。

③伊个车把得别个捞去了。他的车被别人偷了。

④小王把得领导提升了官职。小王被领导提拔了。

也就是说,崇阳方言中没有"被偷""被提拔"等"被+动词"的表达

形式，必须说成"把得＋施事＋谓语动词"的形式。崇阳方言"把得"被动句的这一特点看似具有句法强制性，实则是被动标记"把得"的语义强制性。石毓智（2006）通过考察古今汉语被动式标记的词汇来源得出结论：不同来源的被动标记对句法的要求也不同，"给予"类动词虚化为被动标记后，其后基本上都要强制出现施动者。崇阳方言的"把得"也是"给予"类动词，由表"给予"义的句型"把＋直接宾语＋得＋间接宾语"中的"把……得……"结构虚化而来，这里的"得"相当于间接宾语的标记，所以虚化为被动标记"把得"后，其后还是只能接名词，在被动句中反映为动作的施事者。这一点后文将详细讨论。

(2)"把得"被动句的否定式和疑问式

崇阳方言的"把得"被动句除了常用于肯定陈述句外，还常用于否定陈述句和疑问句中。其否定式有两种情况：否定动作时，因为被动句是已然的动作，所以要用"冇"来否定，并且要把"冇"置于"把得"之前，相当于共同语里的"没有被"；否定施事成分时，则要把"不是"置于"把得"之前。例如，

①水冇把得伊喝完。水没有被他喝完。
②伊冇把得老师批评。他没有被老师批评。
③杯子不是把得尔打烂个，是把得伊打烂个。杯子不是被你摔碎的，是被他摔碎的。

相对来说，前两句用得比较少，口语中一般用主动句来表达否定的被动意念，如"水冇喝完""老师冇批评伊"。

崇阳方言的"把得"被动式的正反疑问句也有两种情况。其一是用"把冇把得"和"是不是把得"来提问。例如，

④尔个崽把冇把得大学录取啊？你儿子有没有被大学录取啊？
⑤尔个崽是不是把得大学录取了啊？你儿子是不是被大学录取了啊？

前者是提问事件，强调的是有没有被录取，回答是"录取了"或者"冇录取"；后者是提问施动者，强调是被大学录取了还是被别的学校录取了，回答是"是个啊（是的啊）"或者"不是啊（不是的啊）"。崇阳方言中与"把冇把得"类似的结构有动补式正反问"听冇听到""看冇看到"等。从这个意义上说，"把得"的离合性还是比较明显的。

其二是在陈述句后加上"冇"。例如，

⑥尔个崽把得大学录取了冇？你儿子被大学录取了没？

崇阳方言"把得"被动句的是非疑问形式，是直接在陈述句后面用上扬的语调。例如，

⑦尔个崽把得大学录取了？你儿子被大学录取了？

跟例⑥比较，例⑦有点反问的意味，表示说话者听闻"你的儿子被大学录取了"，但是不太确定或者对此事表示惊奇，是猜度性的；例⑥表示说话者完全不知道"你的儿子"是否被大学录取了，是询问性的。

(3) 新派崇阳方言的"被"字被动句

新派崇阳方言受共同语影响，在年轻人口中偶尔也用"被"做被动标志，尤其是用于"被＋VP"的句式中。例如，

⑧伊个钱在火车站被捞去了。他的钱在火车站被偷了。

如果说话人想用"把得"被动句，必须加上施事者，说成"伊个钱在火车站把得别个捞去了"。可以预见的是，"被"字被动句在崇阳方言中会逐渐发展起来，这不仅仅是因为共同语的强势作用，更重要的是崇阳方言里缺少施事者隐去的被动句式。当说话人觉得无需或不便说出施事者时，"被"字被动句就能很好地满足这一需求。

2. 语义语用

(1) 语义上的强已然性和强施动性

和共同语一样，崇阳方言被动句具有已然性的语义特征。这体现在崇阳方言有标被动句的谓语动词上，这些动词不能是光杆动词，要么是带完结义的"了"，要么是动宾或动补结构。即便有时出现在假设复句中，其语义也是表示假然或未然的完成动作。例如，

①要是我个崽把得别个打了，我就报警。如果我的儿子被人打了，我就报警。

和诸多汉语方言一样，崇阳方言的被动标记"把得"同样也兼具"给予"义，可分别用在给予句和被动句。对比下列两句：

②个些东西把得狗吃唦。这些东西给狗吃吧。

③个些东西把得狗吃了。这些东西被狗吃了。

例②是祈使句，句末的"唦"是表祈使的语气词，所以整个句子表动作未然，表达的是"给予"意。例③用完结动词"了"表动作已然，"把得"表达的是被动意。崇阳方言中两者区分很明显，是不会产生歧义的。由此可知，崇阳方言的"把得"被动句具有很强的已然性。

另外，崇阳方言"把得"被动句的施动者被强制出现在句中，反映出该句型的语义具有突出施动者的特点。共同语里则不同，很多情况是无需出现施动者的。就这一层面而言，强施动性也是崇阳方言"把得"被动句的语义特点之一。

(2) 语用上的拂意功能和语篇功能

崇阳方言的"把得"被动句在语用上不太受限制，如意的和拂意的都可以用这种句式来表达。不过总的来说，用于拂意的情况比较常见，这点与共同语是一致的。虽然被动标记"把得"也兼具"给予"义，其"遭受"义没有"被"字那么强烈，但它在演变的过程中经历过"致使"义，所以也带有很强的拂意性。上述例句中多数是表达拂意的，表如意的句子。例如，

①伊把得学堂选去参加比赛了。他被学校选去参加比赛了。

崇阳方言"把得"被动句必须出现施动者，有时句子又无需太关注施动者，所以"把得"被动句在崇阳方言中的使用几率不高。但有时需要详细叙述事情的经过，尤其是需要施动者出现，并为了更好地组织语篇，保持话题的一致性时，人们往往会选择"把得"被动句。下面这段对话就反映出这一特点：

②甲：妈，我个衣破了个眼。妈妈，我的衣服破了一个洞。

乙：哪样搞个呢？怎么搞的啊？

甲：把得墙上个钉挂破了个。被墙上的钉子挂破了的。

此段对话的中心话题是"衣服"，说话者甲只想简单描述衣服的情况，并未使用有标被动句，但说话者乙想知道更详细的情况，说话者甲必须引出施事者"钉子"，而且为了保持"衣服"这个话题主语，用省略主语的方式说出一个"把得"被动句。再看下面一段用"把得"被动句表如意的对话：

③甲：伊个崽点把灵光，我就晓得伊会考上北大个。他的儿子非常聪明，我就知道他会考上北大的。

乙：伊把得北大录取了？他被北大录取了？

此段对话中，说话者需要强调施事者"北大"以示惊喜，又不想转换话题主语"伊"，就用"把得"被动句突出施事者、保持话题一致。

有时即便不使用对话形式，在语篇中也有保持话题一致性的需求，例如，

④搁倒外底个鱼,昨夜把得猫叼起跑了。放在外面的鱼,昨晚被猫叼走了。

这句话虽然不是对话形式,但也可明显看出,前后文为了保持话题一致,采取了"把得"被动式。

3. "把得"的演变历程

和诸多汉语方言中的被动标记一样,崇阳方言被动标记"把得"也是由"给予"类动词经过"致使"义演变而来的。但不同的是,崇阳方言的"把得"一词在演变为被动标记的历程中打败了另一个强势的"给予"义的词"把",并且在经历"致使"义后,不仅演变出了被动标记,还发展出了"换作(某人)"之意。所以,崇阳方言"把得"一词兼具"给予"义、"致使"义、"被动标记用法"和"换作"义,其演变历程的关键是"给予"义和"致使"义。下面分别讨论。

(1) "把得"由"给予"义演变为被动标记的句法机制

在崇阳方言中,"把得"和"把"都可以作动词表达"给予"义,但只有"把得"演变成被动标记。两者在表达"给予"义时的不同之处在于:其一,句法结构上,"把得"其后只能接表人的间接宾语,相当于共同语里的"给到";用"把"的"给予"句,其后既可以单独接表物的直接宾语,也可以单独接表人的间接宾语。例如,

①十块钱把(得)小刘了冇?十块钱给小刘了没?

②甲:尔把钱了冇?你给钱了没?

　　乙:把了。给了。

若要用双宾语结构,则用"把得+间接宾语+直接宾语"和"把+直接宾语+得+间接宾语"句式。此时后者的"把"是"给予"义动词,"得"就成了间接宾语的标记,类似于英语"give something to somebody"中的"to"。例如,

③伊把一本书得我了。他给一本书我了。He gave a book to me.

④伊把得我了一本书。他给了我一本书。

其二,在双宾语结构中,使用"把得"句式一般都表已经发生的动作,并且如果句子是双宾句带兼语式结构,那么一般只用"把+直接宾语+得+间接宾语"句式,"把得"句式不能用。例如,

⑤*伊明天把得我一本书。

⑥*尔把得我一本书吵。

⑦伊昨天把得我了一本书。
⑧我个哥把了块蛋糕得我吃。
⑨＊我个哥把得我了一块蛋糕吃。

表示还没发生的例⑤和例⑥祈使句都错在"把得"表未然，两句如果换成"把"字给予句都是成立的。例⑨的错误为"把得"给予句不能在双宾句中用兼语式。换成⑧句的"把"字句就没问题，或者换成单宾语的"把得"句也可以，即"一块蛋糕把得我吃了"。如果把"蛋糕"换成有定的，就是更为典型的崇阳方言"把得"被动句了。例如，

⑩阿块蛋糕把得我吃了。那块蛋糕被我吃了。

由此可知，后接间接宾语的强制性、双宾句式中表意的强已然性和谓语唯一性是"把得"给予句的特点。也正是这样的句法特性，为"把得"的"给予"义演变为被动标记提供了句法可能性。而且崇阳方言的"把得"被动句还不会跟"把得"给予句混淆，表意非常明确。主要原因在于：在"把得"双宾语给予句中，一般不会用兼语式或连动式，所以"把得"给予句的单宾语结构比较常见。这样的话，句中的谓语动词具有唯一性，"把得"必须分析为谓语动词，所以肯定不是被动标记。如果"把得"单宾语给予句中还有别的动词，这个句子就完全符合被动句的句法特征了。如例①句后面加上动词做谓语后，句子变为"十块钱把得小刘拿走了冇？"就是典型的被动句了。

可见，"把得"给予句向被动句演变的句法机制在于"把得"单宾语给予句的兼语式结构与被动句的关联性。

(2)"把得"由"给予"义演变为被动标记的语义机制

先观察以下两个句子：

①那点子肉把得小王了。那点肉给小王了。
②那点子肉把得小王吃了。那点肉被小王吃了。

例①只比例②少了个"吃"字，意思却明显不同了：前者是给予句，后者是被动句。这两句在崇阳方言中不会引起歧义。仔细考察后还可明显看出，两句中间还应该有一句："那点子肉把得小王了，小王吃了。"这一句正是"把得"从"给予"义到"被动标记用法"重新理解、重新分析的关键，"肉"是"给小王"的，但正是这个"给""致使小王吃了这个肉"。从语义上说，"给予"义、"致使"义与"被动标记用法"之间也有很大的

关联。关于这点，在前人的很多论述中都详细论证过，在此不再赘述。

再看下面一个例子，"把得"在其中兼具"致使"义和"被动标记用法"，两者界限不甚分明，足以证明两者的紧密联系。

③把个些鸽子锁好，莫把得伊家嘞飞起跑了。把这些鸽子都关好，不要让/被它们飞走了。

(3) "把得"由"致使"义向"换作"义的虚化

"把得"在崇阳方言中还可用作带有假设性意味的语法成分，相当于共同语中的"换作（某人）"，一般放在虚拟句的分句句首或句中，句子的假设性意味相当明显，其前面还可以再出现一个表示假设的连词"要是"，以增强假设的语气。例如，

①把得我，就不去。换作我，就不去。

②个好个事伊都不制，（要是）把得小陈个妈，跑都跑不赢。这么好的事他都不做，（要是）换作小陈的妈，跑都跑不赢。

③把得我，我才不吃个样个东西咧。换作我，我才不吃这样的东西呢。

我们认为，崇阳方言中表"换作"义的"把得"同样也是经由"致使"义演变而来的。例如，

④个个事把得别个蛮为难。这件事让别人很为难。

④′个个事把得别个啊，蛮为难。这件事让别人啊，很为难。

⑤等一下当，把得我想下子当。先等一下，让我先想一想。

这些句子中的"把得"都是表"致使"义的，分别为"使（致使）别人很为难"和"让（容许）我想想"，但是句子结构比较松散，"把得＋N"后面都可以插入一些语气词等成分做停顿，这就为假设分句的形成提供了可能条件。再者，由于前面介绍的"得"的特殊词性，"把得"后面就只能接动作对象这一类宾语，从"致使"义到"换作"义、由表明"使得某人怎么样"到"换作某人怎么样"也就顺理成章了。

(4) 崇阳方言"把得"的演变步骤

崇阳方言"把得"的演变有两个重要步骤：首先是"把得"给予句的句法语义特征为其向被动句的演变提供了句法便利；再者，和汉语里诸多"给予"类的动词一样，"把得"逐步演变为"致使"义并向"被动"义发展。但不同的是，崇阳方言还由"致使"义演变出了"换作"义，这是目前的方言研究中比较少见的现象。总起来说，"把得"一词在崇阳方言中的

演变历程可用图示表示如下。

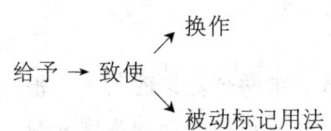

总起来说，崇阳方言的"把得"被动句与汉语共同语的被动句有同有异，其中最值得我们关注的是被动标记"把得"一词的演变。汉语方言中"给予"类的词兼做被动标记的现象不在少数，但是大多数都只是单音节的给予类动词。而崇阳方言的"把得"这样一个双音节词打败了同样具有"给予"义的单音节词"把"，其演变机制非常有代表性。并且，在经历"致使"义的同时，不仅跟诸多方言一样演变为了被动标记，同时还演变出了"换作（某人）"义。这在目前的方言研究中是较少发现的。即便湖北省内其他方言也有"把得"被动句，但其"换作（某人）"义却鲜有例证。

除此之外，还有一种可能性不能排除，那就是崇阳方言"把得"一词是由"把……得……"结构虚化而来的。因为"把……得……"式给予句在崇阳方言中应用比较自如，很可能是受北方方言影响，才出现了"把得"的双宾语给予句。之后由于句法位置关系，"把得"经常放在一起连用，由结构虚化为一个词也是顺理成章的。另一个旁证是，崇阳方言中与表"给予"义的"把得"相类似的还有一些"动词+得"的动词，如"拿得""寄得""送得"等，均表示"给予"或"取得"义，用法也跟"把得"类似。例如，

①伊把阿本书送（把/拿/寄）得我了。他把那本书送（拿/寄）给我了。

＝伊把（送/拿/寄）本书得我了。他送（拿/寄）本书给我了。

（三）致使句

致使句是表示使令意义的句子，即主语使宾语怎么样。在现代汉语北京话中，致使句广泛采用具有使令意义的动词"使、让、令"等，这些表示使令含义的句子都是兼语句式。在崇阳方言中，也是使用具有使令意义的动词"把得让、喊叫、紧让"等来构成兼语句，从而表达使令意义。上文被动句讨论过"把得"的致使用法，这里主要列举"喊、紧"两词的例句。

①哪个紧伊喝饮料个啊？谁让他喝饮料的啊？

②紧伊去看电影吵！让他去看电影嘛！

③我妈喊我帮伊买双鞋。我妈让我帮她买双鞋。

④我个电脑坏了，喊伊来看下仔。我的电脑坏了，叫他来看一下。

很显然,"喊"是由"叫、请"的意思引申出来的致使义。

(四) 双宾句

双宾句是谓语动词后跟两个宾语的句子,根据动词语义的不同,双宾句句型也有差异。下面从双宾句的动词类别和双宾句的结构两个方面讨论崇阳方言的双宾句。

1. 双宾句动词

并非所有的动词都能进入双宾句,因为该句式要求一个动词要带两个宾语,所以其对动词的选择是有条件的。一般来说,能进入崇阳方言双宾句的动词按其语义性质可以分为以下六类:给予类、取得类、欠负类、踢打类、言说类、称呼类。

(1) 给予类动词带双宾语

给予类动词有"把、送、分、寄、还、找、退、补、赔、奖、卖"等。这类双宾语句一般有两种语序,即"S+V+O_1+得+O_2"和"S+V(+得)+O_2+O_1"。其中,O_1为指物的宾语,O_2为指人的宾语,指人的宾语前需要加介词"得"。例如,

①我要送个幅画得我老弟。/我要送(得)我老弟个幅画。

②分两支笔得伊。/分(得)伊两支笔。

③伊把阿本书得我了。/伊把(得)我阿本书了。

④学堂奖了200块钱得我家呐。/学堂奖(得)我家呐200块钱。

⑤不想卖个双鞋得伊。/不想卖(得)伊个双鞋。

⑥还两个作业本得伊。/还(得)伊两个作业本。

⑦送个礼物得我个同学。/送(得)我同学一个礼物。

⑧赔块衣得伊。/赔(得)伊一块衣。

(2) 取得类动词带双宾语

取得类动词有"赢、赚、扣、罚、偷、抢、买、借"等。例如,

①上昼下棋我赢了伊三局。上午下棋我赢了他三局。

②我昨日借得伊300块钱。我昨天借了他300块钱。

③我抢了我姐一条裙。我抢了我姐一条裙子。

(3) 欠负类动词带双宾语

欠负类动词有"差、该欠"两个。例如,

①伊还差我一本书没还。他还差我一本书没还。

②我个同学该我一餐饭。我的同学欠我一顿饭。

(4) 言说类动词带双宾语

言说类动词有"话批评、问"等。例如，

①老师话伊冇用心。老师批评他没用心。

②我问了伊一个问题。我问了他一个问题。

(5) 称呼类动词带双宾语

称呼类动词主要有"喊"。例如，

①别个压喊伊主任。别人叫他主任。

②我要喊伊王医师吧？我要称呼他王医生吧？

2. 双宾句结构

(1) 给予类动词＋指物宾语＋得＋指人宾语

该句型需要注意的是指人宾语前面一般都会出现介词"得"。现在有些新派崇阳方言，有时也不要这个"得"，但多数崇阳人认为还是需要加"得"。例如，

①下回我多带点子吃个得伊家呐。下次我多带点吃的给他们。

②明日我要发封邮件得我个老师。明天我要发封邮件给我老师。

③莫送礼物得伊，伊不欢喜。别送礼物给他，他不高兴。

(2) 给予类动词＋得＋指人宾语＋指物宾语

此时的结构助词"得"并非强制出现，出现时强调这个动作已经完成，不出现时强调这个动作的未然性。例如，

①我昨日送得伊几本书了。我昨天送给他几本书了。

②我想明日送伊几本书。我想明天送他几本书。

(3) 动词＋指人宾语＋指物宾语

能带双宾语的动词，都可以使用该句式。但非给予类动词，即取得类、欠负类、言说类、称呼类等动词带双宾语时一般只使用该语序，一定不使用"指物宾语＋指人宾语"语序。例如，

①我抢了我同学一本书。我抢了我同学一本书。

②伊该我闷多钱。他欠我很多钱。

③我家呐压喊伊老板。我们都喊他老板。

（五）比较句

比较句是表示比较的句子。从结构上看，比较句通常包含比较项、比

较值和比较词。比较项包括比项（简称 A）和被比项（简称 B），比项 A 和被比项 B 可以是体词性成分，如名词、代词等，也可以是谓词性成分，如动词、形容词或动词性短语、形容词性短语等。比较值有时只是一种笼统值（简称 W），有时则是一种量化值（简称 Z）。比较词在崇阳方言中随句式不同而有所不同，但多数为"比""冇得""越来越""越节"等。

根据被比较事物之间的差异，崇阳方言的比较句可以分等比、差比、递比、极比四种类型。

1. 等比句

(1) 肯定式

等比句的比较介词主要是"跟 kɛ˧"，极少用"和"。常用句型是"A 跟 B 一样 VP""A 跟 B 一样/相同个"和"A 有 B 个/伊/个样/伊样 VP"等，这里的 VP 指谓语性成分，包括动词（词组）、形容词（词组）等。例如，

①我个笔跟尔个笔一样长。我的笔跟你的笔一样长。

②个本书跟阿本书是一样（相同）个。这本书和那本书是一样的。

③我个工资有尔个工资一样多。我的工资跟你的工资一样多。

④我个崽有伊个长。我的儿子有他那么高。

"一样"单做谓语时，有时可以换成其他更具描写性的近义词。例如，

⑤伊跟伊爸个性格一模一样。他跟他爸的性格一模一样。

⑥我个分数跟伊个一分不差。我的分数跟他的一分不差，完全一样。

(2) 否定式

否定形式常用"不同""不一样"来表达。常用句型为"A 跟 B 不一样 (VP)""A 跟 B 不相同""A 冇得 B 个/伊/个样/伊样 VP"。例如，

①我个作业本跟伊个不一样（大）。我的作业本跟他的不一样（大）。

②今哒跟昨日不一样。今天跟昨天不一样。

③我个哥跟我个老弟个性格完全不相同。我哥的性格跟我弟的性格完全不相同。

④老年人跟年轻崽个想法点把不相同个咯。老年人跟年轻人的想法有很大不同。

⑤我家呐乡下人冇得尔个样有钱。我们乡下人没有你那么有钱。

⑥伊个成绩冇得我好。他的成绩没有我的好。

⑦个崽冇得伊崽伊拐。这孩子没有那个孩子那样坏。

2. 差比句

(1) 肯定式

当被比较事物之间存在质或量的不同时，可以使用差比句，基本格式为"A＋比＋B＋VP"，此时谓语 VP 一般为笼统值 W，即"A＋比＋B＋W"。例如，

①个椅呐比阿椅呐高。这把椅子比那把椅子高些。

②我个衣比尔个衣黑点子。我的衣服比你的衣服黑一点。

③个游戏比阿个游戏好戏些。这个游戏比那个游戏好玩些。

在此基础上，如果比较后有具体的量化值，则加在谓语后，形成"A 比 B＋V＋Z"。例如，

④我比尔大五岁。我比你大五岁。

⑤个栋楼比伊栋楼高 10 米。这栋楼比那栋楼高 10 米。

⑥我读书比尔晚两年。我读书比你晚两年。

还有些差比句用"还……些"来强调差比，基本格式为"A＋VP，B＋比＋A＋还＋VP 些/Z"。例如，

⑦尔考得好，伊比尔考得还好些。你考得好，他比你考得还好些。

⑧个崽长得高，伊个崽还要高 5 公分。这孩子长得高，那个孩子还要高 5 厘米。

崇阳方言中，有时差比句可以不使用标记词"比"，直接用语序表示，甚至有时在比较语境中，可以直接用动补结构表示（但这就不是比较句了，而是比较意义）。比较差量可以是确定量，也可以是模糊量。例如，

⑨伊小我五岁。他比我小五岁。

⑩我只高尔一丁点子。我只比你高一丁点。

⑪个姐妹两个，姐姐重倒点子。这两姐妹中，姐姐稍微重一点。

无标记"比"的差比句，比较结果一般由单音节形容词充当，而且是以可衡量的度量形容词居多。

(2) 否定式

崇阳方言差比句的否定形式非常多。

A. "A 不比 B＋VP"

从句子结构上看，这是最简单、最直接的差比否定形式。但这种否定式在崇阳方言中使用并不算太多，可能与"不"修饰成分的限制性有关，

更多的是使用"冇得""比不得"等否定方式。例如，

①我不比伊聪明。我没有他聪明。

②我不比同桌跑得快。我没有同桌跑得快。

③个山不比阿个山好看。这座山没有那座山好看。

B. "A 冇 V 得 B＋W/Z"

此结构中的 V 多数为单音节形容词或动词，而比较值可以是模糊值，也可以是具体数值。例如，

①我冇长得我姐伊样高。我没有长得像我姐那样高。

②我哥还冇大得我一岁。我哥比我大不到一岁。

C. "A 不得比 B＋VP"

此结构的 VP 里往往含有补语成分。例如，

①崇阳不得比武汉发达。崇阳不会比武汉发达。

②尔个打工个，再哪样制，也不得比厂长工资拿得多。你只是个打工的，再怎么做事，也不会比厂长工资拿得多。

类似的表达，还有"不见得＋比"。例如，

③个样制不见得比伊样制好到哪里去。这样做不见得比那样做好到哪里去。

④个衣服红个不见得比绿个好看。这衣服红的不见得比绿的好看。

D. "A 比不得 B"；"A 跟 B 比不得"等

此处的"比不得"有"比不上"之意，"A 比不得 B"结构后面可以不用加补语，也可以加上补语进一步补充说明。例如，

①我个小公司比不得尔个大公司啊！我的小公司比不上你的大公司啊！

②我个房呐，比不得尔个伊样大、伊样好看。我的房间，没有你的那么大、那么好看。

③我比不得尔个样有出息。我没有你那么有出息。

"A 跟 B 比不得"意即"A 比不上 B"，但是因为句式里没有补语的位置了，所以描述得不会特别具体，主要靠交际双方或上下语境来表达具体的意思。例如，

④我个小公司跟尔个比不得啊！我的小公司跟你的比不得啊！

⑤我个房跟尔个比不得。我的房间跟你的比不得。

⑥咸宁跟北京比不得。咸宁跟北京比不得。

类似这样固化的"V 不 C"还有有"比不上""比不了""比不倒""比

不赢""V不过""赶不倒""敌不倒""抵不倒"等，用以连接两个比较项。例如，

⑦我个水平比不上伊。我的水平比不上他。
⑧我家呐压打不赢伊。我们都打不赢他。
⑨我种个菜赶不到伊个。我种的菜比不上他种的。
⑩伊伊样吃得亏，我抵不倒。她那样能吃苦，我比不上她。

E. "A 冇得 B+VP"

此结构是"A 有 B+VP"结构的否定式，但语义上形成了差比。例如，

①个仔呐冇得伊仔呐舒服。这里没有那里舒服。
②我个书冇得尔个书多。我的书没有你的书多。
③我冇得尔游得快。我没有你游得快。

与此类似的结构还有"A 不像 B（个/伊/个样/伊样）VP"。例如，

④个仔呐不像伊仔呐舒服。这里没有那里舒服。
⑤我个心不像尔个心伊样大。我的野心没有你的那么大。
⑥我不像尔游得个样快。我没有你游得那么快。

F. "A 比 B 还不如"

"还不如"就表明了"比不上"，后面不能再接其他成分。例如，

①个电脑比阿个还不如。这台电脑不如那台。
②个崽个成绩比我还不如。这孩子的成绩还不如我。

3. 递比句

递比是指程度一层一层逐渐加深、变化，因此又称为"层比句"。崇阳方言中常用"一量＋比＋一量"和"越……越……""越节 yɛ˥ tɕiɛ˥"表示。例如，

①伊赚的钱一回比一回多。他赚的钱一次比一次多。
②几个伢崽一个比一个懂事。几个孩子一个比一个懂事。
③个几日一日比一日热。这几天一天比一天热。
④伊还冇归，我越来越着急。他还没有回，我越来越着急。
⑤伊屋呐个日子越来越好过了。他家的日子越来越好过了。
⑥本来就冇得钱，还瞎用，越节穷吵。本来就没有钱，还乱花，越来越穷了。
⑦伊聪明又努力，成绩越节好吵。他聪明又努力，成绩越来越好。

递比句的否定结构一般是"一量＋比不得＋一量"，或者"一量＋不如

+一量",但后者偏文气些。例如,

⑧我写个东西一回比不得/不如一回。我写的东西一次不如一次。

⑨年纪大了,一日比不得/不如一日。年纪大了,(身体)一天不如一天。

4. 极比句

极比句即为通过比较得出最高比较级的句子,崇阳方言的极比句常用"最"表示极比,还可以用一些固定的结构。

(1) "A 最 VP" 结构

①个些衣中,伊块最便宜。这些衣服中,那件最便宜。

②个几日今哒最忙。这几天今天最忙。

③伊个屋是个呐最漂亮个。他家的房子是这里(当地)最漂亮的。

(2) "A 比 B 哈/压要 VP(些)"; "A 比哪个都要 VP(些)"

这两个结构看似是差比结构,但是因为对比的是所有参照对象,因此表意上是极比。例如,

①我老妹比伊个同学哈/压长得高。我妹妹比他们同学都长得高。

②小李比我家呐哈/压要利落些。小李比我们都聪明些。

③伊个技术比哪个都高。他的技术比谁都高。

④伊比哪个都喜欢打球。他比谁都喜欢打球。

(3) 极比句的否定结构为"哪个都冇得 A+VP";"冇得哪个比/有 A+VP"

该结构形式上是否定,但表达的是肯定的极比含义。其中"哪个"中的量词"个"可以根据后面的名词进行替换。例如,

①我觉得哪个老师都冇得刘老师好。我觉得哪个老师都没有刘老师好。

②我觉得冇得哪个老师比/有刘老师好。我觉得没有哪个老师比刘老师好。

③哪种花都冇得牡丹开得好看。哪种花都没有牡丹开得好看。

④冇得哪种花比/有牡丹开得好看。没有哪种花比牡丹开得好看。

⑤哪支笔都冇得个个好用。哪支笔都没有这个好用。

⑥冇得哪支笔比/有个个好用。没有哪支笔比这个好用。

(六)疑问句

与北京话一样,崇阳方言的疑问句式也可以分为特指问句、是非问句、选择问句、正反问句和反问句五类。

1. 特指问句

(1) 问事物或事件

主要用"么 moɤ""么呐 moɤ·næ"问事物或事件。不同的是,"么"后面可以接名词,"么呐"则直接用作名词。很多时候,"么+名词"可以用"么呐"直接代替,但前者的表达更具体,而后者更抽象。例如,

①尔在吃么好东西啊?/尔在吃么呐啊? 你在吃什么好东西啊?/你在吃什么啊?

②前底是么家伙啊?/前底是么呐啊? 前面是什么东西啊?

③明日我家呐要制么事啊?/明日我家呐要制么呐啊? 明天我们要做什么事啊?

④厂长要我在会上发言,话么呐呢?/话么事呢?/话么东西呢? 厂长要我在会上发言,说什么呢?

⑤尔要买点子么呐归去啊?/尔要买点子么东西归去啊? 你要买点什么回去呢?

另外,"哪+量词+名词"也可以问具体的事物或事情,用法与北京话一致。例如,

⑥哪本书好看哪? 哪本书好看啊?

⑦尔想试下哪种苹果哇? 你想试下哪种苹果啊?

⑧哪个牌子的手机好用啊? 哪个牌子的手机好用啊?

⑨下一个节目是哪几个学生表演啊? 下一个节目是哪几个学生表演啊?

(2) 问地点

主要用"哪呐 nɑɤ·næ""哪子呐 nɑʌ·tsæ·næ"提问,两者意义一样,但两个词里的"哪"声调不同。受声调影响,"哪呐"更突出强调对地点的提问。例如,

①尔住在哪呐/哪子呐? 你住在哪里?

②尔家呐想去哪呐/哪子呐戏啊? 你们想去哪里玩?

③崇阳哪呐/哪子呐个蜂蜜是有名个啊? 崇阳哪里的蜂蜜是有名的?

与北京话一样,崇阳方言也可以用"NP+呢"提问,此时就是问地点。例如,

④我个手机呢? 我的手机呢?

⑤伊昨日买个蛋呢? 他昨天买的蛋呢?

（3）问方式和原因

崇阳方言用"哪样 naɤ ȵiaŋ˧"提问，询问方式和原因。询问原因时会带有埋怨的意味，相当于北京话的"怎么"；而"为么呢 viɤ moɤ ·ni"、"制么呢 tsʅ moɤ ·ni"、"搞么呢 kauɤ moɤ ·ni"都是只问原因的，主观色彩不强烈，相当于北京话的"为什么"。例如，

①尔从北京哪样归啊？你从北京怎么回来啊？（问方式）

②车坏了，要哪样搞下仔呢？车坏了，要怎么修呢？（问方式）

③我想去制生意，尔哪样想呢？我想去做生意，你怎么看呢？（问方式）

④尔哪样看个事啊？你怎么看这件事啊？（问方式）

⑤尔个崽哪样/为么嘀/搞么嘀/制么嘀还有睏啊？你儿子怎么/为什么还没睡啊？（问原因）

⑥我个电脑哪样/为么嘀/搞么嘀/制么嘀开不了机啊？我的电脑怎么/为什么开不了机啊？（问原因）

⑦伊哪样/为么嘀/搞么嘀/制么嘀不参加单位个活动啊？他怎么/为什么不参加单位的活动啊？（问原因）

有时，就用简单的一个"哪 naɤ"来询问原因，与"哪样"问原因一样，语气中会带有埋怨的意味。例如，

⑧尔哪还有归啊？你为什么/怎么还没有回来啊？

⑨我哪不晓得个事啊？我怎么不知道这个事啊？

（4）问性状

崇阳方言的"哪样 naɤ ȵiaŋ˧"还可以问性状，例如，

①尔到底想制哪样个工作啊？你到底想做什么样的工作啊？

②尔觉得哪样个人尔才满意哟？你觉得什么样的人你才满意呢？

③伊个钢琴学到哪样了？他的钢琴学得怎么样了？

④伊喜欢交哪样个朋友啊？他喜欢交什么样的朋友啊？

（5）问时间

崇阳方言主要用"么时际 moɤ sʅ tɕi˧"、"么际 moɤ tɕi˧"、"几时 tɕi˧ sʅ"、"几久 tɕiɤ tɕiəu˧"提问时间。"么（时）际"和"几时"都是问"什么时候"；"几久"则问"多长时间。"例如，

①个回出差要几久啊？么（时）际/几时归啊？这次出差要多长时间啊？什么时候回呢？

②个鞋点把好看，么（时）际/几时买个啊？ 这双鞋很好看，什么时候买的？

③我个快递几久能到啊？ 我的快递多长时间能到啊？

④尔家呐么（时）际/几时结婚啊？ 你们什么时候结婚啊？

（6）问数量和程度

崇阳方言中主要用"几 tɕiˇ"来提问数量，可以组成"几多＋NP"或者"几＋量词＋NP"结构。两者的区别主要在是否需要量词上面。例如，

①尔呐家一日要去几回菜场啊？ 您一天要去几次菜场啊？

②小张个屋在几楼啊？ 小张家在几楼啊？

③尔想买几多水果啊？ 你想买多少水果啊？

④尔个电话号码是几多啊？ 你的电话号码是多少？

⑤个样个事，要我话几多回啊？ 这样的事，要我说多少次啊？

⑥尔个妈着几码个鞋啊？ 你妈穿几码的鞋子？

"几"问数量和程度时，还可以用在"多、高、大、长、厚、重、深、粗"等表示积极意义的形容词前面，一般不用于消极意义的形容词前。有时可以在这些形容词前加上度量单位。例如，

⑦个包裹有几（斤）重啊？ 这个包裹有多重啊？

⑧个根棍呐几（米）长啊？ 这根棍子几米长啊？

⑨港里个水有几深啊？ 河里的水有多深啊？

从这些例句中还可以看到，崇阳方言中，特指疑问句句末常常带语气词"啊"和"呢"，表不满意情况下，也可以用"吵"。

2. 是非问句

崇阳方言是非问句的语序与北京话基本一致，但不同的是，北京话通常会在一个陈述句后面加上"吗"构成是非问句，而崇阳方言里几乎从来不用"吗"，取而代之的是其他语气词。

（1）"陈述句＋吧？"

这种结构的是非问句用"吧"提问，表示提问者对答案已有一定的推测。例如，

①尔还冇毕业吧？ 你还没有毕业吧？

②尔婆婆身体还好吧？ 你婆婆身体还好吧？

③伊家呐今日不得来吧？ 他今天不会来吧？

(2)"陈述句＋啊?"

带"啊"句的是非问句中也带有很大程度的猜测甚至讶异的语气。例如，

①今哒星期五啊? 今天星期五啊?

②尔不去啊? 你不去啊?

(3)"陈述句＋吵?"

如果说前面两类是非问句对答案含有50％的肯定回答的话，那么"陈述句＋吵?"句式中则含有90％的肯定。例如，

①我个信还冇到吵? 我的信还没到吧?

②伊下个星期归去吵? 他下个星期回去吧?

(4)"陈述句＋↗"

崇阳方言这种是非问句的结构特点是一个陈述句加上句尾上扬的语调即可（箭头表示语调上扬），无需使用任何语气词。如果说前面三种是非问句都含有发问者猜测的疑问，那么这种是非问句就是发问者对答案完全没有任何预判，纯粹地发问。当然，如果上扬的语调拖得过长，表明质疑的语气，那么这类结构也会含有发问者反问的意味。例如，

①明日落雨? 明天下雨吗? /什么? 明天下雨?

②尔个妈在屋呐? 你妈妈在家吗? /什么? 你妈妈在家?

③伊不想坐飞机? 他不想坐飞机吗? /什么? 他不想坐飞机?

④尔冇去过上海? 你没有去过上海? /什么? 你没去过上海?

由此可见，崇阳方言是非问句的特点是陈述句的语序加上"吧、啊、吵"等语气词或者无需任何语气词，只在句末上扬语调；同时，几乎所有的是非问句都或多或少含有发问者对答案有揣测的意味。这两个特点也符合现代汉语是非问句的特征。王力（1980）就认为"吗"是汉语里出现较晚的语气词；孙锡信（1999）和杨永龙（2003）也论证了"吗"的演化是经历了"无—麽—吗"的路径，唐代正反问句中的"无"就是"吗"的前身。另外，据黄正德等（2009）研究，汉语是非问句都含有发问者对答案的某种揣测，很少有中立的纯粹的发问，因为它们几乎都可以通过添加"难道"来转换成反问句。通过这些研究就不难解释崇阳方言是非问句的上述两个特点了：句型上不用"吗"提问；语义上含有发问者对问句答案的揣测。

3. 正反问句

崇阳方言的正反问句主要有两类结构："VP+neg"和"V+neg+VP"。这里的"neg"是指否定词，崇阳方言中主要是"冇"和"不"，动作状态未完成则用前者，反之则用后者。

(1)"VP+冇"

句法上，这类正反问句都可以转换成"V+冇+V（P）"，并且句尾都可以根据语气表达的需要加上"啊、呢、吵"等语气词。例如，

①我个衣制好了冇（啊）？／我个衣制冇制好啊？ 我的衣服做好了没？

②尔到国外去过冇（呢）？／尔去冇去过国外啊？ 你到国外去过没？

③个些水尔喝够了冇（吵）？／个些水尔喝冇喝够？ 这些水你喝够了没？

(2)"VP+不"

这一结构与"VP+冇"结构一样，但后面所接语气词基本只限"吵"或"啊"。例如，

①尔是医师不？／尔是不是医师？ 你是医生不？

②明日落雨，尔还上街不？／明日落雨，尔还上不上街（啊）？ 明天下雨，你还上街不？

③尔话得当崇阳事不（吵）？／尔话不话得当崇阳事？ 你会不会说崇阳话？

从语义上来看，这里的"冇"和"不"似乎可以看作北京话的语气词"吗"。北京话的"吗"也是从唐代"V+无+V"正反问句的否定词"无"发展演变而来的。而且语音上，崇阳方言这两种句式中的"冇"和"不"也不读本调而是轻声调，那么是不是可以说"冇"和"不"有虚化为语气词的倾向了呢？也许以后真有这个可能，那么这种句型就不是正反问句而是是非问句了。但从目前崇阳方言来看，"冇/不"还不是语气词，这种句式还应该算作正反问句。原因有以下三点：

其一，北京话的是非问句中，"吗"后不能再接任何其他语气词了。可是崇阳方言的这类是非问句后，"冇/不"后面还可以接其他语气词。这说明"冇/不"的语气词性质不够强。例如，

④你去过上海吗？（北京话）

⑤尔去过上海冇啊？（崇阳话）

⑥你想去上海吗？（北京话）

⑦尔想去上海不吵？（崇阳话）

其二，是非问句基本都可以用"难道"转换成反问句，但崇阳方言的"VP+冇/不"结构却不行，说明该结构不是是非问句型。例如，

⑧他是老师吗？——难道他是老师吗？（北京话）

⑨伊是老师啊？——难道伊是老师啊？（崇阳话，是非问）

⑩伊是老师不？——＊难道伊是老师不？（崇阳话，正反问）

⑪你喝过酒吗？——难道你喝过酒吗？（北京话）

⑫尔喝过酒啊？——难道尔喝过酒啊？（崇阳话，是非问）

⑬尔喝过酒冇？——＊难道尔喝过酒冇？（崇阳话，正反问）

其三，是非问句的回答一般是用"是/不是"，但崇阳方言的"VP+冇/不"结构的回答却不能用这个。例如，

⑭甲：你喜欢吃西瓜吗？（北京话）

乙：喜欢。/是啊。

⑮甲：尔喜欢吃西瓜不？（崇阳话）

乙：喜欢。/＊是啊。

由此三点可以看出，崇阳方言的"VP+冇/不"结构还不具备是非问句的特点，应该还是正反问句，那么"不"和"冇"在这里还是应该是否定副词，而不是语气词。

(3) "V+neg+VP"

崇阳方言中，正反问句很少用"VP+neg+VP"结构，更多的是用"V+neg+VP"。而且，无论这个动词V是单音节还是多音节，都只重复前面一个音节。按照VP的结构（动宾、动补等），又可以从以下几个小类进行分析：

A. "V+不+VO"

①尔认不认得陈老师啊？你认不认识陈老师啊？

②天暗了，尔带不带伞啊？天变昏暗了，你带不带伞啊？

B. "V+冇+V（+助词）+O"

①伊看冇看过个部电影啊？他看没看过这部电影啊？

②尔昨日打冇打球啊？你昨天打没打球啊？

C. "V+不/冇+VC"

①个白衣高底个龌龊点呐，洗不洗得干净吵？这件白衣服上面的脏点，洗不洗得干净啊？

②尔蹦不蹦得起呢？你蹦不蹦得起来啊？

③我种个树长冇长高点子啊？我种的树有没有长高一点啊？/我种的树长没长高一点啊？

④尔呐家昨日爬山爬冇爬上去啊？您昨天爬山有没有爬上去啊？/您昨天爬山爬没爬上去啊？

D. "V+不/冇+V"

基本上情态动词和行为动词都可以进入这个结构。例如，有不有｜要不要｜想不想｜能不能｜会不会｜肯不肯｜买不/冇买｜吃不/冇吃｜喝不/冇喝｜戏不/冇戏｜唱不/冇唱｜听不/冇听｜写不/冇写｜走不/冇走｜去不/冇去｜……

与之类似的还有形容词"A+不+A"的用法。如，远不远｜近不近｜送不送｜清不清｜好不好｜乖不乖｜高不高｜矮不矮｜热不热闹｜干不干净｜麻不麻烦｜舒不舒服｜好不好看｜紧不紧张……

E. "是不是"

这里的"是不是"不仅是判断词重复的正反问句，还可以作为副词放到谓语前，起到强调谓语焦点的作用。例如，

①尔个鞋是不是小了？你的鞋是不是小了？

②伊是不是冇上过大学啊？他是不是没上过大学啊？

③尔个妈是不是想去打麻将啊？你妈妈是不是想去打麻将啊？

F. "有冇得+NP/AP"

这个结构类似于北京话里的"有没有+NP/AP"（AP为形容词词组）。

①尔个老弟有冇得尔高啊？你弟弟有没有你高啊？

②尔今哒有冇得精神去戏水啊？你今天有没有精力去游泳啊？

4. 选择问句

崇阳方言的选择问句相对比较简单，基础句式为："是X，还是Y？"如果提供两个以上选择项的话，则为："是X，是Y，还是Z？"例如，

①尔是话真个还是假个？你是说真的还是假的？

②个是支新笔还是旧笔？这是支新笔还是旧笔？

③是开车呢，打的呢，还是走路去啊？是开车呢，打的呢，还是走路去呢？

④我家呐是去公园，还是看电影呢？我们是去公园，还是看电影呢？

⑤价格是五块还是六块一斤？

5. 反问句

崇阳方言的反问句往往靠语调来表达，会比正常疑问句的语调更为上扬且适当延长，一般不用北京话的"难道"。例如，

①尔还冇搞清楚啊？你还没搞清楚啊？

②哪个话我搞不成啊？哪个说我搞不成啊？

③我冇告到尔啊？难道我没告诉你啊？

（七）祈使句

用于表达命令、请求、禁止、劝阻等意义的句子称为祈使句。祈使句因对象（即主语）往往是第二人称，所以主语通常省略。按照意义的不同，崇阳方言的祈使句大致可以分为以下几类。

1. 表示命令的祈使句

这类祈使句因为带有强制性，要求对方必须服从，所以言辞严肃，语调坚定。例如，

①徛倒！站着！

②写快点！写快点！

③快点把得我！快点给我！

有时还会用上"跟我＋V"结构，此时的"跟我"不表示字面意思，仅仅是用来加强语气，相当于北京话里的"给我＋V"。例如，

④跟我把脚放下来！给我把脚放下来！

⑤跟我老实点！给我老实点！

⑥跟我滚开！给我滚开！

2. 表示请求的祈使句

与表示命令的祈使句相比，表示请求的祈使句语气要柔和一些，有时开头或句中用"请"表示礼貌，句末用语气词舒缓语气。例如，

①请喝茶！

②尔呐个请进！您请进！

③来帮我看下仔个题哪样制啊！来帮我看一下这道题怎么做啊！

④明日跟我一路去吧！明天跟我一起去吧！

3. 表示禁止的祈使句

表示禁止的祈使句明确表示禁止对方做什么事情，所以一般用"莫"开头，表明"不要/不许做某事"。有时为舒缓语气，会用上语气词。

例如，

①莫造！别动！

②莫乱话吵！别乱说嘛！

③莫想倒去戏！别想着去玩！

④莫烦我啊！别烦我啊！

4. 表示建议、劝阻的祈使句

表示建议、劝阻的祈使句语调比较平缓，可以用语气词"吧、啊"。例如，

①要过细点啊！要小心仔细点！

②尔家呐好好话下仔！你们好好说说吧！

③还是莫去好些！最好还是不要去！

④回房呐睏瞌睡去吧！到房间里睡觉去吧！

（八）否定句

崇阳方言的否定句主要通过否定词来表达，但是也有些不含否定词的固定结构也含有否定意味，虽然后者算不算否定句还值得商榷，但这里还是把它们罗列出来。

1. 常用否定词

崇阳方言的否定词主要有否定副词"不、冇、莫"，以及一个否定性动词"冇得"。

（1）不 pæ˥

"不"主要否定惯常的行为动作，或者否定动作的实行、可延续的状态，用法类似于北京话的"不"。例如，

①老王今日不制生意了。老王今天不做生意了。

②星期六不落雨就去野餐。星期六不下雨就去野炊。

③伊跑得不算快。他跑得不算快。

④我一点都不想去。

⑤尔制不制得当啊？你会不会做啊？

⑥柿花不软不好吃。柿子不软不好吃。

（2）"冇 mɑu˥"和"冇得 mɑu˥ tə˥"

把这两个词放在一起讨论，是因为两者意思都是北京话的"没有"，但是两者用法迥异。"冇"是副词，用来修饰动词、形容词，否定已经发生的

动作、状态；"冇得"是动词，否定其后的名词或名词词组。例如，

①我冇去参加比赛。

②伊本书我还冇看完。

③我冇想过要去香港。

④天还冇暗，不需要把亮点倒。

⑤事情冇制完，我冇得心情去戏。

⑥个段时间冇得我喜欢个电影。

⑦阿个桌上冇得纸。

所以，北京话里有歧义的"门没有锁"，在崇阳方言里会明确区分为"门冇锁动词"和"门冇得锁名词"。

(3)"莫 mo˧"

崇阳方言中，"莫"意为"不要""不用"等，用来阻止他人做什么事，可用于祈使句或陈述句中。

①尔莫想到伊能来。你别想着他能来。

②莫拢来！慢着烫倒了！别靠过来，小心烫着！

③尔莫笑呦，我话个是真个。你别笑，我说的是真的。

这些否定词大量运用在崇阳方言中，疑问句、动补结构都普遍使用。后文的动补结构中将继续探讨崇阳方言中动补结构的否定表达。

2. 不含否定词的否定表达

(1)"懒得＋VP"和"懒＋VP＋得"

崇阳方言的这类结构表达的是"不想做某事"的意思。例如，

①我懒得话伊，话了也不听。／我懒话伊得，话了也不听。我懒得说他了，说了他也不听。

②今哒懒得去打球了。／今哒懒打球得。今天不想去打球了。

(2)"怪哦"

"怪哦"一般用在话语篇章中，表示不同意对方，相当于北京话的"哪啊"。例如，

①甲：听倒话尔老妹个际是公司老总啊？听说你妹妹现在是公司老总啊？

乙：怪哦！别个瞎话个。哪啊！不是的。是别人瞎说的。

②甲：个本书看完了？这本书看完了？

乙：怪哦！个几日哪有时间呦？没有啊，这几天哪有时间呢？

崇阳方言中，还有些习惯表达虽然含有否定词，但其实并不表达否定含义。例如，"不是我话""不是话个事"和"不是我话个事"，这三个结构的表达内容几乎一样，即"不是我说"。它们主要是传递话语篇章功能，句中位置灵活，可以出现在句首、句中或句尾，甚至还可以省略。例如，

③不是话个事/不是我话/不是我话个事，把得我来制，肯定比尔制得好些。不是我说的话，给我来做，肯定比你做得好。

④伊屋呐个人哪，不是话个事/不是我话/不是我话个事，要几懒有几懒！他家的人啊，不是我说的话，要多懒有多懒！

还有"不晓得几……"结构，其中的"不晓得"并不是字面意思"不知道"，一般用在感叹句中起加强语气的作用。例如，

⑤伊不晓得几躁！他很烦躁！

⑥尔个脑壳不晓得几忘事！你的脑袋太容易忘事了。

"莫话/看""冇看/想到吧"等结构也是如此。

⑦尔莫话，伊还是个会种地个人哪！你别说，他还是个会种地的人哪！

⑧莫看伊是个男个，带崽还点把过细啊！别看他是个男的，照顾孩子还是非常过细的。

⑨伊根本不想去，尔冇看到吧？他根本不想去，你没看出来？

⑩冇想到吧？伊考上了北京大学。没想到把？他考上了北京大学。

（九）补语结构

崇阳方言中补语结构使用较频繁，下面主要介绍五类常用的补语结构：程度补语、结果补语、趋向补语、数量补语、可能补语。

1. 程度补语

前文在介绍崇阳方言表程度的语义范畴时讨论过程度补语，这里再系统分类并举例说明。

(1) "A+得+程度补语"

"A+得+程度补语"中的 A 主要是形容词或者表示心理活动、感觉的动词，常见的程度补语有：很、蛮很、要死、死人、急、紧、不行、不得了、没得法、不晓得要哪样等，以及一些只能与某个形容词搭配的特定补语或补语结构。其中，"A+得+急/紧"是崇阳方言比较有特色的表达。例如，

①伊哈得很。他傻得很。

②我个脚痛得蛮很。我的脚疼得很厉害。
③把得别个捞去了几百块，心痛得要死。被被人骗去了几百块，心疼得要死。
④我要睏得急。我非常想睡了。
⑤我崽饿得不行。我儿子饿得不得了。
⑥我要走得紧，伊还冇话完。我恨不得马上走，但是他还没说完。
⑦伊小气得不得了。他小气得不得了。
⑧伊屋呐穷得桄榔响。他家里穷得叮当响。
⑨我个崽吵得不晓得要哪样。我儿子吵得不知道该怎么办好。

（2）"A+煞（人）"和"A+死人"

崇阳方言可以用这两类结构来表示"A极了""非常A"，构成表示极高程度的述补结构，意思几乎一样。其中的A是单音节形容词或单音节动词。该结构在崇阳方言里形成固定结构，能产性强，表示"使人感到极度难受"之义。例如，

①今哒烦煞。/今哒烦煞人。/今哒烦死人。今天特别烦。
②个水焐煞。/个水焐煞人。/个水焐死人。这水特别烫。
③港里个水冻煞。/港里个水冻煞人。/港里个水冻死人。河里的水非常冷。

但是，这种结构用在"把"字句里面，就只能是"V/A+煞"。例如，

④么声音啊？把我吓煞。什么声音？把我吓死了。
⑤伊家呐在打电话，把我吵煞。他们在那里打电话，把我吵死了。
⑥尔也不话下仔，把伊家呐等煞。你也不说一声，让他们等了好久。

常用的表达还有：

烦煞（人）/死人｜吵煞（人）/死人｜忙煞（人）/死人｜疼煞（人）/死人｜热煞（人）/死人｜冷煞（人）/死人｜挤煞（人）/死人｜走煞（人）/死人｜跑煞（人）/死人｜写煞（人）/死人｜等煞（人）/死人｜赶煞（人）/死人……

与此类似的结构还有"A+不过""A+多了"等，都表示程度很深。例如，

⑦今哒比昨日强多了。今天比昨天强多了。
⑧伊心呐烦不过。他心里很烦。

2. 结果补语

崇阳方言的结果补语有动词和形容词两种：

其一，动词＋动词。如，打开、砍断、用完、烧死、吹熄、点燃……

其二，动词＋形容词。如，吃刮光、晒干、绑紧、烧红、倒满、吃饱、洗干净、话清楚、梳光溜、搁稳当……

崇阳方言表达结果补语的结构主要有以下几类：

(1) 黏合式述补短语

这种结构即上面提到的宾语在补语之后，与普通话语序一致。例如，

①明日六点尔要叫醒我哈。明早六点你要叫醒我啊。

②昨日打麻将伊把钱输刮了。昨天打麻将把他钱输光了。

③就是个伢崽踢球把玻璃打破了个。就是这个孩子踢球把玻璃砸破了。

④我看完了个部电影。我看完了这部电影。

⑤伊昨日喝醉了。他昨天喝醉了。

否定式是在述补短语前加"冇"，疑问式是在述补短语后加"冇"。例如，

⑥伊冇制完作业。他没有做完作业。

⑦伊制完作业冇？他写完作业了没？

⑧我冇砍断个树。我没有砍断这棵树。

⑨个树尔砍断了冇？这棵树你砍断了没？

(2) "V＋倒"

崇阳方言中，"倒"是结果补语中常用的补语成分，普通话中的"V＋见""V＋到""V＋着""V＋住""V＋上"在崇阳方言里都使用"V＋倒"。例如，

看倒看见｜听倒听见｜碰倒碰见｜撞倒遇见……

买倒买到｜找倒找到｜听倒听到｜猜倒猜到……

记倒记住｜关倒关上｜停倒停住｜写倒写上……

"V倒"可以带宾语。例如，

①我昨日在街上撞到伊了。我昨天在街上碰到他了。

②场子里竖倒两个棍呐。院子里竖着两根棍子。

③我就猜倒伊会来。我就猜到他会来。

(3) "V＋得＋C"

这个结构可以用在结果补语中，也可以用来表示可能补语，所以其语义取决于补语"C"的意义，有时甚至会产生歧义。例如，"看得倒／见"

可以理解为"看得清楚"（结果补语）或者"能看见"（可能补语），"看不倒/见"可以理解为"看不清楚"（结果补语）或"不能看见"（可能补语）。例如，

①黑板上个字尔看得倒不？黑板上的字你看得清楚吗？（结果补语）

②对面个字个样远，尔看得倒不？对面的字那么远，你能看见吗？（可能补语）

但是，有意思的是，"看不见""听不见"在崇阳方言中还经常说成"不看见""不听见"，意思为"看得不清楚、听得不清楚"，与北京话的"不看见""不听见"意思不同。例如，

③年纪大了，我个眼睛不看见，耳朵不听见。年纪大了，我的眼睛看不清楚，耳朵听不清楚了。

④个仔呐闷暗，我家呐压不看见。这里非常黑，我们都看不清楚。

⑤尔在话么嘀啊？我个耳朵不听见。你在说什么啊？我的耳朵听不清楚。

3. 可能补语

崇阳方言可能补语主要是通过在述语和结果补语之间加入"得 tə˧"或"不 pæ˧"，表示动作的结果、趋向可能或不可能出现，即"V 得/不 C"结构。例如，

写得/不好｜话得/不当｜出得/不去｜解决得/不好｜看得/不清楚｜提得/不起｜制得/不倒……

其次，崇阳方言还可以将"得"或"不得"用在述语之后作补语，表示动作行为的结果可能实现或不能实现，也可以表示这个动作行为值得一试。例如，

去得（去不得）｜吃得（吃不得）｜制得（制不得）｜看得（看不得）｜想得（想不得）｜话得（话不得）……

①尔本来就高血压，还吃得个咸个东西？你本来就高血压，还能吃这么咸的东西吗？

②个本书还看得下仔。这本书还值得一看。

③伊个崽个际还话不得，一话就翻。这孩子现在还说不得了，一说就翻嘴。

另外，崇阳方言也可以将"得了"或"不了"用在述语后面作补语，表示动作行为的结果可能实现或不能实现。例如，

走得了（走不了）｜办得了（办不了）｜定得了（定不了）……

④明日我可能走不了哦，屋呐有事。明天我可能走不了，家里有事。

⑤个事伊肯定办得了。这件事他肯定能办好。

⑥明年个事个际么定得了？明年的事现在怎么定得了？

"不"可以构成"V不X"动补结构，表示动作行为的不可能，一般不用"不能""不会"来修饰动词或动词性结构。例如，

⑦太重了，我提不起。

⑧个事点把复杂，一般人搞不清楚个。

常见的"V不X"结构有：V不得、V不倒。例如，

⑨制错了还话不得？做错了还不能说？

⑩个际个伢崽啊，打打不得，骂骂不得。现在的孩子啊，打打不得，骂也骂不得。

⑪我个脚昨日跌了，个际走不得路。我的脚昨天摔了，现在不能走路了。

类似这样的结构常用的还有以下几组：

V+得+C

 看得见 听得见 制得完 话得当

V+不+C

 看不见 听不见 制不完 话不当

不+V+C

 不看见 不听见 不制完 不话当

另外，这种结构中如果带有宾语，宾语往往有两个位置，即"V+不/得+C+O"或者"V+不/得+O+C"。例如，

⑫我打得赢伊。＝我打得伊赢。我打得赢他。

⑬我打不赢伊。＝我打不伊赢。我打不赢他。

⑭个崽已经话得当事了。＝个崽已经话得事当了。这孩子已经会说话了。

⑮个崽还小，话不当事。＝个崽还小，话不事当。这孩子还小，不会说话。

可能补语和结果补语在形式上有重合的地方，但是在语义表达上完全可以区分，因为结果补语一般指有结果的事情，而可能补语是说未来的可能性。因此在表达否定含义时，结果补语的否定词要用"冇"。例如，

⑯我冇打赢伊。＝我冇打伊赢。我没打赢他。（结果补语）

4. 趋向补语

(1) 简单趋向补语

崇阳方言单音节趋向补语主要由"来""去"充任。例如，

V 来：端来｜买来｜带来｜拿来｜找来｜走来……
V 去：端去｜买去｜带去｜拿去｜找去｜走去……

"V 来""V 去"在动词和补语之间可以插入宾语成分。如，

掇端把椅呐来｜买瓶醋来｜带块衣来｜拿双鞋来｜找个人来……

掇把椅呐去｜买条烟去｜带块衣去｜拿盅杯水去｜找个人去……

动补之间插入宾语后，趋向补语还有个"V＋O＋归回"结构，但"V＋归"一般不说，而说为"V＋归来/去"或"V＋去归"。例如，

掇把椅呐归｜买块衣归｜带包烟归｜拿点钱归｜找个女朋友归……

*端归｜*买归｜*带归｜*拿归｜*找归｜*走归……

端归来/去｜买归来/去｜带归来/去｜拿归来/去｜找归来/去｜走归来/去……

端去归｜买去归｜带去归｜拿去归｜找去归｜走去归……

"V 出""V 起"带宾语时，宾语置于述补短语之后。如，

拿出一瓶醋｜找出一点钱｜听出我个声音｜翻出几张照片……

端起一把凳呐｜拿起一块衣｜装起一条烟｜抬起一张大桌呐……

(2) 复合趋向补语

崇阳方言常用的复合趋向补语有：

上来　　下来　　进来　　出来　　归来　　过来　　起来
上去　　下去　　进去　　出去　　归去　　过去　　起去

与北京话不同的是，崇阳方言里有与"起来"相匹配的"起去"。例如，

①尔起去看下仔，外底是么声音啊？你起来看一下，外面是什么声音啊？

②有客来了，尔要起去打个招呼吵。有客人来了，你要起身打个招呼吧。

5. 数量补语

数量补语一般用于谓语动词之后，表示动作、变化的数量。数量补语可以分为时量补语、动量补语和比较数量补语几种。

(1) 时量补语

①伊制了一个小时个作业。他做了一个小时的作业。

②个女伢崽学了好些年个钢琴。这个女孩子学了好几年的钢琴。

③我跟话了伊一上昼。我批评了他一上午。

④我个爸打银针打了一辈子。我爸扎针灸扎了一辈子。

（2）动量补语

动量补语用于谓语动词之后表示动作持续的时间或频率。例如，

①伊把我骂了一顿。他把我骂了一顿。

②我跟伊话了几回。我跟他说了几次。

③个菜尔要试下仔。这个菜你要尝一下。

（3）比较数量补语

比较数量补语用于比较句的谓语动词后面，表示比较的数量关系。例如，

①我比伊小一岁。我比他小一岁。

②我个工资比伊个高倒点子。我的工资比他的高一点。

③我屋呐养个鸡比伊屋呐个少上十只。我家养的鸡比他家的少十只左右。

（十）存现句

存现句是表示某处（或某时）存在、出现或消失某人某物的句子。与北京话相比，崇阳方言存现句的主语也往往是处所词或时间词，不同的是，北京话存现句的动词后常附着有动态助词"着"，崇阳方言则用持续体标记"倒"，有时句末还要附加上"在"，表示动作产生状态的持续。例如，

①门口徛倒两个人（在）。门口站着两个人。

②桌子高底搁倒一本书（在）。桌子上放着一本书。

③锅呐煮倒一碗汤（在）。锅里煮着一碗汤。

崇阳方言存现句也经常把北京话存现句的宾语提前，充当施事主语。此时，动词后的动态助词一般是"倒"，句末可加"在"，也可不加。例如，

④伊两个徛倒门口（在）。他们俩站在门口。

⑤阿本书搁倒桌子高底（在）。那本书放在桌子上了。

⑥番茄汤煮倒锅呐在。西红柿汤在锅里煮着。

两种句式不同的是，存现句的宾语一般是无定的，但后一种句式的施事主语应该是有定的。

如果动词后附着了动态助词"了"，句末就不用附加"在"。例如，

⑦壁上挂了一幅画。墙上挂着一幅画。

⑧我车上准备了一把伞。我车上准备了一把伞。

⑨昨日我屋呐来了闷多客。昨天我家里来了很多客人。

⑩港呐淹死了个人。河里淹死了一个人。

（十一）感叹句

感叹句是用来表达喜、怒、哀、乐等强烈感情的句子。崇阳方言的感叹句可以分成两大类。一类含有表示程度的限制词，如"真、几、太、好"等。一类不用表示程度的限制词，而是直接抒发感叹。崇阳方言感叹词主要有"啊"及其变体"哇、哪、哦、呀"等。例如，

①真好！

②（个人）真不是个东西（呀）！（这人）真不是东西！

③伊长得几高哦！他长得多么高啊！

④伊个学堂好大啊！他的学校真大啊！

三、语法例句

这里所说的"语法例句"来源于张振兴先生的《汉语方言语法调查手册》，源例句在下文用括号括起来，源例句之下是对应的崇阳方言说法，例句下标注崇阳方言的国际音标。如果有多个不同的说法，则用"/"表示。

001（这句话用崇阳话怎么说？）

个句事拿崇阳事哪样话？

koɤ kuiɤ sɿ˧ naɿ zən˩ ɕiaŋ˩ sɿ˧ naɤ iaŋ˧ ua˧?

002（你还会说别的地方的话吗？）

尔还话得当别么地方事？/尔话得别么地方事倒不？

nɤ hæ˩ ua˧ tə˧ taŋ˧ ɓieŋ˧ om˧ ɗi˧ faŋ˧ sɿ˧? / nɤ hæ˩ ua˧ tə˧ ɓieŋ˧ om˧ ɗi˧ faŋ˧ sɿ˧ tau˩ pæ?

003（不会了，我从小就没出过门，只会说崇阳话。）

不会啊，我小时际冇出去过，只话得当崇阳事。

pæ fi˧·a, ŋoɤ ɕioɤ sɿ˧ tɕi˧ maum˧ ɕʰɤ˩ ʨɤi˧ ɤoŋ˩, tsɿ˧ ɤoi˧ ua˧ tə˧ taŋ˧ zən˩ iaŋ˩ sɿ˧。

004（会，还会说武汉话，不过说得不怎么好。）

会啊，还话得点子武汉事当，不过话得不蛮效。

fi˧·a, hæ˩ ua˧ tə˧ tieɤ˧ ʦɿ˩ ʋɤ˩ æɤ˩ sɿ˧ taŋ˧, pæ koɤ ua˧ tə˧ pæ mæ˩

ɕioʜ。

005 (会说普通话吗?)

话得普通话当不?

uaʜ təʜ ɓuˇ ʜnɛp faʜ taŋʜ pæʜ?

006 (不会说，没有学过。)

话不当，冇学过。/话不倒，冇学过。

uaʜ pæʜ taŋʜ, mauʜ hoˇ koʌ。/ uaʜ pæʜ tauˇ, mauʜ hoˇ koʌ。

007 (会说一点儿，不标准就是了。)

话得点子当，就是不标准。/话得点子倒，就是不标准。

uaʜ təʜ tieˇ ·tsæ taŋʜ, ʑiɵuˇ sʅʜ pæʜ pioʌ tənˇ。/ uaʜ təʜ tieˇ ·tsau˅,
ʑiɵuˇ sʅʜ pæʜ pioʌ tənˇ。

008 (在什么地方学的普通话?)

在哪呐学个普通话啊?/在哪子呐学个普通话啊?

zæʜ naʌ ʌnæ hoˇ ·ka ɓuˇ ʜnɛp faʜ ·a?/ zæʜ naʌ ·tsæ ·næ hoˇ ·ka ɓuˇ
ʜnɛp faʜ ·a?

009 (上小学中学都学普通话。)

上/读小学中学哈/压学普通话。

saŋʜ ʜnɛp ʜuɣ hoˇ ʜai/ ɕioʌ ɕioʜ tənʜ ɕioˇ haʜ/ iaʌ hoˇ ɓuˇ ʜnɛp sʅʜ。

010 (谁呀? 我是老王。)

哪个啊? 我是老王。

naʌ koʌ ·a? ŋoˇ sʅʜ nauˇ uaŋʌ。

011 (您贵姓? 我姓王, 您呢?)

尔呐家姓么呐啊? 我姓王, 尔呐家呢?

nˇ ·næ ·ka ɕiaŋʌ moˇ ·næ? ŋoˇ ɕiaŋˇ uaŋʌ nˇ ·næ ·ka ·ɲie?

012 (我也姓王，咱俩都姓王。)

我也姓王，我两个压姓王。

ŋoˇ iaˇ ɕiaŋʌ uaŋʌ, ŋoˇ ɕiaŋˇ koʌ iaʌ ɕiaŋʌ uaŋʌ。

013 (巧了，他也姓王，本来是一家嘛。)

巧了，伊也姓王，本来是一家哟。

ʑioˇ ·næ, iˇ iaˇ ɕiaŋʌ uaŋʌ, pənˇ naʌ sʅʜ iˇ kaʜ ·sa。

014 (老张来了吗? 说好他也来的!)

老张来了？话好了个伊也来个呢！

nau˧ taŋ˧ læ˧ ·næ? ua˧ hau˧ ·læ˧ kai˧ ia˧ læ˧ ka˧ ·ɲiɛ。

015 (他没来，还没到吧。)

伊冇来，还冇到吧？

i˧ mau˧ næ˧, hæ˧ mau˧ tau˧ ·pa?

016 (他上哪儿了？还在家里呢。)

伊到哪去了？还在屋呐哦。

i˧ tau˧ na˧ ʑiɛ˧ ·næ? hæ˧ zæ˧ u˧ ·næ ·o。

017 (在家做什么？在家吃饭呢。)

在屋呐搞么呐啊？在屋呐吃饭啊。

zæ˧ u˧ næ kau˧ mo˧ ·næ ·a? zæ˧ u˧ næ ʑia˧ fæ˧ ·a。

018 (都几点了，怎么还没吃完？)

几点了？哪样还冇吃完哟？

tɕi˧ tiɛ˧ ·næ? na˧ iaŋ˧ hæ˧ mau˧ ʑia˧ uɛ˧ ·sa?

019 (还没有呢，再有一会儿就吃完了。)

还冇啊，还要一下子吃完。

hæ˧ mau˧ ·a, hæ˧ io˧ i˧ ha˧ ·tsæ ʑiæ˧ uɛ˧。

020 (他在哪儿吃的饭？)

伊在哪呐吃个饭啊？

i˧ zæ˧ na˧ ·næ ʑia˧ ka fæ˧ ·a?

021 (他是在我家吃的饭。)

伊在我屋呐吃个饭。

i˧ zæ˧ ŋo˧ u˧ næ ʑia˧ ka fæ˧。

022 (真的吗？真的，他是在我家吃的饭。)

真个？真个，伊在我屋呐吃个饭。

tən˧ ·ka? tən˧ ·ka, i˧ zæ˧ ŋo˧ u˧ næ ʑia˧ ka fæ˧。

023 (先喝一杯茶再说吧！)

先喝盅茶再话。

ɕiɛ˧ hɛ˧ tən˧ ·ʐa tsæ˧ ua˧。

024 (说好了就走的，怎么半天了还不走？)

话好了走个呢？哪样半日还不走啊？

ua˧ hau˧˥ æ˧ tɕioɤ˧ ·ka ·næ? na˧˥ iaŋ˧ pə˧ ȵin˧ hæ˧ pæ˧ tɕioɤ˧ ·a?

025 （他磨磨蹭蹭的，做什么呢？）

伊慢慢吊个，搞么呐在吵？

i˧˥ mæ˧ mæ˧ tio˧˥ tio˧˥ ·ka, kau˧˥ mo˧˥ ·næ zæ˧ ·sa?

026 （他正在那儿跟一个朋友说话呢。）

伊正在伊子呐跟一个朋友话事啊。

i˧˥ tən˩ zæ˧ i˧˥ ·tsæ næ˩ kɛ˩ i˧˥ ·koɤ b̥eŋ˩ ɦuei˩ ua˩ sɿ˧ ·a。

027 （还没说完啊？催他快点儿！）

还冇话完啊？叫伊快点子！

hæ˩ mau˩ ua˩ uæ˩ ·a? tɕioɤ˧ i˧˥ uæ˩ tie˧˥ ·tsæ!

028 （好，好，他就来了。）

好，好，伊马上来了。

hau˧˥, hau˧˥, i˧˥ ma˧˥ saŋ˧ ziəu˧ næ˩ ·næ。

029 （你上哪儿去？我上街去。）

尔到哪呐去啊？我到街上去啊。

n˧˥ tau˧˥ na˧˥ næ ·a? ŋo˧˥ tau˧˥ kæ˧ saŋ˧ zie˧˥ ·a。

030 （你多会儿去？我马上就去。）

尔要几久去吵？我马上就去。

n˧˥ io˧ tɕi˧˥ tɕiəu˧˥ zie˧ ·saŋ? o˧˥ ma˧˥ saŋ˧ ziəu˧ zie˧˥。

031 （做什么去呀？家里来客人了，买点儿菜去。）

去搞么呐啊？屋呐来了客，去买点菜。

zie˧˥ kau˧˥ mo˧˥ ·næ ·a? u˧ næ næ˩ næ hæ˧, zie˧˥ mæ˧˥ tie˧˥ zæ˧。

032 （你先去吧，我们一会儿再去。）

尔先去哈，我过一下子再去。

n˧˥ ɕie˧ zie˧˥ ·ha, ŋo˧˥ ko˧˥ i˧ hæ˧ ·tsæ tsæ˧˥ zie˧˥。

033 （好好儿走，别跑！小心摔跤了。）

好生走，莫跑！莫跶倒了！

hau˧˥ saŋ˧ tɕioɤ˧˥, mo˧˥ ɓau˧˥! mo˧˥ tæ˧ tau˧˥ ·næ!

034 （小心点儿，不然的话摔下去爬都爬不起来。）

过细点子啊，慢跶下去，爬都爬不起来家呐。

ko˧˥ ɕi˧ tie˧˥ ·tsæ ·a, mæ˧ tæ˧ hæ˧ zie˧˥, ɓa˩ tuei˧ ɓa˩ pæ˧ zi˧˥ næ˩ ·da

·næ.

035（不早了，快去吧！）

不早了，快去！

pæ˧ tsɑu˨ ·næ, uæ˨ ɤ˨ ʑiɛ˨!

036（这会儿还早呢，过一会儿再去吧。）

个下子还早，过下子再去。

ko˨ hɑ˧ ·tsæ hæ˨ tsɑu˨, ko˨ hɑ˧ ·tsæ æst ʑiɛ˨.

037（吃了饭再去好不好？）

吃了饭再去行得不？/行不行？

ʑiɑ˨ ·næ fæ˨ tsæst ɤæ˨ ʑiɛ˨ ɕin˨ ɤet pæ˧? / ʑiɑ˨ ·næ fæ˨ tsæst ɤæ˨ ʑiɛ˨ ɕin˨ pæ˧ ɕin˨?

038（不行，那可就来不及了。）

不行啊，伊搞不赢啊。

pæ˧ ɕin˨ ·ɑi˨, kɑu˨ pæ˧ iɑŋ˨ ·ɑ.

039（不管你去不去，反正我是要去的。）

不管尔去不去，反正我是要去哦。

pæ˧ kuæ˨ ɤi˨ ʑiɛ˨ pæ˧ ʑiɛ˨, fæ˨ tən˨ ŋo˨ ʂʅ ioɤ ʑiɛ˨ ·o.

040（你爱去不去。你爱去就去，不爱去就不去。）

尔要去就去，不去算了。

ɤi˨ io˨ ʑiɛ˨ ʑiəu˨ ʑiɛ˨, pæ˧ ʑiɛ˨ sə˨ ·næ.

041（那我非去不可！）

伊我硬是要去！（主观上非要去） / 伊我不去不行。（客观上不得不去）

i˨ ŋo˨ ŋɑŋ˨ ʂʅ io˨ ʑiɛ˨! i˨ ŋo˨ pæ˧ ʑiɛ˨ pæ˧ ɕin˨.

042（那个东西不在那儿，也不在这儿。）

伊个东西不在阿呐，也不在家呐。

i˨ ko˨ tən˨ ɕi˨ pæ˧ zæ˨ æ˨ ·næ, iɑ˨ pæ˧ zæ˨ ko˨ ·næ.

043（那到底在哪儿？）

伊到底在哪呐吵？

i˨ tɑu˨ ti˨ zæ˨ nɑ˨ ·næ sɑ?

044（我也说不清楚，你问他去！）

我也话不清楚，尔去问伊！

ŋoꓩ iaꓩ ꓩau pæꓶ ziŋꓶ zəuꓩ,   nꓩ ʑieꓩ uənꓶ iꓩ ŋoŋ!

045（怎么办呢？不是那么办，要这么办才对。）

哪样搞呢？不是阿样搞，要个样搞才行得。

naꓩ iaŋꓶ kauꓶ ·næ? pæꓶ ꓵꓶ æꓩ iaŋꓶ kauꓶ, ioꓩ koꓩ iaŋꓶ kauꓶ zæꓩ ɕinꓶ ꓲeꓶ.

046（要多少才够呢？）

要几多才行啊？

ioꓩ tɕiꓩ toꓶ zæꓩ ɕinꓶ ·a?

047（太多了，要不了那么多，只要这么多就够了。）

伊样多啊？要不了伊样多啊，只要个样多就行得了。

iꓩ iaŋꓶ toꓶ ·a? ioꓩ pæꓶ ȵioꓩ iꓩ iaŋꓶ toꓶ ·a, ꓲeꓶ ioꓩ koꓩ iaŋꓶ toꓶ ziəuꓶ ɕinꓶ ꓲeꓶ ·næ.

048（不管怎么忙，也得好好儿学习。）

不管哪样忙，也要好好学习呦。

pæꓶ kuəꓩ naꓩ iaŋꓶ maŋꓶ, ꓲeꓩ ioꓩ hauꓩ hauꓩ ɕioŋꓶ ɕiꓶ ·sa.

049（你闻闻这朵花香不香？）

尔嗅下子个朵花香不香呢？

nꓩ ɕinꓩ haꓶ ·tsæ koꓩ toꓩ faꓶ ɕiaŋꓶ pæꓶ ɕiaŋꓶ ȵie?

050（好香呀，是不是？）

喷香啊，是不是？

бonꓩ ɕiaŋꓶ ·a, sꓶ pæꓶ sꓶ?

051（你是抽烟呢，还是喝茶？）

尔是吃烟呢，还是喝茶啊？

nꓩ sꓶ ʑiaꓶ ꓲaiꓶ ȵie, hæꓶ sꓶ hoꓶ zaꓩ ·a?

052（烟也好，茶也好，我都不会。）

烟也好，茶也好，我哈搞不当。

iɛꓶ iaꓩ hauꓩ, zaꓩ iaꓩ hauꓩ, ŋoꓩ haꓶ kauꓩ pæꓶ taŋꓩ.

053（医生叫你多睡一睡，抽烟喝茶都不行。）

医师叫尔多瞓下子，吃烟喝茶哈不行。

iꓶ sꓶ ɕioꓶ nꓩ toꓶ uənꓶ haꓶ ·tsæ, ʑiaꓶ iɛꓶ hoꓶ zaꓩ haꓶ pæꓶ ɕinꓶ.

054（咱们一边走一边说。）

我家呐一边走一边话。

ŋoɤ˧ ka˧ ·nai˧ piɛ˦ tɕoiɤ˧ i˦ piɛ˦ ua˧。

055（这个东西好是好，就是太贵了。）

个东西好是好，就是点把贵啊。

ko˧ tən˦ ɕi˦ hau˧ ʂɿ˦ hau˧，ziɛu˦ ʂɿ˦ tie˦ pa˧ kui˧ ·a。

056（这个东西虽说贵了点儿，不过挺结实的。）

个东西话起来点把贵，不过还蛮经用啊。

ko˧ tən˦ ɕi˦ ua˧ zi˦ næ˦ tie˦ pæ˧。

057（他今年多大了？）

伊今年几多岁啊？/ 伊今年几大啊？

i˧ tɕin˦ nie˦ tɕi˦ ɕi˧ ·a? / i˧ tɕin˦ nie˦ tɕi˦ da˧ ·a?

058（也就是三十来岁吧。）

也就三十几岁啊。

ia˧ ziəu˦ sæ˦ sə˧ tɕi˦ ɕi˧ ·a。

059（看上去不过三十多岁的样子。）

看起来就三十几岁个样子。

hə˧ zi˧ næ˦ ziəu˦ sæ˦ sə˧ tɕi˦ ɕi˧ ·ka iaŋ˧ ·tsɿ。

060（这个东西有多重呢？）

个个东西几重子啊？

ko˧ ko˧ tən˦ ɕi˦ tɕi˦ dən˧ ·a?

061（怕有五十多斤吧。）

怕有五十多斤啰。

ba˧ iəu˧ u˧ sə˧ to˦ tɕin˦ ·no。

062（我五点半就起来了，你怎么七点了还不起来？）

我五点半就起来了，尔哪样七点钟还不起来啊？

ŋoɤ˧ u˧ tie˧ pə˦ ziəu˦ zi˦ næ˦ næ，n˧ nau˦ iaŋ˦ zi˦ tɕi˦ tən˧ hæ˦ pæ˦ zi˧ næ˦ æ?

063（三四个人盖一床被。一床被盖三四个人。）

三四个人盖一床被。一床被盖三四个人。

sæ˦ sɿ˧ ko˧ ɲin˧ kæ˦ i˦ zaŋ˧ bi˧。i˦ zaŋ˧ bi˧ kæ˦ sæ˦ sɿ˧ ko˧ ɲin˧。

064（一个大饼夹一根油条。一根油条外加一个大饼。）

一个大饼夹一根油条。一根油条加一个大饼。

iɤ koɹ dæ˧ ɓiaŋˇ kæ˧ iɤ keɹ ioɹ ɗioɹ ◦ iɤ keɹ ioɹ ɗioɹ tɕiaɹ iɤ koɹ dæɓ ɓiaŋˇ ◦

065（两个人坐一张凳子。一张凳子坐了两个人。）

两个人坐一张凳。一张凳坐两个人。

ɗiaŋˇ koɹ ɲinɹ zoɤ iɤ taŋɹ tieɹ ◦ iɤ taŋɹ tieɹ zoɹ ɗiaŋˇ koɹ ɲinɹ ◦

066（一辆车装三千斤麦子。三千斤麦子刚好够装一辆车。）

一辆车装三千斤麦。三千斤麦刚刚装一辆车。

iɤ ɗiaŋˇ dɑɹ tsaŋɹ sæɹ ziɤ tɕinɹ mɑɹ ◦ sæɹ ziɤ tɕinɹ mɑɹ kaŋɹ kaŋɹ tsaŋɹ iɤ ɗiaŋˇ dɑɹ ◦

067（十个人吃一锅饭。一锅饭够吃十个人。）

十个人吃一锅饭。一锅饭吃十个人。

səɤ koɹ ɲinɹ ziɑɤ iɤ koɹ fæɹ ◦ iɤ koɹ fæɹ ziɤ səɤ koɹ ɲinɹ ◦

068（十个人吃不了这锅饭。这锅饭吃不了十个人。）

十个人吃不了一锅饭。一锅饭吃不了十个人。

səɤ koɹ ɲinɹ ziɑɤ pæd ·ɲi oiɤ koɹ fæɹ ◦ iɤ koɹ fæɹ ziɑɤ pæd ·ɲi osəɤ koɹ ɲinɹ ◦

069（这个屋子住不下十个人。）

个屋住不落十个人。

koɹ uɤ dɑuɤ pæɹ nou səɤ koɹ ɲinɹ ◦

070（小屋堆东西，大屋住人。）

小屋堆东西，大屋住人。

ɕioɤ uɤ tiɹ tənɹ ɕiɤ, dæɹ uɹ dɑuɤ ɲinɹ ◦

071（他们几个人正说着话呢。）

伊家呐几个人正在话事。

iɤ kɑɹ ·na tɕiɤ koɹ ɲinɹ tənɹ zæɹ uɑɤ sɻɤ ◦

072（桌上放着一碗水，小心别碰倒了。）

桌上搁倒一碗水，看倒莫把伊碰到了。

tsoɤ saŋɹ koɤ ·tau iɤ uəɤ fiˇ, keɤ ·tau moɤ pɑˇ iɤ ɓəŋɹ tauɹ ·æ ◦

073（门口站着一帮人，在说着什么。）

门口倚倒一伙人，在话么呐。

mənɹ tɕioɤ ziɤ ·tau iɤ hoˇ ɲinɹ, zæɹ uɑɤ moɤ ·næ ◦

074（坐着吃好，还是站着吃好？）

　　坐倒吃好，还是倚倒吃好呢？

　　zo˧ ˙tau ʑiʑ ɣauɤ, hæ˧ ɿ˧ ʐi˧ ˙tau ʑiaɤ hauɤ ȵie。

075（想着说，不要抢着说。）

　　想好了再话，莫抢倒话。

　　ɕiaŋɤ hauɤ ˙næ tsæ˧ ˙tau, mo˧ ʑiaŋ ˙tau ua˧。

076（说着说着就笑起来了。）

　　话倒话倒就笑起来了。

　　ua˧ ˙tau ua˧ ˙tau ʑiəu˧ ɕio˧ ʑi˧ næ ˙næ。

077（别怕！你大着胆子说吧。）

　　莫怕！放开胆子话。

　　mo˧ ba˧! faŋ˧ hæ˧ tæ˧ ˙tsɿ ua˧。

078（这个东西重着呢，足有一百来斤。）

　　个个东西蛮重家呐，有一百多斤。

　　ko˧ ko˧ təŋ˧ ɕi˧ mæ˧ dən˧ ˙næ, iəu˧ i˧ ba˧ to˧ tɕin˧。

079（他对人可好着呢。）

　　伊对别个点把好啊。

　　i˧ ti˧ biɛ˧ ko˧ tiɛɤ pa˧ hauɤ ˙a。

080（这小伙子可有劲着呢。）

　　个年轻崽蛮有劲呢。

　　ko˧ ȵiɛ˧ ʑin˧ tsæ˧ mæ˧ iəu˧ tɕin˧ ȵiɛ˧。

081（别跑，你给我站着！）

　　莫跑，跟我倚倒！

　　mo˧ bauɤ, kɛ˧ ŋo˧ ʑi˧ ˙tau!

082（下雨了，路上小心着！）

　　落雨了，路上过细点啊！

　　no˧ vi˧ ˙næ, nəu˧ saŋ˧ ˙uɛ kɛ˧ ɕi˧ tiɛɤ ˙a!

083（点着火了。着凉了。）

　　火点燃了。受凉了。／冻倒了。

　　ho˧ tiɛɤ ðə˧ ˙næ。səu˧ ʑiaŋ˧ ˙næ。／təŋ˧ ˙tau ˙næ。

084（甭着急，慢慢儿来。）

莫急，慢慢子来！
mo˧ tɕi˧, mæ˧ mæm ˑtsæ næ˩˧

085（我正在这儿找着呢，还没找着。）
我正在找啊，还有找到。
ŋoɤ tən˩ zæ˧ tsauɤ ˑɑ, hæɤ mau˧ tsauɤ tauɤ。

086（她呀，可厉害着呢！）
伊啊，狠得很啊！
i˩ ˑɑ, hɛɤ tə˧ ɤ˧ ˑɑ!

087（这本书好看着呢。）
个本书点把好看。
ko˧ pən˧ səu˧ tie˧ pa˧ hauɤ hə˧。

088（饭好了，快来吃吧。）
饭好了，快过来吃。
fæ˧ hauɤ ˑæ, uæ˧ ko˧ ˑæ ʑiæ˧。

089（锅里还有饭没有？你去看一看。）
锅呐还有饭冇？尔去看下子。
ko˧ næ hæɤ iəuɤ fæ˧ mau˧? nɤ ʑiɛɤ hə˧ ˑtsæ。

090（我去看了，没有饭了。）
我去看了，冇得饭了。
ŋoɤ ʑiɛɤ hə˧ ˑæ, mau˧ tə˧ fæ˧ ˑæ。

091（就剩一点儿了，吃了得了。）
就剩一点子，吃了算了。
ʑiəu˧ sən˧ i tie˧ ˑtsæ, ʑi˧ ɲio˧ səu ˑɲio。

092（吃了饭要慢慢儿走，别跑，小心肚子疼。）
吃了饭要慢点子走，莫跑，小心肚子疼。
ʑiæ˧ ˑɲio fæ˧ ioɤ mæ˧ tie˧ ˑtsæ tɕioɤ, mo˧ ɤou˧, ɕioɤ ɕin˧ ɲueɤ ˑtsɿ ɓəu˧。

093（他吃了饭了，你吃了饭没有呢？）
伊吃了饭了，尔吃了冇？
i˩ ʑiæ˧ ˑɲio fæ˧ ˑɲio, nɤ ʑiæ˧ næ mau˧?

094（我喝了茶还是渴。）
我喝了茶还是点把干。

ŋoɤ haɹ˧ næ˨ zaɹ hæɹ sʅ˧ tieɤ pɑɤ kə˧.

095（我吃了晚饭，出去溜达了一会儿，回来就睡下了，还做了个梦。）

我吃了夜饭，出去走了一下，归来就睏了，还制了个梦。

ŋoɤ ziaɹ˧ næ ial˧ fæɹ, tɕəɹ ziɛɹ tɕioɤ˧ næ iɁ haɹ, kui˧ næ˨ ziəuɹ uəŋɹ næ, hæɹ tsʅ˧ næ koɹ məŋɹ.

096（吃了这碗饭再说。）

吃了个碗饭再话啊。

ziaɹ˧ næ koɹ uəɤ fæɹ tsæɹ uɑɹ ·ɑ.

097（我昨天照了相了。）

我昨日照了相。

ŋoɤ tsoɹ ɲiŋɹ tauɹ æ ɕiaŋɤ.

098（有了人，什么事都好办。）

有人，么事都好办。/认得人，么事都好办。

iəuɹ ɲiŋ, moɤ sʅ˧ təuɹ hauɤ 6æɹ. / ɲiŋ təɹ ɲiŋ, moɤ sʅ˧ təuɹ hauɤ 6æɹ.

099（不要把茶杯打碎了。）

莫把茶盅打烂了。

mo˧ pɑɤ zaɹ təŋɹ taɤ næɹ ·næ.

100（你快把这碗饭吃了，饭都凉了。）

快把个碗饭吃了嘀，饭都冷了。

uæɹ pɑɤ koɹ uəɤ fæɹ ziaɹ ɲio ·ti, fæɹ təuɹ naŋɤ næ.

101（下雨了。雨不下了，天晴开了。）

落雨了。雨不落了，天开了。

noɹ viɤ ·næ. viɤ pæɹ noɹ næ, dieɹ hæɹ næ.

102（打了一下。去了一趟。）

打了一下。去了一趟。

taɤ næɹ haɹ. ziɛɹ næ iɁ dɑŋɤ.

103（晚了就不好了，咱们快点儿走吧！）

晏了就不好话了哦，我家呐快点走哦！

ŋæɹ næ ziəuɹ pæɹ hauɤ uaɹ næ ·o, ŋoɤ ·ka næ uæɹ tieɤ tɕioɤ ·o.

104（给你三天时间做得了做不了？）

把得尔三日制不制得了？

paˇ təˉ nˇ sæˇ ɳinˉ tsˠ pædˉ tsˠ teˉ ɤdˇ?

105（你做得了，我做不了。）

尔制得了，我制不了。

nˇ tsˠ təˉ ɤdˇ ɳioˇ, ŋoˇ tsˠ pædˉ ɳioˇ。

106（你骗不了我。）

尔□不了我。

nˇ ɕinˉ pædˉ ɳioˇ ŋoˇ。

107（了了这桩事情再说。）

了了个桩事再话啊。

ɳioˇ·næ koˇ tsaŋˉ sˠ tsæˉ uɑˉ ·ɤ。

108（这间房没住过人。）

个间房冇住过人。

koˇ kæˉ faŋˉ mauˉ ɖuˉ koˇ ɳinˇ。

109（这牛拉过车，没骑过人。）

个牛拉过车，冇把得别个骑过。

koˇ ɳieuˇ nɑˉ koˇ ɖɑˉ, mauˉ paˇ teˉ biɛɉˉ koˇ ʑiˇ koˇ。

110（这小马还没骑过人，你小心点儿。）

个小马还冇把得别个骑过，尔过细点子。

koˇ ɕioˇ maˇ hæˇ mauˉ paˇ teˉ biɛɉˉ koˇ ʑiˇ koˇ, nˇ koˇ ɕiˇ tieˇ ·tsæˉ。

111（以前我坐过船，可从来没骑过马。）

以前我坐过船，还冇骑过马。

iˇ ʑiɛˇ ŋoˇ zoˉ roˉ səˇ, hæˇ mauˉ ʑiˇ koˇ maˇ。

112（丢在街上了。搁在桌上了。）

落倒街上了。搁在桌子上了。

noˉ tauˇ kæˉ saŋˉ ·næ。 koˉ zæˉ tsoˉ ·tsˠ saŋˉ ·næ。

113（掉到地上了，怎么都没找着。）

落到地上去了，哪样找都找不到。

noˉ ·tau ɖiˉ saŋˉ ʑiɛˇ ·næ, nɑˇ iaŋˉ tsauˇ teuˉ tsauˇ pædˉ tauˇ。

114（今晚别走了，就在我家住下吧!）

今夜莫走啊，就在我屋呐歇!

ȵɕin˧ ia˧ mo˧ tɕioɤ ·a, ziɤuɤ ȶæɿ ŋɤu˨ ·næ ɕieɿ!

115（这些果子吃得吃不得？）

　　个些果子吃不吃得？

　　koɤ ɕia˧ koɤ ·tsɿ ziaɿ pæɿ zia˧ tə˧?

116（这是熟的，吃得。那是生的，吃不得。）

　　个是熟个，吃得。伊是生个，吃不得。

　　koɤ sɿ˧ səuɤ ·ka, zia˧ tə˧. i˨ sɑŋ˨ ·ka, zia˧ pæɿ tə˧.

117（你们来得了来不了？）

　　尔家呐来不来得了？

　　nɤ ·ka ·næ næɤ pæɿ næɤ tə˧ ȵioɤ?

118（我没事，来得了，他太忙，来不了。）

　　我冇得事，来得了。伊点把忙，来不了。

　　ŋoɤ mau˧ tə˧ sɿ˧, næɤ tə˧ ȵioɤ. i˨ tieɤ paɤ mɑŋɤ, næɤ pæɿ ȵioɤ.

119（这个东西很重，拿得动拿不动？）

　　个个东西点把重，拿不拿得动撒？

　　koɤ koɤ tən˨ ɕi˧ tieɤ paɤ ʨʰuŋɿ, naɿ pæɿ naɿ tə˧ dən˧ ·sa?

120（我拿得动，他拿不动。）

　　我拿得动，伊拿不动。

　　ŋoɤ naɿ tə˧ dən˧, iɿ naɿ pæɿ dən˧.

121（真不轻，重得连我都拿不动了。）

　　真是点把重啊，重得我都拿不起。

　　tən˨ sɿ˧ tieɤ paɤ dən˧ ·a, dən˧ tə˧ ŋoɤ tuɤ naɿ pæɿ ziɤ.

122（他手巧，画得很好看。）

　　伊手点把巧，画得点把好看。

　　iɤ səuɤ tieɤ paɤ zioɤ, fa˧ tə˧ tieɤ paɤ hauɤ hɤɤ.

123（他忙得很，忙得连吃过饭没有都忘了。）

　　伊忙得很，忙得饭都难记吃了。

　　iɤ mɑŋɤ tə˧ hɤɤ, mɑŋɤ tə˧ fæɿ ·tuɤ næɤ ʨiɤ zia˧ ·næ.

124（你看他急得，急得脸都红了。）

　　尔看伊急得面都红了。

　　nɤ hɤɤ iɤ ʨi˧ tə˧ mieɿ təuɤ fəŋɤ ·næ.

125 (你说得很好，你还会说些什么呢？)

尔话得点把好，尔还话倒么嘀当哟？

nʯ˦ ua˦ tə˧ tieʯ˧ paʯ˧ hauʯ, nʯ˦ hæ˨ ua˦ tau˧ moʯ ·ti taŋʯ ·sa?

126 (说得到，做得了，真棒！)

话得到，制得到，点把狠啊！

ua˦ tə˧ tauʯ, tsʯ˨ tə˧ tauʯ, tieʯ˧ paʯ˧ heʯ˨ ·a!

127 (这个事情说得说不得呀？)

个个事话不话得哟？

ko˨ ko˨ sʯ˦ ua˦ pæ˨ ua˦ tə˧ ·sa?

128 (他说得快不快？听清楚了吗？)

伊话得快不快啊？听得清楚不？

iʯ˦ ua˦ tə˧ uæʯ pæ˨ ·kæ˨ ·a? diaŋʯ tə˧ ʑin˦ zəuʯ pæ˨?

129 (他说得快不快？只有五分钟时间了。)

伊话得快不快啊？只有五分钟来了。

iʯ˦ ua˦ tə˧ uæʯ pæ˨ ·kæ˨ ·a? tə˧ ɦueɪ˦ ʯ˨ fən˨ təŋ˨ ·næ.

130 (这是他的书。)

个是伊个书。

ko˨ sʯ˦ iʯ˦ ·ka səu˨.

131 (那本书是他哥哥的。)

伊本书是伊个哥个。

iʯ pən˨ səu˨ sʯ˦ iʯ ·ka ko˨ ·ka.

132 (桌子上的书是谁的？是老王的。)

桌上个书是哪个个？是老王个。

tso˧ saŋ˦ ·ka səu˨ sʯ˦ na˨ ko˨ ·ka? sʯ˦ nauʯ uaŋʯ ·ka.

133 (屋子里坐着很多人，看书的看书，看报的看报，写字的写字。)

屋呐坐倒点把多人，看书个看书，看报个看报，写字个写字。

u˧ ·næ zo˨ ·tau tieʯ paʯ to˨ ȵin˦, hæʯ səu˨ ·ka hæʯ səu˨, həʯ pau˨ ·ka həʯ pau˨, ɕiaʯ zʯ˨ ·ka ɕiaʯ zʯ.

134 (要说他的好话，不要说他的坏话。)

要话伊个好事，莫话伊个坏事。

io˨ ua˦ iʯ ·ka hauʯ sʯ˦, mo˨ ua˦ iʯ ·ka fæ˦ sʯ.

135 (上次是谁请的客？是我请的。)

　　　上回是哪个请个客啊？我请个。

　　　saŋ˧ fi˧ sʅ˧ naʋ koʋ ȵiaŋ˧ ·ka haʋ ·a? ŋoʋ ȵiaȵ˧ ·ka。

136 (你是哪年来的？)

　　　尔是哪年来个？

　　　n˧ sʅ˧ naʋ ȵi ɛʋ næʋ ·ka?

137 (我是前年到的北京。)

　　　我前年来个北京。

　　　ŋoʋ ȵiɛ˧ ȵiɛʋ ·næ˧ ·ka piɛʋ tɕin˧。

138 (你说的是谁？)

　　　尔话个事哪个？

　　　n˧ ua˧ ·ka sʅ˧ naʋ koʋ。

139 (我反正不是说的你。)

　　　我反正不是话个尔。

　　　ŋoʋ fæʋ təŋʋ pæ˧ sʅ˧ uaʋ ·ka n˧。

140 (他那天是见的老张，不是见的老王。)

　　　伊伊日呐看个是老张，不是老王。

　　　iʋ iʋ ȵin˧ ·næ hə˧ ·ka sʅ˧ nauʋ taŋ˧, pæ˧ sʅ˧ nauʋ uaŋʋ。

141 (只要他肯来，我就没的说了。)

　　　只要伊愿意来，我就冇得么话个。

　　　tə˧ ʋau ɛʋ iʋ yɛʋ iʋ næʋ, ŋoʋ ȵiəuʋ mauʋ tə moʋ uaʋ ·ka。

142 (以前是有的做，没的吃。)

　　　以前是有制个，冇得吃个。

　　　iʋ ȵiɛʋ sʅ˧ iəuʋ tsʅʋ ·ka, mauʋ tə ȵiaȵ˧ ·ka。

143 (现在是有的做，也有的吃。)

　　　个际是有制个，也有吃个。

　　　koʋ tɕi˧ sʅ˧ iəuʋ tsʅʋ ·ka, iaʋ iəuʋ ȵiaŋ˧ ·ka。

144 (上街买个蒜啊葱的，也方便。)

　　　上街买个蒜啊葱啊，也方便。

　　　saŋ˧ kæʋ mæʋ koʋ ʋɛuʋ ·a ·ȵuɛuʋ ·a, iaʋ faŋ˧ ɓiɛ˧。

145 (柴米油盐什么的，都有的是。)

柴米油盐管么呐，压有。

zɿ˧ miˇ iəu˨ ɩɛ˨ kuəˇ mo˧ ·næ, iɑ˧ iəu˨。

146（写字算账什么的，他都能行。）

写字算账么呐个，伊哈搞得当。

iɑi˧ ɿɛ˧ sə˨ taŋ˧ mo˧ ·næ ·ka, iˇ ha˧ kauˇ tə˧ taŋ˨。

147（把那个东西递给我。）

把伊个东西把得我。

pa˧ iˇ koˇ təŋˇ ɕi˧ pa˧ tə˧ ŋo˧。

148（是他把那个杯子打碎了。）

是伊把伊个盅呐打烂了个。

sɿ˧ iˇ pa˧ iˇ koˇ tɕi˧ næ˧ næ˧ ·ka。

149（把人家脑袋都打出血了，你还笑！）

把别个脑壳打出血了，尔还笑！

pa˧ biɛ˧ koˇ nau˧ hoˇ ta˧ tɕə˧ ɕiɛ˧ ·næ, nˇ hæˇ ɕioˇ!

150（快去把书还给他。）

快去把书还倒伊啊。

uæ˧ ɕi˧ pa˧ sə˧ fæˇ tau˧ iˇ ·a。

151（我真后悔当时没把他留住。）

我真后悔当时冇把伊留下来。

ŋo˧ tən˧ ɹio˧ fiˇ taŋ˨ sɿ˧ mau˧ pa˧ iˇ diəu˨ ha˧ næˇ。

152（你怎么能不把人当人呢？）

尔哪不把人当人啊？

nˇ na˧ pæ˧ pa˧ ɲin˧ taŋ˧ ɲin˧ ·a?

153（有的地方管太阳叫日头。）

有些地方把太阳叫日头。

iəuˇ ɕi˧ di˧ faŋ˧ pa˧ dæn˧ iaŋ˧ tɕio˧ ɲin˧ diəu˧。

154（什么？她管你叫爸爸！）

么呐？伊喊尔爸？

mo˧ næ? iˇ hæˇ nˇ pa˧?

155（你拿什么都当真的，我看没必要。）

尔把么呐都当真个，我看冇得必要。

nʏ paʏ moɿ ·næ ɕuaŋɿ təɿ ɦuɛɿ ka, ŋoʏ ɦɤɿ mauɿ təɿ piɿ ioɿ。

156（真拿他没办法，烦死我了。）

真拿伊冇得办法啊，把我烦煞。

təɿ naɿ iʏ mauɿ təɿ ɓæɿ fæɿ, paʏ ŋoʏ fæɿ sæɿ。

157（看你现在拿什么还人家。）

看尔个际拿么呐还倒别家呐？

ɦɤɿ nʏ koʏ tɕiɿ naɿ romɿ ·næ uæʏ tau ɓieɿ koʏ ·næ?

158（他被妈妈说哭了。）

伊把得伊个妈话哭了。

iʏ paʏ təɿ iʏ ka ɦuaɿ uaɿ ·næ。

159（所有的书信都被火烧了，一点儿剩的都没有。）

所有个信压把得火烧了，一点子都冇留。

soʏ ioʏ ieuʏ ·ka ɕinʏ ɿaɿ paʏ təɿ ɦoʏ sauɿ ·næ, iɿ tieʏ ·tsæ təuɿ mauɿ ɗieuɿ。

160（被他缠了一下午，什么都没做成。）

把得伊缠了一下昼，管么嘀都冇制。

paʏ təɿ iʏ ɖʌɿ næiɿ ɦaɿ tɛuɿ, kuaʏ romɿ ·ti tɛuɿ mauɿ tsʏɿ。

161（让人给打懵了，一下子没明白过来。）

把得别个打哈了，一下子冇想过来。

paʏ təɿ ɓieʏ koʏ paʏ ɦaʏ ·næ, iʏ ɦaɿ ·tsæ mauɿ ɕiaŋʏ koʏ ·næ。

162（给雨淋了个浑身湿透。）

身上把得雨哈□湿了。

sənɿ saŋɿ paʏ təɿ viʏ ɦaɿ zæɿ səɿ ·næ。

163（给我一本书。给他三本书。）

把得我一本书，把得伊三本书。

paʏ təɿ ŋoʏ iɿ pənɿ səuɿ, paʏ təɿ iʏ sæɿ pənɿ səuɿ。

164（这里没有书，书在那里。）

家呐冇得书，书在伊呐。

koʏ ·næ mauɿ təɿ səuɿ, səuɿ zæɿ iʏ ·næ。

165（叫他快来找我。）

叫／喊伊快点来找我。

tɕioʏ ／ ɦæʏ iʏ uæʏ tieʏ næɿ tsauʏ ŋoʏ。

166（赶快把他请来。）

　　快点把伊请过来。

　　uæɹ tiɛɣ paɣ iɣ ʑinɣ koɹ næɹ。

167（我写了条子请病假。）

　　我写了个请假个条子啊。

　　ŋoɣ ɕiaɣ ·næ koɹ ʑinɣ tɕiaɣ ·ka ɖioɹ ·tsæ ·a。

168（我上街买了份报纸看。）

　　我上街买份报纸看。

　　ŋoɣ saŋɹ kæɹ mæɣ fənɹ pauɹ tsʅɣ hoɣ。

169（我笑着躲开了他。）

　　我笑倒把伊躲过去了。

　　ŋoɣ ɕioɹ ·tau paɣ iɣ toɣ koɹ ʑiɛɹ ·næ。

170（我抬起头笑了一下。）

　　我抬起脑壳笑了下。

　　ŋoɣ æɹ ʑiɣ nauɣ hoɣ ɕioɹ ·næ hæɹ ɣoɣ。

171（我就是坐着不动，看你能把我怎么着。）

　　我就坐倒不动，看尔能把我么样。

　　ŋoɣ ʑiəuɹ zoɹ ·tau pæɹ ·nɛɹ, hæɹ n̩ nɛɹ paɣ ŋoɣ moɣ iaŋɹ。

172（她照顾病人很细心。）

　　伊招几病人闷过细。

　　iɣ tauɹ tɕiɹ biaŋɹ n̩inɣ mənɹ koɹ ɕiɹ。

173（他接过苹果就咬了一口。）

　　伊接过苹果就□了一口。

　　iɣ tɕiɛɹ koɹ biŋɹ koɣ ʑiəuɹ læɣ ·næ iɣ zioɣ。

174（他的一番话使在场的所有人都流了眼泪。）

　　伊话个事听得在场个所有人哈流了眼泪呐。

　　iɣ uaɹ kaʂɹ ɖiaŋɹ təɹ zæɹ ɖaŋɹ ·ka soɣ iəuɣ n̩inɣ haɹ ɖioɹ næ ŋæɣ ɖiɹ ·næ。

175（我们请他唱了一首歌。）

　　我家呐请伊唱了一首歌。

　　ŋoɣ ·ka ·næ ʑiaŋɣ iɣ ɖaŋɹ næɹ iɣ ɕiəuɣ koɹ。

176 (我有几个亲戚在外地做工。)

　　我有几个亲戚在外面打工。

　　ŋoˇ iəuˇ tɕiˇ koˇ ziŋˊ ziˊ zæˉ ŋæˉ mieˉ taˇ kən˧ˍ。

177 (他整天都陪着我说话。)

　　伊一日压陪倒我话事。

　　iˇ iˉ ȵinˉ iaˇ ɦɑi˧ˍ ɓiˊ ɾɑi˧ˍ tau ŋoˇ uaˇ sʅˉ li˧ˍ yi。

178 (我骂他是个大笨蛋，他居然不恼火。)

　　我话伊是个哈巴呐，伊也不怄。

　　ŋoˇ iæˉ yiˇ sʅˊ koˇ haˇ paˉ ˈnæ, iˇ iaˇ iæˉ paˉ ȵioˇ。

179 (他把钱一扔，二话不说，转身就走。)

　　伊把钱一丢，管么都冇话就走了。

　　iˇ paˇ ziɛˉ iˉ tioˉ, kuæˉ moˉ təuˉ rɔmˉ ɦuɛˉ mauˉ uaˉ ziɛˊ tɕioˇ ˈnæ。

180 (我该不该来呢？)

　　我该不该来啊？

　　ŋoˇ kæˉ pæˉ kæˉ næˉ ˈɑ?

181 (你来也行，不来也行。)

　　尔来也行，不来也行。

　　nˇ næˉ iaˇ ɕinˉ, pæˉ næˉ iaˇ ɕinˉ。

182 (要我说，你就不应该来。)

　　要我话，尔就不该来。/ 把得我话，尔就不该来。

　　ioˉ ŋoˇ uaˉ, nˇ ziɛˉ pæˉ kæˉ næˉ。/ paˇ təˉ ŋoˇ uaˉ, nˇ ziɛˉ pæˉ kæˉ næˉ。

183 (你能不能来？)

　　尔能不能来啊？

　　nˇ ȵiɛˉ pæˉ ȵiɛˉ næˉ ˈɑ?

184 (看看吧，现在说不准。)

　　看下子当，个际话不好。

　　həˉ haˉ ˈtsæˉ taŋˇ, koˇ tɕiˉ uaˉ pæˉ hauˇ。

185 (能来就来，不能来就不来。)

　　能来就来，不能来就不来。

　　ȵiɛˉ næˉ ziɛˉ næˉ, pæˉ ȵiɛˉ næˉ ziɛˉ pæˉ næˉ。

186 (你打算不打算去？)

　　尔打算去不？／尔准不准备去？

　　nɿ˧ tɑ˧˥ sə˨˩ ziɛ˧ pæ˧? nɿ˧ tən˧ pæ˧ tən˧ 6i˧ ziɛ˧?

187 (去呀！谁说我不打算去？)

　　去啊！哪个话我不准备去？

　　ziɛ˧! a! na˨˩ ko˨˩ ua˧ ŋo˧ pæ˧ tən˧ 6i˧ ziɛ˧?

188 (他一个人敢去吗？)

　　伊一个人敢去？

　　i˧ i˧ ko˨˩ nin˨˩ kə˧ ziɛ˧ i˧?

189 (敢！那有什么不敢的？)

　　敢！伊有么嘀不敢个吵？

　　kə˧! iəu˧ mo˧ ·ti pæ˧ kə˧ ka ·sa?

190 (他到底愿不愿意说？)

　　伊到底愿不愿意话吵？

　　i˧ tɑu˧ ·ti˧ yɛ˧ pæ˧ yɛ˧ i˧ ua˧ ·sa?

191 (谁知道他愿意不愿意说？)

　　哪个晓得伊愿不愿意话吵？

　　na˨˩ ko˨˩ ɕiou˧ tə˧ i˧ yɛ˧ pæ˧ yɛ˧ i˧ ua˧ ·sa?

192 (愿意说得说，不愿意说也得说。)

　　愿意话就话，不愿意话也要话。

　　yɛ˧ i˧ ua˧ ziəu˧ ua˧, pæ˧ yɛ˧ i˧ ua˧ ziəu˧ pæ˧ ua˧。

193 (反正我得让他说，不说不行。)

　　不管哪样我都要伊话，不话不行。

　　pæ˧ kuə˧ na˨˩ iaŋ˧ ŋo˧ təu˧ ioi˧ i˧ ua˧, pæ˧ ua˧ pæ˧ ɕin˧。

194 (还有没有饭吃？)

　　还有冇得饭吃？

　　hæ˨˩ iəu˧ mau˧ tə˧ fæ˧ zia?

195 (有，刚吃呢。)

　　有，刚开始吃。

　　iəu˧, kaŋ˧ hæ˧ sɿ˧ zia。

196 (没有了，谁叫你不早来！)

冇得了，哪个要尔不早点来！

mauˉ təˉ ·æ, naˋ koˋ ioˋ nˇ pæˉ tsauˇ tieˇ næˉ!

197 (你去过北京吗？我没去过。)

尔去过北京冇？我冇去过。

nˇ zieˋ koˋ pieˉ tɕinˉ mauˉ? ŋoˇ mauˉ zieˋ koˋ.

198 (我十几年前去过，可没怎么玩，都没印象了。)

我十几年前去过，也冇哪样戏，哈冇得印象了。

ŋoˇ səˉ tɕiˇ nieˋ zieˋ zieˋ koˋ, iaˋ mauˉ naˋ ɦiaŋˉ ɕiˋ, haˋ mauˉ
təˉ inˋ ɕiaŋˋ ·æ.

199 (这件事他知道不知道？)

个桩事伊晓不晓得啊？

koˋ tsaŋˉ sɿˉ iˇ ɕioˇ pæˉ ɕioˇ təˉ ·a?

200 (这件事他肯定知道。)

个桩事伊肯定晓得。

koˋ tsaŋˉ sɿˉ iˇ heˇ dinˉ ɕioˇ təˉ.

201 (据我了解，他好像不知道。)

就我晓得个，伊好像不晓得。

ziəuˉ ŋoˇ ɕioˇ təˉ ·ka, iˇ hauˇ ɕiaŋˉ pæˉ ɕioˇ təˉ.

202 (这些字你认得不认得？)

个些字尔认不认得？

koˋ ɕiaˉ zɿˉ nˇ ɲinˉ pæˉ ɲinˉ təˉ?

203 (我一个大字也不认得。)

我一个大字也不认得。

ŋoˇ iˇ koˋ dæˉ zɿˉ ɣaiˇ pæˉ ɲinˉ təˉ.

204 (只有这个字我不认得，其他字都认得。)

只有个个字我不认得，其他字压认得。

təˉ iəuˇ koˋ koˋ zɿˉ ŋoˇ pæˉ ɲinˉ təˉ, ziˋ daˉ zɿˉ ɣaiˇ ɲinˉ təˉ.

205 (你还记得不记得我了？)

尔还记不记得我吵？

nˇ tɕiˋ pæˉ tɕiˋ təˉ ŋoˇ ·sa?

206 (记得，怎么能不记得！)

记得，哪样不记得唦！

tɕiˑ təˑ, naˑ iaŋˑ pæˑ tɕiˑ təˑ ·sa?

207（我忘了，一点都不记得了。）

我难记了，一点都不记得了。

ŋoˑ næˑ tɕiˑ ·næ, iˑ tieˑ təuˑ pæˑ tɕiˑ təˑ ·æ.

208（你在前边走，我在后边走。）

尔在前面走，我在后面走。

nˑ zæˑ zieˑ mieˑ tɕioˑ, ŋoˑ zæˑ zioˑ mieˑ tɕioˑ.

209（我告诉他了，你不用再说了。）

我话倒伊听了，尔莫再话了。/ 我告到伊去了，尔莫再话了。

ŋoˑ ua˧ tauiˑ diaŋˑ ·æ, nˑ mom ˑ tsæˑ uaˑ ·æ. / ŋoˑ kauˑ tauˑ iˑ ziˑ ·næ, nˑ mom ˑ tsæˑ uaˑ ·næ.

210（这个大，那个小，你看哪个好？）

个个大，伊个小，尔看哪个好？

koˑ koˑ dæˑ, iˑ koˑ ɕioˑ, nˑ həˑ naˑ koˑ hauˑ?

211（这个比那个好。）

个个比伊个好。

koˑ koˑ piˑ iˑ koˑ hauˑ.

212（那个没有这个好，差多了。）

伊个冇得个个好，差远 / 多了。

iˑ koˑ mauˑ təˑ koˑ koˑ hauˑ, zaˑ yɛˑ / toˑ ·næ.

213（要我说这两个都好。）

把得我话，个两个压好。

paˑ təˑ ŋoˑ uaˑ, koˑ diaŋˑ koˑ iaˑ hauˑ.

214（其实这个比那个好多了。）

话到底，个个比伊个好得多。/ 话到底，个个比伊个好多了。

uaˑ tauˑ tiˑ, koˑ koˑ piˑ iˑ koˑ hauˑ təˑ toˑ. / uaˑ tauˑ tiˑ, koˑ koˑ piˑ iˑ koˑ hauˑ toˑ ·næ.

215（今天的天气没有昨天好。）

今哒个天气冇得昨日好。

tɕinˑ ·ta ka dieˑ ziˑ mauˑ təˑ zoˑ ɲinˑ hauˑ.

216（昨天的天气比今天好多了。）

　　昨日个天气比今哒好多了。

　　zoˊ ȵinˋ ˙ka ɖieˋ ziˋ piˊ tɕinˋ tɑhɑuˇ toˋ ˌæ。

217（明天的天气肯定比今天好。）

　　明日个天气肯定比今哒好。

　　mianˊ ȵinˋ ˙ka ɖieˋ ziˋ heˇ ɖinˋ piˊ tɕinˋ ˙tɑ hɑuˇ。

218（那个房子没有这个房子好。）

　　伊个屋冇得个个屋好。

　　iˇ koˋ uˋ mɑuˋ teˊ koˋ koˋ uˋ hɑuˇ。

219（这些房子不如那些房子好。）

　　个些屋冇得伊些屋好。

　　koˋ ɕiɑˋ uˋ mɑuˋ teˊ iˇ ɕiɑˋ uˋ hɑuˇ。

220（这个有那个大没有？）

　　个个有伊个大冇？

　　koˋ koˋ iəuˇ iˇ koˋ dæˋ mɑuˋ？

221（这个跟那个一般大。）

　　个个跟伊个一样大。

　　koˋ koˋ keˋ iˇ koˋ iˊ iɑŋˋ dæˋ。

222（这个比那个小了一点点儿，不怎么看得出来。）

　　个个比伊个小点子，蛮看不出来。

　　koˋ koˋ piˊ iˇ koˋ ɕioˇ tieˊ ˙tsæ, mæˋ heˋ peˋ tsæˋ。

223（这个大，那个小，两个不一般大。）

　　个个大，伊个小，两个不一样大。

　　koˋ koˋ dæˋ, iˇ koˋ ɕioˇ, ɖiɑŋˋ koˋ peˋ iˊ iɑŋˋ dæˋ。

224（这个跟那个大小一样，分不出来。）

　　个个跟伊个一样大，蛮分不出来。

　　koˋ koˋ keˋ iˇ koˋ iˊ iɑŋˋ dæˋ, mæˋ feȵˋ peˋ tsæˋ。

225（这个人比那个人高。）

　　个个人比伊个人高。

　　koˋ koˋ ȵinˋ piˊ iˇ koˋ ȵinˋ kɑuˇ。

226（是高一点儿，可是没有那个人胖。）

是高点子，还是冇得伊个人肉。

sɿ˧ kau˧ tieʋ ·tsæ, hæʋ sɿ˧ mauʋ təʋ iʋ koʋ ȵinʋ ȵiəuʋ.

227（他们一般高，我看不出谁高谁矮。）

伊家呐一样高，我看不出来哪个高哪个矮。

iʋ ·ka ·næiʋ iaŋʋ kauʋ, ŋoʋ həʋ pæd ʋ æʋ naʋ koʋ kauʋ naʋ koʋ ŋæʋ.

228（胖的好还是瘦的好？）

肉个好还是瘦个好？

ȵiəuʋ ·ka hauʋ hæʋ sɿ˧ ɕioʋ ·ka hauʋ?

229（瘦的比胖的好。）

瘦个比胖噶好。

ɕioʋ ·ka piʋ 6aŋʋ ·ka hauʋ.

230（瘦的胖的都不好，不瘦不胖最好。）

瘦个肉个压不好，不瘦不胖最好。

ɕioʋ ·ka ȵiəuʋ ·ka iaʋ pæ˧ hauʋ, pæ˧ 6aŋʋ pæ˧ ɕioʋ ziʋ hauʋ.

231（这个东西没有那个东西好用。）

个个东西冇得伊个东西好用。

koʋ koʋ təŋʋ ɕiʋ mauʋ təʋ iʋ koʋ təŋʋ ɕiʋ hauʋ inʋ.

232（这两种颜色一样吗？）

个两种颜色一样个？

koʋ ɗiaŋʋ koʋ ieʋ ɕieʋ iʋ iaŋʋ ·ka?

233（不一样，一种色淡，一种色浓。）

不一样，一种颜色淡点子，一种颜色浓点子。

pæ˧ iʋ iaŋʋ, iʋ təŋʋ ieʋ ɕieʋ dæ˧ tieʋ ·tsæ, iʋ təŋʋ ieʋ ɕieʋ nənʋ tieʋ ·tsæ.

234（这种颜色比那种颜色淡多了，你都看不出来？）

个种颜色比伊种颜色淡蛮多，尔还看不出来？

koʋ təŋʋ ieʋ ɕieʋ piʋ iʋ təŋʋ ieʋ ɕieʋ dæ˧ mænʋ toʋ, ŋʋ hæʋ heʋ pæ˧ dʑə˧ næʋ.

235（你看看现在，现在的日子比过去强多了。）

尔看下个际，个际个日子比过去强多了。

ŋʋ həʋ haʋ koʋ tɕiʋ, koʋ tɕiʋ ·ka ȵiŋʋ tsɿ piʋ koʋ ziɛʋ ziaŋʋ toʋ ·næ.

236 (以后的日子比现在更好。)

　　以后个日子比个际子更好。

　　iɤ zioŋ˧ ˙ka n̠iŋ˦ ˙tsʅ piɤ koɹ˧ tɕiɤ˧ ˙tsæ kɛɹ˦ ɦɑuɤ。

237 (好好干吧，这日子一天比一天好。)

　　下夫干，个日子一日比一日好。

　　ɦɑ˦ fu˨ kɘɹ˧, koɹ˧ n̠iŋ˦ ˙tsʅ iŋ˦ n̠iŋ˦ piɤ iŋ˦ n̠iŋ˦ ɦɑuɤ。

238 (这些年的生活一年比一年好，越来越好。)

　　个些年个生活一年比一年好，越来越好。

　　koɹ˧ ɕiɑ˧ n̠iɛɹ˦ ˙ka ɕiɛɹ˧ ɦoɤ ɹ̠iɛɹ˦ piɤ ɹ̠iɛɹ˦ ɦɑuɤ, yɛ˨ nɑɹ˦ yɛ˨ ɦɑuɤ。

239 (咱兄弟俩比一比谁跑得快。)

　　我俩兄弟比下子看哪个跑得快。

　　ŋoɤ ɢɛ˨ ɥŋɢ˦ ɸiɑŋ˦ ɗiɤ ɦiɤ piɤ ɦɑ˦ ˙tsæ ɦɘɹ˦ kɛɹ˦ nɑɹ˨ koɹ˨ ɓɑuɤ tɘɹ˦ ɦoɤ。

240 (我比不上你，你跑得比我快。)

　　我敌不得尔倒，尔跑得比我快。

　　ŋoɤ ɗiŋ˦ pæɹ˧ tɘɹ˦ nɹ˨ tɑuɹ, nɹ ɓɑuɤ tɘɹ˦ piɤ ŋoɤ uæɹ。

241 (他跑得比我还快。一个比一个跑得快。)

　　伊跑得比我还快，一个比一个跑得快。

　　iɹ ɓɑuɤ tɘɹ˦ piɤ ŋoɤ ɦæɹ uæɹ, iɹ koɹ˧ piɤ iɹ koɹ˧ ɓɑuɤ tɘɹ˦ uæɹ。

242 (他比我吃得多，干得也多。)

　　伊比我吃得多，制得也多。

　　iɹ piɤ ŋoɤ ɹ̠iɹ˦ ˙tsʅ tɛɹ˦ toɹ, tsʅ tɛɹ˦ iɑɹ˨ toɹ。

243 (他干起活来，比谁都快。)

　　伊制起事来，比哪个都快。

　　iɹ tsʅ ziɤ sʅ˦ næɹ, piɤ nɑɹ koɹ tɘuɹ˦ uæɹ。

244 (说了一遍，又说一遍，不知说了多少遍。)

　　话了一遍，又话一遍，不晓得话了几多遍。

　　uɑ˦ næiŋ˦ piɛɹ, iəɤ˧ liɑu˦ ɦɛɹ liɤ piɛɹ, pæɹ˧ ɕioɤ tɛɹ˦ uɑɹ æɹ tɕiɤ toɹ˦ piɛɹ。

245 (我嘴笨，怎么也说不过他。)

　　我不蛮会话事，再哪样都话不赢伊。

　　ŋoɤ pæɹ˧ mæɹ˦ fi˦ uɑ˦, tsæɹ nɑɹ iɑŋ˦ tɘuɹ˦ uɑ˦ pæɹ iɑŋ˦ iɹ。

246 (他走得越来越快，我都跟不上了。)

伊走得越来越快，我哈跟不上了。

iˇ tɕioˇ təˉ yɛˉ næˍ yˇ ʮæˍ, ŋoˇ haˉ kɛˉ pæˉ saŋˉ ·næ。

247（越走越快，越说越快。）

越走越快，越话越快。

yɛˉ tɕioˉ yɛˉ ʮæˍ, yɛˉ uaˉ yɛˉ ʮæˍ。

248（慢慢说，一句一句地说。）

慢慢话，一句一句话。

mæˉ mæˉ uaˉ, iˉ kuiˍ iˉ kuiˍ uaˉ。

第五章 崇阳方言语料记音

一、传说 故事

（一）传说

zəŋ˧ iaŋ˧ kui˥ fa˧ ziɛ˦ tən˦ ɕiəu˥ koʅ tɛʅ soʅ, ua˦ "ɖieɪ mən˧ kuə˦ ·ka nən˨
崇 阳 桂 花 泉 镇 有 个 传 说， 话 "天 门 观 个 龙，

fi˦ tɕin˦ pæ˦ fi˦ ɕʅ˩". ʜa˦ ·ka sʅ˦ ye˦ næ˦ zæʅ tɕiaŋ˦ ɕi˦ ·ka ɖau˦ fa˦ ɖʅ˦, mi˦
许 进 不 许 出"。 话 个 是 原 来 在 江 西 个 桃 花 潭， 每

niɛ˦ ɕiɛ˦ fa˦ saŋ˦ hæ˦ ɻuei˦ ɻai tɕ̻ʰaɪ mɛ˦, sʅ˦ ɖieɪ saŋ˦ ɕiɛ˦ yi˦ səu˦ tsaŋ˦ ta˦
年 鲜 花 盛 开 绿 叶 长 满， 是 天 上 仙 女 梳 妆 打

pæ˦ ka ɖi˦ faŋ˦. ɻuei˦ i˦ tieɪ, iəu˦ toi˦ nən˦ fæ˦ niu˦ tieɪ kui˦, bauɪ ·tau ɖi˦
扮 个 地 方。 有 一 天， 有 条 龙 犯 了 天 规， 跑 倒 潭 里

ziɛ˦ pæ˦ tʰuei˦ tɕoi˦ fi˦ tɕʰieɪ ti ɖieɪ hən˦ ɖi˦ nən˦, pa˦ taŋ˦ ɖi˦ ·ka pa˦ ɕin˦ nən˦ tə˦ min˦
去 把 潭 水 搅 得 天 昏 地 暗， 把 当 地 个 百 姓 弄 得 民

pæ˦ toi˦ saŋ˦, tɕi˦ ŋoʅ ɖau˦ faŋ˦, tɕoi˦ ɕʰəɪ ɪæ˦ ka fi˦ iuei˦ ɪʰuə˦ tsaŋ˦. zi˦
不 聊 生、 饥 饿 逃 荒， 搅 出 来 个 水 又 臭 又 脏。 七

ɕiɛ˦ ɲyɪ hən˦ pəʅ koʅ ɻæŋ, ɻunŋ tau ɖieɪ saŋ˦ ɕʰʰæɪ vi˦ faŋ˦ fæ˦ ɖi˦ mieɪ ziɛ˦ kauɪ
仙 女 看 不 过 眼， 跑 到 天 上 去 玉 皇 大 帝 面 前 告

tsaŋ˦, vi˦ faŋ˦ ɖæ˦ ɖi˦ ɪæŋ ɖieɪ pin˦ ɖieɪ tɕiaŋ˦ ziɛ˦ tsa˦ koʅ ta˦ nən˦. ɖieɪ pin˦
状， 玉 皇 大 帝 派 天 兵 天 将 去 抓 个 只 龙。 天 兵

ɖieɪ tɕiaŋ˦ tso˦ tau˦ iɪ ·ka sʅ tɕi˦, iɪ tən˦ ɪæʅ ɪuen˦ tɕoi˦, vi˦ sʅ˦ ɖieɪ pin˦ ɖieɪ
天 将 捉 倒 伊 个 时 际， 伊 正 在 睏 觉， 于 是 天 兵 天

tɕiaŋ˦ ɪuŋ˦ soʅ næ˦ pa˦ koʅ ta˦ nən˦ ·ka ɻuŋ ɪoi ɖʅ xæ˦ ɕiɛ˦ ɻuei˦ ʜaɪ, i˦ pæ˦
将 用 索 呐 把 个 只 龙 个 腰 部 缠 了 四 十 九 下， 一 不

ɕoi˦ ɕin˦ pa˦ ŋan˦ saŋ˦ ·ka ɕʰəʅ toi˦ nən˦ tau˦ fi˦ ɖi˦ ziɛ˦ pa˦ ɻuen˦ tɕiaŋ˦ ɕiaŋ˦ næ˦,
小 心 把 岸 上 个 石 头 弄 到 水 里 去 把 龙 惊 醒 了，

孽龙立马翻滚准备逃跑，天兵天将一下子
追出去了。就个样孽龙跑到了崇阳桂花泉
镇，天兵天将正要抓住伊，伊玩命一挣，把当
地戳出个闷大个洞，个就是桂花泉镇个"天
门观"。天兵天将把玉皇大帝个铁锁插在观
口，好像一道符把龙锁在里底，紧伊出不来。还
话如果想出来，要等到铁树开花水倒流，喷出
来个水要不冷不热，让个些水灌溉农田。后来
桂花泉镇个百姓安居乐业，安心种田。孽龙
喷出来个水不冷也不热，正好灌溉农田。

有一日，一个秀才来喝水个时际把帽呐往
铁树上一挂，龙以为铁树开花了，正准备翻身
作孽个时际，秀才听到动静，还嗅到了一股
腥味，马上取下帽呐跑了。龙一看不是铁树开
花，又安心缩归去了。以后桂花泉镇个百姓压安
居乐业。为了纪念个些天兵天将，老百姓就
在天门观个子呐修了一座庙，庙门口柱呐
高底写倒"天门观个龙，许进不许出"。

（二）故事

"崇阳"一名个来由

以前个崇阳叫"示阳",是个风水宝地,出了点把多人才,压在朝庭当大官。就个样得罪了一些朝庭小人,伊个呐想尽办法打压个个地方。于是找了个道人看风水,道人话"示阳"个个名字跟当地风水点把相合,要打压伊就要破坏个个位置个气场,可以改个名字,在"示"字高底压个宝盖头。于是后来改名为"宗阳"。不过冇想到改名后,当地人才有点子凋零,但还算人杰地灵,各行各业还是出了闷多人才。伊些小人不肯善罢甘休,想继续打压,就在"宗"字高底再加一座山,改名为"崇阳",以为镇压本地个风水。个回之后,崇阳真个就好像被压制了,再也冇像以前伊样出伊多大人物了。不过到个际,崇阳人民还是压比较勤劳善良个。

县令张乖崖

从前崇阳有个县令,叫张乖崖。伊在崇

iaŋ˧ zən˧ tən˧ ʑi˧ pæ˧ ȵiʑ, vi˧ vin˧ tən˧ 6æ˧ næ tie˧ pa˧ to˧ hau˧ sɿ˧, ziaŋ˧ tən˧ ȵueɿ˧ȵiaɿ, tʂɿ˧ ʂue˧ nɑ˧ tʂɿ˧pæ˧ ȵi˧ʑæ˧ tɕiɑ˧ ɦi˧ vin˧ tən˧ 6æ˧ næ tie˧ pa˧ to˧ hau˧ sɿ˧, ʑiəŋ˧ tʂəŋ˧
阳 从 政 七 八 年, 为 群 众 办 了 点 把 多 好 事, 清 正

diɛ˧ miaŋ˧。
廉 明。

  ye˧ næ˧ 6a˧ ȵi˧ tɕin˧ sa˧ tɕi˧ ɿæ˧ ȵi˧ iəu˧ 6a˧ ȵi˧ fæ˧、ȵi˧ tən˧ fæ˧ ɖiaŋ˧
原 来 白 霓 镇 石 咀 堰 伊 呐 有 白 霓 畈、义 主 畈 两

ko˧ ɖæ˧ fæ, miȵ ȵiɛ˧ kə˧ ɦe˧ ka˧ tʂɿ˧ tɕi˧, ɖiaŋ˧ ŋæ˧ ka vin˧ tən˧ vi˧ næ tsaȵ˧
个 大 畈, 每 年 干 旱 个 时 际, 两 岸 个 群 众 为 了 争

ziəŋ˧ æ˧, tʂɿ˧ tɕiɑ˧ u˧ səu˧, ȵueɿ˧ ȵue˧ tsʐ˧ 6æ˧ ȵi˧ tʂɿ˧ tɕi˧ ta˧ pa˧ ȵiȵ˧。 taŋ˧
抢 水 源, 打 架 无 数, 甚 至 还 有 时 际 打 死 了 人。 张

kuæ˧ ȵi˧ tau˧ ʑən˧ ɦo˧ tau˧ ɦa˧ miɛ˧ ʑio˧ ɖio˧ ɕiȵ ɦuaŋ˧, fæ˧ ɕiɛ˧ 6a˧ ȵi˧
乖 崖 到 任 后 到 下 面 去 了 解 情 况, 发 现 白 霓

i˧ ko˧ kaŋ˧ næ˧ ko˧ sa˧ tɕi˧ ȵi˧ mau˧ tə˧ ȵiaȵ˧, tau˧ tsʐ˧ fi˧ ɖio˧ pæ˧ ɦə˧ næ˧。 taŋ˧
伊 个 港 呐 个 石 咀 堰 冇 得 堰, 导 致 水 流 不 出 来。 张

kuæ˧ ȵi˧ tɕin˧ ko˧ hau˧ za˧, ʑæ˧ ɿa˧ tɕi˧ ȵæ˧, ȵi˧ æsɿ æ˧ ɕueɿ˧ æ˧ ko˧ kuən˧ fi˧
乖 崖 经 过 考 察, 在 石 咀 崖 伊 子 呐 修 了 个 滚 水

iɛ˧, fi˧ ʑiəŋ kəŋ˧ ko˧ ȵi˧ ȵi˧ ȵue˧ 6æ˧ ȵi˧ 6a˧ ȵi˧ fæ˧, uaŋ˧ i˧ ko˧ næ ɖiɛ˧ li˧ faŋ˧ fi˧
堰, 水 源 经 过 义 主 畈 白 霓 畈, 往 伊 个 呐 田 里 放 水

a˧. ye˧ ye˧ pæ˧ tə˧. ɖiaŋ˧ ŋæ˧ ka vin˧ tən˧ tie˧ pa˧ fə˧ ɕi˧, tsæ˧ ɑi˧ mau˧ tə˧ i˧
啊 源 源 不 断。 两 岸 个 群 众 点 把 欢 喜, 再 也 冇 得 伊

ko˧ ta˧ tɕiɑ˧ ka ɕiɛ˧ ɕiaŋ˧ ɕyɿ ɕiɛȵ. ʑaiʑ kæ˧ ȵi˧ tɕiaŋ˧ 6æ˧ pa˧ min ko˧ ɦə˧ fi˧ ka
个 打 架 个 现 象 出 现。 而 且 张 乖 崖 把 每 个 出 水 个

viɛ˧ tɕio˧ ka tsʐ˧ tai iəu˧ kau˧ iəu˧ ti˧, iai ʂɿ ʂue˧ ȵi˧ ȵueiɿ˧ tɕi˧ tsʐ˧ tiŋ˧ tsʐ˧ ka, fi˧
缺 口 压 制 得 有 高 有 低, 压 是 统 一 派 人 定 制 个, 水

ɖæ˧ fi˧ ɕio˧ sɿ˧ iəu˧ viɛ˧ tɕio˧ ʑʐ˧ ȵæ˧ ȵueiɿ˧ ʑʐ˧, ɖən˧ i˧ ɖiŋ˧ hau˧ næ˧ ka, pæ˧
大 水 小 是 由 缺 口 自 然 控 制、统 一 定 好 了 个, 不

ȵiɛ˧ n˧ zʐ˧ ka˧ ɕiaŋ˧ ɦæ˧ tɕi˧ ɖæ˧ ʑiəu˧ tɕi˧ ɖæ˧. ɖiaŋ˧ ŋæ˧ ȵi˧ ȵiaȵ˧ u˧ ku˧ fəŋ˧
能 尔 自 家 想 开 几 大 就 几 大。 两 岸 每 年 五 谷 丰

tiɛ˧, min˧ tən˧ u˧ pæ˧ fə˧ ɕi˧, ɦəu˧ næ˧ vi˧ æ˧ tɕi˧ ȵiɛ˧ ko˧ ko˧ taŋ˧ kuæ˧ ȵæ˧,
登, 民 众 无 不 欢 喜, 后 来 为 了 纪 念 个 个 张 乖 崖,

ɕiɛ˧ næ˧ zæ˧ ɖæ˧ tɕi˧ sæ˧ i˧ næ˧ ɕiəu˧ næ˧ ko˧ kuæ˧ ŋæ˧ ɖiȵ˧。
县 呐 在 大 集 山 伊 呐 修 了 个 乖 崖 陵。

  hæ˧ iəu˧ ȵi˧ ʑiɛ˧ sɿ˧ sɿ˧ kuæ˧ vi˧ taŋ˧ kuæ˧ ŋæ˧ ɖiɛ˧ tʂəŋ˧ ka。 taŋ˧ sɿ˧ i˧
还 有 一 件 事 是 关 于 张 乖 崖 廉 政 个。 当 时 伊

ha˧ miɛ˧ iəu˧ ko˧ kuæ˧ ye˧, fu˧ ʑæ˧ ku˧ ɕiɛ˧ næ˧ ka tsæ˧ tən˧。 iəu˧ ȵiȵ˧ fæ˧ iȵ˧
下 面 有 个 官 员, 负 责 管 县 呐 个 财 政。 有 人 反 映

i˧ ɖə˧ u˧ næ ziɛ˧. taŋ˧ kuæ˧ ŋæ˧ ȵiəu˧ pæ˧ ȵiȵ˧ tɕi˧ tɕi˧ ɿa˧ i˧ ka taŋ˧, fæ˧
伊 贪 污 了 钱。 张 乖 崖 就 派 人 去 清 查 伊 个 账, 发

ɕiɛ˦ ˦ʎi zi˩ sə˦ ˦u iə˦ ˦ɛp ˩ɛs ˩iz ˩i ˦ʎi
现 伊 其 实 贪 污 也 不 多。一 算 起 来，就 是 每 日 只 贪 污

tə˦ i˦ ˦ʎi kо˦ ˦æŋ ˦iaɪ˦ ˦ŋ˦˦uaŋ˦ɛɪ ˦i ˦ka ɕin˦, hæ˦ ˦i ˦ka tə˦.
得 一 个 铜 钱。张 乖 崖 要 判 伊 个 刑，还 要 免 伊 个 职。

i˦ ˦ɛp ˩æ˦ tou˦ ˦in ˦æŋ ˩uiz ˩uiz ˩taŋ ˩ŋ˦ ˦æŋ ˦æŋ pæ˦ dən˦ i˦.
有 好 多 人 跟 张 乖 崖 求 情，张 乖 崖 不 同 意。伊

ua˦: "n˦ ˦kə ˦na hə˦ tau˦ sæ˦ ˦ɛp ˦i ˦i ko˦ ziɛ˦ ˦æŋ ˦næ mauŋ ˦sa? i˦ ti˦ ti˦ fi˦
话：" 尔 个 呐 看 到 山 洞 里 伊 个 泉 眼 了 冇 吵？一 滴 滴 水

zəŋ˦ saŋ˦ miɛ˦ ti˦ hə˦ ˦æŋ, hə˦ miɛ˦ ˦uiz ˩ɛp ˩æ mɛm ˦æp ˩i ˦æŋ ˦kə.æ, ia ˩ko ˩ʂ
从 上 面 滴 下 来，下 面 就 成 了 闷 大 个 石 洞，压

le ˩aɪ˦ ˩i ˩ui˦ ˩i i˦."˩ɛp ˩ʂ ti˦ i˦ ˦æn .kə. ko˦ ziə˦ tɕio˦ 'fi˦ ti˦ sə˦ dəŋ˦'. i˦ i˦ ȵin ˦ı ziɛ˦,
是 个 水 滴 了 个。个 就 叫 '水 滴 石 穿'。伊 一 日 一 钱，如

ko˦ ˩ʂ ko˦ ˦iəŋ hə˦ ziɛ˦, ye˦ kauŋ ye˦ ˩ɛp, ˩i ˦æŋ tə˦ ȵio˦? i˦ ti˦ ˦iɛp ȵiɛu
果 是 个 样 下 去，越 搞 越 大，伊 还 得 了？一 定 要 严

"6æ˦!" ko˦ ko˦ ko˦ ˩ʂ dio˦ ˦ɛp ˦ɛp tɕi˦, ko˦ ziə˦ ˩ʂ "fi˦ ti˦ sə˦ dəŋ˦" ˩ɛp ko˦
办！" 个 个 故 事 流 传 至 今，个 就 是 "水 滴 石 穿" 这 个

loip ˩ɛp vi˦ ˦i ˦æŋ. i˦ ta˦ n˦ ˩aɪz ˩i ta˦, ˦æn, ˩i ˩ko ˩i tout ˩ɛp ˦i tout.
成 语 个 来 源。今 哒 尔 要 去 伊 呐，还 可 以 看 到 石 头

saŋ˦ ɕiaɪ˦ tau "fi˦ ti˦ sə˦ dəŋ˦" ˩ʂ ko˦ tʂ˦.
上 写 倒 "水 滴 石 穿" 四 个 字。

二、歌谣

dæ˦ ŋæ˦ ziɛ˦, ɕio˦ ŋæ˦ ziɛ˦
大 眼 泉，小 眼 泉

dæ˦ ŋæ˦ ziɛ˦, ɕio˦ ŋæ˦ ziɛ˦;
大 眼 泉，小 眼 泉；

tɕin˦ təu˦ li˦ ɖi˦ ˦æŋ mou˦ tau˦ ye˦
荆 竹 里 出 来 磨 刀 源。

io˦ ziɛ˦ fæ˦ ·ia tiɛ˦ ɕin˦ səu˦;
要 吃 饭 啊 等 新 熟；

io˦ ziɛ˦ ȵiou˦ ·ia tiɛ˦ ko˦ ȵiɛ˦.
要 吃 肉 啊 等 过 年。

tɕio˦ tɕio˦ 6æŋ tau˦ ˩ʂ kəŋ ˦maŋ ˦i˦.
脚 脚 绊 倒 是 葛 麻 藤。

꜀fa ꜂bi ꜁ɖiou
华 陂 条

꜁ɖioɹ ꜂bi ꜀fa, ꜁ɖioɹ ꜂bi ꜀fa;
华 陂 条, 华 陂 条;

꜂ieu ⁿi˩ ka˩ ꜀fa ꜂bi ꜁ɖio˩.
有 女 莫 嫁 华 陂 条。

ⁿiɻ⁼ ꜁na ꜀da fi˩ ·ai, ia˩ ɖi꜄ ꜀ɖən ꜂mi;
日 呐 车 水 啊, 夜 里 舂 米;

zo˥ zæ˥ ·ko ꜀da saŋ꜄ hæ꜀ koi꜄ tæ˥ roz.
坐 在 个 车 上 还 要 打 鞋 底。

꜁bi ꜁bi ꜁ba
嚓 嚓 啪

꜁bi ꜁bi ꜁ba, ꜁bi ꜁bi ꜁ba, dæ꜄ ja˩ ꜁næ tæ˩ ꜁ma.
嚓 嚓 啪, 嚓 嚓 啪, 大 家 来 打 麦。

ma꜀ ·tsɿ to˩, ma꜀ ꜁tsɿ hau˥, om꜁ ꜁om ꜁miɛ꜄ tsɿ꜄ mo꜁ mo˩.
麦 子 多, 麦 子 好, 磨 面 制 馍 馍。

mo꜁ ·mo ɕiaŋ˩, mo˩ ·mo ɖiɛ˩;
馍 馍 香, 馍 馍 甜;

ko˩ vi꜄ ɖi꜁ təu˥ʑi˩, ɕie꜄ zæ˥ ŋo꜁ mem꜁ saŋ꜁.
过 去 地 主 吃, 现 在 我 们 尝。

kə꜂ ʑiɛ꜁ hən꜂ zæ˥ taŋ˩, kə꜂ ʑiɛ˩ mum꜁ tsu˩ ɕi˩.
感 谢 共 产 党, 感 谢 毛 主 席!

ɖiɛ꜁ tɕiaŋ꜂
天 井

ɖiɛ꜁ tɕiaŋ꜂ ·næ,
天 井 啊,

kə˩ sɿ˩ ·næ ha꜁ ma꜁, ŋo꜁ sɿ˩ ·næ nau˥ səu˩!
干 死 了 蛤 蟆, 饿 死 了 老 鼠!

꜁daŋ ꜁di ꜀sæ
棠 棣 山

꜁daŋ ɖi꜁ ꜀sæ, ꜁daŋ ꜁di ꜀sæ, səu꜁ taŋ˩ ꜀sæ.
棠 棣 山, 棠 棣 山, 苕 当 餐。

taŋ˩ ꜁tau ba˩ ji꜁ ba˩ ·ai, ia˩ li꜁ hæ˩ sɿ꜁ səu꜁ ɕia꜁ ·iai.
胀 倒 扒 一 扒 啊, 夜 里 还 是 苕 宵 夜。

踩 浪 船

踩浪船子两头尖,咿呀哟崴呀哟!

拿倒归家拜新年啊,呀呀呀喂呀哟!

三、谚语 歇后语

(一) 谚语

吃了月半粑,各人种庄稼。

清明出半土,谷雨生半林。

清明要明,谷雨要雨。

立春三日,水热三分。

雷打惊蛰前,二月雨连天。

三月三日风,桃树梨树一场空;

三月三日雨,桃树梨树背不起。

四月八,田塍脚下冻煞鸭。

五月南风大雨,六月南风大旱。

六月初一晴,牛草吃不赢;

六月初一阴,牛草贵似金。

头伏无雨二伏休,三伏无雨到立秋。

交秋出伏,鸡蛋晒熟。

koˬ ·næ ɓaˑ nəuˑ tɕiaˑ, iaˑ ·ɗi naŋˬ ·a ninˬ næ nieˑ。
过 了 白 露 节，夜 里 冷 啊 日 里 热。

vinˬ tɕioˬ tənˬ, iəuˬ viˬ tiˑ ɗaŋˬ hənˬ; vinˬ tɕioˬ ɕiˑ, taˬ maˬ sənˬ soˑ iˑ。
云 走 东，有 雨 一 场 空；云 走 西，打 马 送 蓑 衣。

tsauˬ sənˬ ɗiˑ tsauˬ uˑ, təˑ kuəˬ ɕiˬ iˬ fuˑ。
早 晨 地 罩 雾，只 管 洗 衣 服。

tənˑ uaŋˑ ɲinˬ ɗioˑ ɕiˑ uaŋˑ ɲueˑ。
东 虹 日 头 西 虹 雨。

iəu viˬ sˑ faŋˑ ɗiaŋˬ, uˑ viˬ tinˬ saŋˑ kuaŋˑ。
有 雨 四 方 亮，无 雨 顶 上 光。

ɲinˬ ɗioˬ fæˬ faŋˑ, dæˑ fiˬ tɕinˬ faŋˑ。
日 头 反 黄，大 水 进 房。

saˑ ɗioˬ mauˬ fiˬ, pædˬ fˑ fənˬ zieuˑ viˬ。
石 头 冒 水，不 是 风 就 是 雨。

ɗiˬ ɗieˬ ɗiˬ təˬ tsauˬ, pæˬ taŋˬ ɭənˬ ou ɭauˬ。
犁 田 犁 得 早，不 长 虫 和 草。

tsaŋˬ ·ka iˑ tsˑ faˬ, fəˬ kuəˬ fənˬ taŋˬ ·kaˬ。
庄 稼 一 枝 花，全 靠 粪 当 家。

ioˬ tənˬ mieˬ, ɗiˑ ɕiaˬ zieˬ。
要 种 棉，立 夏 前。

iəuˬ zæˬ pəˬ nieˬ ɭiaŋˬ, uˬ zæˬ pəˬ nieˬ faŋˑ。
有 菜 半 年 粮，无 菜 半 年 慌。

ɗiˬ ɕiaˬ zioˑ, moˑ tənˬ ɗioˑ。
立 夏 后，莫 种 豆。

tənˬ ɗieˬ pæˬ sˑ tənˬ, səˬ taŋˬ sæˬ ɗoiˬ sueˬ。
种 田 不 饲 猪，算 账 三 头 输。

nˬ ɗaˑ taŋˬ ·ka kuiˬ, nˬ naˬ iaŋˬ læˬ, ŋoˬ naˬ iaŋˬ zieˑ。
五 尺 长 个 锯，尔 哪 样 来，我 哪 样 去。

ɕinˬ ioˬ hauˬ pəˬ, ɗəuˬ ioˬ hauˬ ɗinˬ。
行 要 好 伴，住 要 好 邻。

zinˬ uæˬ zinˬ uæˬ, iəuˬ fæˬ iəuˬ zæˬ;
勤 快 勤 快，有 饭 有 菜；

næˬ toˑ næˬ toˑ, mauˬ miˬ haˬ koˑ。
懒 惰 懒 惰，冇 米 下 锅。

zinˬ ɲinˬ tsˑ ŋaŋˬ, tɕiˑ ŋi zˑ ŋaŋˬ。
穷 人 志 硬，鲫 鱼 刺 硬。

ɲinˬ ioˬ tənˬ ɕinˬ, hoˬ ioˬ hənˬ ɕinˬ。
人 要 真 心，火 要 空 心。

瞎子见钱眼也开，跛子见钱跑得快!

五月不吃蒜，走路打乱窜。

(二) 歇后语

跛子拜年——就地一歪。

驼子拜年——就地一滚。

荞麦田里捉乌龟——十拿九稳。

石匠个女，铁匠个郎——硬碰硬。

瞎子吃汤圆——心中有数。

黄瓜打锣——去一大截。

石板上个寒噤——无处钻缝。

瞎子走夜路——假忙。

马吃石灰——一张白嘴。

麻袋绣花——底子太差。

老鼠钻风箱——两头受气。

附　　录

一、地图

地图一：湖北省地图

地图二：咸宁市地图

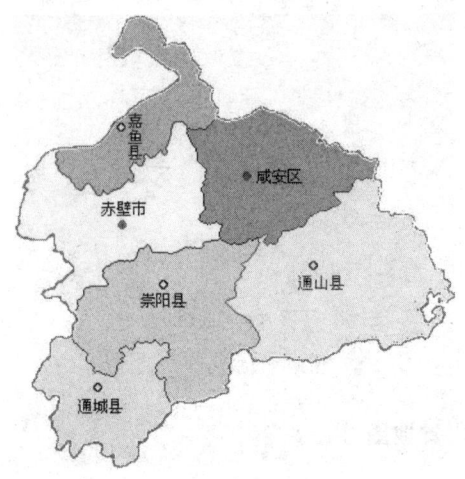

地图三：崇阳县地图

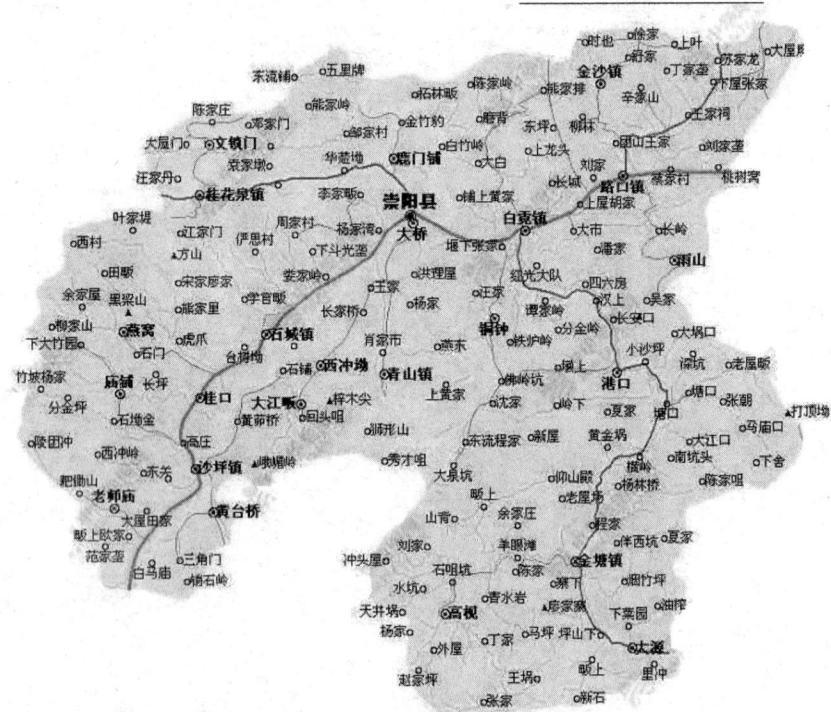

地图四：赣语分布图

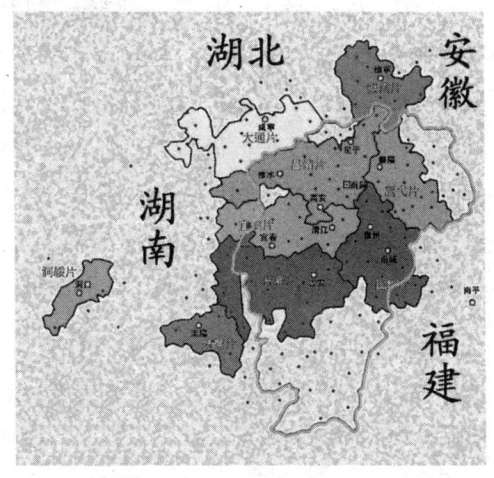

二、崇阳地方器物

（一）文物

崇阳县曾出土过大量珍贵的历史文物，它们见证了崇阳的历史文明。

1977年出土于崇阳县白霓镇大市村汪家嘴的商代晚期的兽面纹铜鼓，这是我国仅存的一件商代铜鼓，也是现存最早的一件铜鼓。2010年全国共选调8件精品青铜器入上海世博会展览，崇阳铜鼓为其中之一。现为湖北省博物馆镇馆之宝。

铜鼓

铜鼓造型奇伟，纹饰繁缛古雅。其整体由鼓冠、鼓身、鼓足三部分组成。鼓冠做成马鞍形，中间有一圆孔可供悬挂时穿绳索用；鼓身为现代腰鼓形，横置，有椭圆形鼓面，能左右敲击；鼓足是正立方体形，中空，并且与鼓腹相通。铜鼓鼓面无纹饰，其他部位均饰有云雷纹为主组成的饕餮纹，鼓身两端还饰有三圈乳钉纹。铜鼓通高75.5厘米，重47.5千克。

除铜鼓外，崇阳县境内出土的文物还有春秋铜鼎、纽钟，战国青铜剑，汉代神兽铭文铜镜，唐代双凤铜镜，宋代长沙窑瓷枕，元代银碟，明代水晶带钩，清代青花凤纹将军罐等，都各有特色、各有故事。

（二）用具

崇阳县具有地方特色的农具主要有水车（灌溉农具）、石磨、盘箕、钉耙等；家具等生活用品中有特色的有把缸（带手把的搪瓷缸）、海碗（比较大的碗）、杌（小板凳）等，如下图所示。

水车（灌溉农具）

石磨

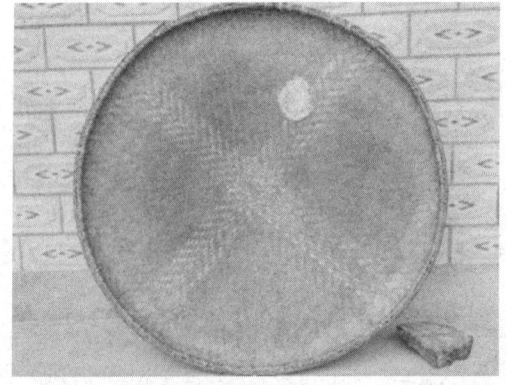

盘箕（筛或者晾晒谷物的用具）

鼎锅

把缸（大的搪瓷杯子）　　　　海碗（比较大的碗）

杌（小板凳）

三、崇阳民俗文化

（一）崇阳的戏曲文化

崇阳县素有"中国民间文化艺术之乡"的美称，入清以来，崇阳及周边一带民间戏剧盛行，起初以汉调（今汉剧）为先。今被视为京剧鼻祖的米应生（或米应先，又称米喜子）即为崇阳人。清代中期，崇阳地方小戏崛起，"花鼓谣腔，屡禁不止"（清《崇阳县志》）。提琴戏正是将彼时传入崇阳的岳阳花鼓戏与当地戏种结合而创作出来的新剧种，一经出现便深受当地百姓喜爱，其发展兴起，不少于两百年。清光绪十五年（1889年），岳阳花鼓戏"琴腔"艺人彭瑞生、蒋传玉等率班来通城演出，后来戏班解散，岳阳花鼓戏艺人彭瑞生、蒋传玉落户通城定居，授徒传艺。至20世纪

50 年代以前，崇阳农村每家都有会拉提琴戏的人，几乎人人会唱提琴戏，人们自制、自拉、自唱、自乐。鼎盛时期，崇阳县有提琴戏乡班近百个，演职员逾 2 000 人，县内每年举办业余汇演，数十个乡班在县城一唱便是几天几夜，其盛况由此可见一斑。

改革开放以后，提琴戏更是再度爆红。20 世纪 80 年代，由邓雨露等根据本县民间长篇叙事诗改编创作的提琴戏《双合莲》和移植现代戏《八品官》连续演出超百场。县政府及主管部门推波助澜、顺势引导，每两三年一届的"提琴戏艺术节"举办至今，各乡镇提琴戏技艺高手汇聚一堂、切磋展演，观众人山人海。1999 年，崇阳县被湖北省文化厅命名为"湖北省民间艺术（提琴戏）之乡"，次年被文化部命名为"中国民间艺术（提琴戏）之乡"，2008 年被文化部命名为"中国民间文化艺术之乡"；2007 年崇阳提琴戏先后被省市县列入首批非物质文化遗产名录。

提琴戏主要唱腔的风格与湘北赣西花鼓戏近同，属于同源异流的戏曲种类，因以"提琴"为主奏乐器而得名。提琴是用蛇皮、楠竹筒、梨木等制作的一种民族乐器，形似二胡，但琴杆不长，演奏者以虎口夹住琴杆，将琴筒抵在腰间，站坐均可拉奏。

提琴戏的音乐分为正腔和小调两部分，正腔具有板式变化结构，包括正调、一字调、阴调、拖子、西湖调、反调等，均由上下两句构成。提琴戏的乐队有文武场之别，由上手、夹手、鼓手、小锣四人组成：上手担任主要伴奏任务，拉第一把琴兼吹唢呐；夹手辅助伴奏，拉第二把琴兼打锣鼓；鼓手掌鼓板，兼打小锣以外的所有打击乐器；小锣一般由学徒担任，负责打小锣和检场。提琴戏角色行当主要包括老生、小生、奶生、正旦、花旦、闺门旦、婆旦和小丑，称为"三生四旦带一丑"，其中丑角兼演摇旦和净角。提琴戏剧目众多，既有《灯笼记》《三宝记》《清风亭》《柳毅下海》等大戏，也有《张广拜寿》《驼子回门》等小戏，而其中最负盛名的则是《双合莲》。

地方戏曲因特色而名扬的不在少数，但是像提琴戏这样"飞入寻常百姓家"，并成为当地人民文化生活重要组成部分的，在全国各地并不多见。至今，崇阳人民婚丧嫁娶、休闲度日、送亲远迎等都会弹唱提琴戏，请戏班搭台表演也是再日常不过的。

说到提琴戏，不得不提及的是崇阳的民间长诗《双合莲》和《钟九闹漕》。两者是继《木兰辞》《孔雀东南飞》之后汉族民间叙事长诗的代表作，以口传和手抄本的形式在崇阳县甚至鄂南地区广泛流传，距今已近 200 年。两部长诗的创作者皆为崇阳民间的一位铁匠陈瑞兆，他耳闻目睹了胡道生和郑秀英的爱情悲剧，深表同情，便一边打铁一边吟唱成《双合莲》；后来又听闻钟九一班人当年闹粮饷的故事，在儿子陈庚旦的帮助下完成了《钟九闹漕》。20 世纪 50 年代初，两部长诗被整理并出版发行。两部长诗均取材于 19 世纪中叶的真人真事，运用现实主义创作手法，叙事与抒情相结合，热情歌颂广大人民群众追求自由和幸福的强烈愿望，以及他们为之所进行的不屈不挠的斗争。《双合莲》全诗长达 1 800 余行，《钟九闹漕》近 2 000 行，皆采用七言五句的山歌形式。其语言平实精炼，接近口语，琅琅上口。深受崇阳百姓喜爱，传诵至今，成为崇阳县文学、曲艺文化中一颗璀璨的明珠。

1954 年版《崇阳双合莲》

1957 年版《钟九闹漕》

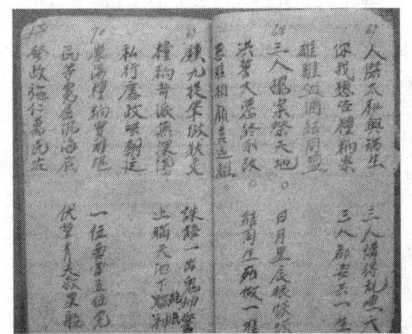

《钟九闹漕》手抄本

提琴戏在乡间演出

《双合莲》表演　　　　　　　　　《双合莲》表演

（二）崇阳的礼仪文化

1. 嫁娶。崇阳的嫁娶文化随时代发展删繁就简，新事新办，但有些传统礼仪仍保留至今，不可轻慢，如"媒人""八字""彩礼""回门"等礼仪。现今崇阳年轻人都婚恋自由，但无论是由他人介绍还是自由恋爱，到谈婚论嫁那一步时，必定还要请个媒人（崇阳方言为"媒婆""月老"）到两家初谈，互通生辰，"排八字"（请星士算命）、"发八字"（媒人通知女方发庚帖）、"送八字"（由女家亲长随媒人送八字）。其后，需要商谈"彩礼"，该礼仪与全国各地彩礼文化差不多。时下婚礼现场也都紧跟时代步伐，在酒店请婚庆公司包办。但是新婚三日女方"回门"一礼仍保留至今。

2. 丧葬。旧习丧葬礼仪颇为繁琐，从老人弥留之际到断气再到出殡均有各种讲究。现如今，医疗发展，丧葬礼仪主要存在于送葬之前两三日。一般需要在家中设置灵堂，家堂致祭，扎孝门，配鼓乐，子孙通宵达旦守灵举哀，至少三天三夜。其间，要请僧道给死者做道场，请人哭丧唱孝歌。安葬时，要请八个身强力壮的男性做"抬夫"抬棺木，死者子女婿侄孙等晚辈亲属头戴白纸糊的"笼冠罩"，穿白褂，系草绳，着白鞋，挂"哭竹棍"，柩行时一路丢纸钱，敲锣鼓，鸣鞭炮。孝子在"七七"之内不可理发，谓之"蓄七"，不可议婚和结婚。

3. 添丁和寿诞。现如今，添丁和寿诞之喜均在酒店办筵席来庆贺，但有些传统习俗文化仍保留在百姓生活中。比如添丁时给邻里亲友赠送红鸡蛋，寿诞之时寿星需吃长寿面取兆"长寿"等。

(三) 崇阳的饮食文化

崇阳地处山区，百姓的日常饮食文化与地理、气候、节日等息息相关。受地理环境和经济发展影响，红薯曾在新中国成立前后成为当地百姓的主食之一，很多歌谣中都用"苕"（红薯）来讽刺崇阳某地经济条件差，比如前文"歌谣"中的《棠棣山》等。新中国成立前受经济条件的制约，崇阳百姓还有腌制熏制腊鱼腊肉等腊味的习惯，时至今日虽然食物丰富，但熏制的腊味食品仍受广大百姓喜爱。崇阳可供熏制的食品范围很广，从鸡鸭鱼肉，到猪脚、猪舌、猪肝等下水均可熏制，而且特别讲究用松木慢慢烟熏。崇阳人民还特别会制作干货，很多新鲜蔬菜都可以晒干保存，比如干萝卜、干竹笋、干豇豆、干辣椒等。这些都是崇阳百姓应对气候、经济条件的智慧文化。

在特定节日中，崇阳人民也会有不同的饮食习俗。春节期间的腊货、自制的肉丸、蛋卷、饺子，元宵的汤圆，端午的各式粽子，中秋的月饼等，虽然与全国的节日饮食并无大的差异，但仍然反映了崇阳人民的饮食习俗。

参考文献

[1] 赵元任, 等. 湖北方言调查报告: 崇阳卷 [M]. 北京: 商务印书馆, 1948.

[2] 丁声树, 李荣. 汉语音韵讲义 [M]. 上海: 上海教育出版社, 1984.

[3] 丁声树. 古今字音对照手册 [M]. 北京: 中华书局, 1981.

[4] 中国社会科学院语言研究所. 方言调查字表 [M]. 北京: 商务印书馆, 1981.

[5] 中国社科院语言研究所方言研究室资料室. 汉语方言词语调查条目表 [J]. 方言, 2003 (1).

[6] 李荣. 方言存稿 [M]. 北京: 商务印书馆, 2012.

[7] 李荣. 语音演变规律的例外 [J]. 中国语文, 1965 (2).

[8] 张振兴. 漳平方言研究 [M]. 北京: 中国社会科学出版社, 1992.

[9] 张振兴. 汉语方言指示代词二分与三分 [C] // 汪国胜. 汉语方言语法研究. 武汉: 华中师范大学出版社, 2004.

[10] 张惠英. 广州方言词考释 [J]. 方言, 1990 (4).

[11] 张惠英. 汉语方言代词研究 [M]. 北京: 语文出版社, 2001.

[12] 汪国胜. 大冶方言语法研究 [M]. 武汉: 湖北教育出版社, 1994.

[13] 汪国胜. 大冶方言的程度副词"闷" [J]. 方言, 1992 (2).

[14] 崇阳县志编纂委员会. 崇阳县志 [M]. 武汉: 武汉大学出版社, 1991.

[15] 陈立中. 论湘鄂赣边界地区赣语中的浊音走廊 [J]. 汉语学报, 2004 (2).

[16] 曹志耘. 汉语方言里表示动作次序的后置词 [J]. 语言教学与研究, 1998 (4).

[17] 吕叔湘,江蓝生. 近代汉语指代词 [M]. 上海：学林出版社, 1985.

[18] 吕叔湘. 指示代词的二分法和三分法 [J]. 中国语文, 1990 (6).

[19] 邢福义. "起去"的普方古检视 [J]. 方言, 2002 (2).

[20] 朱德熙. 汉语方言里的两种反复问句 [J]. 中国语文, 1985 (1).

[21] 朱德熙. "V-neg-VO"与"VO-neg-V"两种反复问句在汉语方言里的分布 [J]. 中国语文, 1991 (5).

[22] 陈凌. 论幕阜山方言塞音三分现象 [J]. 南昌大学学报（人文社会科学版）, 2009 (4).

[23] 陈有恒,刘兴策. 鄂东南方言的内部分歧与外部联系 [J]. 咸宁师专学报, 1986 (3).

[24] 陈有恒. 鄂东南方言的特征 [J]. 教学参考, 1979 (2).

[25] 陈有恒. 鄂南方言里的"AA甚" [J]. 咸宁师专学报, 1982 (1).

[26] 陈有恒. 鄂南方言里的"把""到""在" [J]. 武汉师院咸宁分院学报, 1982 (2).

[27] 陈有恒. 鄂东南的活古话 [J]. 咸宁师专学报, 1986 (1).

[28] 陈有恒. 鄂南方言里的几个语法现象 [J]. 咸宁师专学报, 1990 (1).

[29] 陈有恒. 鄂南方言的词汇特点 [J]. 咸宁师专学报, 1981 (1).

[30] 陈有恒. 湖北方言里的十个词语现象 [J]. 咸宁师专学报, 1991 (2).

[31] 王宏佳. 咸宁方言研究 [M]. 武汉：华中师范大学出版社, 2015.

[32] 储泽祥,邓云华. 指示代词的类型和共性 [J]. 当代语言学, 2003 (4).

[33] 黄伯荣. 汉语方言语法类编 [M]. 青岛：青岛出版社, 1996.

[34] 李荣. 武汉方言词典 [M]. 南京：江苏教育出版社, 1995.

[35] 李荣. 汉语方言里当"你"讲的"尔"：上 [J]. 方言, 1997 (2).

[36] 李荣. 汉语方言里当"你"讲的"尔"：中 [J]. 方言, 1997 (3).

[37] 李蓝. 汉语的人称代词复数表示法 [J]. 方言, 2008 (3).

[38] 唐正大. 关中方言第三人称指称形式的类型学研究 [J]. 方言, 2005 (2).

[39] 陈敏燕, 孙宜志, 陈昌仪. 江西境内赣方言指示代词的近指和远指 [J]. 中国语文, 2003 (6).

[40] 李小军. 语气词"吵"的来源及其方言变体 [J]. 语言科学, 2008 (4).

[41] 刘宝俊. 湖北崇阳方言音系及特点 [J]. 中南民族学院学报（哲学社会科学版）[J]. 1988 (5).

[42] 石毓智, 李讷. 论汉语体标记诞生的机制 [J]. 中国语文, 1997 (2).

[43] 石毓智, 王统尚. 方言中处置式和被动式拥有共同标记的原因 [J]. 汉语学报, 2009 (2).

[44] 石毓智. 汉语研究的类型学视野 [M]. 南昌：江西教育出版社, 2004.

[45] 唐贤清, 陈丽. 程度补语"煞"的历时来源及跨方言考察 [J]. 理论月刊, 2011 (2).

[46] 陈前瑞, 李继红. 动词前"一"的体貌地位及其语法化 [J]. 世界汉语教学, 2006 (3).

[47] 吴福祥. 南方方言能性述补结构"V 得/不 C"带宾语的语序类型 [J]. 方言, 2003 (3).

[48] 吴福祥. 汉语语法化演变的几个类型学特征 [J]. 中国语文, 2005 (6).

[49] 吴福祥. 汉语能性述补结构"V 得/不 C"的语法化 [J]. 中国语文, 2002 (1).

[50] 吴福祥. 南方方言里虚词"到（倒）"的用法及其来源 [J]. 中国语文研究（香港）, 2002 (2).

[51] 项梦冰. 连城（新泉）方言的人称代词 [J]. 方言, 1992 (3).

[52] 谢留文. 赣语的分区（稿）[J]. 方言, 2006 (3).

[53] 袁海霞. 汉语方言差比句研究 [M]. 武汉：华中师范大学出版社, 2013.

[54] 陈前瑞. 汉语体貌研究的类型学视野 [M]. 北京：商务印书馆, 2008.

[55] 祝敏. 崇阳方言的"把得"被动句 [J]. 华中学术, 2018 (1).

[56] 杨永龙. 句尾语气词"吗"的语法化过程 [J]. 语言科学, 2003 (1).

[57] 袁宾. 唐宋"煞"字考 [J]. 中国语文, 2003 (2).

[58] 张道俊. 崇阳方言文白异读分析 [J]. 遵义师范学院学报, 2011 (2).

[59] 张道俊. 崇阳方言声系的几个上古音特征 [J]. 湖北师范学院学报(哲学社会科学版), 2009 (2).

[60] 祝敏. 湖北崇阳话中的"点子"和"点把" [J]. 咸宁学院学报, 2009 (2).

[61] 刘丹青. 汉语否定词形态句法类型的方言比较 [J]. 中国语学(日本), 2005, 总第 252 号.

[62] 刘纶鑫. 客赣方言比较研究 [M]. 北京: 中国社会科学出版社, 1999.

[63] 王力. 汉语史稿 [M]. 重排版. 北京: 中华书局, 1980.

[64] HOOI LING SOH, MEIJIA GAO. Perfective Aspective and Transition in Mandarin Chinese: An Analysis of Double-le Sentence [C] // PASCAL DENIS, et al. Proceedinges of 2004 Texas Linguistics Society Conference. Somerville, MA: Cascadilla Proceedings Project, 2006.

[65] 孙锡信. 近代汉语语气词 [M]. 北京: 语文出版社, 1999.

[66] 陈光. 对现代汉语形容词重叠表轻微程度的重新审视 [J]. 语言教学与研究, 2008 (1).

[67] 武玉芳. 晋北方言中的"给给" [J]. 山西师范大学学报(社会科学版), 2012 (2).

[68] 朱景松. 形容词重叠式的语法意义 [J]. 语文研究, 2003 (3).

[69] 邓思颖. 方言语言研究问题的思考 [J]. 汉语学报, 2013 (2).

[70] 林素娥. 汉语人称代词与指示代词同形类型及其动因初探 [J]. 语言科学, 2006 (5).

[71] 谢文芳. 嘉鱼方言中的程度语义范畴 [J]. 咸宁学院学报, 2007 (1).

[72] 徐琦. 湖北崇阳方言语法札记 [J]. 科教文汇, 2008 (1).

后　　记

　　犹记当年在大学课堂上，一名崇阳藉同学用方言说"墨迹古呐黑""夹死了绿"等话语，曾惹起哄堂大笑。那是我第一次听到崇阳方言，当时却深感其魅力。

　　如果说那一幕是我进行崇阳方言研究的早期种子，那么，后来崇阳成了我的婆家，我学会了崇阳方言，就给我提供了丰沃的研究土壤。而在华中师范大学的研究生学习则是珍贵的雨露及养料：在汪国胜教授的方言课堂上，我对方言学一见倾心；本是枯燥晦涩的音韵学课程，范新干教授加入方言语音的佐证后，竟然鲜活有趣起来。毕业后十余年，我对方言的关注和研究虽然没有间断，参加过华中师范大学与中国社科院语言研究所联合举办的方言调查培训班，再一次系统深入地学习了国际音标、汉语音韵学以及田野调查方法。但自己深知学识尚浅，仅断断续续写过几篇关于崇阳方言语法的小文章和一本崇阳方言语法的小书。

　　2017年和2018年，连续两年进行"中国语言资源保护工程"（下文简称"语保"）的子课题研究（分别调查通山和崇阳两个方言点），是我将方言理论运用到调查实践中的又一良机。其间，我有幸得到张惠英教授、汪国胜教授和赵日新教授的悉心指导，对方言的语音调查和研究有了进一步的认知。尤其是张惠英教授，在指导我做崇阳点的课题时，提出的许多宝贵意见和建议，拨云见日般解开了我之前对崇阳语音的诸多疑惑。

　　"种子成株凡几时"。2017年底，当汪国胜教授苦恼于"湖北方言研究丛书"中崇阳方言的书稿没有着落时，我不揣谫陋，主动请缨，接下任务并暗下决心：绝不能辜负汪教授的信任和期待！然而，需要用不到两年的时间完成书稿，时间实在太紧迫。好在语音部分有"语保"课题中语音调查的支撑，语法部分有前些年的尝试，只剩下词汇部分是需要全新构建的。我又何其有幸！审稿过程中，张振兴教授大到词汇研究的格局和方法，小到行文的排列格式，均耐心细致、言辞恳切地对我进行指导。张教授提道："就语言本身来说，词语才是核心，语音只是词语的表现形式，语法只是词语的排列规则。离开词语，无所谓语音和语法。"这段话再次燃起了我对方言词汇的研究热情。

  如今，拙著成形。感谢汪国胜教授和范新干教授的方言研究启蒙之恩；感谢张惠英教授、张振兴教授、汪国胜教授和赵日新教授在我方言学习研究路上给予的谆谆教导；感谢我的公婆帮我四处寻找合适的发音合作人，并为我的田野调查做出周到的安排；感谢我的发音合作人，他们积极配合我的要求，不厌其烦回答我的每一个问题；感谢我的父母和爱人，在我夜以继日奋笔疾书之时，料理家务、照顾孩子，排除我的后顾之忧，全力支持我的研究和写作；感谢我的同事——湖北科技学院的王宏佳、李爱国、孙和平老师，以及多年的挚友——华中师范大学的袁海霞，在我写作期间给予的鼓励和帮助。

  我与崇阳的相遇，是缘分；但我与崇阳方言研究的相遇，又不仅仅是缘分！崇阳方言毕竟不是我的母语，加之才疏学浅，书中错漏在所难免。也正因为不是我的母语，我更想记录下与该书相遇的这段奇缘，以诚挚感谢给我支持和帮助的各位师友亲朋！

  是为记。

祝敏
湖北科技学院
2019 年 5 月 8 日

新出图证（鄂）字 10 号
图书在版编目（CIP）数据

崇阳方言研究/祝敏著. —武汉：华中师范大学出版社，2019.12
（湖北方言研究丛书）
ISBN 978-7-5622-8952-4

Ⅰ. ①崇…　Ⅱ. ①祝…　Ⅲ. ①西南官话—方言研究—崇阳县　Ⅳ. ①H172.3

中国版本图书馆 CIP 数据核字（2020）第 022686 号

崇阳方言研究

作　　者	祝　敏
责任编辑	苏　睿
责任校对	肖绪旭
封面设计	罗明波
编辑室	学术出版中心
电　　话	027－67863220
出版发行	华中师范大学出版社
社　　址	湖北省武汉市洪山区珞喻路 152 号
电　　话	027－67863426/67861549（发行部）
	027－67861321（邮购）
传　　真	027－67863291
网　　址	http://press.ccnu.edu.cn
电子邮箱	press@mail.ccnu.edu.cn
印　　刷	湖北新华印务有限公司
督　　印	刘　敏
字　　数	359 千字
开　　本	710mm×1000mm　1/16
印　　张	22.25
版　　次	2020 年 5 月第 1 版
印　　次	2020 年 5 月第 1 次印刷

ISBN 978-7-5622-8952-4
定价：68.00 元